金融经济论丛
金雪军文集

第一卷　金融理论与金融市场

金雪军　编著

浙江大学出版社

·杭州·

总　序

从 1977 年国家恢复高考自己考入南开大学经济学专业算起,至今已 47年,从 1984 年经济学研究生毕业到浙江大学从事经济学的教学科研工作算起,至今已整整 40 年。在从教 40 周年之际,整理出版五卷本的文集,也算是对自己从教 40 年的一个小结。高等学校主要是教书育人、科学研究和社会服务三大功能,自己任教于高校,主要工作任务当然也离不开这几个功能定位。

教书育人是高校教师的基本要求。实事求是地说,40 年的从教经历,让自己最感骄傲的是能够注重因材施教,培养了一大批在学界、政界和业界发挥重要作用的人才。1984 年到浙大后,从讲授政治经济学课程开始,并作为在浙大最早开设西方经济学和金融学课程的教师,从公共课到专业课、从本科生到研究生、从经济学到金融学,着眼于提高学生的经济与金融的理论知识。1990 年破格晋升为副教授后,开始独立指导硕士研究生,先是政治经济学,后又有国民经济学、国际贸易、金融学和企业管理、MBA、MPA 等专业。1994 年破格晋升教授,1998 年浙大获批经济学博士点,作为首批博士生导师之一,先后在管理工程、企业管理、政治经济学、国际贸易、金融学和金融经济理论、互联网金融等专业带博士生,为了学科建设与发展的需要,在多个专业中设置金融投资相关专业方向招收博士生和硕士生。至今已有 82 位博士生通过博士论文答辩获得博士学位,指导的硕士研究生粗算一下也应有数百位了。在教书育人过程中,也形成了自己的育人理念,包括招生环节的“三性”理论:刚性、弹性和黏性;培养环节的“三度”理论:广度、深度和高度;论文写作的“三新”理论:选题、方法和内容;形成了研究过程的“五步”理论:从课题写作到论文写作,从国内研究到国际研究,从问题导向到理论创新,从追求方法与追求思想,从单一思维到多元思维;并形成培养学术能力与提升思想素质相结合的“金门”精神“YSCC”,即严谨、善良、坚持、超越。2013年，我指导的博士论文经国务院学位办公室和教育部评定列入全国百篇优秀博士论文，这也是浙江大学和浙江省经济学科首篇入选百优博士论文，2017年，作为主导师被浙江大学评为"五好"研究生导学团队。

科学研究是学者的基本任务，科研型大学的教师更是如此。总结自己从教40年来的学术研究，与经济金融的理论与实践发展相对应，大致可分成四个阶段。第一个阶段是上个世纪80—90年代，主要从事利率与证券市场的研究。自己的本科论文是在国内著名价格学开拓者贾秀岩教授指导下从事价格调控与经济结构关系的研究，研究生阶段师从著名经济学家魏埙教授从事利息率与经济周期的关系研究，由此开始了自己在金融经济领域的研究生涯。在利率研究过程中，从研究国外利率到研究国内利率，通过研究提出了利率和经济周期关系的基本模式和从浮动利率到市场利率分阶段改革等观点。80年代后期又开始从利息率发展到证券市场价格的研究，90年代初出版了《利率机制论》和《证券经济学——中国社会主义证券经济研究》两本独立专著，前者被相关专家认为是经济运行和利率关系的最完整、最系统的研究，而后者属于国内最早一批研究证券市场制度、调控和发展的专著。第二个阶段是上世纪90年代到本世纪初，主要从事区域金融与知识经济的研究。针对各地发展的特殊性，在研究国际与全国金融运行的背景下，研究不同区域金融发展的特殊性，从金融地理学、金融制度与契约、演化金融和实验金融等不同维度进行多角度、多方法的研究，以探讨区域金融与地方金融发展的特点。在实验金融与经济学案例教学方法上积极探索，本世纪初，兴建了国内最早的行为金融实验室，至今一直坚持探索，以保持前沿领先。面对知识经济发展的态势，自己开始把经济运行与技术革命结合起来进行研究，主持出版了"走向21世纪中国知识经济系列丛书"，该丛书由时任中国科学院院长路甬祥院士作序并获中国图书奖，被认为是当时国内最全面讨论中国知识经济发展的系列丛书。"经济学案例教学丛书"也陆续出版，这也是当时国内最全面的经济学案例教学丛书。第三个阶段是本世纪前十年，研究的重点是中小企业融资创新和汇率机制。面对中小企业融资难这一世界性难题，需要从理论和实际结合上寻求破解之道。通过研究，提出了债股对接的桥隧模式、结构整合的路衢模式和平台整合的多赢模式，出版了中小企业融资创新的系列专著，并作为总负责人承担了国家自然科学基金应急管理团队项目"纾解中小企业融资困境的策略研究"，关于中小企业融资创新的研究成果获教育部研究成果奖，并获得党和国家领导人的肯定。汇率是开放条件下的重要机制，研究资金的价格与收益率，从利率研究到汇率研究也是必然，自己作为首席专家承担了国家社会科学基金重大项目"人民币汇率形成机制改革研究",提出了需要从三大市场(商品、资产和劳动力)、三大环节(定价、市场和管理)结合的角度来确定等观点,关于汇率研究的成果获得商务部研究成果奖。第四个阶段是 2010 年至今,主要从事新金融和公共政策研究。随着信息技术的发展,金融与信息技术的结合成为新的要求,从解决中小企业融资难的关键因素信息不对称的视角,自己对网络金融—互联网金融—金融科技—数字金融进行了不间断的研究,结合研究,在 2015 年,牵头申报并获批了以多学科交叉结合为特点的互联网金融博士点,这也是全国数字金融领域第一个博士点,自己也成为该领域博士点的第一位博士生导师。在这个阶段,自己作为可以说是成立最早的高校智库之一的负责人与首席专家,结合地方政府改革与地方政府创新案例研讨,积极为四张清单一张网、最多跑一次和数字化改革等政府改革与创新积极提供理论与政策的研究,从地方政府创新案例中挖掘创新规律。

服务社会是高校教师的基本职责。作为 77 级也就是恢复高考后浙江第一批考入高校经济学专业的人之一,作为 1981 年国家学位法规出台实施后即考入的研究生并进入高校任教的人之一,无论是所处改革开放的时代呼喊,还是先辈西南联大"刚毅坚卓"校训、母校南开"允公允能、日新月异"校训和任教之校浙大"求是创新"校训,都激励自己把理论与实际结合起来,做好"顶天立地"的文章。因此,除了承担国家社会科学基金、国家自然科学基金、国家软科学、国家留学基金等项目外,自己还承担了多个地方政府与企事业单位委托的围绕地方、金融机构、企业发展的研究课题,如围绕浙江金融经济发展与地方政府创新进行规划研究与咨政建言,包括浙江金融万亿产业发展、杭州长三角区域金融中心和科技金融、温州民间金融、嘉兴科技金融、衢州绿色金融、台州小微金融、义乌国际贸易金融、绍兴直接金融和产业数字金融等的规划研究,后很多成为国家金融改革的试点。在浙江"十四五"金融规划研究中也提出了打造数智化金融体系的观点。2017 年因"理论助力最多跑一次改革"被中共浙江省委宣传部《半月刊》评为"情怀榜年度人物";自己也作为全国高校唯一代表入选第七届中国证监会并购重组委员会;因金融创新的研究获英国大本钟奖金桑树奖"最受推崇的经济学家",是当届高校唯一入选者。

感谢伟大时代。改革开放的伟大时代,让自己能有机会进入高校学习深造,为自己作为高校教师的一生选择提供了前提基础;又让自己作为恢复高考后的第一批大学生,一毕业进入社会就面对着改革开放发展并充满活力的需要,为自己作为经济理论工作者和教学工作者发挥专业所长提供了广阔空间。

　　感谢经济学科。一个对经济学完全陌生的学子进入了这一社会科学的殿堂，47 年一路过来，深深感到当时这一专业选择的正确。经济学科让自己能够更加理性地看待问题与解决问题，认识经济社会的基本运行规律与机制；也让自己能够发挥专业所长，为理论与实践的发展作出自己的贡献。

　　感谢南开大学。永远记得是母校把自己一个什么都不懂的工人培养成为对经济学基本理论与知识有比较系统的把握的专业人员，特别是培养了自己能把政治经济学、西方经济学、国际经济学和金融学结合起来进行思考研究的能力。母校与恩师之情山高水长。

　　感谢浙江大学。1984 年到浙江大学任教至今 40 年，尽管开始是由教育部部属重点高校两校调配而来，中间也有政府部门、金融机构和其他高校等选择机会，然始终如一从无动摇和离开，这源于浙大的"求是创新"精神与活力，源于浙大对自己从教以来一直的培养与支持，源于自己深深地爱上了浙大。

　　感谢可爱弟子。教学相长，共同进步；一日为师，终生为友。记得 2007 年，在自己 50 岁到来之际，来自全国各地的弟子们集聚杭州为我庆生，当时我以"与弟子同行"作答谢辞，这是我真实深切的感念。

　　这五卷文集，无论是里面的内容还是书稿的整理与出版过程，弟子们都付出了很多智慧和劳动。自文集准备出版到正式出版的全过程中，我的博士生李泓泽主动承担了大量相关事务，付出了不少心血。同时，参与文集收集、整理、校对等具体事项还有张方颖、毛岩、陈俊菇、楼晶、顾婧怡、顾玉明、屠陈晨、万婧、杨泽慧、黄浩东、上官光委等多位研究生和相关人员。谨此致谢。

卷首语

本卷收录了一部分金融理论和金融市场研究的研究论文。

每一代人都有一代人成长的特殊历史阶段,我们这一代人经历的历史阶段在"上学读书"上也充分体现了特殊性。作为 50 年代后期出生的人,在读书阶段正好赶上了"文化大革命",1966 到 1976 年,是我读小学、初中到高中的阶段。1966 年,正好是我小学三年级,1970 年从绍兴仓桥小学(后改名为胜利小学和浙东供电局五七学校)毕业到绍兴一中读初中,原定 2 年初中不知什么原因延长"留复"半年变成 2 年半,到 1972 年底毕业,当时一个班级中能读高中的人并不多,记得名额有限除了要看成绩表现还要班级全体同学投票产生。1973 年初到 1975 年初,是我在绍兴一中的高中阶段。高中毕业后,我先去"农场"待了一段时间后在 1975 年底进入了绍兴茶厂工作,先做搬运工,后转制茶工,1976 年底"以工代干"提拔进厂部机关科室工作,这大概也成为自己以后学"经济"的一个潜在因素吧,在厂部科室工作时间不久就传来了恢复高考的消息,记得当时自己正被上级部门绍兴工业局调去参加检查组到其他工厂搞"检查",白天上班,晚上复习,十年停招考生集聚太多,浙江省还先进行了初试,入围后再进入正式考试,在绍兴,所有被录取的名单先是公布张贴在最热闹的绍兴百货大楼的墙上,我在那里看到了自己的名字,后收到了南开大学寄来的录取在经济学专业的通知书,也成为改革开放后浙江考生中第一批被高校经济专业录取的人之一。当时正式公布的招生目录上浙江高校尚未招收经济专业,只有复旦和南开在浙招收经济专业,另外有辽宁财经学院和黑龙江商学院分别招收商业经济和基建财务专业。

之所以在经济学科中选择以金融研究作为自己一生的研究主线,现在想来,应该和几个因素分不开。首先,自己的兴趣。自己比较喜欢的是既有思想性又能落地的领域。记得上个世纪 70 年代听到恢复高考的消息,当时"文革"刚结束不久,理工科是大多数人的首选,自己也一样,开始准备报考理科,但复习一段时间后,总感觉到还是喜欢偏文科一些,临时又改成报考文科。当时自己并没有打算做教师,因此,在报考志愿选择中就围绕几个社会科学类专业选,而 1977 年高校在浙招生的社会科学类专业非常少,只有政法、经济、新闻、财会等有限几个。其次,家庭的影响。父母均在银行工作,属于新中国成立后最早进入银行工作的那一批人,所以自己也属于从小就在与银行相关的环境中长大,见到听到的也多与此有关。我在 1977 年报考时已在绍兴茶厂厂部科室工作,也算是从事了相关领域的工作。再次,大学后的定位。经济学科具有丰富内容,涉及多个分支领域,在全面系统学习经济学专业的课程中,自己逐渐确定了以金融作为自己的主要研究领域。我本科的毕业论文选择了研究"价格结构与经济结构合理化的关系",研究生的毕业论文就选择了研究"利息率在经济周期中的作用"。

可以说,从在大学学习时开始确定金融作为自己的主要研究领域后,至今四十多年来一直没有中断过。到浙大任教后,在浙江大学的培养下也一直作为学校金融学科的带头人,并先后担任原浙江大学经济与金融学系主任和四校合并后新浙江大学的首任金融学系主任(金融学院院长)。自己在金融理论与金融市场的研究主要围绕以下几个方面展开的。一是利率与汇率的研究。探讨了利率与货币量、价格、投资、消费、证券价格、汇率等各主要经济变量之间关系的一般规律与作用机制,通过国际、国内和区域三个维度对其进行了实证研究和差异性分析,提出利率作用双重性和利率与经济周期关系的基本模式,提出应从浮动利率制到市场利率制分阶段改革等观点,1992 年出版了独立专著《利率机制论》,浮动利率制改革的观点当时也被作为利率改革讨论中的代表性观点之一。从利率开始又进一步研究了贷款定价的一系列问题。如果说利率是货币的对内价格,那么汇率可以说是货币的对外价格,因此从利率研究到汇率研究也成为必然。二是证券市场的研究。上个世纪 80 年代,企业改革的重要性越来越突出,围绕企业改革,我从多种思路的比较研究着手开始对股份制问题的探讨,又从股份制的研究发展到对股票市场的研究,当时的研究重点主要在股票市场的共性与中国股票市场发展的特殊路径,1992 年,我的独立专著《证券经济学——中国社会主义证券经济研究》也出版,后来关于资本市场的相关课题也申报获批了国家社会科学基金项目,证券市场一直是自己从事的研究领域,并逐渐把研究的重点放在股票价格波动与投资者行为上。研究在两个维度上展开,一方面结合行为金融理论,运用实验经济学方法,又进一步拓展到神经金融的研究,另一方面通过数据挖掘的方法,又进一步拓展到社交金融的研究。三是新金融的研究。在通过社交网络与神经网络研究投资者行为的过程中,结合自己研究金融的另一个维度,即研究中小企业融资创新应对信息不对称问题,通过互联网金融与金融科技的研究,形成了自己关于新金融领域的研究。

在长达四十多年的"金融理论与金融市场"的学习研究过程中,除了感谢我的导师魏埙教授的指导外,我要感谢熊性美教授、薛敬孝教授、陶继侃教授、易梦虹教授、孟宪杨教授对我论文的指点;感谢钱荣堃教授、王继祖教授、刘茂山教授等教授在我学习金融学理论和知识中给予的帮助;感谢中国人民大学黄达教授和陶湘教授,北京大学厉以宁教授、萧灼基教授和中国人民银行刘鸿儒教授给我的指导和帮助;我还要感谢研究工作的合作者。

目　录

CONTENTS

马克思利息理论和国家调节下
的利息率及其作用①

　　用改变货币供给量的方法调节利息率干预经济,这是西方主要资本主义国家依据凯恩斯主义而奉行的宏观经济政策之一,也是国家垄断资本主义的一种形式和内容。长期以来,西方主要资本主义国家都把它作为反周期的一个基本手段。在经济危机时期,国家实行扩大货币供给量,放松信贷,降低利息率的扩张政策,以刺激投资,扩大需求;在经济高涨时期,为防止经济恶性膨胀,国家实行减少货币供给量,收缩信贷,提高利息率的紧缩政策,以抑制投资,减少需求。从战后资本主义再生产运动来看,国家通过改变货币供给量调节利息率干预经济,一方面带来了许多新的并且是十分严重的问题,从较长时期看,还加剧了资本主义经济周期的波动;另一方面,从一定时期看,它通过在一定程度上减轻与分散资本主义生产和消费之间的矛盾,最终缓和经济危机,对战后资本主义经济在 20 世纪 50 年代和 60 年代呈现较稳定的增长是起了重要作用的。

　　即使自 20 世纪 70 年代后期以来,为了抑制通货膨胀,西方主要资本主义国家逐步把控制货币供给量作为货币政策的基本内容。然而,一方面,它们并没有完全放弃用改变货币供给量来调节利息率干预经济;另一方面,对货币供给量的控制相应地促使了这一阶段利息率的提高,而高利息率又对资本主义经济周期产生了新的影响。

　　因此,从上述任何一个方面来看,货币供给量和利息率之间都存在着不可分割的关系、利息率对经济周期起着不可忽视的作用。对此,许多研究当代资本主义经济周期的同志都进行了考察,在此并不打算就此再作分析,我们想考

---

　　①　本文作者金雪军,最初发表在《理论教学与研究》1985 年第 1 期。

察的是与此相联系的另一个重要的问题:即马克思的利息理论和国家调节下的利息率运动及其作用的关系。为了能更清楚地说明问题,我们把它分成两个层次来分析。这两个层次是:(1)利息率能否对经济周期发生作用?(2)国家能否调节利息率。

一、对马克思关于利息率和经济周期关系论述的理解

马克思在《资本论》第三卷第五篇中直接论述了利息率和经济周期之间的关系。对于他论述的基本点,可以归结为以下几方面:

1. 利息率和资本主义再生产过程是有密切关系的。在资本主义经济周期各阶段,利息率的水平是不同的,而且呈现相应有规律的现象。"低利息率多数是同繁荣时期和萧条时期相适应,高利息率则多数是和繁荣期末到危机阶段相适应。"[1]

2. 就利息率和经济周期的关系而言,虽然前者对后者有影响作用,但主要是后者对前者的决定作用。危机时期的高利息率使得资本家在最需要货币的时候反而更难得到货币,因而加重了危机,利息率的下降将促使经济从萧条走向复苏。问题的另一方面甚至最主要的方面是,利息率水平的高低是由借贷资本的供求关系决定的,而借贷资本的供求关系是由产业资本的运动决定的。如在经济萧条时期,产业资本处于收缩状态,借贷资本的相对充裕决定了这个阶段利息率处于低水平。

3. 利息率水平的高低和货币流通量的多少、价格水平的高低没有必然的联系,在平均利润率既定的情况下,利息率只能够影响企业主收入(即它在总利润中的相对比重),而不会影响平均利润率。

综上所述,我们可以看出马克思的论述的几个特点:

首先,他的论述是建立在他对资本主义基本矛盾分析的基础上,从生产和流通、商品流通和货币流通的关系着眼,把利息率运动放到资本主义经济运动中去分析,始终围绕着生产过程这个资本主义再生产过程的主体、围绕着资本积累这个资本主义再生产的直接动力来进行的。

其次,为了说明利息率和经济周期最本质的关系,马克思在分析中,运用科学的抽象法,抽象掉了许多利息率发挥作用的具体条件,如各种利息率之间的差别,利息在利润中的比重等等。

再次,在具体分析中,马克思强调的是利息率作为经济周期的表现和反映,

他的重点放在经济周期决定利息率方面,着重说明利息率水平的变化是产业资本运动决定的。

第四,马克思论述利息率和经济周期的关系,目的是揭示利息率和经济周期之间最本质的关系,批判资产阶级经济学家歪曲掩盖产生经济周期的根本原因、利用利息率变动来解释经济周期变动的错误观点,从而为揭示资本主义生产关系的实质服务。正因为如此,马克思着重批判了资产阶级经济学家把利息率水平和通货量、价格水平联系起来的观点,实际上也就是批判了资产阶级经济学家认为货币量决定利息率水平,利息率水平决定价格水平,并以此来说明经济周期变动的观点。

第五,马克思对利息率和经济周期关系的论述,是在信用制度还没有广泛发展到社会经济各个方面,还没有成为社会经济的组织者,利息率的作用还没有十分突出的情况下作出的。

随着资本主义经济的发展,在战后利息率和经济周期的关系方面,至少出现如下新情况:

1. 在国家加紧干预经济的条件下,利息率在经济周期中的能动作用十分突出。

2. 在利息率和其他影响经济活动的经济机制之间建立了种种新的联系,利息率和价格、货币量之间的联系从松散发展到密切。

3. 信用的广泛发展使利息率从多方面、通过多种渠道影响经济周期。利息率除了通过影响企业利润来影响经济活动外,还通过商品价格、货币、工资等影响社会生产和社会消费,从而影响经济周期。

二、理论界对利息率在战后经济周期中的作用的观点简评

我们先来分析一下第一层次的问题,总的说来,如何看待利息率在战后经济周期的作用,马克思主义经济学家之间存在着两种明显不同的倾向。

第一种是否定国家调节下的利息率运动在战后经济周期中有作用。其中以刘絜敖教授和苏联经济学家谢·阿·达林的观点较为明显。刘絜敖教授认为,"因为利息率具有长期下降的趋势,利息在利润中所占比例也愈趋减少",所以,利息率的变动对经济周期作用很小,甚至可以说没有什么作用。"它关系于资本家的收益已不大,所以,资本家在决定其营业方针时,是不大考虑利率与利润率之间的关系的……对付经济危机的利率政策,也就毫无作用了。"[2]谢·

阿·达林也提出了同样的观点,但是,他是用国家调节利息率干预经济遇到国际收支逆差和危机期间垄断组织仍有利可图为理由说明利息率不起作用的。他认为,利息率对资本主义再生产起作用,"只是在自由竞争资本主义阶段,到了国家垄断资本主义阶段,情况就大不一样了"[3]。

这种否定利息率对经济周期有作用的观点不但明显地和实际相违背,而且,它在理论上也是不正确的。像刘絜敖教授提出的利息在利润中所占比重减少的观点,没有任何材料可以证明。不仅如此,我们的计算却证明了相反的结论(见表1)。

表 1　美国非金融公司企业每单位产量中利息在总利润中的比重(%)

年份	A	B
1948	3.4	2.37
1950	3.2	2.2
1955	3.94	2.66
1960	8.77	5.18
1965	8.05	5.2
1970	24.14	13.8
1975	26.19	14.43
1980	29.99	13.1
1982	37.4	7.8

计算根据:(美)《总统经济报告》,1983 年,第 177 页。

计算 A 的方法为:$\dfrac{净利息}{公司利润+净利息}\times 100\%$;

计算 B 的方法为:$\dfrac{净利息}{公司利润+净利息+间接企业税}\times 100\%$。

从表 1 可见,战后利息在总利润中的比重是逐步增大的。既然如此,刘絜敖教授的观点只能是纯粹推论的结果。但是,我们也可以说,根据理论推论,利润率也是趋于下降的,而趋于下降的利息率和趋于下降的利润率相一致,不但对于根据企业利润率高低来决定自己投资和生产的职能资本家来说意义并不会发生重大的变化;而且,从比较长期的情况来看,无论是利润率下降,还是利息率下降,都有与此相抵销的因素存在;退一步说,即使从长期看,利息率是下降的,那么,我们也不能简单地用从长期看才存在的因素来说明某一阶段的情况。综上所述,刘絜敖教授的观点是不能令人信服的。至于谢·阿·达林的观点,他是着重从国家(美国)对外关系的角度来论述的。不错,一个国家经济确实和其他国家的经济有重要的关系。但是,一个国家的经济运动的基本规律应该从该国经济运动内部去寻找;况且,在60年代中期以前,美国国际收支逆差的状况并没有像70年代那样十分严重;而国家调节利息率干预经济也并不仅仅局限于危机阶段。因而,这种说明无论从理论上还是从实际情况看都是欠妥的。同时,存在着大量非垄断企业,在危机期间工厂企业需要的是货币而不是资本,在垄断组织并不能完全逃脱危机冲击的情况下,用危机期间垄断组织仍然有利可图来论证也是不完善的。

第二种倾向是把利息率在战后经济周期中的作用仅仅看成是一种政策的结果,是战后出现的新现象。这种倾向虽然肯定了利息率在战后资本主义经济周期中的作用,但是,它仅仅从资本主义经济运动的现象着眼,缺乏理论基础;它只看到新条件下利息率的作用,没有看到国家调节下的利息率运动之所以能对经济周期发生作用,是因为利息率具有作用于经济周期的基础,国家调节利息率及周期是建立在利息率能够作用于经济周期的基础上的。这种倾向为否定利息率在经济周期中的作用是一个长期存在的因素留下了缺口。

这两种倾向都没有从理论和实际相统一的角度来科学地论证国家调节下的利息率运动在战后经济周期中的特殊作用,甚至可以说都没有具体地分析战后利息率运动及其对资本主义生产和消费的影响,我认为,这和对马克思思想的不正确理解有密切关系。

三、对马克思关于利息率和经济周期关系基本思想的再认识

如果停留在马克思在《资本论》第三卷第五篇中关于利息率和经济周期关系的直接论述上,就会得出这样的结论:马克思并没有关于利息率对经济周期有重要作用的思想,我们在上面分析的那两种完全不同但都片面的观点在这里都似乎找到了一个共同的基础。因而他们或者只承认利息率在战前有某些作用,竭力否定利息率在战后也有作用;或者回避马克思的论述,只在现象上就国家实行利率政策本身讨论这个作用。这两种倾向实际上都否定利息率在经济周期中的作用是由资本主义经济运动的内在规律决定这一客观必然性。

要正确认识马克思的基本思想,我们必须把眼光放在马克思关于资本主义经济运动的完整分析上。

马克思分析了社会资本再生产运动,论证了货币资本在其中的作用。货币资本具有资本运动的第一推动力的作用,它把分离着的劳动者和生产资料结合为一起,同时,通过它来完成社会产品的实现。在资本周转速度既定的条件下,货币资本的大小关系到生产规模的大小。货币资本在资本运动中具有时间上的第一性和性质上的第二性。因为作为资本在流通过程中采取的形式之一,货币资本的运动是由生产资本的运动决定。

借贷资本是来源于产业资本、独立于产业资本、而又作用于产业资本的货币资本,它在社会资本再生产中发挥着货币资本的作用,它同样具有时间上的第一性和性质上的第二性。不同的是,从个别资本家的角度看,因为产业资本运动只是依次经过购买、生产和出售三个阶段,采取货币资本、生产资本和商品资本三种职能形式,最后回到原来形式的运动。而借贷资本则是货币资本家为获取利息而暂时贷给职能资本家使用的货币资本,它全部运动的形式是 $G—$

$G—W\cdots W'—G'<\dfrac{G}{g}—G''<\dfrac{G}{g}$($g$ 是剩余价值或利润,g' 是利息,$g'<g$,是 g 的一部分),所以,在这当中,作为借贷资本价格的"利息范畴和产业资本本身的运动无关"。[4]但从社会总资本的角度看并不是这样,除资本家自己掌握一部分货币资本外,很大部分货币资本作为借贷资本出现在金融市场上。其实,在借贷资本独立化的条件下,即使是个别资本家,借贷资本也是必需的资金来源,可以说,几乎所有资本家都和借贷资本有联系。

虽然"按照事物的本质,利息是资本价格这种说法,从一开始就是完全不合理的",但是在这里,"价格已经归结为它的纯粹抽象的和没有内容的形式,它不过是对某个按某种方式执行使用价值职能的东西所支付的一定货币额"[5]。利息在形式上表现为借贷资本的价格。像商品价格由商品供求状况决定而同时又可以调节商品供求状况一样,利息率由借贷资本的供求状况决定,同时反过来又可以调节借贷资本的供求状况。

我们可以肯定地说,由于当时的政治、经济条件所决定,马克思没有着重论述利息率在经济周期中的作用,但是,从马克思整个再生产理论看,他并没有否定利息率的作用,因而,我们不能认为马克思没有利息率运动在资本主义再生产周期中有重要作用的思想。

四、马克思的基本思想和国家调节利息率

我们在上面,解决了马克思的利息理论和国家调节下的利息率运动及其作

用之间关系的第一个问题即利息率对经济周期有没有作用？在这里,我们要解决这个关系的第二个问题:国家能否调节利息率？

资产阶级国家是根据凯恩斯主义,主要用改变货币供给量的方法来调节利息率的。

我们知道,货币和借贷资本具有完全不同的性质,货币是充当一般等价物的特殊商品,它是和一般商品经济联系在一起的。而借贷资本则是借贷资本家为获取利息而暂时贷给职能资本家使用的货币资本,是职能资本家用来购买劳动力和生产资料进行剩余价值生产的手段,它和资本主义经济联系在一起。因而,货币不等于借贷资本,凯恩斯和资产阶级经济学家把这两者加以混同是绝对错误的。

然而,就货币和借贷资本的形式而言,两者却有共同之处,借贷资本的一般形式也是货币。这种形式的同一性导致两者之间转化的可能性。这是一方面。

另一方面,在当代主要资本主义国家,信用制度广泛发展,货币通道大多留下了借贷的烙印,货币已经披上了借贷资本的外衣——以借贷的形式出现。从货币的发行看,信用货币作用主要是通过信贷渠道来进行(由国家通过信贷系统发行和控制),它和银行放款、收缩信贷的活动紧密联系在一起;从货币的使用看,"按货币价值计算,至少一切交易的十分之九都用支票偿付,如果用交易次数计算,情况也可能大致相同"。[6]到70年代,在各种存款之间,特别是活期存款和储蓄存款、定期存款之间的转化又日益加速。同时,借贷资本市场的扩大和发展,投资场所的不断增加,人们收入的增加使得人们更加注意比较使用货币的效益,选择货币的用途,这也使战后借贷资本和货币的转化日益加速,因而,战后货币和借贷资本之间的界限和战前相比有所模糊。

正因为战后借贷资本和货币之间存在着这种转化的必然性和特殊性,国家对货币供给量的调节就具有了影响货币量和借贷资本的双重后果,它在一定程度上也调节了借贷资本的数量,从而也在一定程度上调节了利息率。

在经济危机期间,国家增加货币供给量,"通货的绝对量只有在紧迫时期,才对利息率产生决定的影响"[7];同时,此时社会对商品的需求普遍减少,因而增发的货币量可以较多地转化成借贷资本,从而达到降低利息率的目的。

在经济高涨阶段,国家减少货币供给量,由于高涨阶段和危机阶段相比,社会对商品的需求普遍增加,因而,在货币供给减少的同时,借贷资本也随之减少,从而达到提高利息率的目的。

因此,我们既不能不讲货币和借贷资本之间的区别而把两者简单地看成同一个东西,也不能不看战后国家改变货币供给量对利息率的影响。

资产阶级经济学家看到了通过国家调节利息率能够对经济周期发生作用,但是,他们局限在社会经济的表面现象上,没有能够真正认识到:为什么国家能够调节利息率,为什么国家调节下的利息率能对经济周期发生作用? 只有用马克思的利息理论才能对此给出正确的说明,这也是我们在分析国家调节下利息率运动在战后经济周期中的特殊作用时应当而且必须要用马克思利息理论作为基础的原因所在。

参考文献

[1] 马克思.资本论:第三卷[M].北京:人民出版社,1975:404.

[2] 刘絜敖.国外货币金融学说[M].北京:中国展望出版社,1983:259.

[3] (苏)谢·阿·达林.第二次世界大战后的国家垄断资本主义[M].北京:生活·读书·新知三联书店,1975:289.

[4] 马克思.资本论:第三卷[M].北京:人民出版社,1975:415.

[5] 同上,第397页.

[6] (美)萨缪尔森.经济学(上册)[M].北京:商务印书馆,1979:389.

[7] 马克思.资本论:第三卷[M].北京:人民出版社,1975:601.

纸币独立化新辨[①]

纸币能否、是否已经独立化，经济理论界争论已久。在近些年的讨论中，坚持纸币独立化的学者进行了一些新的论证，其中最主要的就是"币材不足论"和"价值比例表现说"，本文就这些论证谈点自己的看法，以和有关学者商榷。

一、非黄金说及其黄金说的缺陷

在较长时间内，许多经济学者认为纸币和黄金是有联系的，其基本依据就是马克思关于货币的一些论述，对于当代纸币（例如人民币），就用它的历史继承性和在国际经济联系中的作用来说明。而有些经济学者极力强调货币形式的发展。他们认为，人民币已经和黄金割断了联系。在和"黄金说"的论战中，"非黄金说"又从经验、现象的说明转向理论方面的论证。先是李崇淮教授提出了币材不足论，之后有些经济学者又试图从马克思货币理论上来论证。陈伟恕同志提出，纸币独立化的内在根据是价值尺度的观念性和流通手段的象征性。[1]曹廷贵同志也认为，只要各种商品在历史上被充分价值尺度的货币商品计量过，现实交换中作为尺度单位的就仅仅表现各种商品的价值比例，货币商品不再是交换的对象，可以换一个东西来表示这一比例。[2]因为他们都强调货币仅仅表现价值的比例，我们把它称为"价值比例表现说"。

从两种学说争论的历史和现状看，我们不难发现，"黄金说"面临的挑战是何等的严峻，"黄金说"的缺陷又是何等的严重。蒋学模教授指出过这一点，但未具体说明。[3]我认为主要是：第一，随着经济发展，纸币和黄金的外部联系确

① 本文作者金雪军，最初发表在《浙江大学学报（社会科学版）》1987年第1期。

实日益减少,必须对这一事实作出合理的回答。第二,"非黄金说"提出了一系列的观点,如币材不足论、价值比例表现说,必须对此进行正面的分析。但至今为止,"黄金说"基本上没有给以正面回答。第三,"黄金说"的论证存在着许多不足之处,例如,历史继承性和横向经济联系的分析并没有真正说明纸币为什么必须代表黄金,而且,与此相反的事实也不断出现。

然而,"黄金说"的缺陷是否意味着"非黄金说"是正确的呢? 我们的回答是否定的。

二、关于"币材不足论"

"币材不足论"虽然是在近几年才被正式提出来的,但是,其思想很早就已存在。如在 60 年代,有的经济学者就提出:如果货币必须代表一定金量,社会就需投入大量资源去从事货币材料的生产,如果黄金生产不能满足流通需要,就会给商品流通带来不便。[4]李崇淮教授以为:"随着社会生产力的发展,商品种类越来越多,每种商品的数量越来越大,处在相对价值形式一端的商品总价值量也越来越大,……但是处于等价物一端的特殊商品只是一种商品,它的产量有限,即使把它的符号和流通速度计算在内,也很难赶上处于相对价值形式一端的商品总价值。当这种作为等价物的币材所提供的价值量(包括代表这种币材的价值符号在内)不能适应商品生产和交换的需要时,就会引起币材本身的变化。这时,作为特殊商品的某种币材就会让位于较能适应这种需要的另一种货币材料(如贱金属让位于贵金属)。"[5]由于黄金处于这种状况,因此它不适于充当货币。这种观点已经成为非黄金说的重要依据。

我认为这个观点是不能成立的。第一,它和货币发展史不相符合。对此,有的同志已经指出,按这种观点,"货币发展史就应该倒过来。至少不应该从贱金属到贵金属,而应该从贵金属向贱金属发展了"[6]。第二,在马克思对价值形式和货币形式发展的分析中,论述充当货币的商品价值量大小必须能适应商品流通的需要时,是在既假定没有价值符号,又暂时舍弃掉货币流通速度时,用货币商品自身实体执行流通手段的前提下提出来的。着重考虑的是由于交易频繁、商品交换批量增大,单次交换要求实现商品价值的货币在价值量上与此相适应。第三,用币材不足来论证,充其量是从价值量方面来进行的,但是,对价值量方面的论证必须以价值质方面的分析为前提。第四,更重要的是,币材不足论自身是存在矛盾的。这个矛盾表现在:它是以承认处于相对价值形式和等价形式两极都是商品为前提,而它所要求代替等价物的却是本身无价值的纸币;它以为黄金之所以不能充当货币是因为其价值量不够适应商品交换的需要,但是,它同时又认为本身并没有价值的纸币可以适应商品交换的需要;它认为商品交换的扩大要求有一种价值比黄金价值更大的币材,但又认为,无价值的纸币就可以充当这种币材。不知道坚持币材不足论的学者是否考虑到了这些矛盾。第五,它并没有真正认识实际的货币流通。商品交换就其范围看,可以分为个别交换和整个社会范围的交换。就个别交换看,币材问题的关键是其单位价值量的大小。随着商品生产的发展,小额交换过渡到成批量的大额交易,这个状况要求从单位价值较小的货币过渡到单位价值较大的货币。就整个社会范围的交换来看,社会范围的商品交换是商品个别交换的总和,由于个别商品的价值计量和该种商品数量的乘积就是社会范围该种商品的价值计量,因而,个别商品的价值计量也就可以满足社会该种商品价值计量的要求。同时,社会范围的商品交换是个别商品交换的相互交错,在任何时候,总有一定的商品停留在流通领域。由于货币执行流通手段职能只是起转瞬即逝的交换媒介作用,因而,在流通领域中始终存留着一个和商品流通相适应并不需要现实货币的货币常量。在商品交换扩大,社会商品总额增加时,如果货币流通速度的提高跟不上社会商品总额的扩大,这个常数就会扩大。如果货币流通速度的提高和社会商品总额增加同比例,这个常数就会不变。在当代,随着信用制度发展,商品交换互相抵销的数额也越来越大,货币的实际流通只在数额很小的范围内存在。因此,无论从计量还是从交换来看,都不存在币材不足论所说的情况。

可见,币材不足论并没有说明纸币独立化的必然性。

三、"价值比例表现说"能成立吗?

如果说"币材不足论"是从量的角度对商品充当货币提出异议,那么"价值比例表现说"则试图从质的方面寻找纸币独立充当货币的依据。这种观点的基本点是:价值是从交换中产生的,表现价值就是再现价值关系或交换关系。由于这种关系只是商品之间的关系,一般等价物只是这种关系的代表,只是一种价值量的公约,只要社会承认通过它来建立彼此相等而又在量上相互比较的价值关系,那么其本身为何物,即使是一个单纯的符号,也可以,不仅是可以而且是必然的。[7]它试图弥补以往"非黄金说"没有正面论及"黄金说"基本论证的缺陷,从价值论着手,也就是从货币的本质着手来论证"非黄金说"合理性。然而,它同样是不能令人信服的。其存在的主要问题是:(1)它的出发点并不正确。它是从分析"价值是从交换中产生的"开始的。它是这样推理的:价值是商品的属性,不用来交换的劳动产品不是商品,从而也没有价值,所以价值是从交换中产生的。但是,这种推理必须有一个特定的前提,即仅仅是在产品和商品之间进行比较。用这个特殊前提下的推理来作为一般条件下的结论是不科学的。事实上,一旦超出这个前提,结论就不正确。因为交换的对象多种多样,但价值却是特定的,不是劳动产品的交换同样不可能产生价值。换句话说,不是一般的交换就能产生价值,只有和劳动产品联系在一起,才能说明价值的产生。(2)纸币充当一般等价物,如何再现价值关系,"价值比例表现论"未能回答,只好把它归于不同商品在历史上被充分价值尺度的货币商品(如黄金)计量之后。而这样,它仍然没有说明,离开了货币商品,纸币如何独立表现价值关系。(3)关于货币形式从金属货币发展到纸币的原因,"价值比例表现说"并未正确说明。根据这种观点,货币形式之所以不断发展变化,是由于商品货币形式与货币职能之间存在矛盾。但在具体论述该过程时,它仅仅停留在贵金属以前的商品货币更替上。而对于贵金属怎样存在这一矛盾,只好借助于币材不足论来说明。对于币材不足论,我们刚才已详细进行了分析。(4)根据这种观点,纸币充当一般等价物的条件是通过它能够建立起彼此相等而又在量上可相互比较的价值关系。那么,如何建立这种关系呢?它并没有清楚地说明。只是说市场是现实的尺子,货币是观念的尺子。在物物交换阶段,商品值多少尚可说市场来确定。但物物交换过渡到以货币为媒介的商品交换后,离开了货币,市场是无法确定各个商品值多少的。无论从逻辑上还是从现实情况看,商品之间的交换总是首先表现为商品和货币之间的交换。如果说纸币能独立充当货币,必须在投入市场前就规定其代表一定的价值量。但是,规定多少?由谁来规定?根据什么来规定?这些问题还是不能解决。可见,它实际上并没有真正了解物物交换和以货币为媒介的商品交换之间存在重大差别。(5)"价值比例表现说"本身是有矛盾的。它既承认价值作为一种生产关系是包括生产过程和交换过程在内的特殊社会生产过程的产物,但是又把价值关系仅仅归结为交换本身;它既认为货币只是观念的尺子,反映由市场上所确定的商品之间在量上可比较的价值关系,但是又认为这个关系要通过只起观念反映作用的纸币在现实作用中建立。

可见,"价值比例表现说"也不能够说明纸币独立化的必然性。

四、如何看待"纸币独立"的现象

我们认为纸币独立化没有客观必然性,但这并不否定在现实经济生活中纸币似乎"独立"的现象。无论在我国,还是在主要资本主义国家,甚至在国际货币流通领域,这种现象都有所存在。

纸币似乎独立的现象怎么会形成? 我认为,其原因是客观的,过程是渐进的。

首先,它根源于货币机能的特点。货币是价值尺度和流通手段职能的辩证统一。统一表现在:两者合一才成为货币;同时,两者又互为前提。货币之所以能执行流通手段职能,是因为一切商品的价值都通过货币商品来表现;货币之所以能起价值尺度作用,是因为在现实生活中货币实际充当商品交换的媒介。区别表现在:这两个职能反映着货币的两个属性(表现价值和实现价值),在逻辑上和商品交换的具体过程中两者也有先后之分。虽然要以商品价值和货币价值的实际对比关系为基础,而货币的实际价值不能是观念的,但是,货币在具体执行价值尺度职能时,只要在观念上就可以了。在现象上又是通过金标准的货币名称或法定的计算名称来表示的。货币似乎仅充当计算的工具,从而掩盖了绝对等价物实体的存在。货币执行流通手段职能尽管要以货币执行价值尺度职能为前提,然而,我们前面已分析过,在商品流通所需要的货币量这一货币常数的限度内,并不需要实际货币,也不需要兑换货币。正因为在现实生活中并不需要实际货币流通,人们只看到流通的价值符号,看不到现象背后纸币和绝对等价物商品的联系,从而就有可能产生纸币可以独立的幻觉。

其次,它起因于货币的外在表现。价格是价值的外在表现。价格又是相对独立的,它只是就一个长时期的平均值来说和价值相一致,需要经过理论分析才能认识。在现实生活中,按照等价物价值和商品价值的关系建立起来的价格体系随着各种因素的影响而经常变化乃至变形。人们既不容易看到价格和等价物商品价值变化的联系,也看不到价格体系赖以建立的基础是一般等价物价值和商品价值比例关系,只看到变化、变形之后的价格体系,只看到按这种价格体系发生作用的纸币,当然会产生纸币独立的幻觉。

再次,它形成于货币制度的发展。货币制度发展的突出表现是信用制度的扩大。虽然信用制度本身不能解决独立衡量商品价值的问题,然而,信用制度把现金流通排挤到越来越小的范围。这样,原来起源于货币支付手段职能的信用制度在现实生活中似乎可以排挤货币流通,至于信用制度的基础是支付手段,支付手段要以价值尺度为前提,信用制度要依据价格体系并遵循货币运动规律等实质关系在现象上就看不清楚了。

又次,它加深于国家对经济的干预。20 世纪以来,货币越来越成为国家干预经济生活的一个重要工具,表现为国家手中人为控制的手段。这进一步加深了纸币和黄金完全相脱离的假象。之所以这样说,因为国家用货币政策干预经济本质上属于上层建筑对经济的反作用,不能看成是货币运动的内在规律;国家用货币政策干预经济,着重在控制货币流通量的变化,这实际上受限于货币执行流通手段职能的范围;国家往往通过纸币贬值或升值来干预经济,而纸币贬值、升值本身就说明了金属货币和纸币的关系;国家干预经济在危机阶段往往最显著,而正是在危机阶段,人们纷纷抛弃纸币抢购黄金;正是加强国家垄断资本主义的国家,那些政府反而不断加强黄金储备。

最后,它发展于特定的国际条件下。第二次世界大战后,国际环境相对稳定。这既使国际交换关系相对扩大,从而使货币的流通手段、支付手段起作用的范围进一步扩大,又使各国之间的关系进一步协调。这样纸币可以在一定程度上在国际流通领域执行流通手段的职能。这进一步造成了纸币独立的假象。尽管国际货币制度要以各国货币制度为基础;特别提款权是作为充当国际支付手段的美元的替代物出现,而美元危机正是意味着美元本身超过了代替黄金执行流通手段职能的数量,离开了黄金,美元就不能充当世界货币。

可见,正是因为在社会经济活动中,存在着各种影响,使得纸币独立的现象一步步形成和加深。

因而,我们仍然有理由说:"纸币独立"是纸币不独立的外在表现,"纸币独立"的本质在于纸币不独立。它不过是本质和现象不相协调的事物海洋中的一朵浪花。

参考文献

[1] 陈伟恕. 黄金非货币化是历史的必然[J]. 经济研究,1982(7)：54-59 +26.

[2][6][7]曹廷贵. 货币本质新探[J]. 南开学报,1986(2)：9-14.

[3] 蒋学模. 关于人民币价值基础不是黄金说的几点质疑[J]. 复旦学报,1984(2)：5-10.

[4] 王积业. 货币购买力的测定方法[J]. 经济研究,1964(5)：21-27.

[5] 李淮崇. 论货币形式发展的新阶段[J]. 中国社会科学,1982(2)：79-98.

大股票市场论

——股票市场发展的共性、特性与如何发展我国股票市场的设想①

    1.股票市场的发展是有一般规律可循的。所谓股票市场发展的一般规律，就是指股票市场发展过程中的内在必然性。股票市场发展的一般规律性可概括为以下诸方面。

    其一，股票市场与经济发展有密切关系。一方面，社会经济的发展推动股票制度与股票市场的发展，而股票制度与股票市场的发展又促进社会经济进一步发展，两者呈现相互制约、相互促进的关系。另一方面，股票市场与股票制度在社会经济运行中的地位不断提高，且与社会经济运行的关系越来越紧密，股票市场已经成为现代经济的重要组成部分。这不但在西方发达国家是这样，对于发展中国家来说也是如此。70年代以来，随着发展中国家经济较快发展，股票市场也不断扩大，仅在十多年时间中，就有几十个发展中国家开办了股票市场。

    其二，股票市场的基础是股份制度。这一点从世界股票市场发展史中可以清楚地看到，各个国家与地区股票市场发展进程也都给予了证明。一般说来，如一国股份制度比较发达，则该国股票市场发展也较快；反之，一国股份制度比较落后，则该国股票市场发展也必然受到阻碍。

    其三，股票的种类由少到多，分类越来越细。初期，股票往往只有普通股票和优先股票，但随着经济发展，发行股票的企业不断增加，相互之间筹资竞争越来越激烈，相应的，新的股票品种不断涌现，甚至出现了一些具有债券某些性质

---

① 本文作者金雪军，最初发表在《金融新论》，黄山书社1993年版。

的股票,如偿还股票、无表决权股票等。

其四,股票交易越来越向多层次体系化发展。股票交易的形式由简单到复杂,由少到多,从最初的现货交易开始发展到现在的现货交易、期货交易、预约购回、期权交易、信用交易等多种交易方式。同时,尽管场外交易往往早于证券交易所,然而,由于证券交易所具有的特殊优点,建立证券交易所成为发展股票市场的必然要求,但证券交易所也不能完全取代场外交易,因此,即使是证券交易所交易十分发达的国家也依然存在着场外交易。不仅如此,证券交易所交易与场外交易的同时存在促使第三和第四市场的产生,从而形成一个多层次的股票交易市场体系。

其五,股票业务的完成手段由手工到机械并越来越向电子化、自动化发展。股票市场越发展,股票业务量越扩大,证券业之间的竞争越激烈,人们对股票运行效率的要求越高。同时,以电子计算机为中心的新技术革命也为这一发展创造了基本技术条件。

其六,股票市场从分散到统一,由区域性到全国性并向国际化的方向发展。从世界各国与地区股票市场发展的道路看,大都经过由某一城市开始,几个城市分散进行到相互联网成一体的过程,股票业务完成手段电子化也为此提供了技术条件。这是现代商品经济必须具有资源广泛流动性的客观要求所决定。不仅如此,随着世界各国经济联系的加强,许多国家的股票市场走上了国际化道路,即使是发展中国家也是如此。

其七,股票管理走向法制化。由于股票运行具有影响广泛、投机性强等特点,股票市场发展过程中客观存在的投机风潮及对社会经济产生严重影响的现实,各国在股票市场发展过程中,都特别强调运用法律手段进行管理,制定实施了一系列关于股票管理的法律法规,并附之以十分具体的实施细则,股票管理比其他经济领域的管理在法律化方面显得更为突出。

其八,股票市场发展是分阶段分步骤进行的。尽管发展股票市场是现代商品经济发展的必然要求,然而,股票市场的发展是需要有一系列条件的。因此,发展股票市场只能分阶段进行,不可能一步到位。从不成熟到成熟,是世界各国与地区股票市场发展的必经之路。

由于社会经济历史条件的差别,世界各国与地区股票市场的发展也有不同的特点。突出的有:

(1)股票市场与经济运行关系的紧密程度存在着差别。由于经济发展水平、金融业的状况、企业的性质、人们收入水平的差别等原因,一些国家,主要是美、英等国,股票市场与经济的关系十分密切,而另外一些国家则较松,例如法国和联邦德国。法国是一个历史上具有高利贷性质的国家,这种传统对股票市场发展带来了严重影响,直到 80 年代,法国企业的资金来源仍以银行和金融机构的贷款为主,股票仅占家庭资产的 6.2%。联邦德国在第二次世界大战后重建经济过程中,企业的资金来源也主要靠银行贷款。1982 年,股份制企业只占全国企业的 0.1%,股票可以上市交易的企业只占股份制企业的 21.4%。1975年以后股票时价总额占国民生产总值的比例只有 10.7%,而美国约有 50%。直到近些年来,法国、联邦德国开始意识到股票的重要性,采取了一系列措施促进股票市场的发展。

(2)股票市场与债券市场对证券市场形成的作用存在着差别。尽管股票市场与债券市场是证券市场的两个基本组成部分,然而,由于各国与地区的情况不同,两者在证券市场发展过程中的地位也不同。具体说来,可以分为三种情况:一是股票市场与债券市场同时对证券市场的产生起推动作用。例如英国,政府债券与股票几乎同时成为最初的证券市场交易对象。二是债券市场对证券市场的产生起了第一推动作用。如美国,其证券市场是从国债市场起步的,最早的证券交易对象是独立战争时期发行的巨额国债。三是股票对证券市场的产生起了第一推动作用。例如我国香港地区就是如此。香港的证券交易始于 19 世纪 60 年代的股票交易,其股票市场正式形成于 19 世纪 90 年代。

(3)股票的具体种类存在着差别。具体一种股票的设计与出现取决于多种因素。由于欧美国家的股份经济发展已有相当长的历史,股票市场在整个金融市场中居于中心地位,企业在股票市场上筹集资金的竞争也比较激烈,因此,股票的种类较多。而有些国家,主要是一些发展中国家股票的种类较少,也比较简单。

(4)股票市场内部格局存在差别。它在几个方面表现出来。一是发行市场与流通市场的比重。有些国家,主要是一些欧美国家,由于近年来垄断资本集团的发展,资本实力不断增强,内部积累也日益增多,通过股票市场筹措资本的要求减弱,通过股票投资进行资本控制的要求日益强烈。因此,股票活动的重心也相应由股票发行市场上的活动转向流通市场上的活动。而另外一些国家,股票市场活动的重心仍然放在扩大发行市场上。二是交易市场内部如场外交易与交易所交易之间的比重,二级市场中第三、第四市场占的比重,各个国家与地区在这些方面均有很大差别。至于股票发行与交易的具体方式,差别就更大了。

(5)股票业务完成手段存在着差别。有些国家已经完全实现电子化甚至采用了卫星通信手段;而另一些国家的股票交易还用手工,甚至用粉笔、黑板作为价格显示手段。

(6)股票市场的国际化程度存在着差别。股票市场的国际化突出地反映了一国的经济实力,只有具备强大的经济实力才能促使一个国家的国际股票融资活动趋于活跃。因此,经济实力的差别使各国与地区股票市场向国际化方向发展的速度、时间、方式等产生了差别。英国与美国分别是 19 世纪和 20 世纪实力最强的资本主义国家,两国股票的国际化起步最早,发展也最快,欧美其他国家如法国、联邦德国和日本等国也都是随着经济实力的增强而加快股票国际化步伐的。但至今为止,也有一些国家股票国际化刚刚起步,甚至还没有起步,有的国家甚至连全国一体化的格局也尚未形成。

(7)股票管理的形式存在着差别。欧美国家对股票活动的干预和管理,基本上采取间接控制的方式,其管理重心主要在对股票交易人的资格、股票和交易行为合法性进行管理,对交易形式与交易数量限制较少。而日本则采取比较严格的管理,尽管存在着竞争,但是"自我克制"与行为协调随处可见,政府对于东京股票市场直接进行监督,对于市场上股票一天内价格波动幅度都有规定。同时,一些大证券公司控制了东京证券市场 60% 以上的交易。至于具体的股票管理体制,其差别则更大,有以制定专门法律,注重政府管理与实施公开原则为特点的美国体系;有以主要依赖于自律组织自我管理为特点的英国体系;有以强调实质性管理的欧洲大陆体系;还有一些国家则综合运用上述原则。政府管理股票的机构也有多种类型。有成立专门独立管理机构的,如美国、意大利等;有通过财政部管理的,如日本等;有中央银行参与管理的,如英国、联邦德国等。

(8)股票市场发展各阶段经历的时间与采取的具体步骤也有差别。大致说来,像英国、美国等股票市场发展较早的国家,从股票市场起步发展到较大规模经历的时间较长。英国从股份制度的产生到现代股份制度最终确立经过了数百年的发展过程。而股票市场发展较晚的国家与地区大都是在吸取发展较早国家的经验教训并结合本国的实际情况建立与发展股票市场的,其起点一般较高。例如日本发展股票市场,一开始就参照当时英国股票市场管理制度与法律颁布了交易条例,并随之创立了证券交易所,其股票交易的出现与股票交易法规的制定、证券交易所的建立均在 20 多年时间中完成。

上面的分析是在不考虑社会经济制度的情况下进行的。在不同社会经济制度下,股票市场产生的经济基础、股票发行的目的、股票流通状况、股票收益分配以及股票管理机制也存在着差别，对此，理论界已有一些论文论及，不再赘述。

从对股票市场发展一般规律和各国与地区股票市场发展特殊性的分析，可以得出我国股票市场发展的基本思路：中国应该而且完全可以在遵循股票市场发展一般规律的同时，寻找一条适合我国国情的股票市场发展道路。那种只强调股票市场发展的共性而否定它在不同国家与地区具有特殊性，主张完全根据西方发达国家股票市场发展模式进行，否定我国股票市场发展需要有一条特殊道路的观点是不正确的。那种强调各国国情的差别而看不到股票市场发展所具有的一般规律的观点也是不科学的。

2.股票可以分为两类，一是面向社会公开发行并在证券交易所公开上市交易的，二是面向社会公开发行但未在证券交易所上市交易或不面向社会公开发行，也不是在证券交易所上市交易的。我们可把前者叫做"公开市场"，把后者叫做"非公开市场"。目前，在经济界和金融界有一种非常流行的观点，认为股票发行应该主要面向整个社会，股票交易必须在证券交易所集中进行。确实，股票的这种发行与交易方式有利于社会对股票市场的集中管理，然而，这种方式不利于我国发展股份制度与股票市场，不利于解决我国现阶段股票市场存在的问题。首先我国发展股份制度与股票市场主要有两个目的，一是为了满足企业筹集资金的需要，二是为了改善企业行为。两个目的相比较，显然改善企业行为更为重要。这不但是因为企业行为问题是我国企业与社会经济发展中的关键问题，而且也是因为如果单纯考虑筹资问题，可以有银行贷款、财政拨款、发行企业债券、商业信用负债等多种渠道，并不一定要采用股份与股票形式。由于企业行为不够合理是我国企业中普遍存在的问题，因此，少数企业实行股份制，发行股票并不能解决这一问题。其次，从我国企业的现状看，实际的状况与上述流行观点主张的方式之间存在着明显的矛盾。这是因为一方面，按照"公开市场"的要求，只有经济效益好的企业才能够面向社会发行股票并在证券交易所公开上市交易；另一方面，恰恰因为存在着企业行为不合理，经济效益低下，企业活力不够的状况，才提出了实行股份制，发展股票市场，从而通过这一手段来解决这些问题的要求。如果我们拘泥于"公开市场"的观点，是无法解决这一矛盾的，也是违背我们实行股份制度，发展股票市场的初衷的。再次，从我国股票市场的实际状况看，股票供不应求是目前股票市场存在一些问题的基本原因，而股票发行是股票流通市场的水之源，股份制度是股票发行的树之根。源远水长，根深叶茂，没有股份制度的广泛推行，是不可能较多、较快增加股票供给的，没有股票供给较多、较快的增加，要活跃股票流通，实行股票交易市场的顺畅运行也是做不到的。又次，从"公开市场"与"非公开市场"的相互关系看，一方面，"公开市场"的存在和发展对处于"非公开市场"的企业股票，并通过这些股票向发行股票的企业提出了要求与方向，促使企业充分发挥股票对企业经济运行的积极作用，改善企业行为，提高企业效益，增强企业活力，争取股票进入"公开市场"。另一方面，"非公开市场"的存在与发展使"公开市场"有更稳固的基础，它不但是"公开市场"参与主体、交易对象的生力军与后备军，而且其存在与发展本身就缓解了"公开市场"供求之间的矛盾。可以说，"公开市场"与"非公开市场"的并存与结合将是中国股票市场发展最基本的特点之一。作为对这一特点的概括，我们提出"大股票市场"的概念，以区别于局限在"公开市场"意义上论述的"股票市场"。我们认为，"大股票市场"的存在和发展直接制约着证券交易所的运行和发展，制约着证券交易所市场各构成要素的状况。要活跃中国的证券交易所，发展中国股票市场，应立足于"大股票市场"。

从发展"大股票市场"的角度出发，从全国整体看，我们对如何发展中国股票市场，提出下列具体设想。

其一，股份制度的实行宜采取新老企业并行，先以新建企业为主，后以老企业为主的方法。这是由老企业实行股份制需要对原有资产进行核算、评估、分配，从而需要一套科学而合理的指标与方法。相比之下，新建企业在这方面的关系比较简单。但由于实行股份制度的基本目的是改善企业行为，而企业行为不合理的问题在老企业中不但普遍存在，而且往往更为明显，因此，在对资产核算、评估、分配的合理指标与方法的条件具备后，应及时在老企业中推广。

其二，股票的发行和购买宜采取企业内进行与社会化并存，先企业内进行为主后社会化的方法。这既是考虑到当前发展股份制企业的迫切需要，又是考虑到目前对股票的发行、购买和股票市场的管理都还没有一套比较健全的方法和制度。用股份制形式代替国家所有制形式，尚需经过少数企业的试点。具体方法是：第一步，股票的发行主要由企业自己进行，企业的股票主要由国家、企业和该企业的职工购买。这可以先在那些职工具有较多闲置货币的企业中进行。从实际情况看，现在不少企业的职工是有能力购买的。随着经济发展，职工收入会相应提高，购买股票的潜力也会增大。第二步，股票的发行通过金融机构面向社会来进行，对于企业股票，国家、企业、企业职工和社会上其他成员均可购买。

其三，股票与债券的关系宜采取股票市场与债券市场并行，逐步扩大股票市场比重的方法。从我国实际情况看,发展股份制与股票市场,既是为了资金融通,又是为了影响企业行为,相比之下,股票比债券更为重要。同时,发行政府债券一方面是为了筹集资金,另一方面也是为了能对股票市场起影响作用,在股票市场未发展前,后一作用并不能充分发挥。发展股份制度与股票市场较发展债券市场更为重要,但是,难度也更大。因此,需要人们花费更大的精力,做更多的工作。其实,企业债券制度的充分发展和股份制度有着相当密切的关系。这是因为只有在企业能够长期自主支配企业的财产,完全自负盈亏,生存和发展完全依赖于自身的条件下,企业才能从经济运行的实际需要出发发行债券,才会摆脱一方面把企业的资金积累过多地用于职工分配和福利,另一方面又用发行债券来弥补缺口的局面,也可以说,才有为促使经济顺畅运行而发行债券的足够动力和压力。因此,我们认为,在继续发展债券市场的同时,应特别重视股票市场的发展,当前应在股票市场与债券市场并存的条件下促使股票市场的比重上升。

其四,股票转让与交易宜采取交易所交易、金融机构贴现与交易和企业内转让并存,先以金融机构贴现与交易和企业内转让为主后以证券交易所为主的方法。这是因为股票的交易在股票的发行和购买以企业内进行为主的情况下,尚无必要大量进入面向全社会的证券交易所交易。但股票的性质要求它可以转让,因此应允许股票在企业内转让,有些可通过金融机构进行股票贴现与交易。随着股票发行与购买转向以社会化为主,现有的证券交易所辐射面扩大,证券交易所数量的增加,股票的交易逐渐转向以证券交易所为主进行。

其五,股票管理与调控宜在法制化的前提下采取税收调节与利率调节并存,先以税收调节为主,后以利率调节为主的方法。因为现阶段利率既不能有较大的浮动,调整利息率频率也不高。同时,对经济效益较差的企业实行股份制,有一个如何建立投资及向投资看齐的心理,创造企业职工愿意购买股票的环境;而对于经济效益好的企业发行股票的买卖,又有一个避免因股利与资本增值而引起人们收入分配过分悬殊的要求,因此,第一步宜用税收调节的方法。第二步是以利息率调节为主。因为运用利息率杠杆可以更为灵活地调节股票价格,在宏观上管理好股票市场,其前提则是要建立一个浮动利率制度。

其六,股票业务完成手段宜采取手工机械与自动化并存,这是由股票发行与交易状况决定的。

其七,股票市场格局宜采取面向国内与国际市场并行,先以发展国内股票市场为重点的方法。股票国际化是股票市场发展的一般规律,对外筹资、利用外资又是我国经济发展的基本方针，而通过股票市场吸引外资又具有不增加外债而又引进外资，把筹资对象扩大到对产业陌生的私人与机构等突出优点。并使国内经济与国际经济的联系更为直接，这虽有助于我国企业走向国际市场，但也使世界股市动荡对我国股市的冲击成为可能。从目前的情况看，无论是国家管理与调控水平，还是公众的经济与心理承受能力均难以应付频繁出现、幅度较大的国际股市动荡的冲击。同时，我国发展股票市场的主要目的是推动股份制度的扩大与完善。由于我国目前改善企业行为、增强企业活力比资金问题更重要，在资金方面，启动国内近 3000 亿美元的闲置资金比吸引外资更为迫切，因此应先以发展国内股票市场为主，并逐步创造条件，扩大国际股票融资的比重。

其八，股票市场发展步骤宜采取分阶段与跳跃式并存的方法。一方面，我们应该吸取世界上股票市场发达国家发展股票市场的经验教训，即股票法制建设、股票管理机构，股票交易所的兴建不但不能太晚，而且应作为发展股票市场的条件。另一方面，应根据我国实际情况和股票市场发展的进程，不能急于求成。

股份制企业内部分配的思考①

随着我国股份制企业的增多,股份制企业内部分配问题也显得越来越突出,关于股份制企业内部分配,需要解决三个主要问题:一是股利分配中如何处理各股东之间的关系;二是工资分配中如何体现劳动差别;三是如何处理按资分配与按劳分配的关系。本文试就这些问题作一初步的探讨。

一

"股权平等、同股同利、利益分享、风险共担"是股利分配的基本原则,我国股份制企业股利分配也应坚持国家股东、企业股东、职工个人股东与企业外股东利益兼顾的原则。

股利是股息和红利的合称。按照风险与权益一致的规范要求,股息因为相对稳定而适宜于优先股,红利则因为完全随企业盈利状况变动而变动适宜于普通股。由于优先股股息相对固定,且优先股是介于普通股与债券之间的股份,因此,其股息的确定较为简单。相比之下,红利的确定问题就要复杂得多。对红利确定而言,目前存在着两个尚未解决的问题。

其一,对红利分配是否需要进行控制,如何控制。有的学者认为,红利分配不宜采取限制政策。这种观点是从对股票投资者吸引力的角度出发的。然而,股票购买与投资只是股票运动中的一环。股份经济发展与股票顺畅运行取决于多方面的因素。例如,从我国的情况看,股票运行既要考虑个人投资者利益,也要考虑国家的财政收入,还要处理好按资分配与按劳分配的关系等,而如果

---

① 本文作者金雪军,最初发表在《中国工业经济》1994 年第 1 期。

对红利分配不加限制,则容易出现挤占国家财政收入的现象,甚至会出现盈余时过多作为红利分配而亏损时则由国家承担的不合理现象。因此,必须对红利分配实行有效控制。

如何控制红利分配。有的学者提出了确定红利上限的观点,即不管企业经济效益如何,企业只能以此为限发放。然而,红利作为普通股股东的基本收益,必须与企业的经营状况好坏、盈利有直接联系,只有这样,才能体现风险与收益相一致的原则。而规定红利上限不符合这一原则,将影响人们投资、关心企业的积极性。同时,股票在经济中多方面功能的发挥依赖于一个能灵活变动的股票价格机制,而红利上限的确定将不利于股票价格灵活、及时的变动。由于我国目前还处于股份制企业的起步阶段,国家、企业与个人股份在企业中的关系并未完全理顺,红利上限的确定容易使企业不管自身经济效益如何,都按上限规定发放红利,出现攀比红利率的状况,这显然是不符合股份经济基本原则的。因此,对股票红利分配不宜采取直接限制上限的方法,相比之下,采用累进税方法进行间接控制更为适宜。即根据不同数额的红利额征收所得税,按一定比例与等级递增。这样,红利分配既能体现不同企业的盈利状况,又能把红利额控制在一定幅度以内。

其二,采取何种方式分配红利。对此,目前在经济学界也存在着两种不同的观点:一种认为先征税后分红;另一种观点正好相反,强调应分红后征税。如何看待这一问题,可以通过以下分析得出结论。

假设一个股份制企业有 100 单位股份,其中国家股为 60 单位,企业股为 30 单位,个人股为 10 单位,资金利润率为 30%,即实现利润为 30 单位。如按第一种方法,按实现利润总额 35% 交税后余下分红:

$$分红率 = \frac{实现利润 - 实现利润 \times 税率}{总股份单位}$$

$$= \frac{30 - 30 \times 35\%}{100} = 19.5\%$$

国家所得 = 实现利润 × 税率 + 国家股 × 分红率

$$= 30 \times 35\% + 60 \times 19.5\% = 10.5 + 11.7 = 22.2$$

企业所得 = 企业股 × 分红率 = $30 \times 19.5\% = 5.85$

个人股所得 = 个人股 × 分红率 = $10 \times 19.5\% = 1.95$

由此可得下表

	所得	股份占总股份比例	所得占实现利润比例
国家	22.2	60%	74%
企业股	5.85	30%	19.5%
个人股	1.95	10%	6.5%

如按第二种方法：

$$分红率=\frac{实现利润}{总股份单位}=\frac{30}{100}=30\%$$

国家股所得＝国家股×分红率＝60×30%＝18

企业股所得＝企业股×分红率＝30×30%＝9

个人股所得＝个人股×分红率＝10×30%＝3

然后按国家统一税法纳税，国家股份属国家所得不缴税，企业股与个人股缴所得税。税率为35%，那么：

企业股实得＝9－9×35%＝9－3.15＝5.85

个人股实得＝3－3×35%＝3－1.05＝1.95

国家所得＝国家股所得＋税收＝18＋3.15＋1.05＝22.2

由此可得下表

	所得	股份占总股份比例	所得占实现利润比例
国家	22.2	60%	74%
企业股	5.85	30%	19.5%
个人股	1.95	10%	6.5%

如果税率相同，上述两种方法计算的结果完全相同，可见，问题并不在于目前经济学界争论双方所认为的是先税后分还是先分后税，问题的关键在于两种方法上税率的确定是否存在差别。

在实行累进所得税条件下，缴税主体的数量及收益的分布状况对于税收总额有十分重要的影响。一般说来，缴税主体的数量越多，纳税前收益分布越广，越均匀，则税收总额就少；反之，则多。从两种方式的比较看，显然，第一种方式纳税主体数量与纳税前收益分布集中，而第二种方法由于收益分布在国家、企业和个人手中，个人数量还较多，因此，第二种方式纳税主体数量与纳税前收益分布分散，可见，第二种方式缴税的数量要小于第一种方式。也就是说，按第二种方式，国家所得到的收益要小于按第一种方式所得到的收益。

有人可能会说,按上述计算结果,国家股占 60%,国家实际所得有 74%,而企业与个人股东收益比例明显要小于股份比例,因此,应减少国家所得,为了达到这一要求,应采取第二种方式。这种观点是值得商榷的。这是因为对于股份制企业而言,国家有双重身份,一是所有者即股东,二是整个社会的管理者。因此,如果强调必须按国家股所占比例与收益所占比例一致与否来衡量股份制企业的分配,其实就否定了国家作为社会管理者的作用,这当然是不现实的,也是不合理的。无论从国家双重作用的角度,还是从现实生产中为了兼顾企业、个人利益与国家利益的角度,均不宜采取第二种方式。

二

对于股份制企业内部工资分配要贯彻按劳分配的原则,其合理与否的关键在于能否使劳动差别得到合理体现。

关于劳动差别,现在比较普遍的看法是,除了考虑劳动时间和强度之外,还要考虑劳动复杂程度的差别。我们可以把这种观点叫做"三种差别"论。然而在现实中,劳动差别还应包括以下两个方面:

第一,劳动有害程度。有害劳动是指在从事直接或间接对人的体质或机能产生损伤的劳动,如非正常的工作环境(如水下、地下、高空、高温、高寒、接触有害物质等)。由于有害劳动对人的身体产生损伤,它像劳动时间、劳动强度一样影响劳动力的生产和再生产,因此,必须在分配劳动报酬时考虑这个因素。

第二,劳动吸引力程度。从最广义的角度讲,任何一种劳动差别,都存在着对劳动者吸引力大小的问题。而我们这里所说的劳动力吸引程度是指除上述差别以外由其他因素产生的劳动者对劳动的不同评价。这些因素一类是劳动本身的特点所造成,如乏味、单调等容易促使人厌烦的工作,另一类是由于旧思想的影响造成的,如把一些劳动看成是劣等的工作。这种差别虽然在很大程度上归因于人们的主观评价,但是不容置疑,它是客观存在的。能否在劳动报酬上反映这一差别,关系到从事该种劳动的劳动力生产和再生产问题,关系到这些工作岗位劳动力的稳定。因此,也应在分配劳动报酬时加以考虑。

有的学者认为,在市场经济条件下,劳动力因其有商品属性而可以充分自由流动,各种劳动差别在分配上的体现可以通过价值规律的自发调节来实现。其中有的是直接由市场供求状况反映出来,有的是在市场背后确定又反映到市场上来。因此,股份制企业只需要根据市场的供求关系所确定的劳动力价格来进行工资分配,并不需要过多考虑各种劳动差别的体现问题。

这种观点是值得商榷的。这是因为:其一,我国劳动力市场才刚刚起步,劳动力的流动还受多种因素的限制,劳动力市场上的价值规律作用尚未充分展开。其二,即使由劳动力市场供求确定劳动力价格,它也需要来自市场供求双方所提出的供给价格与需求价格的不断撞击才能形成。作为劳动力需求方的股份制企业在确定需求价格时,面临着与其他劳动力需求方之间的竞争,必须重视劳动力供给方的要求,因此,股份制企业同样需充分考虑劳动差别问题,提出的需求价格也要反映这一要求。其三,由劳动力市场供求所确定的劳动力价格,在很大程度上还是一个事前确定并更多反映劳动能力方面的价格,它和劳动力实际发挥作用之间是会出现相当大的差距的,因此,需要股份制企业加以及时矫正,其中最关键的是根据其实际的劳动差别在收入上加以调整。其四,社会主义市场经济并不是完全自由放任的市场经济,社会主义制度要力求达到效率和公平的有机统一,因此,各种劳动差别在分配上的体现不可能完全通过价值规律的自发调节来实现。可见,股份制企业必须重视劳动差别问题的研究,并在工资分配中加以体现。

股份制企业工资分配中如何具体体现劳动差别,我们设想的具体原则和步骤如下:

第一,统一最低工资标准,其水平是维持劳动者的基本生活需要。它包括:(1)劳动者维持本身基本生活需要的费用。(2)劳动者维持家庭基本生活所需要的费用。(3)劳动者一定的教育费用。这些费用均根据社会平均水平即根据社会生产力发展的要求和可能,按社会大多数劳动者所需要的水平来衡量。之所以要以此为最低工资标准,是基于如下考虑:首先,它反映大多数劳动者普遍所需要达到的水平,如果低于这一水平,劳动力的生产和再生产将在萎缩状态下进行。其次,由于它是根据社会平均水平确定的,容易在社会范围内达到基本一致。再次,按这一标准所要求的工资总额不会超过劳动生产率和国民收入的增长速度,即不会超过国家和社会企业财力提供的可能。当然,这个最低的工资标准也必须以完成一定定额劳动为前提。

第二,把劳动差别数量化和系数化。数量化指劳动差别用数量来表示,系数化就是把这些数量再折算成一定系数,确定每一系数单位的收入标准。从各种劳动的差别来看,劳动长度本身就是用自然时间来表示的,由于我国对于一般职工劳动时间有一个统一的规定,这一差别一般并不明显。劳动复杂程度可以通过劳动者的训练培养费用等相关指标来近似表示,并由此确定每一系数单位的收入标准。劳动强度和劳动有害程度可以通过医疗检查、环境保护方面的有关指标来近似表示,并通过所需要的相应的补偿费用确立每一系数单位的收入标准。劳动吸引力程度难以直接量化,可以由专业工作者通过了解实际劳动者对这一劳动差别和确定收入标准的意向,先以某一种劳动为基准,然后将各种劳动与之比较,排成次序,确定系数及每一系数单位的收入标准。

第三,综合考虑各劳动差别系数和收入额,得出每一工种由于劳动差别而确定的收入额总数。可以这样说,不管劳动力市场发育的程度如何,劳动差别均是股份制企业工资分配中要重点考虑的问题。所不同的只是,在劳动力市场刚刚起步,尚不发达时,上述设想将更为直接地作为股份制企业工资分配的标准;而在劳动力市场充分发达时,上述设想将更多地作为股份制企业提出并调整劳动力需求价格和在使用劳动力过程中在分配方面加以调整的依据。

三

除上述两方面外,我国股份制企业还必须正确处理按劳分配与按资分配的关系,坚持按劳分配与按资分配兼顾的原则,使诸方面的收益与企业经营状况联系起来,形成诸方面相互制衡、合力推动企业发展的有效机制。

一方面,按劳分配与按资分配存在着相当大的区别。这种区别大致是:其一,两者的性质不同。按劳分配所得收入是劳动收入,而按资分配收入是非劳动收入。其二,两者分配依据不同。按劳分配以现实劳动投入及其成果为依据。其三,两者开支项目不同。一般说来,工资属于成本开支,而股利属于利润开支。

另一方面,按劳分配与按资分配也存在着一定联系。这种联系表现在两个方面:一是在一定的企业净产值中,两者存在着此消彼长的关系,即用于按劳分配部分多,则相应减少按资分配部分;反之,按资分配部分多,按劳分配部分相应缩小。二是在我国股份制企业中,两者也存在着一致之处。因为无论是按劳分配部分,还是按资分配部分,都归根到底取决于企业生产经营效益的好坏,取决于企业生产经营状况的变化和市场竞争能力的大小。不仅如此,从股份制企业的实际状况看,按劳分配与按资分配的任何一方受到损害,都将影响股份制企业的发展,从而也影响另外一方。从这个意义上讲,两者又是相互依存的。

可见,在处理按劳分配与按资分配关系时,必须坚持两者有机结合,相互协调,相互促进,如果说其矛盾之处决定了处理这一关系的必要性,那么,其一致性与所列项目的差异性就决定了使之兼顾协调有机结合,互为促进是具有可行性、合理性和客观性的。

至于如何具体处理这一关系,我们认为首先应从以下方面着手:一是真正实行工效挂钩。确保工资总额随着企业经济效益的提高而相应增加,从而使按劳分配部分能够不断增加。二是促使企业股利政策合理化。企业的股利政策指企业取得盈利按规定纳税后,在股息红利和用于企业积累资金之间分配的政策。一般说来,分配要按照先留利后分红的原则进行,即一部分用于企业积累,余下的部分再作为股息和红利分配。关于企业积累,大致用于企业储备、企业发展和职工福利等几个方面。为了确保这一政策的实施,要强化法定公积金制度,并鼓励企业能把利润更多地用于积累。三是完善税收管理。我们认为,我国股份制企业红利分配方式宜采取先税后分,辅之以个人红利累进所得税制度。即由国家先对公司分红利润予以征税,然后再按股权分配给各股东。国家股收益系国家所得,无须征税。就企业股而言,由于国家对企业利润已征过税,已获取了社会管理者的收益,更重要的是通过征税,已在相当程度上消除了企业之间收入的不合理性或非自身努力的影响,而企业股收益又主要用于企业集体事业和今后发展,如果考虑到股份制企业比传统的国有企业要承担更大的风险、在经济实力上更要依赖于自身等因素对企业股收益不宜再征税。就个人股而言,由于以前征税主要着眼于企业之间的收益,个人之间的收益悬殊问题并未能相应消除,同时,我国还必须对食利者阶层加以限制,因此,有必要对个人股征收累进所得税。当然,在现阶段,可以把税率定得低一点,起征点可稍高一些。

论建立社会主义证券经济学①

社会主义证券经济正在迅速发展,然而关于社会主义证券经济的理论研究却相当薄弱。近几年国内出版的关于证券问题的书籍大多是介绍西方经济发达国家证券市场与证券投资知识的,其中不少知识对于我国发展证券市场是有参考价值的。但证券市场与证券投资只是证券经济的组成部分,更重要的是,由于国情和社会制度的差异,它并不能直接作为社会主义证券经济发展的基本依据。理论与实践的相互关系决定了现阶段对社会主义证券经济进行系统理论研究的必要性和迫切性,也提供了研究的基本条件。这种研究不但注重证券经济运行一般规律的探讨,而且要紧密结合中国的实际状况,这无疑将是一个不同于西方经济发达国家证券研究的新领域,其结果将是一个全新的学科——社会主义证券经济学的建立。

一、社会主义经济仍然具有证券经济的性质

现代商品经济表现为金融经济。商品经济代替自然经济是社会经济发展的必然结果,是推动社会经济进一步发展的杠杆,而商品经济本身也是不断发展的。(1)范围的不断扩展。世界各国先后摆脱了自然经济的束缚,走上了发展商品经济的道路,通过发展商品经济,各国之间的联系日益密切。(2)程度的日益加深。世界各国先后摆脱了(或正在摆脱)小商品经济的羁绊,进入了(或正走向)现代商品经济阶段。

从经济联系方式的角度看,商品经济大致可分为三个阶段:

---

① 本文作者金雪军,最初发表在《浙江社会科学》1994 年第 5 期。

①实物商品经济。其基本特征是生产者采取实物交换的形式取得联系。

②货币商品经济。其基本特征是生产者采取以货币为媒介进行商品交换的形式联系,生产用的资金主要依赖于自己。

③信用商品经济。其基本特征是生产者在交换自己的产品时以信用货币(包括支票存款)为媒介,生产严重依赖于建立在信用关系基础上的外来资金。

和实物商品经济发展到货币商品经济一样,从货币商品经济发展到信用商品经济也是历史的必然。马克思在其历史巨著《资本论》中精辟地论证了信用产生的原因和它的历史作用,"信用制度加速了生产力的物质上的发展和世界市场的形成"。历史的发展不仅证明了马克思论断的正确性,而且以惊人的速度使世界大多数国家的商品经济被信用之网所笼罩。可见,现代商品经济至少具有三个最基本的特征:地理范围的世界性,生产技术的先进性,经济联系的信用性。

货币流通和信用活动的总称就是金融。它是以银行信用为枢纽的货币流通,并在此基础上不同经济主体之间通过各种信用形式和中介机构融通货币资金的活动。尽管至今为止在中外经济理论界和金融界中对于纸币与黄金之间的关系还存在着不同的看法,然而,有一点是十分清楚的,在现代,货币流通已与信用不可分离,货币资金的运动已寓于信用关系之中,因此完全有理由说,现代信用商品经济也就是金融经济。

具体说来,它反映在以下几个方面:一是作为社会价值运动方式的货币资金运动是通过信用制度和金融体系实现的,这不但表现在不同经济主体之间,而且表现在不同地区之间。二是整个国民经济运行都处于信用关系的覆盖之下,信用关系不但渗透到社会再生产各个领域,而且成为国民经济有机整体的纽带。三是金融已成为调节经济运行的重要杠杆,这种调节既包括对微观经济,也包括对宏观经济,既可以是总量调节,也可以是结构调节。

金融经济必然是证券经济。这是由金融经济本身及其运动决定的。金融既是国民经济的一个重要组成部分,其本身又是由多个要素构成的。这些构成要素主要有:

(1)对象:货币。

(2)形式:信用。

(3)主体:所有经济活动主体。

(4)中介:金融工具和中介机构。

(5)场所:金融市场。

离开了货币，就没有货币资金的融通；没有信用关系，就没有现代商品经济的货币资金融通甚至货币流通。金融活动作为经济活动也必然需要有一定的经济活动主体来从事；经济主体作为货币供需双方，其联系既需要通过一定的工具作为媒介物，也需要通过专门机构来沟通；这种沟通客观上又需要有一个形成纵横交叉融通网络的场所。由于货币资金供需双方的债权债务关系必须通过作为金融工具的证券来体现，同时，金融市场的活动也离不开作为金融交易工具的证券，因此，金融活动总是要表现为证券的运行。

经济发展的历史也证明了这一点。在商品经济并不发达的阶段，资金的融通往往依赖于私人之间的直接借贷，这种借贷既可以是为了解决生活费用的一时短缺，也可以是为了弥补生产经营资金的不足。尽管这种方式比较灵活，但由于利率高、风险大、易发生违约纠纷，因此，这是一种效率低、成本高、落后的融资方式。在商品经济比较发达的阶段，金融机构融资是资金融通的主要形式。作为金融机构，其经济功能就是充当资金盈余单位和不敷单位之间融资的中介，或者说，通过发行自身的债务凭证，把盈余单位的资金集中起来借给不敷单位使用。其具体融资方式：一是通过向盈余单位出售间接证券（主要是存款），以获取货币购买不敷单位的直接证券（主要是借款契约、债券、股票等）；二是通过创造信用把盈余单位的资金转借给不敷单位使用，即创造被称为货币的间接证券（如钞票）购买不敷单位的直接证券，不敷单位再使用货币向盈余单位购买商品。由于金融机构的债务凭证是一种间接证券，因此，从最广泛的意义上讲，这种融资方式也属于证券融资了。当然，我们在这里需要从一个更为严格的角度来认识金融与证券的关系，它必须是通过发行直接证券来融资。这种融资方式主要表现为通过金融市场融通资金，由资金盈余单位和资金不敷单位在金融市场上通过买卖直接证券实现资金在社会上的融通，这是现代商品经济力求提高融资效率的要求所决定的方式。有的学者认为，在现代商品经济中，资金融通主要是通过金融机构和金融市场两个融资系统实现的。从这里已经可以合乎逻辑地得出金融经济具有证券经济性质的结论，尽管这个结论还不够完整，如果通过对现代商品经济融资方式的考察，就可以得到对金融经济有证券经济性质的结论更为有力的证明：金融机构积极参与金融市场使两个融资系统在现代商品经济条件下不是处于隔绝的关系，而是越来越紧密地结合在一起，在不少国家中已经成为一个有机统一的融资体系。

既然社会主义经济依然是商品经济，既然现代商品经济必然表现为金融经济，既然金融经济与证券经济紧密联系，因此，我们可以得出如下结论：社会主义经济仍然具有证券经济的性质。

二、社会主义证券经济呼唤证券经济学

社会主义经济具有证券经济的性质和社会主义证券经济的实践提出了建立社会主义证券经济学的必要性和迫切性。这首先是由理论与实践的发展规律决定的。尽管开放中国证券市场首先是由理论界提出来的,然而,证券经济的实践已远远走在了理论的前面。从中国证券经济理论研究看,具体对策谈得多,系统理论研究少,至于把证券经济理论作为一个学科来研究则可以说尚是空白。在中国证券经济发展过程中,曾进行了几次攻坚,但是缺乏一个系统的理论,影响了证券经济的发展。至今为止,对是否应该开放证券市场尚有争论,在实践上出现一段时间鼓励,一段时间限制的现象。由于对证券筹资与证券投资存在种种疑虑,证券的发行市场受到严格限制,证券交易种类较少、规模不大,证券交易所也只有在个别城市刚刚开张。至于证券市场与银行存贷业务均衡机制的实现、证券经济的知识普及和证券市场管理机制的完善,等等,更需要花大力气来进行。这诸多问题无一不与证券经济理论研究的薄弱有关。要发展与完善我国证券经济,急需建立社会主义证券经济学。现在有一种观点很流行,即认为"实际"就是具体实务工作中出现的问题,这实在是一种误解。不错,对具体实务问题也需要进行研究和分析,然而,中国证券经济目前最大的实践是发展与完善,结合中国证券经济的发展和完善进行理论研究,就是最充分的理论联系实际。

社会主义证券经济学建立的必要性和迫切性,还在于社会主义证券经济发展的特殊要求,这是因为尽管社会主义证券经济与西方发达资本主义国家的证券经济在证券形式、证券运行规律等等方面有相同之处,然而,在两者之间存在着重大的甚至是带有根本性的差别。它是由社会性质和国情差别所决定的。因此西方证券理论并不完全适应中国证券经济发展的实际需要和客观规律,简单地套用西方证券理论也难以解决中国证券经济的发展问题。因此,迫切需要创立既反映证券经济的一般规律,又反映社会主义证券经济特殊要求与基本国情的社会主义证券经济学,以指导我国社会主义证券经济的运行。

从西方发达资本主义国家证券理论看,由于市场经济的性质和证券发展数百年的历史所决定,对于证券问题的分析主要集中在两方面:一是重点研究证券市场的活动,即证券发行与交易如何进行,它被称为证券市场学或资本市场

学,也叫证券交易学,在一些国家如德国被看作商业学的一部分。二是重点研究证券投资的规则,即人们如何进行证券投资,它被称为投资分析学或证券分析学。这两种证券研究都没有把证券作为国民经济运行整体中一个不可缺少的组成部分来研究证券和国民经济运行的关系。这无疑是和中国经济经过长期按产品经济模式运行后重新培育证券市场,使之从无到有、从小到大并能保持一个适度规模以至实现国家有效调控的要求有很大距离。从这个意义上,我们可以说,西方发达资本主义国家的上述两种证券理论和证券研究都不是证券经济学。

三、建立社会主义证券经济学的意义

由于证券在社会经济运行中具有十分重要的地位,因此建立社会主义证券经济学有不可低估的理论意义和实践意义。

建立社会主义证券经济学是实现社会主义证券经济顺利运行的迫切需要。尽管证券的历史已有数百年,然而,对于社会主义经济而言,它仍是一个陌生事物。同时,作为具有实际内容的经济活动,证券运行也有其自身特殊的规律,其中一个重要的特点是具有广泛性,既和财政有密切关系,又与金融不可分离;既与国家发生联系,又直接牵涉到企业与个人。这些因素既决定了必须深入探讨、系统研究社会主义证券经济问题,也决定了现有的财政学、货币银行学、企业管理学、家庭经济学等学科难以代替。因此,为使社会主义证券经济能健康发展,必须有一个专门探讨研究这一特殊领域的经济学。

建立社会主义证券经济学是加快社会主义经济建设的需要。在社会主义国家,开放证券市场,发展证券经济,不是为证券自身,也不能为证券自身,其立足点必须着眼于社会主义经济的繁荣。但对于经济运行而言,证券既有促进经济发展、加快建设步伐等积极作用的一面,也有能够干扰经济运行的不利因素的一面,社会主义国家必须做到兴利除弊,既最大限度地发挥其积极作用,又尽可能减少其不利因素。同时,有计划商品经济不是指经济运行中的某一部分,而是包括社会经济整体,证券运行当然也不能除外,从而不但要促使证券经济有计划发展以符合有计划商品经济的要求,而且要把证券经济运行与发展纳入到有计划商品经济的整体运行与发展中。可见为发挥证券经济对社会主义经济运行的作用,必须有一个专门探讨、研究这一领域的经济学。

建立社会主义证券经济学有助于加快社会主义经济体制改革的步伐。长期来实行的按产品经济模式建立起来的高度集中的管理体制有很多弊病,其中最主要的就是经济效率低下,它在生产、流通、分配等社会再生产各个主要领域都有反映。由于社会再生产过程实际上就是资金运行与增殖的过程,因此,经济效益低下集中反映在资金的配置与使用效率低下上。而导致资金配置与使用效率低下的重要原因是预算软约束,这种预算软约束又和产权关系模糊有密切的关系。而证券经济发展促使了经济主体的职责分明,可以在相当程度上改变产权关系模糊,硬化企业的预算约束,有助于实现经济体制改革的目标。不仅如此,从我国现有经济体制改革的状况看,在企业产权不明确、社会总需求膨胀或潜在膨胀存在的情况下,突出以价格改革为中心的改革,既容易出现比价复归的现象,而且也存在着"一放就胀"的可能性。而由于缺乏完备的市场环境,企业行为也缺乏客观的市场评价标准,因此,企业改革难以真正割断国家与企业的行政隶属关系。要摆脱这种两难处境,在于寻找价格改革与企业改革的连接点,寻找宏观经济与微观经济的连接点。由于证券经济的发展一方面为割断国家与企业的行政联系提供了现实的可能,从而推动企业走向市场,并有助于市场体系的完善与市场环境的完备;另一方面能够加速资金集中,转移社会资金流向,缓解社会总供给与总需求的矛盾,帮助短线产业的发展,为价格改革的顺利进行创造新的条件。因此,证券经济的发展可以作为这种连接点。为了达到这一目的,需要我们有一个探讨研究社会主义证券经济问题的经济学。

建立社会主义证券经济学是繁荣社会主义经济科学,发展社会主义经济理论的需要。社会存在决定社会意识,而社会意识对社会存在又起巨大的反作用,这是社会存在和社会意识关系的一般规律。经济科学与经济实践的关系也同样。中国社会主义经济实践特别是中共十一届三中全会以来的实践大大推动了我国经济理论的发展,随着经济体制改革的深化和社会经济的进一步发展,又迫切要求经济理论在广度和深度上有新的突破和发展,以指导经济实践。因此,除了原有的经济学科要不断发展外,还需要建立现有经济学科。然而,至今为止,证券经济实践蓬勃高涨、方兴未艾,与此形成鲜明对照的是我国经济科学中,关于证券经济的科学至今还是一个空白。笔者曾为此专门查阅国内已出版的关于经济学科状况包括当代经济学新学科状况的众多资料,不但未见到社会主义证券经济学较为完整的理论体系,甚至连这一学科的名字也未见到,这种状况迫切需要改变。从我国情况看,不但存在着对建立社会主义证券经济学的迫切需要,而且也已具备探索建立社会主义证券经济学的基本条件。首先,证券经济实践不但已在全国广泛展开,而且其程度也在迅速加深,这为证券经济学的建立提供了实践条件。其次,马克思、恩格斯在《资本论》等著作中对证券经济问题进行了深入分析,其基本立场、基本方法及提出的一系列观点为我们研究社会主义证券经济提供了理论指导;经济理论工作者和金融理论工作者对当代证券经济的诸多理论问题也进行了广泛的讨论,这为社会主义证券经济学的建立提供了理论条件。再次,西方发达国家证券市场知识与西方经济学者的证券论(已有不少在 80 年代中期以后被介绍到国内)也为社会主义证券经济学的建立提供了比较、参考条件。因此,尽快建立社会主义证券经济学对于填补经济科学领域内的空白、推动社会主义经济理论发展、完善社会主义经济理论科学体系,具有十分重要的意义。

建立社会主义证券经济学是培养证券人才、发展证券教育的需要。中外证券经济发展的实践都证明,证券经济的发展需要有人才方面的条件。它不但要有大量的有较高金融证券业务素养的证券经营与管理人员和从事证券经济理论的教学与科研人员,而且需要整个社会金融证券意识的普遍提高。从我国实际情况看,大众素质急需提高,专业人才更是缺乏。由于我们从事与发展的是具有我国特点的社会主义证券经济实践,因此,需要的不是一般的证券专业人才,而是既掌握证券经济一般规则与规律,又了解我国经济实际状况,并能把两者密切结合的专业人才。要达到这一目的,就无法简单地套用西方证券知识,而需要建立社会主义证券经济学,以提高培养人才的质量。

四、证券经济学的研究对象、研究范围

证券经济学是研究证券经济关系和证券经济活动规律的学科,社会主义证券经济学就是研究社会主义证券经济关系和证券经济活动规律的学科。

经济学是研究物质资料的生产、流通、分配和消费等经济关系和经济活动规律及其应用的科学总称。由于物质生活的生产方式是社会其他各种生活的基础,因此,经济活动与经济关系几乎贯穿于人们的全部生活,从各种不同的社会活动和社会组织形式来研究经济学问题就形成各种经济学。如以经济关系总体的运动规律为对象形成了政治经济学,从工业、农业、商业等某个部门或领域的角度来研究经济学问题就形成工业经济学、农业经济学、商业经济学等,而从证券的角度来研究经济学问题,就形成证券经济学。社会主义证券经济学是从社会主义条件下的证券的角度来研究经济学问题。

证券经济学不是简单地以证券为范围孤立地研究证券筹资与投资,而是将

证券运动作为社会再生产过程的一个重要方面,作为国民经济运行的重要组成部分来进行研究。社会主义证券经济学的基本任务应该是通过研究证券运行及其规律探索如何正确处理证券运动中的各种矛盾和各种关系,如何使各种经济主体以最小的代价达到最大的证券效益,促进社会主义经济的发展。

经济问题的复杂性决定了研究经济问题的经济学内容十分丰富,证券经济学也不例外。一般说来,社会主义证券经济学应着重探讨以下一些问题。

(1)证券的职能与作用。证券是商品经济发展的产物,既受国民经济运行状况的制约,又对整个社会经济起着重要作用。证券对经济活动的作用是与证券的职能密切联系在一起的。而要充分发挥证券的职能与作用,应形成怎样的证券的种类与格局?这是证券经济学必须首先弄清楚的。

(2)证券制度。证券经济的基础是证券制度。证券制度又包括股份与股票制度、企业债务与债券制度、公债与公债券制度和金融债券制度。在社会主义条件下,是否需要建立证券制度?社会主义证券制度及具体形式各有什么特点?社会主义证券制度建立与发展过程中会遇到一些什么问题?如何解决?对这些问题必须给予回答。

(3)证券运行。与任何经济现象一样,证券本质上也不是静止的,而是运动的,证券的运动就是实际的运行过程。证券的运行主要由证券的供给、证券的需求以及双方在证券市场上的力量对比从均衡到非均衡再到均衡诸因素构成。这一过程是怎样进行的?需要哪些条件?对于各经济主体又有什么样的影响?在社会主义经济中又有什么特点?社会主义证券经济学必须研究这些问题。

(4)证券管理与证券政策。证券管理是国家对证券本身的管理,而证券政策指国家运用证券杠杆调节国民经济运行。前者是证券健康运行的必要条件,后者则是证券对国民经济运行发挥有效作用的现实前提。为什么要进行证券管理?怎样进行证券管理?需要哪些条件?通过什么手段?怎样运用证券杠杆调节经济?社会主义条件下国家进行证券管理与调控的特点如何?是社会主义证券经济学必须重点考虑的问题。

(5)证券发展模式与发展趋势。作为商品经济发展的产物,证券将随着商品经济的发展而发展。证券经济有哪些发展模式?各有什么利弊?需要什么条件?社会主义条件下发展证券经济宜采用什么模式?一国证券经济与世界证券市场的关系如何?这些问题也是社会主义证券经济学必须解决的重大问题。

上述这些方面是社会主义证券经济学必须研究的。需要强调的是,证券经济学不仅要研究证券经济的各个环节和各个方面,还应该研究这些环节和这些方面的内在联系,从总体上考察证券的全部运动及其规律。

　　当然,上述对于社会主义证券经济学的研究范围和研究内容所作的构思是初步的、尝试性的。一门经济学科的研究范围尽管有相对稳定的一面,但同时又不是静止不变的。随着证券经济活动的深入和扩大,对证券经济研究的不断深入,证券经济学的研究范围也将相应扩大。

证券市场的信息与效率①

摘　要　本文通过对证券市场中供求双方的信息核心部分——上市公司财务会计信息披露的完全度及投资者的投资理论与技能进行建模和理论论证，认为证券市场的效率水平与这两类核心信息的完全程度正相关；并通过在经典模型中加入现实条件后得出以下结论：发达国家的大投资家们由于制造和利用噪声使证券市场效率降低，而我国证券市场由于上市公司会计信息披露等方面的不规范而低效率运行。最后，文章对理论界存在的有效市场理论和格罗斯曼—斯蒂格利茨悖论进行了理论分析，认为由于信息的不完全将永远存在，理论界的这两种观点在现实中也不会存在。

关键词　证券市场；信息；效率

关于证券市场的信息与效率之间的关系，理论界已作出了广泛且深入的研究，并提出了诸如有效市场理论、信息经济理论、金融市场噪声理论等理论和著作。如罗伯茨，1967 年按信息的不同水平将证券市场划分成三个层次。强式有效市场：证券价格已反映各类信息（包括内幕交易者掌握的私人信息）；次强式有效市场：证券价格反映了公开发表的资料；弱式有效市场：证券的历史资料对证券的价格变动没有任何影响。

但是，近年来兴起的信息经济学和金融市场噪声理论论证了由于交易者之间始终存在着的收集信息差异、信息成本差异以及投资理论差异，噪声交易者始终作为交易者的一部分而存在于金融市场中。这就否定了以信息无成本、所有者同时接受信息、所有市场产品都理性地追求效用最大化等为前提的有效市

---

①　本文作者金雪军、陶海青、周建松，最初发表在《金融研究》2000 年第 8 期。

场（即强式有效市场）在现实中存在的可能性。

西方发达国家的证券市场中，人、物、机构运作已相当规范，达到了次强式有效市场，噪声主要来自技术分析师、股票经纪人等的一些虚假信息。这些噪声可能无意产生，也可能被有意编造，有时会被投机者为牟取暴利而利用。

至于我国证券市场，多数学者认为已经达到弱式有效市场，如吴世农的《我国证券市场效率的分析》一文中指出，沪深股市 20 种股票日收益率的时间序列不存在显著的系统性趋势，故沪深股市达到了弱式效率；韩德宗的《我国证券市场和期货市场发展研究——理论与实证》一文对沪深股市股票样本日收益率分析后认为沪深股市达到有效市场的弱形式。至于对半强式市场的研究，关于这方面的实证研究较少。从市场的现实情况来看，如 1997 年的绩优股行情和 1998 年的资产重组行情（低价"壳"资源板块）等，投资者只要选择有相同概念的股票，就能获取高于市场平均收益的超额收益；此外，市场上不断传出的兼并收购消息提早泄露等等，都强有力地表明目前我国证券市场尚未达到半强式有效。

造成发达国家证券市场与我国证券市场效率水平差异的原因究竟是什么，以及未来证券市场的效率将怎样变化？本文将在更广泛意义的信息条件、证券市场供求两大基本力量及国外国内证券市场的各自特点基础上，通过模型对证券市场信息与效率的关系作出新的解释。

一、证券市场的信息及其完全发展

国内外的经济政治形势、一个国家有关证券市场的法规和政策、一个企业所属产业的发展水平、地区分布、企业的财务状况、规模、各投资者的理论水平、能力及资金量结构等等都是人们所常见的有关证券市场的信息。

但随着"复杂"这一新兴科学观的普及，经济生活中的复杂性、混沌性、不确定性与非线性性已被越来越多的人所认识和接受，这使人们对信息的含义与范围有了更广的认识和了解。例如，复杂理论论证了经济生活中存在许多边际报酬递增的现象或者说是正循环。这就说明即使一件小事都可能最终带来极大的影响，从而使一些投资者改变投资策略进而影响股市。所以，从广义上讲，证券市场的信息，应该定义为一切能够在不同强度上直接或间接影响证券价格的因素与事件。从严格的意义上讲，所有的因素和事件都是证券市场的信息。

在这里我们假定证券市场的信息完全度为 R，影响信息完全度的因素或事

件为 $a_1, a_2, \cdots, a_i, \cdots, a_n, n \to \infty, -1 \leqslant a_i \leqslant 1$。$a_i$ 的大小取决于信息与实际情况的吻合度，$a_i = -1$ 表示信息 i 与实际情况完全相反，$a_i = 0$ 表示信息为无，$a_i = 1$ 表示信息 i 与实际情况完全一致。则

$$R = f(a_1, a_2, \cdots, a_i, \cdots, a_n) \qquad (1)$$

表示证券市场的信息完全度是各种因素和事件信息的函数。

二、证券市场信息与效率关系的理论抽象——经典模型

在分析证券市场的信息完全度和效率水平时，我们假定理想的证券市场的运行是规范的，即有完备的法规制度，规范的各类市场主体和中介组织，并假定每个投资者效用函数一致，即都为追求收益最大化。同时为了能够进行合理的理论分析，依据经验实证，从证券市场供求双方角度出发，我们把（1）式中的所有 a_i 用 a_1（上市公司财务会计信息的市场披露程度）和 a_2（投资者的市场理论知识和投资水平）代替。因为我们已假定证券市场运行是规范的，所以就会计信息和投资者技能的总体水平而言 $0 < a_1 \leqslant 1, 0 < a_2 \leqslant 1$。这样可以得到：

$$E = G(R) \qquad (2)$$
$$或\ E = G[f(a_1, a_2)] \qquad (3)$$

根据有效市场理论，$\frac{\partial E}{\partial a_1} > 0, \frac{\partial E}{\partial a_2} > 0$，但 E 与 $a_1 + a_2$ 并不一定正相关。因为即使会计信息被完全披露，但只要投资者没有任何知识和技能，市场同样是完全无效的。反之，投资者拥有充分的知识和技能，而会计信息披露完全失真，虚假，则市场还是无效。即只有在投资者的知识技能和会计信息的披露状况相互作用后，证券市场的效率才能被决定。由此，我们可以得出经典模型：

$$E = K_1 \cdot a_1^{1-b} \times a_2^b \qquad (4)$$

K_1 为校正系数，此处 $1-b, b$ 为 a_1, a_2 的权重或作用大小，$0 < b < 1$

同时为了便于分析，并接近现实，我们假定 a_1 或 a_2 为小于 1 的常数。

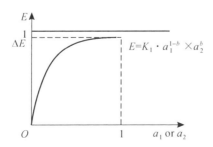

ΔE 表示 a_1 或 a_2 没有达到完全程度时的市场失效率,这也是 a_1, a_2 为小于 1 的常数的原因。$E=1$ 表示证券市场完全有效。

由经典模型,我们可以得出这样一个重要结论:要培育一个有效的证券市场,既要通过制定科学合理的法规制度使上市公司及证券市场中介机构规范运作,从而使会计信息披露及时准确完全;又要同时培育有投资知识和技能的投资者。

三、经典模型的现实化

经典模型假定证券市场规范运作,投资者为收益最大化而投资,但现实中有两种情况与模型假定不相符合。第一种情况,西方发达国家的证券市场虽运作规范,但从资金量上讲相当一部分证券投资者不是以投资获利而是通过投机达到收益最大化,这将改变 a_2 的作用力度和方向。第二种情况,一些发展中国家(如我国),证券市场运行不规范以至于会计信息在披露时就虚假、失真和不及时,这也将导致 a_1 的作用力度和作用方向的变化。

现在从以下两方面进行分析。

(一)经典模型现实化之一:投机者噪声模型

西方发达国家虽然经济发展水平较高,证券市场规范运作,但经济生活中仍有许多不确定性、信息的真实虚假,变化多端,加上信息的收集是花费成本的,不同交易者收集、分析能力也是有差异的,所以交易者占有的信息不完全、不对称这一现象是广泛存在的。也就是说,即使西方发达国家证券市场能规范运作,但仍存在许多噪声。在这里,我们把噪声定义为一切能不同程度地使资产价格偏离资产价值的因素和事件(或信息)。虽然这些噪声并不反映真实的经济情况,却可被用作短期投机获利的工具。当今世界上,一些国际大炒家并未依据基本面的分析而是基于对大众行为的心理预期分析,并制造和利用噪声改变大众未来的预期,从而成功地进行交易。如在 60 年代,当信息不灵通的投资者以为基金的股价会由于收益的增加而升高时(其实此时基金的股价已高于其价格),而索罗斯的投资策略并不是预期它未来会下跌而出售基金股份,相反而是预期信息不灵通的交易者会进一步购买而预先买入,从而导致价格进一步来上升制造和利用噪声,从中获利。

由于国际大炒家掌握的资金占有价证券市场资金相当一部分,当他们的资金为投机而与市场有效配置方向相反进行投入时,不但会使所需资金的部门企业得不到资金,而且所制造的噪声会进一步扰乱证券市场的总体信息水平,从而产生一系列市场低效率的现象,所以这些噪声对于市场失效有放大作用。

根据以上分析,我们得出投机者噪声模型:

$$E=D_1 P_1 K_1 a_1^{1-b} \times a_2^b + (1-P_1) K_1 a_1^{1-b} \times a_2^b$$

$0<P_1<1$ 表示噪声投机者的资金权重,$D_1<-1$ 为噪声导致市场失效的扩张系数,a_1 为小于 1 的常数。

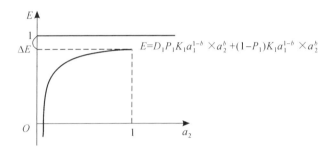

如图,我们可以得出这样一个重要结论,当制造和利用噪声的投机者不合理的资金占证券市场总资金一定比例时,证券市场就会出现负的效率,这意味着证券市场资金的市场收益率为负,表现为证券价格下跌,股市动荡。即,投资者噪声模型说明了在发达国家证券市场能规范运作,但存在许多资金量大的噪声投机者时,证券市场的效率水平将出现更大的波动。

(二)经典模型现实化之二:会计噪声模型

会计信息披露中存在着严重问题主要指我国在证券市场的委托人—代理人关系中,处于信息优势的上市公司是代理人,处于信息劣势的投资者是委托人。由于信息不对称,上市公司很可能作出诸如编制虚假会计信息的不利选择达到"圈钱"的目的,或发生诸如筹资后未经股东大会同意改变投资方向而使其效用最大化。这些都是对投资者不利的行为,也将使资金的效率大大下降。

由于这种情况与前一种情况同属于信息问题,故模型上有相似性。如果上市前本来就亏损的企业通过虚编会计的信息而包装成"绩优"公司,或上市公司把筹集的资金改变投资方向,这相当于资金自取灭亡,如琼民源事件和红光案件。同样上市公司的会计噪声还增加了市场的泡沫成分,从而使市场的信息市场可信度大大降低。所以会计信息失真,对于市场失效也有放大作用。在我国,由于投机者的浑水摸鱼,这个放大作用就进一步扩大了,这样证券市场出现效率水平的波动概率和范围就比前一种情况更大了。

$E=D_2P_2K_1a_1^{1-b}\times a_2^b+(1-P_2)K_1a_1^{1-b}\times a_2^b, 0<P_1<1$，表示会计信息失真公司上市筹得总资金的比重，$D_2$ 为信息失真导致市场失效的扩张系数，$D_2<-1$，a_2 为小于 1 的常数。

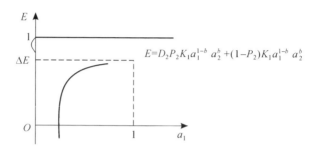

如上图所示，此模型中 E 曲线的形状比投机者噪声模型中 E 曲线的形状更陡峭。

四、经典模型的理想状态与格罗斯曼-施蒂格利茨悖论

经典模型的理想状态指当 $R\rightarrow1$ 时，$E\rightarrow1$，即当市场信息完全时，市场是充分有效率的，彼时价格能充分反映信息，信息也将充分作用于价格变动。而格罗斯曼-施蒂格利茨悖论认为如果信息是完全的，将不可能存在一般意义上的市场均衡，那时市场的运行效率是很低的，即在市场经济范围内，如不存在任何噪声且投资者完全理性，那么市场的总体均衡不存在。下图显示格罗斯曼-施蒂格利茨悖论。

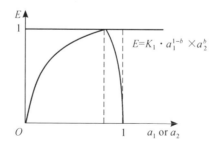

图中斜线的陡峭部分显示"悖论"的市场效率崩溃阶段。

在前面，我们引入的"复杂"科学观念，得知信息的内涵与范围是无穷尽的。这将使得信息的不完全成为一个永远的现实，从而论证了证券市场的效率水平是向 1 靠近的一个无限过程，但不能达到斜线的陡峭部分。

五、政策启示

经典模型及其各种变化状态,表明了我国的证券市场与西方发达国家证券市场在信息状态及信息完全度与市场效率水平方面的各自特点与差异。应该说我国证券市场的问题根本上是由于体制所造成的。关于如何解决和完善,新颁布的《证券法》已提出了各种完全而有效的法律保障。所以在这方面本文不再重复,只强调我国目前应更加注重会计信息披露等方面的规范运作,并不失时机地加强投资者行为方面的法规、条例的制定。

参考文献

[1] 赵炳贤. 资本市场前病诊[J]. 资本市场杂志,1998(10):40-41.

[2] 胡俞越,高扬. 金融市场噪声理论评述[J]. 经济学动态,1998(10):65-69.

[3] 廖文. 中国股市若干问题的信息经济学分析[J]. 经济理论与经济管理,1998(1):46-48.

[4] 高春涛,王庆仁. 略论证券市场信息效率[J]. 理论与改革,1998(2):121-122.

[5] 倪国爱,杨春峰. 论中国证券市场会计信息披露的规范[J]. 财贸研究(安徽财贸学院学报),1997(6):62-64.

[6] 汤云为,陆惠桥. 论证券市场中的会计研究:发现与启示[J]. 经济研究,1998(7):51-60.

[7] 陶正傲. 强化信息披露是使证券市场达到有效市场的前提[J]. 南开经济,1998(1):52-54.

[8] 吴世农. 我国证券市场效率的分析[J]. 经济研究,1996(4):13-19+48.

[9] 谢康. 微观信息经济学[M]. 广州:中山大学出版社,1995.

[10] 米歇尔·沃尔德罗普. 复杂[M]. 陈玲译. 上海:三联书店,1997.

[11] 韩德宗. 我国证券市场和期货市场发展研究——理论与实证[M]. 北京:中国商业出版社,1996.

"股票期权"激励机制与国有企业改革①

一、引入"股票期权"激励机制对完善经营者薪酬制度的重要意义

股票期权激励机制最大的作用就是将企业绩效纳入经营者的效用函数,使业绩成为个人收入函数的重要变量,将经营者对个人效用的追求转化为对企业利润最大化和长期发展的追求,使经营者不再只是注重短期财务指标,更注重公司的长远利益和可持续发展。也就是说,在推动国有企业进行现代公司制改革的进程中,通过引入股票期权激励机制完善经营者的薪酬制度,将对他们的行为产生直接影响,纠正其行为的异化程度,从而降低代理成本。具体表现在以下几个方面:

第一,股票期权激励是一种真正低成本的激励方式。激励机制的实施本身就是一种代理成本,而股票期权激励是一种真正低成本的激励方式。公司用于股票期权激励机制的股票一为发行的新股,二为留存股票。所谓留存股票是指企业将自己发行的股票从市场回购的部分,这些股票不再由股东持有,其性质为已发行但不流通。留存股票存放于留存股票账户,根据股票期权计划的需要,在未来某时出售。实施股票期权计划时,公司给予经营者的仅为一种期权、一种权利,而没有任何的现金支出,经营者行使权力后还会增加企业现金流入。经营者的获益是通过市场实现的,这样实施该激励机制的成本就部分转嫁给市场,之所以采用部分转嫁是因为设计费用、谈判费用等无法转嫁。

---

① 本文作者金雪军、余津津,最初发表在《管理世界》2000 年第 5 期。

第二,有效抑制经营者的短期化行为。设想经营者的薪酬仅由工资和奖金构成。工资是固定的,能够起到保险作用,但是缺乏足够的灵活性,不能随经营者行为的变化而变化。奖金的灵活性较高,它基于当年企业的经营状况,有刺激作用。但是企业并购、重组以及长期投资等重大决定给企业带来的影响往往是长期性的,其效果往往要 3~5 年甚至 10 年以后才能体现在财务报表上,而计划执行当年的财务指标记录仅为执行费用,表现为收益很少,甚至为零、为负。那么出于个人私利的考虑,经营者会放弃那些短期内将给企业财务状况带来不利影响但有利于企业长期发展的计划,甚至在短期内挖尽企业的潜力,造成企业的不可持续发展。而股票期权将个人的未来收益与个人的努力和能力挂钩,是一种激励经营者与企业长期发展"共存共荣"的机制,可以有效抑制经营者行为的短期化。

第三,赋予经营者合理的剩余索取权,有利于形成自我监督约束机制。由于委托——代理关系内生的信息不对称和企业契约的不完善性,经营者存在所谓"机会主义倾向"。如果对企业拥有"自然控制权"的经营者不拥有与控制权相对应或对等的剩余索取权,表现为其收益与企业业绩无关(如同我国现在绝大多数国有企业一样),就会在代理过程中产生职务怠慢、损害或侵蚀委托人利益(国有资产流失)的道德风险。效率最大化要求企业的剩余索取权应该与控制权相对称或相对应,因为前者是获取后者的动机,后者是实现前者的手段。在企业中,行为最重要、最难监督的经营者拥有剩余索取权和控制权,从而使两者达到最大程度的对应,才能使外部性最小,企业的总价值(可供分配的总收益)最大。所以张维迎认为,在现代公司中,最优的安排一定是一个经理与股东之间的剩余分享制,"管理者的收入必须以企业的效益紧密联系,而不靠合约固定。换言之,管理者应该分享部分剩余"①。而在美、日的公司治理模式中,剩余索取权不尽归资本所有者一方拥有,而具有在企业内部人员中广泛扩散和分享的倾向。所以引入股票期权激励机制,并设计经营者薪酬结构由工资、奖金、股票和股票期权构成的最佳组合,这实质上是将剩余索取权部分转让给经营者,使其收益与企业经营效益、利润产出与长期发展联系在一起,有助于形成经理人的自我监督和约束机制。

第四,能够部分消除"内部人控制"的不利影响。内部人控制(insider control)是指经理人员事实上和依法掌握了控制权,他们的利益在公司战略决

---

① 张维迎:《企业的企业家——契约理论》,上海:上海三联书店,上海人民出版社 1995 年版,第 214 页。

策中得到充分的体现，这种控制往往通过经理人员与工人的共谋(collusion)而实现；内部人控制作为现代股份公司的内生现象，是公司制不成熟不规范的产物，在经济转轨过程中尤为突出，也更难解决。具体到我国的国有企业，特别是在进行股份制改革后，由于企业组织结构的缺陷(许多公司事实上的"新三会"即股东大会、董事会、监事会与"老三会"即职工代表大会、党委会、工会共存，董事会和经理层几乎由原企业高级管理人员原班人马组成)和"国有企业所有者缺位"(企业中缺少代表国家行使监督、表决权和真正关心国有资产保值增值的人格化代表)强化了"内部人控制"，导致企业利益目标向经营者和内部职工倾斜，经营者无限扩大控制权以及国有资产流失等一系列弊端。引入股票期权制度，在企业内部可以获得内部人(特别是经理层)自身收入与企业经济效益相联系的激励机制，使不以企业利润最大化(股东财富最大化)为目标而以内部人利益(货币和非货币收入)最大化为目标的行为得到纠正，部分消除"工资侵蚀利润"、"在职消费"等现象。所以，股票期权制度在构建和完善公司内部激励机制从而有效地实现对"内部人控制"的控制这方面，还是有积极意义的。

其实，股票期权激励机制的优势还不止于此。其一，它保证了经营者的稳定性。哈佛管理学院告诉我们，能够在市场上获取成功的企业都有两个共同的特点，这就是：高级经理人员具有长期的战略眼光和最高层管理班子具有稳定性。股票期权激励能够保证经营者的稳定性，让他们心甘情愿地为完成公司的长期战略目标而奋斗。不仅因为它带来的未来丰厚报酬可以吸引经营者，还在于公司对行权期限、价格、方式的规定以及附加的许多条件无形中已将经营者"锁住"；其二，它有利于企业家才能的发挥。熊彼特指出，企业家的功能在于创新，创新是企业利润的源泉。对于经营者而言，股票价格上涨，选择行权则获得收益，股票价格下跌，选择不行权，则没有损失。即股票期权在薪酬结构中作为奖励部分使受益人承担的风险有限，这有利于企业家创新功能的发挥；其三，公司回购股票用作留存股票，可以产生一种"双赢"的效果，既拥有了用于激励机制的股票，又增加了股东财富效应。丹恩(1981)、弗麦兰(1981)、马克里斯(1980)及布里克利(1983)等均对股票回购作过实证分析，得出了基本一致的结论：收购要约价格相对于先前价格有溢价，收购到期后股票价格要比公告前价格高，并且出让股票的股东得到的溢价要高于未出让股票的股东所得的溢价，而未出让股东整体上得到财富增长最大的一份。

总而言之，引入股票期权激励机制，能够修正经营者的效用函数，完善经营者的薪酬制度，从而健全企业内部机制，这对于推进国有企业改革具有重要的现实意义。

二、"股票期权"激励机制的"本土化"

　　股票期权激励机制在发达国家的现代公司治理结构中被广泛应用,它本质上属于股权激励的范畴,通过优化代理人薪酬结构使代理人的行为目标与委托人的利润最大化目标相吻合,从而给予代理人的一种行为激励。如今,美国、日本和欧洲的许多企业已成功地实施了股票期权激励机制,《财富》杂志1996年公布的全球前500家大工业企业中,就有89％的公司推行了股票期权计划。最近,由Coopers和Lybrand领导的研究小组在通过对434家被美国媒体认为是增长最快的公司老总的访问以及进行有关数据的统计后得出结论——在管理层中实行股票期权计划的公司普遍比未实行该计划的公司取得的成绩更好。这证明了股票期权对高级管理人员的激励效果是显著的,他们的努力会使公司的业绩呈现不同幅度的增长。

　　但是,股票期权激励机制发挥作用的隐含条件是一系列制度安排的保障,如健全完善的资本市场、竞争性的经理市场和产品市场、国家的政策法规允许、人们的意识形态转变(特别是对企业家才能和价值的认同)等等。从我国目前的情况看,实施股票期权激励机制存在以下的制约条件:(1)资本市场特别是股票市场不健全。过度投机、恶意操作和"泡沫"现象,使股票不能真实地反映企业的投资价值,这样既不能反映经营者的努力,又不能引起其对未来财富的预期,使股票期权的激励效果大打折扣。(2)传统的用人制度还在延续,竞争性的经营者职业市场尚未形成。由国家经贸委主持的中国企业家成长与发展的专题调查显示,中国的企业家由主管部门任命的占75％,由董事会任命的占7％,由职代会选举的占4％,由企业内部招标竞争的占1.3％,由社会人才市场配置的仅占39.6％。没有竞争性的经营者职业市场,要体现企业家价值就无从谈起,这时股票期权的激励作用很可能会发生"扭曲",成为经理阶层"锦上添花"的工具。(3)产品市场和生产要素市场发展滞后。由于存在产业壁垒、地区封锁、企业未割断与政府的脐带以及人际关系对市场的部分替代,导致产品和生产要素价格不是由市场供求和稀缺状况决定,利润不能成为反映企业经营状况的充分信息指标。这样在实施股票期权计划时,确定股票期权在薪酬结构中的比例和数量问题也成为一个技术难题。(4)国家政策法规的限制。国家政策法规不允许上市公司回购股票,除非用于注销资本金。这样股票期权计划所需的股票就失去了重要来源。(5)"生产要素参与分配"在具体操作过程中不同程度地遇到了企业内、外部"平均主义"思想的阻力。股票期权计划的实施很可能会加剧"两极分化"导致贫富悬殊，如美国企业高级经理人员的平均收入在1980年为一般工人的42倍，到1998年则为一般工人的419倍，因此，在企业家价值未得到普遍认同的情况下，股票期权激励机制的实施将遇到巨大的阻力。

所以股票期权激励机制的实行需要一个"本土化"的过程。笔者认为，股票期权激励机制只是众多激励方式中的一种，国有企业在借鉴国外经验引入该机制的时候，应该注意以下几个问题：一是在企业内部，薪酬的设计上要尽量提高科学性和规范性，注意结构比例问题。合理的薪酬不仅应该包括正常工资收入，还应该包括资产增值部分、风险补偿收入，应该是工资、奖金、股票、股票期权等多种形式的最优组合。同时，股票期权激励机制激励的范围可以扩大，不仅适用于经营者，也可应用于技术人员、对公司有重大贡献的员工以及普通的员工，从而最大限度地激发企业内部从业人员的积极性。二是注意国有企业及其所属行业和地区的特点。目前我国的国有企业可分为两大类，一类是不以盈利为目的的，向社会提供公共产品或准公共产品的国有企业，这类企业经营的好坏一般不以利润为衡量标准，故不宜采用股票期权激励机制。另一类企业是以利润最大化为目标的，对于这类企业可以采用经济激励手段，把考核企业经营业绩与股票期权结合起来。同时，国外经验表明，股票期权计划对于成长性好的行业、企业和发达地区比较适用，成长性不好的行业、企业和欠发达地区的实施效果一般。因此，我国的股票期权计划可在发达地区、行业属性好、成长性好的企业中率先实施并逐步推广实行。三是股票期权计划中股票的来源问题。借鉴国外经验并结合我国国情，笔者认为我国的国有企业可采用以下四种方法获取期权股票。第一，在公司发行新股时，企业将一部分股票留存，根据今后股票期权计划的需要使用。第二，公司将自己发行的一部分股票从二级市场购回，用于股票期权计划。由于我国目前不允许公司收购自己的股票，因此笔者建议出台相应的法规，允许存在用于股票期权计划的回购，以便更好地推进国有企业的改革。第三，对于原股东放弃配售的股份，目前我国一般采取承销商"余额包销"的方式，笔者建议上市公司可将这部分未成功配售的股份用于股票期权计划。第四，年终股票股利分配(送红股)时，可由股东大会通过决议将部分股票股利或者直接以股票期权的形式奖励给经营者及对企业有贡献的员工，或者以留存的形式在将来需要时使用。

如今，股票期权激励已走进我国上市公司，如上海仪电从1997年开始实施期权奖励计划,上海贝岭在内部试行"虚拟股票"奖励计划,泰达股份、绍兴百大等也曾就股权激励计划发布公告。这些公司在引入股票期权激励机制时,都不同程度的作了变通,如上海贝岭的虚拟操作就避开了"上市公司不得回购股票"的法规限制。但是笔者认为,内部机制作用的发挥很大程度上依赖于外部机制的完善程度,只有资本市场、产品市场、要素市场的健全和完善以及法规建设的跟上,才是股票期权激励机制实施获得实质性突破的关键。

羊群行为和信息串联[①]

摘　要　羊群行为是一种常见、多发的人类行为,它在金融市场深刻地影响着资产定价,因而具有重要的研究价值。本文回顾了多种羊群模型,将它们划分为三类:基于收益外部性、基于信息外部性以及两者兼备的声誉模型,并对三类模型进行了比较分析,同时也对一些重要的概念如信息串联、战略延迟等做出了定义阐述。

关键词　羊群行为;信息串联;声誉模型

一、基于收益外部性的羊群行为

几乎在所有的博弈中,一个行动者的收益结构总会受到其他行动者行动的影响。收益外部性经常外生地被博弈的收益结构所决定。这些外部性也可能来自于内生性。例如,在一个多代理人模型中,委托人给一个代理人的支付可能依赖于其他代理人的行为。代理人选择相同的还是不同的行为取决于博弈的收益结构。

有许多基于收益外部性而导致行动者采取相同行动的模型,其中常见的就是非合作博弈,其中行动者在纯战略均衡中选择了相同行动。不过,这种类型的博弈存在多重均衡,因而产生了均衡选择问题。“调查”的羊群行为(Investigative Herding),即在信息搜集上的羊群行为,经常是由收益外部性引起的,银行挤兑潮(Bank Runs)就是一个这样的例子。许多这样的模型外生决

————————

①　本文作者章融、金雪军,最初发表在《数量经济技术经济研究》2002 年第 10 期。

定了所有的行动者同时行动。然而,在内生序列中更容易发生同时行动。Admati 和 Pfleiderer(1988)模型中,自行决定行动顺序的流动性交易者行动可以被看作是羊群行为:所有的流动性交易者试图同时交易,就是说,他们作为一个群体是"羊群"。

实际上,收益外部性的羊群行为主要是指行动者同时行动(包括内生序列情况下的同时行动),如金融市场中所有投资者在重大信息到来时会采取相同的投资行为。因为如果行动者是按照一定顺序行动的话,后行动者可以通过观察先行动者的行动而获取一定的信息,这样就不仅仅是收益外部性独自起作用了。经济生活中,特别是在金融市场中,基于收益外部性的羊群行为往往造成经济变量大幅波动。它是个体的"自发"的理性行为,符合个体理性,但是却未必实现群体理性,突出体现了两者的矛盾。与基于信息外部性的羊群行为相比,基于收益外部性的羊群行为发生机理较为简单,但是减弱和避免这样的群体行为比较困难。

二、基于信息外部性的羊群行为和信息串联

如果先行者是基于他们的私人信息而选择了行动,一个后继者就会试图从他们的行动中推测信息。这种正向信息外部性能够强烈到使后继者完全忽略他的私人信息或者给予他的私人信息以过小的权重。如果一个行动者模仿他的先行者的行动而不顾及他的私人信息是支持相反的行动,就发生了基于信息外部性的羊群行为(herding due to informational externalities),这样的羊群行为也可能导致信息串联。

1. 外生序列

(1)基于二维信号空间的羊群模型。在 Banerjee(1992)中,I 个风险中性、先验看法相同的行动者选择一项资产 $j\in[0,1]$,j 具有固定收益 v 而 j 之外的其他资产收益全部为零。一个行动者以 $\alpha<1$ 的概率获取一条信息,并且该信息以 β 的概率为真,以 $(1-\beta)$ 的概率为假。如果这个信息是假的,它就在 $[0,1]$ 上均匀分布。行动者序列行动,后继者可以观察到先行者的行动,但不能观察到他们获取的信息。

(2)基于离散行动空间的羊群行为。与 Banerjee(1992)相反,在 Bikhchandani、Hirshleifer 和 Welch(1992)的模型中,每一个行动者都会接收到一个噪声信号。也就是说,信号空间是一维的,行动空间是离散的:接受或拒

绝。一个行动者可以接受这个新方案（技术），成本是 $c=\frac{1}{2}$。这个新方案的收益是 $v_H=1$ 或者是 $v_L=0$，概率均为 $\frac{1}{2}$。每一个行动者接收到一个二元信号 S^i $\in\{S_H,S_L\}$。S_H 和 S_L 分别代表环境状态 $\{H,L\}$，发生的概率均为 $q>\frac{1}{2}$。

（3）连续信号空间和部分信息串联。Gale（1996）提出一个模型，其中信号空间是连续的，$S^i\in[-1,1]$，而行动空间仍与 Bikhchandani、Hirshleifer 和 Welch（1992）中一样是离散的二维 $\{a_H,a_L\}$ 空间。Welch（1992）的羊群模型也假定了一个连续信号空间。在 Gale（1996）中产生了部分信息串联，它可以被极端信号打破。模型假设至少存在 I 个同样的投资机会，每一个的收益都由信号的平均值决定，即 $v=I^{-1}\sum_{i=1}^{I}S^i$。给定这些信号在 $[-1,1]$ 上均匀分布，如果所有的行动者只在 $v=I^{-1}\sum_{i=1}^{I}S^i>0$ 时才投资，就能得到最优解决方案。

2. 内生序列

（1）离散时间中的内生序列。在 Chamley 和 Gale（1996）中，时间是离散的，$t=1,2,\cdots,\infty$，有随机数量的行动者可以选择是现在投资还是等待一段时间再投资。每一个行动者知道自己是否有投资机会，但不知道其他行动者是否有投资机会。为了避免所有的投资者都永远等待下去，模型给每一个行动者设定了一个贴现系数 $0<\delta<1$ 作为等待成本。

在 Gale（1996）的模型中，行动者关于相同投资机会的收益信号是连续分布的，$S^i\in[-1,1]$。每一个投资方案的收益是 $v=I^{-1}\sum_{i=1}^{I}S^i$。Gale（1996）只考虑了两个行动者的情况，$I=2$。给定一个相同的贴现系数 δ，拥有高信号的行动者比拥有低信号的行动者更缺乏耐心。

（2）连续时间中的内生序列。在 Gul 和 Lundholm（1995）的模型中，时间是连续的。在 Bikhchandani、Hirshleifer 和 Welch（1992）以及 Banerjee（1992）的模型中，行动者部分忽略他们自己的信息，这会导致无效的信息汇集，甚至是信息串联。决定何时行动以及何时不行动的时间选择在内生序列模型中改进了信息汇集。在 Gul 和 Lundholm（1995）中，内生序列导致了有效的信息聚类（Clustering）。在他们的模型中，行动者最大化他们的效用函数，效用函数要在预测的准确性与预测的及时性（存在等待成本）之间做出权衡。每一个行动者

观察到一个信号 $S^i \in [0,1]$，可以用来帮助他预测 $v = \sum_{i=1}^{I} S^i$。他们用一个函数 $t^i(S^i)$ 来表示每一个行动者的战略，它表示，如果其他投资者还没有做出预测，具有信号 S^i 的投资者最早将在时间 $t^i(S^i)$ 做出预测。

（3）具有不同准确性的信号。Zhang(1997)的模型中，最为引人注目之处就在于不仅仅信号的内容是私人信息，而且信号的准确性（或质）也是私人信息。他的模型引入了高阶不确定性（higher-order uncertainty），信号是二元的，其准确性用 q^i 衡量，q^i 在 $[\frac{1}{2}, \bar{q}]$ 连续分布，$\bar{q} < 1$。行动者在每一个时间点上的行动空间或者是等待（收益的贴现系数是 δ），或者是投资于方案 1 或 2。

三、声誉效应下委托—代理模型中的羊群与反羊群

在声誉效应下的委托—代理模型中，委托人不是自主做出决定，而是把决策过程委托于代理人。这等价于虽然是委托人采取行动，但是他要在观察到一个特定信号后采取一个确定的行动。换句话说，如果把这项行动委托给代理人，它未必是委托人的事后最优选择。

1. 外生序列

Scharfstein 和 Stein(1990)首先建立了声誉效应下委托—代理羊群模型。在模型中，两个风险中性的行动者（经理）序列投资于两个相同的项目（方案），项目的收益为 $\{v_H > 0, v_L < 0\}$，不投资的收益为零。每一个行动者都接收到关于项目真实收益流 $v \in \{v_H, v_L\}$ 的二元信号 $\{S_H^i, S_L^i\}$。信号不仅取决于环境状态如何，也取决于行动者的类型。代理人或者是聪明的或者是愚笨的，但是无论是委托人还是代理人都不知道他们的类型。Scharfstein 和 Stein(1990)的模型中信号结构要满足下面几个条件：

（a）$\Pr(S_H \mid v_H, smart) > \Pr(S_H \mid v_L, smart)$

（b）$\Pr(S_H \mid v_H, dumb) = \Pr(S_H \mid v_L, dumb)$

（c）$\Pr(S_H \mid smart) = \Pr(S_H \mid dumb)$

（d）聪明的代理人接收到的信号是（完全）正相关的

（1）源于相关误差项的收益外部性。在 Scharfstein 和 Stein(1990)的模型中，代理人的误差项是完全相关的，代理人 2 仅仅考虑他在委托人心目中的声誉。如果两个代理人的信号是条件相关的，委托人关于代理人 2 类型的修正方法就是代理人 1 投资行动的函数。换句话说，代理人 1 的选择通过委托人的信

念改变而对代理人 2 产生了收益外部性。Scharfstein 和 Stein(1990)证明了不存在分离均衡,代理人 2 往往会采用羊群战略(herding strategy),因为聪明代理人的信号是正相关的,他们有选择同一投资项目的倾向。如果愚笨的代理人也根据他们的私人信号来选择行动,但他们的信号是独立分布的,情况就不是像聪明代理人那样。

(2)当代理人知道他们类型时的信息外部性。如果条件(c)被放宽,一维信号不仅给代理人提供了投资项目本身的收益情况,同时也提供了他们类型的信息。当这个信号越来越能够揭示他们类型的时候,Bikhchandani、Hirshleifer 和 Welch(1992)模型中的羊群行为就会发生。这是因为代理人接收到了关于他们类型的离散信号,因而,廉价磋商(发送信号)问题就成为两维的。

除了放宽条件(c),代理人也可以接收到关于他们类型的额外信号。在 Trueman(1994)中,代理人确切地知道自己的类型;然而在 Avery 和 Chevalier (1999)中,代理人只是收到关于他们类型的噪声信号。

(3)基于前期决策的羊群行为。在 Prendergast 和 Stole(1996)的模型中,同一个行动者在每一期都做出决策,他在每一期都接收到信号并且知道自己的类型。但在 Holmstrom(1999)中,委托人只能基于代理人的决策来判断他们的类型,因为他不能观察到真实的收益情况。Prendergast 和 Stole(1996)的模型中代理人的收益是他的声誉与他决策带来真实产出两者之间的线性组合。均衡可以把"低类型"的代理人与"高类型"的代理人区分开来,但是为了满足激励相容条件也会存在失真。聪明的(高类型)经理具有更准确的信号,他们在很大程度上遵循他们的信号行动而不看重他们的先验。因而,在开始的时候,他们的决策往往比愚笨经理的决策变化更易变。过了一定阶段的决策之后,"高类型"的经理信任他们的早期决策从而新信号变得越来越没有信息价值。"低类型"的经理也想显得聪明些,因而就模仿聪明的经理。

(4)非连续收益方案声誉效应下羊群行为。在 Zwiebel(1995)的文章中,声誉效应下的羊群行为是由被解雇的可能性导致的非线性造成的。在他的模型中,经理知道自己的类型,一些经理可以选择一个随机占优(stochastically dominating)行动而非标准行动(standard action),标准行动的预期收益是要低一些的。然而,它允许委托人更好的评价代理人的类型,正如在 Holmstrom 和 Ricart I Costa(1986)指出,一个投资收益的基准可以帮助委托人评价代理人的类型。Zwiebel(1995)表明一个"低类型"的代理人如果低于阈值,就会采取非标准行动(nonstandard action),因而就招致额外的个人风险。而高于阈值的经理变得更加厌恶风险,他们倾向于采取无效的标准行动。最优秀的经理会投资于盈利更好的项目,因为他们不需要过分担心被误认为是愚笨的经理。

2. 内生序列

在代理人自由选择行动时间条件下的声誉羊群模型现在还没有被研究。然而,如果根据代理人的声誉而予以委托或者排序的话,很明显可以减缓上文中所探讨的战略延迟问题。例如在 Zhang(1997)的文章中,决策者为了从潜在先行者行动的信息外部性中获益,往往会等待很长时间。另一方面,如果代理人不仅仅关注决策本身的问题,也关注他们的声誉问题,那么快速行动就可能是有益的。行动时间较早可能意味着这个代理人获取了一个非常准确的信号,也就是说他是一个聪明的代理人。

参考文献

[1] Banerjee A V. A simple model of herd behavior[J]. Quarterly Journal of Economics,1992,107:797-817.

[2] Scharfstein D S, Jeremy C S. Herd behavior and investment[J]. American Economy Review,1980,80: 465-479.

[3] Welch I. Sequential sales, learning and cascades[J]. Journal of Finance,1992,47(2): 695-732.

[4] Lee I H. On the convergence of information cascades[J]. Journal of Econnomic Theory,1993, 61: 741-759.

[5] Froot K A, Davie S S, Jeremy C S. Herd on the street: Information inefficiencies in a market with sorty-term speculation[J]. Journal of Finance, 1992, 47: 1461-1484.

[6] Bikhchandani S, Hirshleifer D, Welch I. A theory of fads,fashion, custom and cultural change as information cascades[J]. Journal of Political Economy,1992, 100: 992-1026.

[7] Douglas G. What have we learned from social learning? [J]. European Economic Review,1996, 40: 617-628.

[8] Brett T. Analyst forecasts and herding behavior[J]. Review of Financial Studies,1994, 7: 97-124.

企业治理结构中的控制权配置问题初探①

摘　要　公司治理结构一直是企业经济学关心的核心问题。近来研究的重点已经转向企业控制权的配置与争夺。然而在实践中,控制权配置的标准并不是唯一的,有很多诸如技术、市场等因素都会影响控制权的配置。本文在分析企业本质、从剩余索取权到控制权的转变等问题的基础上,提出成员的相对重要性是理解企业治理结构中控制权配置的关键。而"相对重要性"又有不同的表现,从而增加了控制权配置的复杂性和多样性。进一步地,本文还对"相对重要性"的决定因素作了初步的分析。

关键词　企业;治理结构;产权;控制权

一、引言:所有权与控制权之争

众所周知,从经济学角度来定义的企业所有权和控制权不同于从法律角度定义的权利。从法律意义上看,企业的所有权和控制权一般是指有关企业原始契约的界定,而且由于法律的普遍性,忽略了不同企业间的差别,并用一个统一的尺度——资本,来对初始产权进行界定。与此不同的是,经济学对所有权和控制权的研究更侧重于产权运行中的动态效率及其变化。亚当·斯密(Adam Smith,1822)就敏锐地指出了其中的差异。从经济学的角度看,对上述问题的研究是沿着所有权(ownership)→剩余索取权(residual claim)→控制权(control rights)的逻辑不断深化和演进。而在我们看来,导致两次变化的原因分别是:

---

①　本文作者章华、金雪军,最初发表在《浙江社会科学》2002 年第 6 期。

(1)经理革命导致的所有权和经营权的分离（Alfred. D. Chandler，1977；1990）；(2)大公司股权分散化的趋势（Adolf Berle 和 Gardiner Means，1932；Edward S. Herman，1981）。

这样就产生了两个问题：1.在股权分散的企业中，按照资本比例配置的控制权在实际运作中是否有形式化的趋势？即使在股权相对集中的企业中，资本比例也不是用来配置控制权的唯一标准。那么控制权究竟是按照什么标准进行配置的？2.用来配置控制权的原始契约一旦确立之后，是否会产生控制权的变更转移？若会，那么如何变更？实际上，近期有关公司治理结构的文献也主要集中在这两个方面。（Demsetz H，1988；Blair M，1995）

在我们看来，进一步的研究会在两个方向上展开：其一，关于在现有的法律制度框架下，围绕取得控制权而进行的代理权竞争问题，包括收购与反收购、控制与反控制等，例如对"毒药丸（poison pill）计划"的进一步研究。其二，承认控制权形式的多样性，用一个统一的分析框架对控制权的配置标准进行分析和归类，并对除资本标准之外的公司控制问题给予合理的解释。本文着重讨论第二个方面的问题。

二、对控制权配置的标准问题讨论

1.企业的本质

在讨论企业控制权的配置问题之前，对企业的本质进行分析是有益的。在科斯（Coase，R. H.）之前，主流经济学将企业视为生产函数，其作用是获得投入—产出的效率，而不管企业的内部结构如何。这种把企业视为"黑箱"的处理方法遭到了制度经济学家们的批评。科斯（1937）将企业看成是对市场的一种替代，这种替代导致了交易费用的节约。张五常（1983）则更进一步，将企业看成是要素市场对产品市场的替代，用一个契约代替了一组契约，从而节省了交易费用。这种"契约论"的处理方法得到了普遍认同，后来者在此基础上走得更远，如周其仁（1996）将企业视为"一个人力资本和非人力资本的特别合约"，这一观点导致了激烈的讨论（张维迎，1996；杨瑞龙、周业安，1997；方竹兰，1997）。

另一种有关企业性质的观点是将企业看作是一个合作团队。这种观点实际上源自阿尔钦和德姆塞茨（Alchain 和 Demsertz，1972）的"队生产"理论。由于在队生产中，总产出大于每个人的产出之和，即总产出不能完全分解，所以造成对个人的绩效衡量和监督的困难。这样，人们为了得到"1＋1＞2"的效果组成了企业,但是又必须解决团队生产中的激励相容(incentive compatibility)问题。这样就必须从团队中产生专门的监督者,并把他个人的绩效与组织绩效挂钩。赫姆斯特姆(Holmstrom,1982)进一步证明,团队生产中个人贡献的不可观察性并不是导致偷懒的充分条件,纳什均衡与帕累托最优的冲突来自"预算平衡约束"(即总产出必须在所有成员之间分配完),如果能打破"预算平衡约束",帕累托最优就可以通过纳什均衡实现;而为了打破预算平衡约束,就得有一个外来的"委托人"作为"企业所有者"。沿着这样的思路,剩余索取权就产生了,它部分地被赋予团队中既需要自我监督又可使"团队激励"(group incentive)得以实现的主体,以获得企业资源配置的静态效率和长期动态效率(金祥荣等,1998)。现代团队理论就是以上述观点为基石的(张军,1999)。

需要指出的是,在对企业的剩余索取权和控制权的讨论中,企业是"合作团队"的观点更加贴近于我们要讨论的问题。

2.从剩余索取权到剩余控制权

"剩余索取权"的概念以其在企业理论中的特殊地位已经受到了理论界的普遍关注。在研究企业和组织绩效的问题上,剩余索取权无疑是其中最为重要的核心概念。张维迎(1995)对剩余索取权做了一个较为完整的综述。限于篇幅,在此不展开详细讨论。这里概括了剩余索取权配置标准的一般结论,即企业里谁应该拥有剩余索取权呢? 答案是:企业最优剩余索取权的安排依赖于每个成员的相对重要性和对其监督的有效性。

如前所述,从所有权到剩余索取权再到控制权的转变是伴随两个原因产生的:经理革命和股权分散化。在我们看来,这两个原因的作用是不同的。经理革命造成所有权和经营权的分离,剩余索取权部分地赋予经营者,但只要股权不分散,股东仍拥有对企业的控制权。但是股权分散的趋势造成股东实际上进一步丧失了对企业的控制(尽管按照剩余索取权的配置,股东仍然享有剩余收益),于是控制权的重要性得到凸现。从两者的定义上看,剩余索取权更侧重于经济上的收益权,而控制权则更侧重于对企业资源的支配和决策权。两者的共同点在于都是对不确定性的一种反应和制度安排,所不同的是,前者主要针对收益中不明确的部分,而后者直接针对产权安排中的不明晰部分(Grossman S J和 Hart O D,1986;张维迎,1994)。

然而,仔细考察之后便会发现,剩余索取权的配置标准实际上可以拓宽至控制权的配置,可以认为企业的最优控制权安排依赖于每个成员的相对重要性。只是在这里,相对重要性有了更为丰富的内涵,包括了技术、市场和非正式约束的影响等等。

3.控制权配置的具体标准

按照上述逻辑,控制权配置的具体标准实际上也就是"相对重要性"的具体表现。从生产要素的稀缺性角度考虑,"相对重要性"包括以下几个方面的内容:

——物质资本:这又包括两个方面。其一,是按照法律规定的资产比例。经济主体持股超过一定比例导致直接控股或相对控股,从而获得对企业的控制权。这种控制权又可以称为"法定控制权"。其二,物质资本的相对稀缺性。比如区域性很强的农产品,新疆的哈密瓜、广西的荔浦芋头等,对特定土地的依赖程度很高,则拥有此土地的主体在获得控制权方面有更高的谈判能力。

——人力资本:这主要是从人力资本的特性和对产出绩效监督的难易程度来看的。由于人力资本有主体可控性,所以必须对其进行激励,才能获得比较高的经济绩效。尤其在新经济到来的时代,人力资本所从事的活动更加具有知识化、成果无形化的特点。在"微软法则"+"风险投资"模式的作用下,"创意经济"中的人力资本获得企业控制权的趋势已初现端倪。

——技术:尽管技术因素和人力资本在某种程度上说是有所重合的,然而单独考虑技术因素仍然有可取之处。张小蒂(1998)认为在企业的成长期,控制权以技术为主,他引证了北京吉普合资案例(张平,1995),来阐述技术控制的重要性。在这个例子中,中方拥有超过50%的股份,但由于核心技术被美方掌握,因而丧失了实际的控制权。美国通过控制技术标准,顺利地实现了利润转移。

——市场:市场是比技术更现实的因素。因为一切价值的实现,一切收益的取得都要通过市场。好的技术不等于好的效益,尤其在取得重大技术创新之后的相对平稳期(企业的成熟期),在配置控制权方面,市场因素显得更为重要。1998年初,以市场优势见长的COMPAQ兼并了以技术优势见长的DEC,这一案例说明在争夺控制权的某些场合,市场因素比技术因素更为重要。

——影响企业的非正式制度:规范、风俗、文化。这方面的研究正逐渐受到重视。如尼(Nee Victor,1998)对霍桑实验和"研究型大学"的研究表明,在经济和组织中,影响它们绩效的原因往往不是正式制度,而是非正式制度。由此就产生了制度兼容和经济绩效问题。而布莱尔(Blair M,1995)将在人力资本上的公司专用化投资制度分为两类:会社模型(Kaisha Model)和"美国大公司(U. S. Megacorp)"模型,讨论了文化差异对公司治理结构的影响。实际上,非正式制度对控制权的影响十分重要,它突出表现在跨文化(既包括"自然文化",

又包括"企业文化")的经营和兼并上(前者可参见 Herrmann-pillath,1996;后者可参见 Kotter、John P 和 Heskett J L 1992)。

三、对"相对重要性"的进一步考察

以上论述集中于对"相对重要性"内涵的考察,在此基础上,提出了控制权配置的几条具体标准。而本节试图更进一步,研究决定"相对重要性"的主要因素。

如果把控制权的配置看成是一个"缔约行为",那么相对重要性总的来说取决于经济主体在缔约过程或重新缔约过程中的谈判实力和谈判能力。谈判实力主要是指资源的性质(区分物质资本和人力资本)以及资源相对稀缺性。谈判能力主要是在与他人的博弈过程中的策略与技巧,还包括主体本人的声誉。一般说来,谈判实力和谈判能力都与相对重要性成正比。具体来说,影响"相对重要性"的因素主要有:

——初始产权界定(尤其是初始资本)。在我们看来,初始产权(初始资本)对相对重要性的决定主要是从静态和存量的角度加以分析。尤其在交易费用大于零的现实世界,初始产权的界定无疑是重要的。而从动态演进的角度来看,在诺思(North,1981;1990)所指的"路径依赖"(path dependence)中,初始点的状态决定了是否存在锁定(lock in)。而近来进化博弈论也证明了这点(Aoki,1998)。

——主体对产出的贡献率大小。由于哈特(Hart,1995)所定义的"不完全合同"的存在,从动态角度看,不确定性可以使合同失效。所以,光有初始的产权界定是不够的。相对重要性还需从流量的角度予以动态界定。而主体对产出的贡献率大小就是这样一类指标。

——岗位竞争与资产专用性。相对重要性还体现在岗位竞争上。如果对同一个岗位来说有很多竞争者,那么,相对重要性应该与竞争的人数成反比,与竞争的激烈程度成反比。从竞争的意义上说,岗位的可替代性就和资产专用性成反比。

——退出机制与退出威胁是否可置信。有时,成员的相对重要性往往在他选择"用脚投票"时才得到充分体现。赫希曼(Hirschman,1970)集中研究了一个面临不利环境的特定集团"退出"作为解决办法的可能性(而不是"口头抗议"或集体行动解)。他的假说是:退出越容易,退出的选择对集团剩下的成员越有吸引力,则集体行动成功的可能性越小。但是,在选择不退出的人当中,退出对谁最有吸引力,谁的影响力就越大。在这里,赫希曼所指的"影响力"与我们的"相对重要性"是同义的。然而,退出威胁是否可置信也是影响相对重要性的方面。在博弈过程中,如果一方预期到另一方的退出威胁不可置信,则相对重要性就弱。张军(1999)就举过受特殊培训的工人与企业之间退出博弈的例子,来强调退出威胁可置信度的重要性。

——其他因素:如成员在团队中非正式制度规范中的地位以及企业的生命周期(成长期、成熟期)等,在此不再赘述。

四、简要的结论与展望

企业的控制权问题始终是一个重要的理论问题,而且随着时间的推移,也逐渐成为一个重要的实践问题。本文通过对企业的本质、从所有权到剩余索取权,再到控制权转变的回顾,提出了控制权配置的标准是每个成员"相对重要性"的结论,并在此基础上分析了"相对重要性"的具体表现和决定因素。

限于篇幅,本文忽略了一些问题:如控制与反控制,代理权竞争的效率问题等等,作者忽略它们并不意味着这些问题不重要。相反,它们是理论的进一步深入和展开。

对控制权的研究是一个世界性的课题,中国也莫能外。随着中国的进一步开放和资本市场的不断完善,围绕着控制权的争夺之战会愈演愈烈。如"胜利股份"之争就是今年证券市场上的一大热点。其实,控制权有多种形式,因此控制权之争不只发生在二级市场,而是无处不在。也许,它就发生在你我的身边。

参考文献

[1] [德]何梦笔. 网络:文化与华人社会经济行为方式[M]. 太原:山西经济出版社,1996:58-96.

[2] [美]德姆塞茨. 所有权、控制与企业[M]. 北京:中国社会科学出版社,1999:146.

[3] [美]钱德勒. 看得见的手[M]. 北京:商务印书馆,1987:1-12.

[4] [美]约翰·科特,詹姆斯·赫斯科特. 企业文化与经济业绩[M]. 北京:华夏出版社,1997.

[5] [美]玛格丽特·M.布莱尔. 所有权与控制[M]. 北京:中国社会科学

出版社,1999:83-108.

　　[6] 梁能. 公司治理结构:中国的实践和美国的经验[M]. 北京:中国人大
出版社,2000:105-123.

　　[7] 张维迎. 企业理论与中国企业改革[M]. 北京:北京大学出版社,1999:
30-63.

　　[8] 张军. 合作团队的经济学[M]. 上海:上海财经大学出版社,1999:
54-64.

　　[9] 金祥荣等. 转到以改善制度安排的动态效率为中心的改革[J]. 中国社
会科学季刊(香港),1999(秋季卷):121-131.

　　[10] 张平. 技术优势与跨国公司的产业控制——北京吉普案例分析[J].
经济研究,1995(11):30-39.

　　[11] North D C. Institutions, institutional change and economic
performance[M]. New York:Cambridge University Press, 1990:92-107.

　　[12] Nee V. Norms and networks in economic and organization
performance[J]. American Economic Review,1998,88(2):75-79.

对噪声交易的分类研究①

摘 要 噪声交易的本质特征是使价格偏离内在价值。本文将噪声交易划分为四种类型:基于有限理性的噪声交易、基于信息不对称的噪声交易、基于"个体理性"的噪声交易和基于保值交易策略的噪声交易。全面把握噪声交易的外延具有重要的理论意义和实际应用价值,有助于进一步的理论研究以及更具针对性的市场监管。

关键词 噪声交易;有限理性;信息不对称;行为金融;羊群行为;保值交易策略

一、引言

噪声交易(noise trading)是 20 世纪 80 年代以来西方经济学界出现的一种研究交易者行为和金融市场运行方式的理论。1986 年,美国当时的金融协会主席 F. Black 发表 Noise 一文,将噪声交易者定义为把"噪声"视为真正信息而交易的人,并且断言:噪声交易者占交易者总量相当大的一个比例。J. B. De Long、A. Shleifer、L. H. Summers 和 R. J. Waldman 从 1990 年起发表了一系列论文,提出了许多崭新的概念和命题(简称 DSSW 模型),奠定了噪声交易理论基本框架。但是,他们只是继承了 F. Black 对噪声的定义,并未对噪声交易的具体内容做进一步的说明和解释。其他相关文献有的是研究噪声交易产生的原因,如 Kanodia、Bushman 和 Dickhaut (1986)以及 Trueman(1986)表明代理

---

① 本文作者章融、金雪军,最初发表在《财贸经济》2003 年第 7 期。

人会采取能够增加投资人关于他们搜集信息能力的感知行为;有的是研究噪声交易者能否长期存在(市场韧性)的问题,如 F. Palomino(1996)沿用 DSSW 模型的框架和分析方法,但通过改变其中的完全竞争经济条件,得出在不完全竞争的资产市场上,噪声交易商不仅可以获得更高的预期收益,而且还可以得到更高的预期效用,这样他们就可以长期存在于市场上;还有的是刻画了噪声交易者的特征,如 Werner de Bondt(1998)从行为金融学的角度,分析了噪声交易者的四个特征:从过去的价格变动中获取简单模式、使用流行的价值模型、没有合理分散风险以及以次优方式进行交易。

以上这些文献从多个角度研究了噪声交易及其对证券市场的影响,但是对于噪声交易这个最基础的概念却缺乏专门的分类研究。事实上,F. Black 对于噪声交易的定义和解释只是概括了噪声交易的一小部分。后来的主要研究者,如 De Long(1990)、Gennotte 和 Leland(1990)也仅以噪声交易的某一或某几个类型为前提条件,没有详细阐述噪声交易的具体内容。显然,要对噪声交易理论进行完整、深入的研究,首要的是彻底澄清关键概念的内涵和外延,包括其本质特征和具体内容。对于噪声交易的本质特征,自 Friedman(1953)以来就一直被正确的认为是"使得价格偏离价值",在此无需赘述。这样,研究重点就是对噪声交易的内容进行归纳、分类。本文在考查以往噪声交易文献的基础上较为全面、综合地探究了这个概念,根据成因不同而将具体的噪声交易分为四种类型。这不仅对既有的噪声交易理论做出了有益的补充,也为进一步研究奠定了必要的基础。

二、基于有限理性的噪声交易

新古典经济理论认为"经济人"具有完全的理性,因而总是能够实现自身利益的最大化,但 H. A. Simon 认为新古典经济学对理性的定义是有缺陷的。其一,只有在确定性情况下完全理性才是适用的,而在风险和不确定性情况下,完全理性的含义就不准确了。其二,完全理性对抉择机制提出了三个极不现实的假定:(1)所有备选方案都是现成的;(2)在确定性、风险性和不确定性情况下,每个备选方案的后果都已知道;(3)理性人对所有可能后果的优劣一清二楚。事实上,人不可能知道全部的备选方案,外部环境是不确定的、复杂的,信息是不完全的,人的认识能力和计算能力是有限的,经济行为者不可能把所有的价值考虑统一到单一的综合性效用函数中,因而,人是介于完全理性与完全非理性之间的"有限理性"(bounded rationality)。

对人的有限理性做出又一精彩论述的是著名投机家 G. Soros,他在 *Alchemy of Finance*(1987)一书中认为,人们对事物的理解本质上是不完全的,市场参与者的思考本质上是不完全的或偏颇的。这种不完全不仅和人们的理解能力有关,也和人们参与其中并试图了解的实际事件有关。根据他的"反射"概念,参与者与实际事件之间是互动的,这种双向的自我反射联系可表达为两种函数关系:(1)认知函数,即参与者的学习过程;(2)参与者的认识对现实世界和人的预期的影响。这两对函数可形成一对循环函数,发生循环累积因果效应[①]。同时,他区分了两种事件:(1)日常事件(humdrum),即人们所能够正确预测的事件;(2)独特的历史事件,这类事件可以影响参与者的偏见,并形成正反馈。对于第一类事件,认知函数是固定的,而只有参与函数发生作用;对第二类事件,认知函数和参与函数相互发生作用,只能在历史中去理解(历史的鞋带理论)。金融市场就是一个典型的历史动态过程:其中人们利用任何可能的指标预期未来,但结果与预期经常不符,这将导致不断变化的预期与不断变化的结果。这个过程的本质是反射。正如近年来新兴的一些高科技、网络上市公司由于是历史上第一次出现,交易者很难依据以往的知识和经验确定这些股票的合理价格,而只能在与之不断进行的反射过程中修正错误。自 2000 年始美国股市的萧条和新经济泡沫的破灭即为明证。

近年发展起来的行为金融(behavioral finance)也对交易者理性进行有力抨击。Kahneman 和 Tversky(1979)提出了对行为金融影响最大的前景理论(prospect theory),说明了人们的心理因素往往会导致其对真实情况的偏离;Werner de Bondt 和 R. H. Thaler(1985)发表《股票市场过度反应了吗?》,引起了行为金融理论的复兴。后来行为金融学发展出两个主要的行为模型:BSV(Barberis、Shleifer 和 Vishhy,1996)和 DHS(Daniel、Hirshleifer 和 Subramanyam,1998)模型。这些经典文献指出了交易者在进行投资决策时常常表现出的一些心理特点:过度自信(overconfidence)、非贝叶斯预测(non-bayesian forecasting)、回避损失(loss aversion)和"心理"会计(mental accounting)、推卸责任以减少后悔等。Werner de Donbt 在 *A Portrait of the Individual Investor*(1998)一文中对交易者的心理和行为特征做出了较为全面的论述。Daniel Kahneman 把心理学分析法与经济学研究结合在一起,发现了

---

① 关于索罗斯的反射概念,可参见杨健、高晓航著:《相信自己的虚妄》,陕西师范大学出版社 1999 年版,第 30—32 页。

人类的决策不确定性，即发现人类的决定常常与根据标准的经济理论做出的预测大相径庭。他因此而成为 2002 年诺贝尔经济学奖获得者之一①。在行为金融学看来，交易者在进行投资决策时存在上述种种心理偏差，使得他们实际的决策过程并非现代金融理论所描述的最优决策过程，即他们绝非是理性交易者。

总之，交易者由于种种因素制约不可能做到完全理性，总是会出现种种非理性的情况：可能会获取到虚假信息并据此进行交易，可能在信息分析过程中使用了错误的方法，可能在做出投资决策时受到情绪、心理偏差等因素影响而导致决策错误等等，这就会使他们认为合理的资产价格与内在的真实价值产生较大偏差。由此可见，从有限理性的意义上来讲，即使是"理性交易者"的交易也是某种程度的"噪声"交易。如果市场中存在数量足够多的理性交易者，他们的交易行为综合起来一般可以抵消个体偏差而实现市场理性；但是在一定条件下，如果交易者的决策出现系统偏差，就会导致相似的交易行为而使市场大幅波动。

三、基于信息不对称的噪声交易

市场中的交易者都是最大化自身效用的理性人，他们在交易行为上的差异很大程度上源于信息集的差异，而信息集的差异（信息不对称）又源于他们获取信息过程中种种约束条件不同。具体而言，交易者在信息搜寻意愿和信息搜寻成本两个方面的差异导致他们分化为 I 型交易者（informed investors）和 U 型交易者（uninformed investors）。

1. 信息搜寻意愿。"智猪博弈"模型可以较好地说明这个问题②。应用到证券市场上，I 型交易者类似于大猪，U 型交易者类似于小猪。I 型交易者可能由于资金量大，如果没有根据足够的信息做出正确的投资决策，将可能导致其重大损失；而且它们的资金中有相当部分是负债，偿债压力也迫使它们要主动搜集相关信息从而寻找证券的合理定价；更由于有些交易者意图大量参股作为战略交易者以参与上市公司治理，甚至是控股上市公司以实施购并，这就使得它

---

① 另一位是 Vernon Smith，主要成就是奠定了实验经济学的基础，为经济学家们提供了在实验室条件下观察人类行为倾向的有效途径，特别是对选择性市场机制的研究。

② 关于智猪博弈模型的介绍，可参见《博弈论与信息经济学》（张维迎著，上海三联书店、上海人民出版社 1996 年版，第 17—19 页）。

们更有积极性去搜集信息而成为 I 型。U 型交易者可能由于资金量小,信息搜寻成本和信息搜寻收益相比较使之搜集信息的积极性相对 I 型交易者而言不高,甚至有可能出现"理性的冷漠"(rational apathy);并且 I 型交易者搜集信息采取行动过程中,信息也将逐渐会在市场状态(Q,P)中体现出来,U 型交易者即使不主动去搜集信息,仍可以获取相当的信息量。还有相当部分的 U 型交易者属于风险偏好者,他们参与证券投资的目的更在于追求证券价格变化所带来的类似赌博的刺激,而不仅仅是最终良好的投资收益。具有这种的心态的交易者其信息搜集的意愿是不会很强烈的。

2.信息搜寻成本。Stiglitz(1961)在非序贯搜寻模型中提出一个重要观点,即人们对信息的搜寻是有成本的。由于成本因素的制约,当事件所涉及的预期收益或风险损失很小时,行为者通常不会在信息搜寻方面作太多的努力;而当不确定性所涉及的经济利益较大时,则必须进行信息搜寻以降低风险、减少损失,但搜寻的规模则要控制在一定的限度内。因为无限度的信息搜寻尽管会减少风险损失,但由此而引起的信息成本激增可能会使搜寻活动得不偿失,所以,信息的搜寻只能是适度的,以确保信息成本控制在可接受的限度内。这样,成本因素就构成了对信息获取的一个最基本的约束。

在证券市场上,交易者每天面对着大量而庞杂的信息,处理这些信息需要时间、精力和能力,不同的交易者由于知识、能力、资本规模、所处地位的不同,在收集、处理信息的成本上是不同的。可以用静态均衡方法加以分析:如果成本用 C 表示,信息量用 I 表示,就能得到交易者获得的信息量与其付出的成本成正比;如果交易者所面临的风险用 R 表示,信息量仍用 I 表示,就能得到在市场上交易者拥有的信息量越多,他的风险就越小。这样,每个交易者的 I-C 曲线与 R-I 曲线的交点就是其在信息搜寻上的均衡点。由于不同的交易者信息搜寻成本不同,成本较低的交易者的均衡点与成本较高的交易者的均衡点相比较,前者必定对应着更多的信息量和更低的风险,故而成为 I 型交易者,后者则成为 U 型交易者。

总之,交易者由于约束条件不同而分化为 I 型交易者和 U 型交易者。I 型交易者不仅有更强烈的愿望去搜集信息,也具有信息搜寻成本上的优势,这样 I 型交易者就会获取较多量的信息;而 U 型交易者由于存在信息搜寻上的冷漠以及成本约束,信息获取的量较少。U 型交易者由于没有可利用的充分信息,很可能会轻信市场中的传闻、听从"投资专家"的建议甚至模仿其他交易者的行动而进行交易。这样,他们的交易就极有可能是噪声交易。

四、基于"个体理性"的噪声交易

理性标准其实有两种,一种是对于理性交易者而言最大化其效用,称之为个体理性;一种是对于市场而言应当是价格准确反映价值,称之为市场理性。传统的噪声交易理论将理性交易者视为是市场理性的。实际上,至少在下面两种情况下,理性交易者往往遵循个人理性标准行动而使市场理性标准不能得到满足。

1. 个体理性投机。前面分析了 I 型交易者和 U 型交易者的信息不对称。I 型交易者由于具有信息优势而产生利用信息率先获利的冲动。这意味着在证券市场交易博弈中,它将会选择率先行动,从而使信息较快融入市场状态(Q, P)中。而 U 型交易者由于没有足够的信息而不得不在其后行动。Chamley 和 Gale(1994)和 Gul 和 lundholm(1995)最先提出了信息外部性(information externalities)引致的交易者战略延迟;Zhang(1997)的模型均衡中,只有信息质量高的行动者才会投资,而后继者往往将会忽略他自己的信息,因为他的信息准确性差。这样,I 型交易者先动而 U 型交易者后动,很容易发生基于信息外部性的羊群行为(herd behavior),即后行动者会尽量去从他的先行者的行动中推测出他们的信息,只要这些先行者是基于他们的信息而行动并且这些决策有共同的价值成分。这种正的信息外部性可能会强烈到使得后继者忽略了他的个人信息或者是没有给予它适合的权重。如果一个行动者模仿他的先行者的行为即使是他的个人信息支持他选择其他不同的行动,那就发生了基于信息外部性的羊群效应。认识到这一点,当存在噪声交易者时,理性交易者为了获取自身最大效用,往往也会进行非基于基础信息的交易;部分理性交易者专门研究噪声交易者的行为模式,依靠提前行动而"理性"的获取收益,而很少关注价格对于价值的反映情况;更有甚者,有的理性交易者会故意引发噪声交易,使市场当中所有交易者全部成为噪声交易者而导致市场价格剧烈波动。这样,理性交易者使得价格偏离价值,从而降低了市场效率。

De Long 等人在 *Positive Feedback Investment Strategies and Destabilizing Rational Speculation*(1990)建立了一个模型,其中包含有 3 种类型的交易者:(1)积极反馈交易者,指的是这样一些交易者:对价格过度短期或对价格走势盲目跟进的交易者;交易指令为停损指定时,在价格进一步下跌时抛出的交易者;在价格发生较大变化不能补缴保证金时,而对所持头寸变现的交易者;由于财富增加,风险承担能力加强的交易者。他们在交易行为上存在着一致性:在价格上涨时购买或在价格下跌时抛出。(2)信息灵通的理性交易者。(3)交易行为完全依赖于与基础价值相关的价格变动的被动的交易者。"积极反馈交易者"的出现,使理性交易者可以利用他们而获利,从而使价格不是趋于平稳而是使之波动更大。假设当理性交易者获知一个好消息并以此做交易时,他会认识到这一价格的最初变动可能会刺激"积极反馈交易者"在明天买进。因此,他们会在今天购买更多,从而使今天价格的上涨幅度高于基础面信息所带来的价格上升。到了明天,"积极反馈交易者"对今天价格做出反应进行买入,从而使价格进一步高于基础价值。在整个价格上涨过程中,虽然有一部分是理性的,但其中另外一部分是来自于对"积极反馈交易者"的预期以及"积极反馈交易者"本身的行为。在这一市场中,理性交易者控制了"积极反馈交易者",从而使价格的波动变大。

这一理论在 G. Soros 的投资策略中也有所体现:G. Soros 在 1987 年曾对自己的投资策略加以描述,在过去 20 年里,他并未依据基本面的分析而是基于对未来大众行为的预期成功地进行交易。在 20 世纪 60 年代,当信息不灵通的交易者为基金的每年收益增加而惊喜时,G. Soros 的投资策略并不是预期它未来会下跌而出售基金股份,相反而是预期信息不灵通的交易者会进一步购买而预先买入。如他所料,由于购买而导致的最初价格上升以及基金年收益增加的信息公布,刺激了大量交易者购买,从而进一步推动价格上涨。到最终价格停止了上涨,基金的业绩表现并未如信息不灵通的交易者所愿,其价格暴跌。虽然在最终这种放弃投资的行为以及那些依靠内幕信息而获利的专业证券机构的"机智钱"(Smart Money)的卖出使其价格跌至基本价值,但在最初机智钱的买进,提高了信息不灵通交易者对未来收益的预期,从而加倍放大了价格对价值的偏离。G. Soros 对 70 年代不动产信托投资公司的投资策略也同出一辙。

这样,自 Friedman(1953)以来类似的研究(Figlewski,1979;Kyle,1985;DeLong、Shleifer、Summers 和 Waldmann,1987;Campbell 和 Kyle,1988)所认为的"理性交易者的作用使得价格朝基础价值的方向移动(即使并非总是如此)。理性投机者与噪声驱动的价格移动相对抗,因此削弱了它们(但是没有消除掉)"就只是仅仅在某些情况下才会发生;而理性交易者遵循"个体理性"进行非"市场理性"行为的噪声交易成为一种经常发生的情况,他们也降低了市场效率。

2. 信息聚集。交易者在搜集信息时会发生"研究的羊群行为"

(investigative herding)，从而使他们的投资较为集中，加剧了对证券市场的影响。在《就业、利息和货币通论》中，凯恩斯(Keynes，1936)把股票市场比喻成选美比赛，已经意味着人们的信息搜集并非独立决策，而是受到相互影响的。评委们不是将注意力集中到谁是候选人中最美丽的，而是努力去猜测谁会被别的评委看好。他们是想尽力去选择这个比赛中的胜利者而不是最美丽的参赛者。类似的，在证券市场，交易者的搜集信息的努力不是基于个人所关注的短期信息，而是试图找寻其他交易者近期将用于交易的信息。他们的目的是在其他交易者根据同样的信息交易之前就交易。

Froot、Scharfstein 和 Stein(1992)就分析了短视交易者的这种羊群行为。在他们的模型中，交易者的短期行为使得搜集短期信息的需求成为"战略互补"(strategic complementarity)。这是因为，信息要在价格上反映出来，必须要有足够多的交易者了解该信息并据以交易才会发生。由于存在"正信息溢出"，对一条信息关注的交易者越多，该信息才会价值越大，从而市场中就会有很强的动机去获取该信息。这样，市场上的交易者很可能会聚在某一条或某几条短期信息上，而不管其是否与资产的真实价值有关。Froot、Scharfstein 和 Stein(1992)认为，这正是图表和技术分析的理论基础："大量交易者使用图表技术的事实，对那些已经知道如何进行图表分析的人来说，可能会足以产生正的利润。即使这种方法已经很普遍，投机者的最优选择仍然会是图表……。即使图表分析并不包含与资产的长期内在价值有关的信息，这种均衡也会持续存在。"

因而，交易者可能会"理性的"全部关注于同一个信息源而非不同的数据集合。由于聚集于该信息的交易者过多，如果这个信息源是有关基础价值的，依据该信息交易对于交易者个体而言是理性交易(既符合个体理性，也符合市场理性)，但是对于整个市场而言就可能过度反映该信息，他们的交易事实上整体成为一种特殊的噪声交易。特别的，如果信息溢出十分严重以至于交易者群体选择关注于质量低下的数据，或者是与资产基本价值无关的、完全外生的变量，这种情况下只是满足了交易者的个体理性，对于整个市场而言却成为噪声交易。一个市场只有在定价是理性的并且研究努力被正确分配因而信息获取是全面的情况下才是信息有效的。即使市场在信息反映阶段(价格阶段)是有效的(一旦一套信息被获取，市场价格以 Bayesian 方式将其融入)，但由于在信息获取阶段对于信息的关注是片面的，研究努力没有达到社会最优的分配，这个市场仍然不是有效的。

仅仅从个人理性投机和信息聚集这两点就可以看出，理性交易者绝非遵循市场理性进行交易而总是增进市场效率,他仅仅是遵循个体理性行动,在很多情况下会违背市场理性。一旦发生这些情况,他就成为实际上的"噪声交易者"。因此,传统的"理性交易者"与"噪声交易者"的划分可能是存在缺陷的。

五、保值(hedge)交易策略引发的噪声交易

交易者出于防范风险、减少损失的目的,往往会采取能够锁定损失数额的交易方式,如停损指令(stop-loss orders)和组合保险(portfolio insurance)。前者是在价格达到某一设定值时就买入或卖出以进行停损,后者是利用期权、期货或模拟期权等衍生金融工具将未来收益稳定在某一水平。

采取这两种交易方式就会对价格的变化起到正反馈作用,即价格上升时要求买入而推动其进一步上升,价格下跌时要求卖出而促使其进一步下跌。它们单单以价格作为唯一的考虑因素,丝毫没有顾及与基础价值相关的信息。一般过程可描述为:微小的负面信息导致价格小幅下跌;由于保值交易策略导致更多的超额供给和价格进一步下跌;其他投资者往往无法完美区分保值交易策略和基于信息的交易从而进一步调整他们对于未来价格的预期[1],使得价格下跌成为自实施(self-fulfilling)。事实上,在1929年和1987年美国两次著名的股灾中保值交易措施就被认为是起了重要作用[2],因为两次崩溃前后都不存在能够归因的强说服力的负面信息。很明显,利用保值交易策略进行的交易根本上讲是一种噪声交易,它在很多情况下会导致价格远远偏离了内在的基础价值,并且波动异常剧烈。

需要进一步指出的是,保值交易措施对于市场的影响可能远远大于人们一般的想象。Gennotte和Leland(1990)认为交易者之间的信息差异导致市场流动性相对较差,即使是少量未观测到的供给冲击也可以导致价格的巨幅变化。这是因为价格的下跌同时影响了交易者的预期和预算(budget)。流动性较差的一个后果就是即使是相对较小的未观测到的保值交易也可以具有显著的扰动效果。他们依据模型举出一个实例,其中仅有5%的交易者进行了复制卖出期权的保值交易就致使市场崩溃。再以1987年10月19日美国股市为例,当

---

① F. Black(1988)提出一个模型,说明了对于预期的冲击而不是对于供给的冲击能导致巨大的价格变化。

② 前者归咎于停损指令,后者归咎于停损指令和组合保险,因为1929年期货市场和组合保险还没有出现。

天的组合保险者卖出市值为 60 亿美元，仅占当天开盘市值 3.5 万亿美元的 0.2％，这么小的交易量就足以引起后来指数下跌超过 20％，即 60 亿美元的抛空引发了 7000 亿美元市值蒸发。由此可见，保值交易策略可以被视为是一种系统性的噪声交易，对市场的影响巨大。

六、结　语

F. Black 将噪声交易者定义为把"噪声"视为真正的信息而交易的人，那么他所讲的噪声交易就是一个"事前"概念。实际上噪声交易是一个范围很广的概念，泛指一切使得价格偏离价值的交易，因此将其理解为"事后"概念更为合理。根据成因不同，噪声交易大体上可以分为四种类型，基于有限理性的噪声交易、基于信息不对称的噪声交易、基于"个体理性"的噪声交易和基于保值交易策略的噪声交易。F. Black 对于噪声交易的定义和解释至多只是概括了前面两种类型，而没有包含后面两种类型。并且还要认识到，传统的理性交易者概念是容易混淆的，理性交易者在一定条件下也会进行噪声交易。只有全面、准确的把握噪声交易的具体内容，才能更好地深入下一步的理论研究，才能有针对性的提出噪声交易的应对措施，进一步完善市场监管，不断提高市场的有效性。

参考文献

[1] Barberis N, Shleifer A, Vishny R W. A model of investor sentiment [J]. Journal of Financial Economics,1998(49)：307-343.

[2] Black. Noise[J]. Journal of Finance, 1986(41)：529-543.

[3] Daniel, Hirshleifer, Subrahmanyam. Investor psychology and security market under-and-over-reactions[J]. Journal of Finance, 1998, 53 (6)：1839-1885.

[4] Bondt D. A portrait of the individual investor[J]. European Economic Review,1998, 42(3)：129-140.

[5] 黄淳,何伟. 信息经济学[M]. 北京：经济科学出版社,1998.

[6] 张维迎. 博弈论与信息经济学[M]. 上海：上海三联书店、上海人民出版社,1996.

[7] 吴彤. 证券市场的信息不对称及其市场模型[J]. 中国软科学,2000(7)：25-28.

自组织:认识证券市场的新视角[①]

摘　要　通过突变、分形、混沌三个角度分析证券市场的自组织特性,我们认为这些特性起因于证券市场本身是自组织系统,特别是交易者子系统是一个自组织系统。由此引申出对于证券市场的深刻的理解:证券市场具有长期不可预测性,并且短期预测也非常困难;让市场自发运动,政府作用应当是"轻轻推动的手"。

关键词　证券市场;自组织;突变;分形;混沌

　　一般认为,现代金融理论起始于 1950 年代初,由马柯维茨(H. Markowitz, 1952,1956,1959)提出了投资组合理论;此后夏普(Sharpe,1964)、林特纳(Litner,1965)和莫辛(Mossin,1966)等建立的资产定价模型(CAPM)成为现代金融理论的核心模型;同时,法玛(Fama,1965,1970)建构和形成的有效市场假说(EMH)也成为现代金融理论中的一个里程碑。这些理论自创立至今一直都是现代金融经济学的主流。但是,自 1980 年代以来,它们却受到了越来越严峻的挑战,出现了许多反主流的理论,如噪声理论、行为金融学和渗流理论。事实上,自法玛(Fama,1965)以来就一直存在着对于这些主流理论的质疑。

　　1987 年 10 月 19 日,西方爆发了罕见的股灾,这使得线性范式遭受沉重打击,人们认识到主流理论在解释现实上存在着严重问题,因为股价下跌的巨大幅度及时间序列的高度相关性清楚地表明了非线性效应。此后,非线性动力学、混沌理论和普里高津的非平衡态物理就引起了经济学界的高度重视,学者们试图将它们作为分析工具来分析经济系统。其中自组织(self-organize)理论

---
　　① 本文作者金雪军、马国旗,最初发表在《浙江社会科学》2003 年第 1 期。

作为一个新兴的理论群也越来越多地被用来解释经济现象。系统自组织理论兴起于 1970 年代,以耗散结构理论的诞生为起点,而后协同学、超循环理论、突变理论、混沌理论相继建立,加盟到自组织理论中;1980 年代,混沌动力学和分形理论又蓬勃发展起来,给自组织理论注入新的活力。目前自组织理论已经是一个由众多数理分支构成的学科群,成为当代科学的前沿。运用自组织理论来分析证券市场,我们发现在许多方面可以得到对真实市场的全新认识。本文分为三个部分:第一部分从突变、分形和混沌三个角度进行文献回顾,综合分析证券市场自组织的特性;第二部分分析证券市场的自组织结构,强调投资者之间绝非独立而是相互作用从而形成了规模不一的"簇",而这些"簇"对证券市场价格波动起到决定性作用;第三部分是从中得到的启示:证券市场具有长期不可预测性,并且短期预测也非常困难;让市场自发运动,政府作用应当是"轻轻推动的手"。最后是结语。

一、证券市场的自组织特性分析

证券市场中存在着许多自组织系统所表现出来的特性,为简单计只从三个最重要的方面加以论述。

1. 突变——证券价格的演化途径

突变理论是法国数学家托姆(Thom)于 1960 年代提出的,它认为事物发展存在两种演化方式:渐变和突变。两者本质区别不在于变化率大小,而是变化率在变化点附近有无"不连续"性质出现,前者属于连续性范畴,后者属于间断性范畴。事实上,证券价格的演化就是表现为渐变和突变的交替进行:大多数时间里证券价格窄幅波动,但是在一些时间出现间断的向上或向下的飞跃。例如,1987 年西方股灾和中国证券市场 1999 年"井喷"就是这样的突变。运用尖点突变模型,我们可以简化模拟证券市场的状态突变。

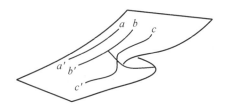

图 1   尖点突变三种路径结构图

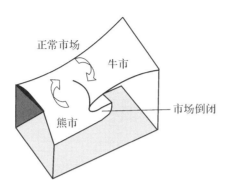

图 2 运用突变模型模拟股票市场变化

由图 1,可以看出系统至少存在三种行为:渐变行为(aa');过突变点的性质突变行为(bb');突跳的间断变化行为(cc')。由图 2,系统在其中可以从一个尖点沿不同的方向运动。一般情况下,市场波动是平稳的;但在某些条件下,市场可能会突然猛跌或急升。描述这种状态的曲面延伸到折叠区域里面甚至达到尖点处。结果出现了滞后现象,甚至最终导致"突变性"的转变。比如证券市场的控制因素是对证券的需求以及卖方的投机策略,强烈的投机行为使得系统到达折叠区上面的曲面或者甚至到达尖点处,导致证券市场突然暴跌甚至崩溃。

必须指出,这里的突变并非由于离散作用引起的,而是由连续作用引起的不连续现象,根本原因在于系统(这里是证券市场)中存在大量复杂的非线性关系,例如需求增长对于价格的非线性关系。如果仅仅是线性关系,那么根本不可能存在突变。只有在非线性作用下,当变量连续变化达到一定阈值时,才会引起整个系统宏观行为呈现突变。

2.分形——证券市场的空间特性

1975 年,美籍法国数学家曼德布鲁特(Mandelbrot)创造了分形(fractal)这个概念,用来指某种具有不规则、破碎形状的、同时其部分又与整体具有某种方式下的相似性,其维数不必为整数的几何体或演化着的形态。例如,弯弯曲曲的海岸线、起伏不平的山脉、分叉的树木和河流、思想的创造性分化、科学革命的结构等等,都是具有分形所描述的性质。目前,分形理论已被广泛应用于物理、化学、生物、地学、材料科学等各个领域,并已取得了显著的成果。在经济领域中,许多经济学家应用分形理论来解释各种纷繁复杂的经济现象。特别是,在证券市场,可以用它来研究市场的有效性以及波动性。

在分形理论中,赫斯特(Hurst)最初提出一种新的统计量 Hurst 指数来研究有偏随机游走,由此发展出的重标极差分析法即 R/S(rescaled range Analysis)法成为研究分形时间序列的常用方法。设 R/S 表示重标极差,N 表示观察次数,a 是固定常数,H 表示赫斯特指数。在长达 40 多年的研究中,通过大量的实证研究,赫斯特建立了以下关系:

$$R/S = (aN)^H$$

通过对上式取对数,可得:

$$\log(R/S) = H(\log N + \log a)$$

只要找出 R/S 关于 N 的 log/log 图的斜率,就可以来估计 H 的值。

彼得斯(Peters)就利用上述方法,在《资本市场的混沌与秩序》中证明了资本市场是分形市场。事实上,证券市场中收益率明显存在自相似性:日、周和月收益率图形根本难以区分。另外,他还用相关维方法分析了美国、英国和日本的股票市场指数的分形特征,发现美、英、德的股票市场指数分形维都在 2 与 3 之间,这意味着对于经济学系统的股票系统可以用三个变量来建立动力学模型。最后他得出结论:大多数资本市场价格走势实际上是一个分形时间序列,分形时间序列是以长期记忆过程为特征的,它们有循环和趋势双重特征。信息并没有像 EMH 所描述的那样会立即被反映在价格中,而是在收益率中体现为一个偏倚。

从分形统计学的角度看,分形市场也可以得到统计学支持。根据主流金融理论,市场收益率分布应该是正态分布。但是对市场的分析却表明收益率是呈现"尖峰厚尾"特性的。特纳(Turner)和魏格尔(Weigel)发现,收益率标准差不按正态分布的 $T^{\frac{1}{2}}$ 法则缩放;与年易变性相比,月和季度易变性比应该的要高,而日易变性却比应该的要低。但是,用分形分布或帕雷托-列维(Pareto-levy)分布却可以很好地描述真实市场收益率,因为它具有比正态分布更高的峰部和更胖的尾部。根据分形市场假说,方差或标准差是无定义的并且因此而没有一个它自己的稳定的均值或离散度,易变性应该是反持久的。彼得斯对 S&P500 每日易变性的 R/S 分析得出赫斯特指数 $H=0.39$,有力地证明了这个假说。

3. 混沌理论——证券市场的时间演化

在许许多多非线性系统中,都会出现各种各样的混沌现象,例如天气系统中的"蝴蝶效应"、激光系统中的紊光、贝纳德流系统中的失控等等。最早创立混沌理论的著名气象学家洛伦兹定义混沌为"看起来是随机发生的而实际上其行为却由精确的法则决定"。这里,随机性指的是不规则、不可预测的行为,而精确性是指它由内在的原因而非外来的噪声或干扰引起的。混沌一般有几个特性:确定性、非线性、对初始条件的极端敏感性和非周期性。运用混沌来分析证券市场,可以发现这个非线性系统也表现出混沌现象。

彼得斯认为,如果资本市场是非线性动力学系统,那么我们应当预期市场将出现:

(1)长期相关性和趋势(反馈效应);

(2)某些条件下和某些时点的无轨(临界水平)市场;

(3)在更小的时间增量上看上去仍旧相同并具有类似统计学特性(分形结构)的收益率时间序列;

(4)我们预测的时间越长,预测就越不可靠(对初始条件的极端敏感性)。

彼得斯及其他许多经济学家经过研究发现市场中存在以上特性,他们都发现,资本市场的发展演化并不遵循传统的 EMH,而更遵循混沌动力学。特别是,他们发现 S&P500 存在一个正的李雅普诺夫指数,隐含的循环大约为 42 个月,即平均记忆周期为 3~4 年。它清楚地表明市场是一个复杂的动力学系统,它进化,也在一定周期意义上循环,事件的影响在将一定时期内存在而非立即消失。

我们通过构造一个简单的模型也可以说明这个问题。假设证券市场中存在两类投资者,一类是基本派,根据证券价格和价值之差来决定买入或卖出。设 P_t 为目前价格,P_0 为基础价值,超额需求为 $E_1 = c_1(P_t - P_0)^3$;另一类为技术派,根据证券价格和移动平均线决定买入或卖出。设 $0 < a < 1$ 为权重,长期移动平均值为 $u_1 = aP_{t-1} + a(1-a)P_{t-2} + a(1-a)^2 P_{t-3} + \cdots$,超额需求为 $E_2 = c_2(P_t - u_t)$,这样市场中总的超额需求为 $E = E_1 + E_2 = c_1(P_0 - P_t)^3 + c_2(P_t - u_t)$。再设市场中价格变化 $P_{t+1} - P_t$ 为总的超额需求的单调增函数,不妨设为 cE,则有:

$$P_{t+1} - P_t = cE = cc_1(P_0 - P_t)^3 + cc_2(P_t - u_t)$$

$$和 \quad u_{t+1} = aP_t + (1-a)u_t$$

以上两式就组成了两维差分动力系统,可以用来描述市场价格的波动情况。简单的计算表明,参数在一定范围内,系统表现为一种非周期的振荡,通过计算李雅普诺夫指数可以判断其为混沌运动。

二、证券市场的自组织结构分析

以上突变理论、分形理论和混沌理论对证券市场自组织特性的分析都有力地表明证券市场呈现出自组织的特性。不仅如此,还可以通过超循环、协同论来分析证券市场其他的一些自组织特性。那么为什么会出现与主流金融理论相悖的现象呢?实际上,问题多半与人们如何决策有关。我们来看主流金融理论的基本概念。

(1)理性投资者假定:投资者完全理性,不存在感性、投机和冒险行为,追求自己最优的期望收益/风险。

(2)有效市场假定:价格反映了所有公开信息,其变化各不相关。价值由许许多多基本分析者达成共识。

(3)随机游动假定:基于上述两个因素,收益率遵循随机游走,其概率分布近似于正态分布。

根据上面这些概念,证券市场中交易者是不存在"自组织"的,甚至是根本没有"组织",他们之间是孤立决策的,不会相互影响。但这根本不是真实的情况。基于不真实的假定而分析得到的主流理论是根本缺乏解释能力的。我们认为,证券市场在某种程度上是一个自组织系统,特别是交易有子系统更是一个典型的自组织系统,因此这个市场才表现出自组织的诸多特性。

耗散结构理论指出,一个远离平衡的开放系统(不论是物理的、化学的、生物的系统,还是社会的、经济的系统),通过不断地与外界交换物质和能量,就可能从原先的无序状态,转变为一种在时空上或功能上有序的状态。而证券市场就可以看作是一个远离平衡的非平衡的开放系统,它通过不断地与外界交换物质(补充资金或抽走资金)、能量(市场扩容和证券的其他衍生品种的创新)和信息(证券市场中的各种"消息""热点"),从周围环境中引进负熵流来抵消熵增加。交易者子系统中,众多的交易者首先表现为各向异性:他们具有不同的信息搜集能力、资金能力和交易策略偏好,同时相互影响,相互作用,既有竞争又有协同。可以说,正是由于他们之间复杂的非线性关系或者说自组织动力特性才使得整个市场表现出自组织的宏观表象。

事实上,交易者之间的独立性很早就受到了怀疑,最值得提及的是 Cont 和 Bouchaud(2000),他们通过随机图论的方法,即通过随机方式生成市场微观结构,这种微观结构决定了市场价格变动具有尖峰厚尾特性。具体是:假设市场上有 N 个交易者,市场上每一个交易者与其他任一交易者联系的概率是 c,市场随机形成了 n_c 个"簇"(cluster),簇的规模以 W 表示。每一个簇随机选择一种状态:买入,卖出或是观望。这种市场结构必定导致收益率分布的高峰态,与实证检验结果相一致。其实,我们也可以用耗散理论中"涨落"这个概念来理解这种过程。涨落是相对于系统平均状态的偏差波动,对系统的自组织过程起着触发、催化作用,是系统演化的直接诱因,也是促进系统从不稳定状态跃迁到一个新的稳定有序结构的杠杆。自组织理论认为,正是由于内外因的非线性相互作用,使得系统会偏离原来的平衡状态产生涨落。在近平衡态有些涨落会被系统本身所吸收,而在远离平衡态,系统的一个微小的随机涨落都有可能会通过非线性相互作用而被放大,使系统失稳,从而跃迁到一个新的稳定的有序状态。证券市场的涨落过程是一个非平衡态下的涨落,其过程可以看作是一个随机过程。其形成机理是,每个交易主体(也可以指"簇")根据自身最优化选择来决定指令流,这些指令流在到达市场时,在量上会产生不均衡,这种不均衡是由买入和卖出的指令流共同作用的结果,产生随机市价的指令流服从泊松过程。还可以将指令流看作一个外"力",在"力"的作用下产生"势"(供求关系失衡,形成价差),指令流对价格的影响,因此呈现出证券市场中的涨落,从而导致指数的波动起伏。涨落对耗散结构的形成具有重要的触发作用。对于处于平衡定态的系统,涨落使系统偏离原态的微扰,临界点邻域发生临界减慢现象,涨落消失,即证券市场中的"空方"与"多方"平衡。但当系统处于临界状态时,即使是微涨落(相对于巨涨落)也可能会由于系统内部正反馈而被放大,促使系统失衡,经由剧烈变动而到达新的平衡态。这样的突变是系统自发的,是自组织行为,可以解释很多貌似无因的崩溃和暴涨。

交易者子系统的自组织,即通过相互作用形成了不同规模、不同交易偏好的"簇",其形成原因是多方面的。接收到同一条传播的信息的交易者可能会一致行动;对某个证券分析师的信任会生成一个采纳相同交易建议的交易者群体;某个投资者俱乐部会员由于获取了相同信息和投资建议而成为一个簇;基金集合了众多投资者的资金而由一名基金经理做出投资决策,可以看作是一个簇;使用相同技术分析工具的交易者是采取一致行动的簇……。值得一提的是,通过行为金融学的研究,我们发现心理也是造就簇的一个重要原因,如 BSV(Barberis、Shleifer 和 Vishhy)模型提出交易者决策时常见的两种心理偏差:(1)选择性偏差(representative bias),它认为人们对近期数据模式给了太多的权重,而对生成这些数据的总体特征注意太少;(2)保守性偏差(conservatism),即投资者面对新变化了的情况没有及时修正自己的预测模型。很明显,这些普遍的心理偏差会使得交易者自组织成巨大规模的簇,使得市场价格产生巨幅波动。

三、证券市场自组织的启示

认识到证券市场特别是交易者子系统是自组织系统，对于我们正确理解和建设证券市场都有深刻的意义。这里只分析两点，第一是对于市场的预测，第二是对于市场的监管。

1.证券市场具有长期不可预测性，并且短期预测也非常困难

由于证券市场是分形市场，是非线性动力系统，其对于初始条件的极端敏感性使得它不可长期预测。对于初始条件的极端敏感性与外界随机力带来的敏感性不同，前者只在长期演化中处处时时发生作用，而不改变初始条件或仅仅与原来初始条件差之毫厘；后者则明显改变初始条件本身。证券市场实际是处于这两种因子的作用下而演化的，即使能够避免、排除随机性外在力量的干扰，而仅仅留下非线性动力学混沌因子的作用，我们仍然不能进行长期预测。正如彼得斯对于 S&P500 的研究发现，数据序列显示了一个稳定的收敛到 0.0241 比特/月的值，意味着在股票预测方面我们以 0.0241 比特/月的速率失去预测能力。即如果我们准确知道下个月的收益率是多少，那么我们将在 1/0.0241或42 个月之后失去全部预测能力，也就是系统在 42 个月之后失去了对于初始条件的所有记忆。

不仅如此，由于证券市场宏观状态是交易者自组织的微观结构的宏观表征，而交易者自组织系统是非常复杂多变的，例如，簇的形成与打破在不断进行，交易者之间存在非线性关系，再加上群体心理偏差的一致性，如羊群心理等，价格的微小波动也很有可能因交易行为的正反馈机制得到放大和加强，足以引发市场大幅波动。理论上讲，就是涨落类别(微涨落和巨涨落)与系统状态(平衡态和临界态)的不确定性使得即使是短期的预测也无法保证其准确性。

2.让市场自发运动，政府作用应当是"轻轻推动的手"

证券市场是自组织的市场，是一个非线性动力系统，不存在传统意义上的静态的均衡，而只是在不断的演化动态之中，并且这个过程是与其他经济系统的演化协调并进的。我们无法对证券市场演化的具体目标做出正确判断，更不能强行施加我们自己期望的合理目标。政府应当避免强迫得到期望结果与放手不管两个极端，而是应该寻求轻轻推动系统趋向有利于自然的生长和突现的合适结构。正如阿瑟(Arthur,1999)所说，"不是一只沉重的手，也不是一只看不见的手，而是轻轻推动的手"。这个轻轻推动之手，实际上就是一种存在外部

控制参量的参数控制条件下自发的自组织过程。

四、结　语

通过对于证券市场自组织特性的分析,我们认为,正是由于证券市场是一个自组织系统,或者更重要的,交易者子系统是一个自组织系统,这才使得证券市场呈现自组织特性。鉴于此,证券市场就具有自组织系统的一般性,即长期不可预测性。并且对于这个自组织系统,政府应当遵循自组织系统的规律,更多地让这个体系自发运动。对于如何把握、权衡政府监管与证券市场自发演化的关系,特别是在中国新兴的证券市场当中如何具体操作是将来非常值得进一步探讨的问题。

参考文献

[1] Vishny B S. A model of investor sentiment[J]. Journal of Financial Economics,1998;49.

[2] Mandelbrot B B. The fractal geometry of nature[M]. Freeman,San Francisco,1982.

[3] Mandelbrot B B. The variation of certain speculative[J]. Journal of Finance,1963,XXXVl:392-417.

[4] Anderson P,Arrow K J,Pines D. The economy as an evolving complex system[M]. Reading:Addison-wesley, 1988.

[5] Arthur W B. Positive feedback in the economy[J]. Scientific American,1990:262.

[6] Arthur W B,Durlauf S N, et al. The economy as an evolving complex system Ⅱ[M]. Reading:Addison-wesley,1997.

[7] Huang Z. Self-organized model for information spread in financial markets[J]. EPJ Manuscript No. 2,Cologne University,2000.

[8] 埃德加·E. 彼得斯. 资本市场的混沌与秩序(第二版)[M].王小东,译. 北京:经济科学出版社,1999.

[9] 蔡绍洪等.耗散结构与非平衡相变原理[M].贵阳:贵州科技出版社,1998.

[10] I.普里高津.从存在到演化[M].曾庆宏等译.上海:上海科学技术出

版社,1986.

[11] M.沃尔德罗普. 复杂——诞生于秩序和混沌边缘德科学[M]. 陈玲译. 北京:三联书店,1997.

[12] R.托姆. 突变论:思想和应用[M]. 周仲良译. 上海:上海译文出版社,1989.

[13] 吴彤. 自组织方法论研究[M]. 北京:清华大学出版社,2001.

[14] 伍海华,李道叶,高锐. 论证券市场的分形与混沌[J]. 世界经济,2001(7):32-37.

[15] 朱少醒,吴冲锋. 有关复杂经济系统的动态非均衡经济理论评述[J]. 外国经济与管理,2000(1):20-24.

企业资本结构与产品市场战略[①]

摘　要　直到 20 世纪 80 年代,企业资本结构对产品市场竞争的影响才引起经济学家的广泛关注。对于这一问题的研究,存在着两种截然不同的理论结论:一种观点认为企业债务水平的提高会使其在产品市场竞争中更为强硬,增强其竞争力;另一种观点则恰好相反。事实上,企业的融资决策具有两种不同的间接效应:代理效应和策略效应。企业的融资决策在其代理效应和策略效应的平衡点达到最优。企业的融资决策与其产品市场策略之间的关系依赖于代理问题的性质、不确定性的来源及产品市场的特征等因素,企业的最优资本结构应该随这些因素的变化而变化。

关键词　资本结构;产品市场竞争;代理效应;策略效应

一、引言

Modigliani 和 Miller(1958)提出,在资本市场充分竞争且无摩擦的条件下,企业的资本结构与其市场价值是无关的[1]。在这种条件下,企业经理人在资本市场上的融资决策与其在产品市场上的经营决策是相互独立的。但在现实世界中完善的资本市场是不存在的,企业的融资决策与其投资决策及经营决策是相互联系、相互影响的,因此企业的经理人在进行企业资本结构选择时就必须考虑企业不同的债务水平对其投资水平和产品市场竞争的影响。

20 世纪 80 年代以前,对于企业融资决策的研究和对于企业投资决策及产

---

①　本文作者金雪军、贾婕,最初发表在《浙江大学学报(人文社会科学版)》2003 年第 4 期。

品市场上经营决策的研究一直是在两个不同的领域内分别展开的。直到80年代中期，这种研究上的分割现象才引起了经济学界的广泛关注，一批研究企业融资决策与其产品市场经营决策互动关系的文章先后问世。关于企业的融资决策与产品市场竞争之间的关系，许多经济学家都从不同的角度进行了分析。例如，Brander 和 Lewis(1986)从债权的事前承诺(pre-commitment)效应角度分析了企业的融资决策对其产品市场竞争力的影响。他们认为企业债务的发行、负债比例的上升可以使得企业在产品市场竞争中更具进攻性(more aggressive)，从而增强其在产品市场上的竞争力。Bolton 和 Scharfstein(1990)的观点与 Brander 等人的观点完全相反，他们从掠夺性定价的角度提出企业的高负债水平使其在产品市场竞争中更为软弱(soft)从而处于不利的地位，企业的最优负债水平应该为零。

对于同一个问题的研究得出了许多不同的结论，那么我们是否可以建立一种更为一般的理论分析框架采用一种新的研究思路来更好地分析这一问题呢？这正是本文所要探讨的主要问题。本文的其余部分结构如下：第二部分简要回顾了这一领域中的主要研究成果；第三部分介绍了基本模型；第四部分详细分析了模型的均衡结果；第五部分提出了我们的结论及今后进一步的发展方向。

二、理论回顾

最早探讨企业的融资决策与其产品市场竞争力关系的应该是 Telser(1966)的深袋理论(long purse story)。Telser 指出，由于资本市场是不完善的，因而在产品市场上相对于已经存在的企业而言，新进入的企业其资本结构较为脆弱。在这种情况下，资金丰富的在位企业(incumbent with deep pocket)就可以采用掠夺性定价的策略以降低新进入企业的利润甚至将其驱逐出市场[2]。20世纪80年代以来，对于这一问题的研究蓬勃发展，许多经济学家从不同的角度，运用不同的方法分析了企业的融资决策与其产品市场竞争之间的关系。下面我们对这一领域的主要理论成果作一个简要的回顾。

1. 债务的策略承诺效应

Brander 和 Lewis(1986)分析了债务的事前承诺效应对企业产品市场竞争的影响。他们考察了一个在双寡头垄断市场上进行产量竞争的两期两企业模型。在传统的古诺模型的基础上，Brander 和 Lewis 加入了两个新的限制条件并以此作为其理论的基本假设前提。这两个限制条件是：第一，在产品市场上进行产量竞争的企业其利润水平受到一些不确定性因素的影响,这些不确定性因素既可能来自于市场对产品的需求的变动也可能来自企业自身成本函数的变化。在他们的模型中,这些不确定性来源于市场需求。第二,每一个企业在决定其产量水平之前决定是否增加其债务水平,企业的经营者只关心股东的收益大小而忽视债权人的收益状况[3]。通过模型分析,Brander 和 Lewis 得出如下结论:对于在不完全竞争市场进行产量竞争的企业而言,企业的债务水平与其在产品市场上的竞争力呈正相关关系,一家企业债务水平的提高在增加自身产量水平的同时降低了竞争对手的产量水平。企业债务的增加使其在产品市场上相对于竞争企业来说更具有进攻性,这种进攻性的存在使其在产品市场竞争中处于一种策略优势。

Showalter(1995)分析了当企业在不完全竞争市场上进行价格竞争时债务的策略效应。他指出,企业进行价格竞争时债务是否具有策略效应取决于产品市场上不确定因素的来源。若不确定性来源于市场对企业产品的需求,则企业债务的增加具有正的策略效应;若不确定性来源于企业自身的生产成本,则企业债务的增加并不会使其在产品市场竞争中处于一种策略优势[3]。

2. 企业的融资决策与掠夺性行为

Brander 和 Lewis 等人的理论提出后,许多经济学家从不同的角度对其提出了批评,其中一种观点如 Bolton 和 Scharfstein(1990)认为,在 Brander 等人的模型中只考虑了企业资本结构对产品市场竞争的策略效应(strategy effect),而未考虑到企业不同的融资政策对企业内部代理问题的影响,即企业的资本结构对产品市场竞争的代理成本效应(agency effect)[4]。

Bolton 和 Scharfstein 用掠夺性定价理论(predatory pricing theory)分析了企业的融资决策与其产品市场竞争的关系。他们分析了一个两期两企业模型。假定存在两家企业 A 和 B,在每一个时期的期初,两家企业都会产生一个相同的固定成本,在固定成本融资方面,两家企业存在着差别:企业 A 有丰富的资产(deep pocket),可以利用内部资金来融资;而企业 B 受到财富约束(shallow pocket),必须从资本市场上融资。债权人与企业 B 签署一份接受或不接受(take-it or leave-it)契约,并且债权人单方拥有完全的讨价还价能力(the complete bargaining power)。在上述假定的基础上通过分析,他们得出,企业 B 与债权人所签订的最优债务契约在最小化企业代理问题的同时也最大化了其竞争企业采取掠夺性策略的激励,因而企业的最优负债水平的决定必须在降低企业内部的代理问题以及减轻掠夺性定价的激励两者之间权衡[5]。

Fudenberg 和 Tirole(1986)也用掠夺性定价理论得出了类似的结论:企业和资金提供者之间的代理问题导致了融资约束,这种约束的存在为产品市场的竞争者提供了进行掠夺性定价的激励[6]。较高的债务水平使得企业进一步得到资金的概率降低,从而使他的产品市场策略更不具备进攻性(less aggressive)。

3.企业的融资决策与隐含合谋

Maksimovic(1986)在给定产品市场上均衡类型——合谋或古诺竞争(collusion or cournot)的条件下,分析了企业的融资决策对其市场价值的影响。Maksimovic(1988)在 1986 年模型的基础上,用重复博弈模型分析了在寡头垄断市场上企业的融资决策如何内生地决定了企业在产品市场上的不同策略。在他的模型里,假定企业通过合谋或竞争可以达到不同的利润水平。债务的引入为经理人①提供了一种偏离合作均衡的激励②[7]。企业的债务水平存在着一个上限,这个上限是由企业同他的竞争者保持隐含合谋(implicit collusion)的激励的大小所决定的,而这个激励的大小又是由行业中相互竞争的企业数目、市场需求的弹性大小以及市场上的折现率的高低等因素所决定的[7]。

Spagnolo(2000)证明了企业经理人的重新选择或经理人激励机制的不同设计可以消除 Maksimovic 模型中债务对隐含合谋的不利影响[8]。Spagnolo 认为,在企业的股权持有人与经理人无法进行重新谈判的条件下,通过选择声誉价值较高的经理人或为经理人提供较为固定的管理激励可以降低债务对隐含合谋的不利影响。如果企业的股权持有人与经理人之间可以进行重新谈判,那么合谋企业通过向共同的投资人发行债务并且保证共同投资人对管理契约的一定控制权也可以解决债务对隐含合谋的不利影响问题。

三、基本模型

为了全面了解企业的融资决策对其产品市场竞争的影响,我们必须综合考虑以下两个方面:一是企业的融资决策对其产品市场竞争的影响受诸多因素的影响,其中包括不确定的性质(不确定性是来源于市场对产品的需求方面还是

---

① Maksimovic 假定经理人是代表股权持有人利益的。

② 因为企业的股权持有人拥有企业现金流的剩余索取权。他们可以享有偏离合作均衡所带来的全部收益,并且只承担了这种偏离所带来的成本的一部分。

来源于企业自身的成本方面)、企业债务的特征(企业的债务是长期债务还是短期债务,是受保护的债务还是不受保护的债务)、竞争的类型(企业在产品市场上是进行产量竞争还是价格竞争,是进行同时博弈还是序贯博弈)以及产品的特征(不同的企业所生产的产品是替代品还是互补品,产品的质量在消费者购买之前是否可以观察得到)等;二是企业的融资决策对其产品市场竞争的影响主要来自以下两种不同的效应:策略效应(strategy effect)和代理效应(agency effect)。忽视了上述任何一个方面的研究,都有可能导致对于这个问题的片面认识。

在前人理论的基础上,我们尝试着提出了自己的一般分析框架。这一分析框架的中心思想可以简单地表述如下:企业的所有者和经营者之间由于各自效用函数的冲突会给企业带来一定的代理成本,而企业的融资决策会对这些代理成本有重要的影响①,即会产生代理效应。同样企业的融资决策也会通过对竞争企业产品市场决策的影响而对其在产品市场竞争中的策略地位产生间接效应,即策略效应。企业的融资决策在其代理效应和策略效应的平衡点达到最优。企业的融资决策与其产品市场策略之间的关系依赖于代理问题的性质、不确定性的来源及产品市场的特征等因素,企业的最优资本结构应该随这些因素的变化而变化。

我们考察一个双寡头垄断市场上的两期两企业模型。假定市场上存在着两家同质企业 A 和 B,企业间的博弈顺序如下:

1. $t=0$ 时,自然选择不确定性的来源 z。z 在 $(\underline{z},\bar{z})$ 上连续分布,$F(z)$ 是其分布函数。较高的值代表一种较好的自然状态(nature states),在这种自然状态下,边际收益也较高。两家企业为他们各自的生产决策进行融资。企业的融资需求首先由自有资金及债权融资满足,如果自有资金及债权融资仍不足以满足企业的资金需求,其余的部分依靠股权进行融资。股权持有者和债权持有者都是风险中性的,市场中的利率为零。为了分析的方便,我们假定企业 A 的自有资金不足以满足其自身的资金需求,因而它选择一定的债务水平为其资金需求进行融资,这是双方企业的共同知识。资本市场是充分竞争的,企业 A 的任何融资需求都可以在一定的成本条件下得到满足。企业 B 的内部资金充足(deep pocket),可以利用内部资金为其生产进行融资。

---

① 关于这一点,由 Jensen 和 Meeking 开创的资本结构的代理成本理论及其以后的大量相关文献都有详细的论述。

2. $t=1$ 时,两家企业同时①进行产品市场决策$\{x,y\}$。x 和 y 分别是企业 A 和 B 的产品市场决策,它们既可以是企业所生产的产量水平,也可以是企业在产品市场上的定价,还可以是企业的投资决策等。对于企业 A 而言,企业的产品市场决策是由企业的经理人做出的,但其委托人可以通过选择一定的控制变量来影响经理人的产品市场决策,在我们的模型中,这一控制变量就是企业 A 的债务水平。

3. $t=2$ 时,不确定性问题得以解决,双方企业根据各自的产品市场决策出售商品,实现利润。企业 A 的债务在期末到期。如果企业 A 所实现的利润水平不足以偿还其债务,则企业进入破产程序,企业的债权持有人享有企业利润的剩余索取权;如果期末所实现的企业利润足以偿付企业债务,则企业的股权持有人享有企业利润的剩余索取权。

我们假定,企业 A 中经理人的预期效用函数为 $U(x(D,z_i);y(D,z_i))$,委托人的预期利润函数为 $V_a(D,X(D,z_i);y(D,z_i))$,企业 B 的经营者(也是其所有者)的预期利润函数为 $V_b(y(D,z_i);X(D,z_i))$。其中,z_i 是保证企业 A 恰好可以偿清债务的一种自然状态。

四、均衡结果的分析

我们用逆向归纳的方法来分析博弈的均衡结果:在给定企业 A 在第一时期的债务水平的条件下,我们首先来分析企业 A 和 B 在第二时期博弈中的产品市场均衡结果。在此均衡结果的基础上,我们再来分析企业 A 在第一时期的均衡债务水平。

在第二时期,企业 A 的经理人和企业 B 的经营——所有者将同时进行产品市场决策以最大化他们各自的预期效用函数。在两家企业进行他们各自的产品市场决策之前,市场中的不确定性仍然存在。

对于企业 A 而言,给定企业 B 的产品市场决策以及企业 A 在第一时期的债务水平,企业 A 的经理人将会选择最大化的预期效用,即

$$\max_{x} U(x(D,z_i);y(D,z_i))$$

---

① 我们在这里分析的是同时博弈的条件下,企业的融资决策与其产品市场竞争之间的关系,至于序贯博弈的条件下企业的融资决策与其产品市场竞争之间的关系,可以在这一框架下再加入一个时间变量,采用类似的方法进行分析,我们在此就不再详细讨论。

对这一最大化问题求解我们得到在给定企业 A 债务水平的条件下,企业 A 对其竞争对手所采取的产品市场决策的反应函数,我们记这一反应函数为:

$$x(D,z_i)=R_a(y(D,z_i))$$

同理,给定企业 A 的产品市场决策以及企业 A 在第一时期的债务水平,企业 B 的经营—所有者将会选择最大化他的预期利润,即

$$\max_y V_b(y(D,z_i);x(D,z_i))$$

对于这一最大化问题的解为给定企业 A 的债务水平的条件下,企业 B 对其竞争对手所采取的产品市场决策的反应函数,我们记这一反应函数为:

$$y(D,z_i)=R_a(x(D,z_i))$$

对上述两个反应函数同时求解,我们得到企业 A 和 B 在第二时期的均衡产品市场决策,$x^*=x^*(D,z_i)$,$y^*=y^*(D,z_i)$。

在分析了企业 A 和 B 在第二时期的均衡产品市场决策的条件下,我们现在来分析企业 A 在第一时期的融资决策。在预期企业 A 和 B 在第二时期的均衡产品市场决策的条件下,企业 A 的最优的负债水平是下列问题的解:

$$\max_D V_a(D;x^*(D,z_i),y^*(D,z_i))$$

要求得这一最大化问题的解,必须满足下述一阶条件:

$$\frac{dV_a}{dD}=\frac{\partial V_a}{\partial D}+\frac{\partial V_a}{\partial x}\frac{dx^*(D,z_i)}{dD}+\frac{\partial V_a}{\partial y}\frac{dy^*(D,z_i)}{dD}=0$$

上述等式中,右边第一项表示企业 A 的负债对其预期利润水平的直接效应;第二项表示企业 A 的负债通过对自身经理人的策略选择的影响而产生的对企业预期利润水平的间接效应,即代理效应;第三项表示企业 A 的负债通过对其竞争企业 B 的经营—所有者策略选择的影响而产生的对自身预期利润水平的间接效应,即策略效应[8]。

在完善的资金市场条件下,企业的债务水平对其市场价值并没有直接的影响,即 $\frac{dV_a}{dD}=0$① 上述等式变成为:

$$\frac{\partial V_a}{\partial D}=\frac{\partial V_a}{\partial x}\frac{dx^*(D,z_i)}{dD}+\frac{\partial V_a}{\partial y}\frac{dy^*(D,z_i)}{dD}=0$$

我们首先来考察 $\frac{dx^*(D,z_i)}{dD}$ 和 $\frac{dy^*(D,z_i)}{dD}$ 的符号。运用链式法则,我们可以得到:

———————

① 参见泰勒尔《产业组织理论》,北京:中国人民大学出版社 1998 年版。

$$\frac{\mathrm{d}x^*(D,z_i)}{\mathrm{d}D} = \frac{\mathrm{d}x^*(D,z_i)}{\mathrm{d}y(D,z_i)}\frac{\mathrm{d}y^*(D,z_i)}{\mathrm{d}b} = R'_b(x^*(D,z_i))\frac{\mathrm{d}y^*(D,z_i)}{\mathrm{d}D}$$

$$\mathrm{sign}\left[\frac{\mathrm{d}x^*(D,z_i)}{\mathrm{d}D}\right] = \mathrm{sign}(R'_b(x^*(D,z_i)))\mathrm{sign}\left[\frac{\mathrm{d}y^*(D,z_i)}{\mathrm{d}D}\right]$$

从上式中我们可以得出,企业 A 债务水平的增加对于其自身及竞争企业产品市场决策的影响取决于 $R'_b(x^*(D,z_i))$ 的大小。如果 $R'_b(x^*(D,z_i))>0$,则企业 A 债务的增加对其自身及竞争企业的产品市场决策有同向的影响;如果 $R'_b(x^*(D,z_i))<0$,则企业 A 债务的增加对其自身及竞争企业的产品市场决策有反向的影响;如果 $R'_b(x^*(D,z_i))=0$,则企业 A 债务的增加对其自身及竞争企业的产品市场决策没有任何影响。通过上面的分析,我们可以得出如下的推论:

推论 1

对于在不完全竞争市场相互竞争的企业而言,一家企业债务水平的提高对于其自身及竞争企业的产品市场决策既可能有同向的效应,也可能有反向的效应,关键取决于 $R'_b(x^*(D,z_i))$ 的大小。如果 $R'_b(x^*(D,z_i))>0$,也即相互竞争企业的产品市场决策是战略互补的,则一家企业债务水平的提高对其自身及竞争企业的产品市场决策有同向的效应;如果 $R'_b(x^*(D,z_i))<0$,也即相互竞争企业的产品市场决策是战略替代的,则一家企业债务水平的提高对其自身及竞争企业的产品市场决策将有反向的效应;如果 $R'_b(x^*(D,z_i))=0$,也即两家企业的产品市场决策是不相关的,则一家企业债务水平的提高对其自身及竞争企业的产品市场决策没有任何的影响。

进一步的,我们假定在不完全竞争市场中相互竞争的企业之间双方的策略行动对对方的效应是对称的,也就是说 $\mathrm{sign}\left(\frac{\partial V_a}{\partial_y}\right) = \mathrm{sign}\left(\frac{\partial V_b}{\partial x}\right)$。同时从上面的分析中,我们已经得出 $\mathrm{sign}\left[\frac{\mathrm{d}x^*(D,z_i)}{\mathrm{d}D}\right] = \mathrm{sign}(R'_b(x^*(D,z_i)))$ $\mathrm{sign}\left[\frac{\mathrm{d}y^*(D,z_i)}{\mathrm{d}D}\right]$,因此,我们可以得出:

$$\mathrm{sign}\left[\frac{\partial V_a}{\partial_y}\frac{\mathrm{d}y^*(D,z_i)}{\mathrm{d}D}\right] = \mathrm{sign}\left[\frac{\partial V_b}{\partial x}\frac{\mathrm{d}x^*(D,z_i)}{\mathrm{d}D}\right]\mathrm{sign}(R'_b(x^*(D,z_i)))$$

$$= \mathrm{sign}\left(\frac{\mathrm{d}V_b}{\mathrm{d}D}\right)\mathrm{sign}(R'_b(x^*(D,z_i)))$$

按照 Fudenberg 和 Tirole(1984)的定义[9],如果 $\frac{\mathrm{d}V_b}{\mathrm{d}D}<0$,则表明在不完全竞争市场上,一家企业债务水平的提高会使得该企业在产品市场竞争中更为强

硬（tough）；反之如果，则表明在不完全竞争市场上，一家企业债务水平的提高
将会使得该企业在产品市场竞争中更为软弱（soft）。根据这一定义并结合上面
的公式，我们可以得出如下的推论：

推论 2

对于在不完全竞争市场上相互竞争的企业而言，一家企业债务水平的提高
对其产品市场竞争的影响取决于企业债务的策略效应及相应的代理效应和企
业产品市场决策的性质。如果一家企业债务水平提高的策略效应为正，相应的
其代理效应为负，并且企业的产品市场决策是战略替代（战略互补）的，则该企
业债务的增加会使其在产品市场竞争中更为强硬（软弱）；反之如果一家企业债
务水平提高的策略效应为负，相应的代理效应为正，并且企业的产品市场决策
是战略替代（战略互补）的，则该企业债务的增加会使得其在产品市场竞争中更
为软弱（强硬）。

现在我们来考察企业 A 在第一时期的债务决策，企业 A 在第一时期债务
决策的目的是试图通过其债务决策来诱使企业 B 在第二时期做出软弱的产品
市场决策。企业 A 在第一时期的债务决策依赖于债务使得企业 A 变得强硬还
是软弱、企业在第二时期的产品市场决策是战略替代还是战略互补。根据上面
的分析，我们可以得出如下的推论：

推论 3

对于在不完全竞争市场相互竞争的企业来说，如果债务使得企业在产品市场
竞争中变得强硬（软弱），而且企业间的产品市场决策是战略替代（战略互补）的，
则一家企业债务水平的增加将会诱使竞争企业做出软弱的产品市场决策，因此从
战略目的出发该企业应该增加自身的债务水平。如果债务使得企业在产品市场
竞争中变得强硬（软弱），而且企业间的产品市场决策是战略互补（战略替代）的，
则该企业应该降低债务水平以不刺激竞争企业做出攻击性的产品市场决策。

五、结　论

在这篇文章里，我们用一个较为一般的理论分析框架研究了在不完全竞争
产品市场上企业的融资决策与其产品市场竞争之间的关系。与现有的大多数
文献不同，我们并没有对此问题给出一个具体的结论：企业债务水平的提高究
竟是会提高还是降低其在产品市场上的竞争力。我们在前人理论成果的基础
上，具体分析了在何种条件下，企业债务水平的提高会使企业在产品市场上强

硬(tough)从而增强它的竞争力;在何种条件下,相反的情形会发生。

当然,我们的模型还存在着进一步完善的空间。为了分析的方便以及由于篇幅的限制,我们做了一些较为严格的假定。首先,我们考察了在不完全竞争市场上相互竞争的企业之间一次博弈的情况下各自的融资决策对其产品市场决策的影响。那么在重复博弈的情况下,企业的融资决策究竟如何影响产品市场竞争呢? 其次,我们假定博弈双方是同时行动的,即我们并未考察序贯博弈的条件下企业的融资决策与其产品市场竞争之间的相互关系。最后,在我们的分析中忽略了税收对企业的融资决策进而对其产品市场竞争的影响。将上述这些因素纳入到我们的模型中正是我们今后进一步努力的方向。

参考文献

[1] Modigliani F M, Merton H. The cost of capital, corporate finance and the theory of investment: Comment[J]. American Economic Review, 1958,(48):261-297.

[2] Telser L G. Cut throat competition and the long purse[J]. Journal of Law and Economics,1966,(9):259-277.

[3] Brander J, Lewis T R. Oligopoly and financial structure: The limited liability effect[J]. American Economic Review,1986,(76):956-970.

[4] Showalter D M. Oligopoly and financial structure: Comment[J]. American Economic Review,1995,(85):647-653.

[5] Bolton P, Scharfstein, D. A theory of predation based on agency problems in financial contracting[J]. American Economic Review,1990,(80): 93-106.

[6] Fudenberg D, Tirole J. A'Signal-Jamming' theory of predation[J]. Quarterly Journal of Economics,1986,(17):366-376.

[7] Maksimovic V. Optimal capital structure in repeated oligopolies[J]. RAND Journal of Economics,1988,(19):389-407.

[8] Spagnolo G. Debt as a collusive device [R]. SSRN working paper,2000.

[9] Fudenberg D, Tirole J. The fat cat effect,the puppy dog ploy and the lean and hungry Look[J]. American Economic Review,1986,(74):361-366.

市场实验与证券交易制度设计[①]

摘　要　实验经济学方法是用实验来检验经济理论并发现新理论的经济学方法。在证券市场交易制度研究中应用实验方法具备了可控制性与可重复性的优势。目前实验研究已经涉及证券交易制度的多个方面。研究者通过实验方法检验了各项制度安排对证券市场产生的效应,包括价格形成方式、信息披露制度、价格监控制度、交易支付机制、期权交易制度等。本文从方法和内容两个方面介绍了实验工具应用于证券交易制度领域的研究成果,并探讨了实验方法存在的优势与局限性。

关键词　实验经济学;证券市场;交易制度

一、引言

证券市场交易制度是指证券市场汇总参与交易有关各方的指令以形成市场价格的规则,其实质是证券市场的价格形成机制。在传统金融理论的框架内,证券市场是一个完善的、无摩擦的、信息完全对称的市场,因此市场交易制度无足轻重,不会对价格行为产生任何影响。然而真实世界却有悖于传统理论的假设,现实的证券市场是不完全的、信息不对称的,存在着交易成本和摩擦。对交易制度的研究正是基于现实的要求,揭开证券价格形成的黑箱,探寻实现证券市场健康运行的制度安排。

近20年以来,对证券交易制度的研究取得了丰硕的成果,并以此为核心逐

---

①　本文作者金雪军、杨晓兰,最初发表在《浙江社会科学》2004年第5期。

步形成了以"证券市场微观结构"为名称的理论体系。在证券交易制度的研究中,理论模型的构建与相关的实证检验均发挥了重要的作用。但是实证检验始终面临一个障碍,那就是缺乏高质量的数据来检验研究者提出的理论假设。正如 Madhavan(2000)在一篇综述中指出,投资者的交易行为是随着各种制度和信息的变化而进行调整的,这就导致研究者无法估计某个制度或者规则所能产生的效应。此外,实证研究也受到缺乏大量事件样本的限制。在这种情况下,实验经济学研究方法被引入该领域。

实验经济学方法是用实验研究来检验经济理论并发现新理论的经济学方法,它突破了主流经济学的分析框架,通过在可控制的实验环境下研究人类行为来收集实验数据,对经济理论的有效性进行检验。在证券市场的实验研究中,研究者可以按照研究目的控制市场的信息披露制度、拍卖制度、价格监控制度等,进而检验某项制度安排的效应是否与理论预测保持一致,并可以通过重复实验来获取更为可信的数据。自 20 世纪 80 年代以来,实验研究成果为证券交易制度的研究开辟了新的视角,为证券价格行为提供了丰富的解释。

本文将讨论实验工具在证券交易制度研究中的应用,结构如下:第一部分介绍实验设计的基本方法,第二部分总结现有的实验研究内容及其结果,第三部分总结实验方法的优势与局限性。

二、实验设计的基本方法

Roth(2001)指出,目前浩如烟海的实验经济学文献都可以上溯到 20 世纪 30 年代到 60 年代间的三股思潮,即市场实验、个人决策实验以及博弈论实验。在实验经济学的分类中,证券市场实验属于市场实验的内容之一。证券市场实验是在实验室中构造一个证券交易的环境,实验参与人作为证券投资者进行买入或者卖出证券的决策,每个交易阶段结束时投资者所持有的证券可以获得分红。这种研究方法是 Forsythe 等(1982)首创,继而被 Plott,Sunder(1982),Friedman 等(1984)进一步发展的。在目前已有的研究中,实验设计的基本框架是相似的,主要包括以下几个要点:

1. 每次实验的参与人一般在 5、6 人至 20 人之间。比较特别的是 Williams(2003)报告了一个开放式的证券市场实验,有 300 多人参加。在现有文献中实验参与人主要是大学里的本科生和研究生。实验经济学的批评者曾对此提出疑义,认为学生远不如真实市场投资者那样富有经验。为此,已经有一些实验

从真实市场中招募参与实验的行为决策者,例如 Dyer 等(1989),Smith(1988),
Mestelman 和 Feeny(1988)。他们得出的结论是这些参与人的决策与学生作出
的决策相比并不存在显著的差异性,而后者作为实验对象的费用往往远远低于
前者。Flood 等(2002)也选取了职业证券交易者来参加实验。

2.证券交易在有限的交易阶段内进行(典型的是 10 个或者 15 个交易阶
段),每个交易阶段持续 5 分钟左右。Williams(2003)的开放式证券市场实验则
持续了 8 个星期。

3.交易初始每个投资者被赋予一定数量的证券和现金,证券和现金都是账
面的。大部分实验只设定了一种证券,有的实验设定了两种或者更多不同种类
的证券,如 Fisher(1998)的实验有两种证券。

4.实验参与人的收益一般来源于两方面:一是买卖证券获得的价格差收
益,二是持有证券可以获得分红。在实验结束以后,参与人要统计他们获得的
总收益。研究者按照一定的比例,将总收益折算成现金或者其他形式的报酬支
付给参与人。提供真实的报酬激励是引发参与人偏好的关键要素之一。

5.分红的数量以及分红支付的方式由研究者来决定。比较常见的做法是
在实验开始以前由研究者规定红利可能的分布情况,从而创造出不确定的未来
收益流,这一点与真实的股票是相似的。如 Porter 和 Smith(2000)的实验中设
定了 15 个交易阶段,每个交易阶段红利的分布情况是 25% 的概率不分红、25%
分 8 美分、25% 分 28 美分、25% 分 60 美分。据此,投资者可以计算出每个阶段
的期望红利是 24 美分。由于基础价值是未来收益流的贴现,根据红利的分布
情况投资者还可以得出基础价值是一条随交易阶段递减的斜线。每个交易阶
段真实的红利是多少一般是随机决定的,例如采用掷骰子的方式,或者由计算
机随机决定。

6.交易过程通过口头或者计算机化的拍卖方式来实现。在实验经济学发
展的初期,主要采用口头拍卖的方式来进行实验中的市场交易。目前很多实验
研究室都开发了相关的交易软件和操作平台,参与人通过操作联网的计算机来
实现整个交易过程,例如 Lei、Noussair 和 Plott(2002)的研究采用了加利福尼
亚理工学院开发的 MUDA 市场实验软件。

在证券交易制度实验研究中,除上述基本要点外,研究者将根据其研究目
的来设置其他的实验条件,也就是按照证券交易制度的理论假设,在"其他条件
完全相同(ceterisparibus)"的实验环境中,引入不同的制度安排,通过实验结果
的比较,判断某项制度安排对市场效率的影响。例如,Hicks(1939),Danthine

(1978)和 Grossman(1977)的理论研究均认为引入期权交易可以提高证券市场的效率。

三、实验研究内容及其结果

证券交易制度的核心功能是将投资者的潜在供求转换成现实的交易。因此,证券交易制度是围绕价格形成的一系列规则。这些制度涉及投资者指令的传递、指令的执行以及交割清算等过程。在实验技术达到一定要求的前提下,各项制度安排所产生的市场效应都可以成为实验研究的内容。

一般来说,证券市场交易制度的设计包括了价格形成方式、订单形式、交易离散构件、价格监控机制、交易信息披露、交易支付机制等方面的内容。目前,实验文献主要出现在价格形成方式和交易信息披露这两个方面,对价格监控机制、交易支付机制以及期权交易制度等也进行了初步的探索。

(一)价格形成方式

价格形成方式是证券市场的交易模式,通常情况下可以从时间角度分为连续性模式和间断性模式,从交易中介的作用角度分为订单驱动模式和报价驱动模式。按照这两种划分方法,证券交易模式可以分为四种类型(如表 1 所示),即连续竞价市场、集合竞价市场、连续做市商市场和集合做市商市场。前三种交易模式在世界各国的交易所均得到了广泛的运用,而集合做市商市场在现实中并不存在,因此做市商市场往往指的就是连续做市商市场。对前三种交易模式的比较一直是市场微观结构理论研究的焦点。除了在买卖价差问题上,研究者普遍认为做市商市场的价差大于竞价市场以外,在流动性、波动性、有效性等方面,理论与实证研究上的分歧仍然很大(刘逖,2001),Green,Murinde 和 Ngugi(2000)对现有研究成果的分歧进行了总结和分析。

表 1　证券市场价格形成方式

	连续性市场	间断性市场
订单驱动	连续竞价市场	集合竞价市场
报价驱动	连续做市商市场	集合做市商市场

20 世纪 90 年代以来,研究者开始利用实验方法来检验理论模型,以弥补实证研究存在的样本不足以及无法对市场信息效率进行直接观察等问题。

Friedman(1993a)的实验研究发现与集合竞价市场相比,连续竞价市场的配置效率较高,但市场深度较低,但这两个市场的信息有效性是相似的。Friedman(1993b)还进一步比较了连续竞价市场与做市商市场,他的结论是后者在效率和深度上都低于前者。

近期的一个研究来自 Theissen(2000),他运用实验方法比较了不同的价格形成方式对信息有效性和市场流动性的影响。他将 18 次市场实验分为 6 个序列,每个序列包括了三种不同的价格形成方式:集合竞价、连续竞价和做市商。在集合竞价实验中,参与人直接提出报价和要价,由计算机来撮合要价与报价,并得出市场出清的成交价格。连续竞价市场采用了双向拍卖机制,参与人直接报价、要价,当报价等于要价时双方成交,交易过程中应用了价格和时间优先的原则。在做市商市场中,每次实验有 3 名参与人随机地被选为做市商,只有做市商能够提出报价,其他参与人只能选择接受或者拒绝做市商的报价。所有实验都是参与人通过计算机操作来完成,每次实验包括 15 个交易阶段,各由 12 名参与人参加。除了价格形成方式的差异以外,所有实验的交易环境都是相似的,因此实验结果的差异可以主要归结为价格形成方式的不同。对实验结果的数量分析显示了价格形成方式对市场效率的影响,得出的主要结论是:集合竞价与连续竞价市场中的交易价格比做市商市场更为有效,执行成本也低于做市商市场,但做市商市场的成交量远远高于集合竞价与连续竞价市场,如集合竞价市场的平均交易量为 665.9,连续竞价市场为 1013.1,做市商市场为 1567.8。Theissen(2000)有关三种交易模式市场效率的实验结果与 Kyle(1985)的理论模型以及 Amihud 等(1997)的实证结果是基本一致的。

(二)信息披露制度

交易信息披露对证券价格的形成有着关键性的作用。由于真实市场中投资者的信息来源渠道是不可能完全被研究者所知晓的,因此信息披露与价格之间的关系是无法直接观察到的。在实验室中信息结构则完全处于研究者的控制下。正是基于控制性的优势,信息披露制度已经成为实验研究的一个重要主题。在实验研究中,实验者关注于事前信息(pre-trade information)以及事后信息(post-trade information)披露对市场效率的影响。

Bloomfield 和 Hara(1999)的研究中设置了三种不同信息结构的市场,交易信息的公开程度用透明度来衡量。三个市场中做市商和投资者掌握的信息情况如表 2 所示,这些信息包括有关交易的事后信息和有关做市商报价的事前信息。通过实验,他们考察了不同的市场透明度对市场效率以及投资者和做市商福利的影响。实验得出的结论是:交易信息的披露对市场信息有效性有显著的影响;交易信息的披露会扩大买卖价差;交易信息的披露有利于增加做市商的福利,却不利于投资者;报价信息的披露对市场信息有效性、买卖价差以及投资者福利都基本没有影响。从总体上而言,透明度高的市场信息有效性高于透明度低的市场。

表 2　Bloomfield 和 Hara(1999)的实验环境

实验环境	不透明的市场	半透明的市场	完全透明的市场
做市商	做市商彼此不知道他们的报价或者交易	做市商彼此知道他们的报价,但不知道他们的交易	做市商彼此知道他们的报价,但不知道他们的交易
投资者	投资者知道做市商的报价,但不知道他们的交易	投资者知道做市商的报价,但不知道他们的交易	投资者知道做市商的报价和交易

与其他选取学生作为参与人的实验不同,Flood 等(2002)选取了职业证券交易者来参与实验。他们构造了一个存在信息内幕的做市商市场环境。每次实验都有 5 名职业证券交易者充当市场的做市商。在每个交易阶段中,有一个做市商知道证券的真实价值。Flood 等(2002)通过设置不同的事前和事后信息的透明度,考察信息披露对市场产生的效应。实验结果是,价格的有效性随着事前透明度的提高而降低,随着事后透明度的提高而提高;用买卖价差来衡量的市场流动性随着事前透明度提高而提高,随着事后透明度提高而降低。也就是说事前透明度不利于价格的有效性,却有助于市场流动性,事后透明度则与之相反。

Marco(2002)研究了实验证券市场中财务信息的披露效应。实验结果表明,上市公司财务信息透明度的提高一方面能够增加市场信息的有效性,另一方面却带来了市场价格的波动性。实验数据显示透明度带来了投资者效用的增加,因此他们偏好于确定性更高的证券。Marco 根据实验结果推测目前各国证券监管委员会加大力度提高市场透明度并非为了提高市场效率,而更多的是上市公司或者市场想吸引住投资者。

从现有实验结果可以看到,市场高透明度并非一定带来市场效率的提高,尤其是事前和事后信息对市场产生的效应存在着差异。这些实验结论对完善理论模型和提高实际监管工作的效率有着重要的借鉴意义。

(三)价格监控制度

价格监控制度是指减少价格波动、保持价格稳定的一系列措施,如断路器措施、涨跌幅限制、最大报价单位等。这些制度是否真的能够起到稳定市场的作用呢?理论界一直存在两种相对立的观点,第一种称为"冷却假说(cooling-off hypothesis)",认为价格限制制度能够减少过度反应,因为它提供了一个使交易者重新评价市场信息冷却阶段,会带来更理性的决策;第二种观点称为"磁铁假说(magnet hypothesis)",该观点认为价格限制制度会导致市场的过度反应,因为当价格接近被限制的水平时,交易者可能会大量发出报价订单,而并不考虑这些订单是否符合最大化的交易战略。

Brennan(1986)的理论研究支持了第一种观点。他认为每日价格限制制度的应用能够给市场参与人施加一个明显的成本,阻止他们以超过价格限制的水平进行交易。Subrahmanyam(1994)构造了一个理论模型,他指出断路器很可能增加价格的波动性,并且会提高价格达到断路水平的可能性,即断路的边界会对市场价格产生一种吸引力,这就是磁铁假说的观点。

由于在美国股票市场上不存在价格限制制度,因此在实证研究方面,价格限制效应的研究对象往往来自亚洲国家。Kim 和 Rhee(1997)检验了东京股票市场从 1989 到 1992 年的日价格限制效应,他们的结果表明价格限制制度会产生延迟价格揭示、导致价格波动以及干扰交易等效应,据此认为东京股票市场的价格限制制度是失效的。Choi 和 Lee(2001)检验了韩国市场的价格限制制度,他们的结论同样认为延迟价格揭示的主要原因是价格限制规则。更重要的是,Choi 和 Lee(2001)指出对价格限制效应的研究往往关注于涨幅限制,对跌幅限制很少研究,而价格限制制度往往在阻止价格下跌中更加有效。Kim 和 Yang(2003)对中国台湾地区股票市场的数据进行了检验,他们的结论是当价格接近限制水平时,限制制度会导致过度反应,当价格在限制水平上连续交易时,限制制度会降低过度反应程度。

鉴于理论和实证研究结果出现的种种差异,实验研究可以提供一种有益的思路和工具。King 等(1993)进行了 6 次实验,每次实验持续 15 个交易周期。实验规定价格的涨幅和跌幅不能超过交易过程中单阶段期望红利的两倍。实验结果显示,价格限制制度没有阻止价格的波动,并且出现了价格偏离基础价值的泡沫现象。根据实验结果,King 等认为价格限制制度可能会使泡沫现象更为严重,因为价格限制让交易者感到风险降低了,从而激发他们将泡沫推得更高、时间更长。此外，实验发现在涨跌幅限制下，交易量显著降低了。在第 6 个交易周期之后，市场没有出现任何交易。这也证明了涨跌幅限制在很大程度上干扰了交易。6 次实验的平均结果如图 1 所示。

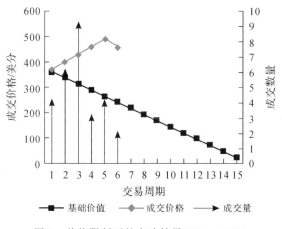

图 1　价格限制下的实验结果(King,1993)

(四)交易支付机制

交易支付机制主要讨论买空与卖空机制对市场的影响。当投资者在缺乏足够的资金以支付购买证券所需要的价款或者没有足够的证券可以供出卖时，可以在缴纳规定的保证金后进行融资或者融券，进行买空和卖空交易。有关买空与卖空机制对证券市场的影响一直存在激烈的争论，例如有些研究者认为卖空有助于价格稳定，使市场纠正短期的价格失调。另一些研究者则认为卖空可能会加剧市场的投机气氛。实验室的结论则表明卖空机制没有起到稳定价格的作用，例如 King 等(1993)的实验结果表明，卖空机制对价格泡沫的产生没有显著的影响；类似的结果也来自 Porter 和 Smith(2000)，他们根据实验结果指出卖空机制不能显著地降低市场的泡沫量以及泡沫的持续时间。

(五)期权交易制度

Hicks(1939)、Danthine(1978)和 Grossman(1977)分别在理论研究中指出期权市场有助于经济系统中有关不同投资者价格预期的私人信息的扩散，因此能够增加现货市场的信息效率和配置效率。Forsythe(1982)的研究是第一个支持上述理论的实验。他们检验了一个两阶段的没有不确定性的证券市场，发现当第一阶段的现货市场与第二阶段的期权市场相配合时，成交价格收敛于均衡的速度加快了。

Porter 和 Smith(1995)进行了多组持续 15 个交易周期的证券市场实验。他们设置了一个单位证券 25% 概率不分红,25% 概率分红 8 美分,25% 概率分红 28 美分,25% 概率分红 60 美分的风险结构,因此证券的基础价值,也就是即期交易证券的红利价值是一条向下递减倾斜的曲线。在期权交易实验组中,每个交易者除了交易其现存的(spot inventory)证券以外,还可以交易期权股份,期权交易在第 8 个交易周期结束。在这种情况下,交易者所持有的证券期权一直到第 8 个交易周期结束以后才能获得分红,此时期权市场结束,并进行清算,交易者持有的期权股份全部转换成他的现货。通过这样的设计,在前 8 个交易周期内,期权的红利价值是一条平行的直线,等于第 8 个周期以后可以获得的分红之和。实验中还向交易者提供了足够现金,以避免在期权和现货市场出现的流动性问题。

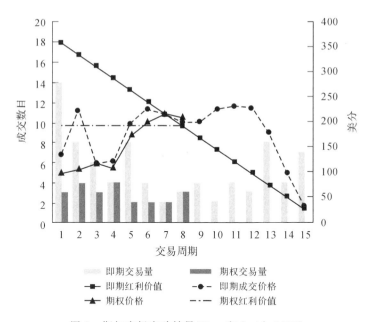

图 2　期权市场实验结果(Port 和 Smith,1995)

图 2 是其中一次实验的结果,即期交易市场在第 8 个周期之后出现了价格高于基础价值的泡沫现象。Porter 和 Smith(1995)将有期权市场的实验结果与无期权市场的实验结果进行比较,结果显示期权市场能够加快投资者共同预期形成的过程,从而能显著地降低市场的泡沫量,但是期权市场无法消除价格泡沫。根据实验结果,Porter 和 Smith(1995)进一步认为期权市场有助于打破交

易者期望自我实现(self-fulfilling)的循环过程。交易者被允许在前8个周期中进行期权交易,这就会迫使那些进行即期交易的交易者更加关注于前8个周期中证券的即期红利价值。这种关注产生的结果是期权交易揭示了前8个周期有关交易者预期的共同信息,使即期价格更加收敛于即期红利决定的基础价值。

四、结　论

将实验方法引入证券制度研究虽然历时较短,但已经形成了比较统一的实验设计框架,充分体现了实验工具可控制性与可重复性的优势,尤其在价格形成方式和信息披露制度这两方面的研究上取得了丰富的实验结论,成为理论与实证研究的有益补充。此外,实验方法还对价格监控制度、交易支付机制、期权交易制度进行了初步研究。这些实验结论对现实的证券制度设计也具有一定的借鉴意义。

作为一种新的方法,实验工具在证券交易制度研究上仍然存在一定的局限性,从而导致其结论可能存在一定的偏差。其中最主要的问题是如何设定更有效的激励机制,使参与人的行为充分表现其真实的心理状况。此外,对证券交易制度领域来说,实验研究还是框架性的,如何根据理论和实证研究结果,进一步深入设计实验环境,进一步重复有争议的实验结果是今后研究的主要方向。

正如 Friedman 和 kelley(2002)所说的,证券市场实验有一个非常清晰的研究前景,就是探索哪些制度环境有利于市场效率的提高,这个领域的研究将促进政策体系和市场功能的不断完善和进步。

参考文献

[1] 刘逖.证券市场微观结构理论与实践[J].上海:复旦大学出版社,2002.

[2] Roth A E. The economist as engineer：Game theory, experimentation, and computation as tools for design economics[J]. Econometrica, 2002, 70(4)：1341-1378.

[3] Amihud Y, Mendelson H. Trading mechanisms and stock returns：An empirical investigation[J]. Journal of Finance, 1987(42)：533-553.

[4] Ananth M M. Microstructure：A survey[J]. Journal of Financial Markets, 2000(3)：205-258.

［5］Charles P，Sunder S. Efficiency of experimental security markets with insider information：An application of rational-expectations models［J］. Journal of Political Economy，1982，90，4（August）：663-698.

［6］Charles P，Sunder S. Rational expectations and aggregation of diverse information in laboratory security markets［J］. Econometrica，1988，56（5）：1085-1118.

［7］David P P，Vernon L S. Stock market bubbles in the laboratory，in bargaining and market behavior，cambridge［C］. U. K. ：Cambridge University Press，2000.

［8］Erik T，Market S. Informational efficiency and liquidity：An experimental comparison of auction and dealer markets［J］. Journal of Financial Markets，2000(6)：333-364.

［9］Friedman D. How trading institutions affect financial market performance：Some laboratory evidence［J］. Economic Inquiry，1993a，21：410-435.

［10］Friedman D. Privileged traders and asset market efficiency：A laboratory study［J］. Journal of Financial and Quantitative Analysis，1993b，28：515-534.

［11］Green C，et al. Key microstructure and policy issues for emerging stock markets：What have we learned？［J］. Institute for Development Policy and Management，University of Manchester，Working Paper Series，No 16，May 2000.

［12］Jan P K，Weber M. Marketmaking in the laboratory：Does competition matter？［J］. Experimental Economics，2001,4(1)：55-85.

［13］King R R，et al. The robustness of bubbles and crashes in experimental stock markets，in R. H. Day and P. Chen，eds. ，nonlinear dynamics and evolutionary economics［C］. New York：Oxford University Press,1993：183-200.

［14］Marco R. The race towards transparency：An experimental investigation［J］. Economic Notes，2002,31：523-545.

［15］Mark D F，et al. Dividing the pie：Asymmetrically informed dealers and market transparency［R］. ERIM Report Series Reference No. ERS-2002-

101-F&A, October 2002.

[16] Rovert B, O'Hara M. Market transarency: Who wins and who loses? [J]. The Review of Financial Studies Spring, 1999, 12(1): 5-35.

[17] Shyam S. Experimental asset markets: A survey, in the handbook of experimental economics[C]. New Jork: Princeton University Press, 1995: 445-500.

[18] Subrahmanyam A. Circuit breakers and market volatility: A theoretical perspective[J]. Journal of Finance, 1994: 237-254.

[19] Vcrnon L, et al. Bubbles, crashes, and endogenous expectations in experimental spot asset markets[J]. Econometrica, 1988: 1119-1151.

[20] Vivian L, et al. Asset bubbles and rationality: Additional evidence from capital gains tax experiments[J]. California Institute of Technology, Social Science working paper, 2002: 1137.

[21] Vivian L, et al. Nonspeculative bubbles in experimental asset markets: Lack of common knowledge of rationality vs. actual irrationality[J]. Econometrica, 2001,69(4): 831-859.

公司控制权研究的新进展^①

伯利和米恩斯(Berle 和 Means,1932)开创性地指出,现代企业的典型特征是股权高度分散所带来的所有权与控制权的分置,作为企业所有者,股东很少有可能直接参与到公司繁杂的每一项管理之中,取而代之的是职业管理者。他们因此指出,企业控制权往往会落于管理者之手,且管理者会利用企业控制权来最大化自身的利益,这种利益往往与股东的利益不相一致,这就是现代企业中广为存在着的股东与管理者之间基于委托—代理关系产生的利益冲突。^[1]自此以后,分析和解决这种利益冲突成为公司治理理论的研究热点,并涌现出大量的文献。相比较而言,对公司的另一种利益冲突——控股股东与中小股东之间的利益冲突,研究的文献较少。拉波特(La Porta)等人 1999 年的研究发现,现代公司大都具有复杂的股权结构,通过控制链条的追溯会发现某个或数个家族控制了一个国家或地区大多数大规模的企业,控股股东会利用手中的控股权以牺牲中小股东的利益来最大化自身的利益,这样的控制链条被称做"金字塔"式股权结构。^[2]

一、"金字塔"式股权结构

企业的股权结构与治理效率的关系一直都被广泛研究,拉波特之前的研究仅限于企业表层的股权分配,而"金字塔"式股权结构(pyramidal ownership structure)(见图 1)所探讨的是"股东背后的股东",目的是要搜寻企业的最终控制权与现金流权,并在此基础上分析企业的代理成本、融资决策、大股东对小股东的利益侵占,以及对宏观经济增长和政治决策的影响。

① 本文作者金雪军、张学勇,最初发表在《经济理论与经济管理》2005 年第 8 期。

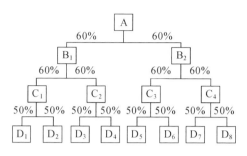

图1　"金字塔"式股权结构

图1是"金字塔"式股权结构的简单模型。A是一最终控股股东，分别拥有B1公司、B2公司60％的股份，B1公司分别拥有C1公司、C2公司60％的股份，B2公司分别拥有C3公司、C4公司60％股份。通过这样的股权结构，最终控股股东A通过控制B1公司和B2公司享有对C系列公司60％的控制权，但是最终控股股东A对C系列公司的现金流权是36％（60％×60％＝36％）。A对C系列公司的控制权与现金流权是不一致的，且控制权大于现金流权。同样A再通过C系列公司达到对D系列公司控制的目的，由于C系列公司拥自D系列公司50％的股权，根据拉波特的定义，控制权取决于控制链条上最薄弱的控制环节，所以A对D系列公司的控制权为50％，而现金流权是18％（60％×60％×50％＝18％）。控制权与现金流权的差异随着控制链条的延长而变得更加明显。通过这样的股权结构，控股股东A可以利用手中有限的资源达到控制多家公司的目的。

二、"金字塔"式股权结构与企业最终控制权、现金流权

拉波特指出，要达到控制企业的目的，在大多数情况下并不需要超过50％的股权，这是因为大多数中小股东并不会参与股东大会并投票，因此，在一般情况下，拥有一个公司10％或20％[①]的股份就足以达到控制该公司的目的。当一个公司没有一个股东持股超过10％或20％时，这样的公司被称为广泛持有型公司。

拉波特的研究发现，在英国和美国广泛持有型的公司大量存在，而在其他大多数国家和地区"金字塔"式股权结构大量存在。具体的实证结果是：当以

---

①　这个比例的选择主要取决于研究者根据所研究对象的实际情况作出的判断，很多的研究同时报告了在10％和20％水平上的最终控制权情况。

10％为控制标准时,英、美两个国家的广泛持有型公司的比例分别达到90％、80％,而其他大多数国家不会超过50％,如奥地利是5％,加拿大是50％,法国是30％,芬兰是15％,印度尼西亚是0.6％,马来西亚是1％,新西兰是56％。拉波特等人把这种差异归结为法律体系特别是对投资者利益保护法律体系的差别,英、美是普通法系国家,而其他大多数国家是大陆法系国家。继拉波特论文发表之后,涌现出大量文献探讨世界各国上市公司的股权结构。如克拉埃森(Claessens,2000)等人[3]、法克乔和郎咸平(Faccio和Lang,2002)[4]、阿蒂格(Attig,2003)等人[5]的研究都基本上支持拉波特的结论。

由图1可以知道,"金字塔"式持股结构的一个明显特点是公司最终控制权与现金流权的不一致,而且控制权超过了现金流权。这两种权利的不一致会导致最终控股股东利用手中的控制权牺牲中小股东的利益来最大化自身的利益。一般以现金流权/最终控制权的比率来衡量现金流权与控制权的差异程度,其值越低表明差异越大。克拉埃森对亚洲部分国家和地区研究的结论表明,中国香港现金流权/最终控制权的值是0.882,印度尼西亚是0.784,韩国是0.858,新加坡是0.794,中国台湾是0.832。[6]法克乔和郎咸平对欧洲部分国家的研究发现,意大利现金流权/最终控制权值是0.743,爱尔兰是0.811,德国是0.842,挪威是0.776,瑞士是0.740,土耳其是0.792,荷兰是0.630。实证的结果表明最终控制权与现金流权的差异广泛存在。

三、为什么会选择"金字塔"结构?

与"金字塔"结构相对应的是水平结构(horizontal ownership structure),即控股股东直接拥有公司的股份。阿尔迈达和沃尔芬佐构造了一个两期的模型,假定在时期0,某个家族建立了A公司,在A公司中拥有α比例的控股股份。在时期1,A公司产生了现金流c,而且有投资机会去建立公司B。公司B需要在第1期投资i,可在时期2获得收益r,且$r>i$。在时期1建立B公司时,控股家族会面临建立两个模式的选择,一是可以建立"金字塔"式结构,利用A公司在第1期的收益c来建立B公司,家族通过A公司持有B公司股份;二是家族用从A公司所获得的现金流($\alpha \cdot c$)直接建立B公司,B公司与A公司的关系相互独立,这就是所谓的水平型结构。在以上的模型框架和一定的假设条件下,阿尔迈达和沃尔芬佐得出结论:当公司B收益较低、所需投资较多以及对其他投资者利益法律保护较弱的情况下,最终控股股东更倾向于"金字塔"式结构。[7]

"金字塔"式结构持股的目的是用少量的资源控制数个企业，对控股股东来说重要的是这样的控制带来收益的有多少。当控制权收益足够大的时候，公司的控股股东一般不会轻易放弃对公司的控制，因此在那些控制权收益较高的国家，上市公司一般都有一个控制性股东，现金流权和最终控制权更倾向于背离。[8] 阿蒂格认为，现代公司的有限责任为最终控股股东控制多个企业的成本制定了上限（仅以现金流权计算），这就造成了控制的收益与成本的不对等，从而"金字塔"式结构在全球大多数国家盛行。[9]

卡那和佩利普（Khanna 和 Palcpu，2000）指出，在不发达或制度建设欠缺的国家，要素市场往往具有不完善性，"金字塔"式结构的存在可以弥补要素市场的不完善性，可以内部化资本市场、经理人市场和无形资产市场。[10] 相似的是塞斯通和福马格利（Cestone 和 Fumagalli，2005）研究了"金字塔"式股权结构内部资本市场的作用，指出不同的资源可以通过内部的网络投入利润率不同的项目，这种内部资源的弹性分配会提高"金字塔"内部企业在各自市场上的竞争能力。[11] "金字塔"式结构还有利于增加公司与劳动力组织或其他社会利益集团谈判的力量，那些劳动力组织或社会利益集团越多的国家，其"金字塔"式结构越普遍。[12]

最终控股股东通过"金字塔"式结构利用较少的现金流权建立了庞大的商业帝国，在某些国家尤其是那些经济规模小且不够发达的国家，这种商业帝国与政治的联系异常紧密，甚至最终控股股东直接参与政治。家族公司需要政治力量以合法化其来源于"金字塔"式持股结构的权利，而政党也可以从家族公司获取对其经济政策的支持以及其他必要的资源。[13]

四、"金字塔"式股权结构与中小股东的利益

"金字塔"式股权结构的公司可能有很好的业绩（用资产回报率衡量），却并不一定能获得资本市场的认可，具有很高的市场价值（用托宾 q 衡量）。克拉埃森（Claessens）用东亚 8 国 1301 个上市公司的数据分析，发现公司价值随着最大股东现金流权的提高而增加，因为现金流权增加会有利于激励大股东的监管动机。但是克拉埃森也发现，公司价值随着大股东最终控制权的增加而下降，且随着最终控制权与现金流权分离程度的增加而下降得更多。因此，克拉埃森认为，由控制权与现金流权的分离所产生的代理成本要高于由股权集中所降低的代理成本。[14] 林斯和莱蒙（Lins 和 Lemmon）的研究也得出相似的结论。[15]

企业价值的降低最直接的后果是股东财富的缩水，最终控股股东会通过

"隧道效应"转移财富来弥补损失,中小股东往往却无能为力。进一步的思考,我们会发现,其实公司价值降低的本身就是控股股东转移财富的直接后果。处于"金字塔"顶端的控股股东会利用手中的控制权以牺牲中小股东的利益来最大化自身的利益,这就是 1999 年以后常见于公司治理领域的最终控股股东对中小股东利益的侵占(expropriation)。侵占的机制主要有以下几种:

(一)隧道效应

在"金字塔"式结构中,最终控股股东在不同的子公司中所拥有的现金流权是不一样的,通过将资源从现金流权低的公司转移至现金流权高的公司以增加自己的利益。假定企业集团中由两个企业 L 和 H,最终控股股东在 L 企业中的现金流权要低于 H 企业,假定 L 企业由于某一突发事件增加了 100 万美元的收益。如果这 100 万美元的收益转移至 H 企业,那么最终控股股东将会获得更多的收益,这就是隧道效应(tunnelling)[16]。

里扬托和图西曼(Riyanto 和 Toolsema)通过构造模型来分析"隧道效应"。假定家族拥有 A 公司 α 比例股份,公司 A 又持有 B 公司 β 比例股份,那么家族持有 B 公司的股权是 $\alpha \cdot \beta$。设定控制权的标准是 α,假定 $\min(\alpha, \beta) \geqslant \alpha$。在一个两期模型中,公司 A 和公司 B 分别投资一个项目,且在 $t=1$ 和 $t=2$ 时候分别产生 π_A、π_B 的现金流。根据以上假定和分析,家族在以下情形下转移 B 公司现金流的比例趋向更高:(1)家族在公司 A 中的股权比例(α)较高;(2)贴现系数(δ)接近 1;(3)对中小股东利益的法律保护较弱;(4)公司 B 的现金流(π_B)较大;(5)家族控制的公司 A 在公司 B 中持有股权比例(β)较小。[17]

(二)股利政策

在"金字塔"式股权结构的上市公司中,通常现金股利比例很小。因为增加现金股利会减少控股股东自由支配的现金流,而减少现金股利会带来控股股东对中小股东利益侵占的增加。研究表明,最终控股股东现金流权与控制权的比例越小通常伴随着越低比例的股利政策,这会导致对中小股东利益更大的侵占。现金股利的变化对公司价值的影响大概在公司股权价值的 2%~3% 之间。[18][19]

(三)过度融资

债务的存在会约束管理者的行为,债权人甚至可以迫使管理者失去工作且声誉下降。但是，在"金字塔"式结构中，最终的控股股东通过公司之间复杂的网络关系使得债务关系变得复杂，纵使出现违约也不会影响到最终控股股东在"金字塔"式结构中的地位。相反，高的债务比例反而增加了最终控股股东所控制的资源，更有利于其对其他利益相关者的利益侵占。[20]

杜和戴（Du 和 Dai,2005）分析了东亚的上市公司，发现控股股东持有的现金流权比例越小越倾向于外部融资，以维持自己的控股地位且增加自己可以控制的资源，这必然会导致公司风险的增加。杜和戴进一步认为，这样的高风险资本结构最终导致东亚上市公司在 1997—1998 年的金融危机中不堪一击。[21]

（四）管理者的安排

最终控股股东对企业的控制表现为对关键管理职位的把持，达到便于利益输送的目的。最终控股股东会亲自或派出家族成员担任"金字塔"内部企业的关键职位，而这样的人力资本配置并不一定符合企业价值最大化原则。也就是说，最终控股股东往往以牺牲企业价值的人力资本配置来换取自己利益输送的便利。

中国台湾是一个对投资者利益保护较弱、"金字塔"式结构普遍存在的地区，当董事会成员与最终控股股东关系密切时，公司治理效果往往较差，价值较低；反之，当董事会成员主要是由那些与最终控股股东关系不密切的人员构成时，公司治理效果往往较好，价值较高。佩雷斯和冈萨雷斯（Perez 和 Gonzalez,2002）通过对美国 162 个 CEO 的替换过程的分析，发现如果继任的 CEO 来自最终控股家族，那么股票价格、资产回报率和市场账面价值都会大幅下滑；相反，如果继任的 CEO 来自家族之外则没有明显影响。[22]史密斯和阿莫埃科杜（Smith 和 Amoake-Ade,1999）对加拿大的分析也得出同样的结论。

五、结论与启示

第二次世界大战后很长一段时间对企业的研究都是以美国企业为主要对象，得出了在所有权被逐渐分散的现实下控制权与所有权分离的结论，认为现代企业的实际控制权已被职业管理者所掌握，如何有效处理职业管理者与股东之间的激励相容问题是多年来公司治理讨论的热门话题。然而放眼于美国之外，人们惊讶地发现，除了英、美等极少数国家，绝大多数国家大的上市公司依然被若干家族所控制，相比较以前的直接控股，现在控制的手段更加隐蔽："金字塔"式股权结构。通过"金字塔"式股权结构，最终控股股东可以放大自己的控制规模,在有限责任的现实下导致了最终控股股东采取非公司价值最大化而是自身利益最大化的行为,这就是对中小股东利益的侵害,侵害的机制包括:隧道输送、低股利政策、过度融资和低效的管理者安排。

参考文献

［1］Berle A A. Means G C. The modern corporation and private property ［M］. New York：The McMillan Company,1932.

［2］La Porta R，Lopez-de-Silanes P，Shleifer A. Corporate ownership around the world ［J］. Journal of Finance. 1999,54 (2)；471-517.

［3］Claessens S，Djankov S，Lang L H P. The separation of ownership and control in East Asian corporations ［J］. Journal of Financial Economics，2000，58 (1-2)；81-112.

［4］Faccio M，Lang L H P. The ultimate ownership in Western European corporations ［J］. Journal of Financial Economics. 2002,65 (3)；365-395.

［5］Attig N，Gadhoum Y，Lang L H P. Bid-Ask spread, asymmetric information and ultimate ownership ［Z］. Laval University，Working Paper,2003.

［6］Almeida H，Wolfenzon D. A theory of pyramidal ownership and family business groups ［Z］. Stern NYU Working Paper,2003：11368.

［7］Bebchuk L A，Jolls C. Managerial value diversion and hareholder wealth ［J］. Journal of Law，Economics and Organization,1999,15 (2)：487-502.

［8］Attig N，Fischer K，Gadhoum Y. On the determinants，costs，and benefits of pyramidal ownership：Evidence on Expropriation of minority interests ［Z］. Laval University,Working Paper,2003.

［9］Khanna T，Palepu K. Is group affiliation profitable in emerging markets? An analysis of diversified Indian business groups ［J］. Journal of Finance，2000,55 (2)；867-891.

［10］Cestone G，Fumagalli C. The strategic impact of resource flexibility in business groups ［J］. Journal of Economics，2005,36 (1)；193-214.

［11］Roe M J. Political determinants of corporate governance ［M］. Oxford：Oxford University Press,2003.

[12] Morck R, Yeung B. Family control and the rent-seeking society [J]. Entrepreneurship:Theory and Practice,2004,28 (4):391-419.

[13] Claessens S, Fan J P H, Lang L H P. The benefits and costs of group affiliation evidence from East Asia [Z]. Centre for Economic Policy Research,Working Paper,2002.

[14] Lemmon M L, Lins K V. Ownership structure, corporate governance,and firm value:Evidence from the East Asian financial crisis [J]. Journal of Finance, 2003,58 (4):1445-1468.

[15] Bertrand M, Mehta P, Mullamathan S. Ferreting out tunneling:An application to Indian business groups [J]. Quarterly Journal of Economics, 2002,117 (1):121-148.

[16] Riyanto Y E, Toolserna L A. Tunneling and propping a justifcation for pyramidal ownership [Z]. National University of Singpore, Working Paper,2003.

[17] Gugler K, Yurtoglu B B. Corporate governance and dividend pay out policy in Germany [J]. European Economi Review,2003,47 (7):731-758.

[18] Faccio M, Lang L H P, Young L. Divdidends and expropriation [J]. American Economic Review, 2001,91(1): 54-78.

[19] Faccio M, Lang L H P, Young L. Debt and expropriation [Z]. Centre for Economic Policy Research,Working Paper,2000.

[20] Du J, Dai Y. Ultimate corporate ownership structure and capital structure:Eviolence from East Asian economics[J]. Corporate Governance:An International Review,2005,13 (1):60-71.

[22] Perez-Gonzalez F. Does inherit control hurt firm performance [Z]. Columbia University,Working Paper,2002.

[23] Smith B F, Amoako-Adu B. Management succession and financial performance of family controlled firms [J]. Journal of Corporate Finance, 1999,5(4):341-368.

基于实验经济学方法的证券市场信息有效性研究[①]

摘　要　应用实验方法探讨证券市场信息有效性问题是金融研究的一个新方向。50名实验参与人通过浙江大学经济学院开发的实验经济学计算机模拟系统,分别在三组信息结构不同的实验市场中进行虚拟证券交易。实验市场的交易数据表明,在信息完全对称的条件下,交易者并非能够应用所有信息形成一致的理性预期;在有关分红的事前信息不对称条件下,不知情的交易者也未能通过对价格的观察实现信息的有效扩散,价格偏离均衡价格的程度非常显著;而在有关成交价格的事后信息不对称时,信息的有效程度较高,市场价格基本上收敛于理性预期的均衡价格。

关键词　实验经济学;证券;信息有效性

证券市场信息有效性一直是金融理论研究的核心问题,这是因为价格的信息功能是证券市场区别于其他市场的主要特征。正如 Sunder(1992)指出的,证券市场上价格向交易者传递的信息实质上是形成内生性需求与供给的决定性要素,而在其他市场上,价格为参与人提供的信息仅使他们注意到自身的机会状况。如何提高证券市场的信息有效性,使证券价格充分反映其基本价值,也成为各国证券监管当局努力的目标之一。

根据标准金融理论的两大基石——理性预期理论和有效市场理论,在信息完全对称的条件下,交易者对价格具有一致的预期,市场将稳定在理性预期的均衡价格上,直到有新的信息出现;而在信息不对称时,价格能够迅速地、无偏

①　本文作者杨晓兰、金雪军,最初发表在《浙江大学学报(人文社会科学版)》2005 年第 6 期。

地进行调整以反映信息,并使信息在交易者之间有效地传播和扩散。在真实的证券市场中,市场是否能实现信息的有效性、价格模式是否遵循理性预期的结果? 研究者们利用真实市场的数据对此展开了大量的实证研究,然而研究结果之间依然存在较大的差异,支持与反对市场有效性的结论各占据一定的比例。

实证研究结果的差异主要来源于研究方法和数据选取上的不同,两个突出的问题成为实证研究无法逾越的障碍:第一,研究者们无法观察到证券市场所有交易者所有的信息来源渠道,因而无法建立交易者拥有的信息与证券价格之间的直接联系;第二,信息有效性体现在价格是否真实反映了证券的均衡价格,即基础价值(fundamental value),基础价值是证券未来收益流的贴现值,研究者们难以对证券的未来收益流进行精确地计算,往往只能用一些替代指标来估算。将实验方法引入证券市场研究能够有效地解决这两个问题,在实验环境下,实验参与人的信息来源是被研究者所控制的,证券的基础价值也成为实验设计的一部分,因此,研究者能对市场信息是否有效进行较为精确地计量和判断。实验方法的应用为检验证券市场信息有效性的相关理论提供了一个崭新的思路。

证券市场实验是在实验室中构造一个证券交易的环境,实验参与人作为证券交易者进行买入或者卖出证券的决策,每个交易阶段结束时交易者所持有的证券可以按实验者事先规定的概率获得分红,这种研究方法是 Forsythe 等(1961)首创的。在这种简单的实验环境中,证券市场的两个基本特征都得到了体现,第一,交易者可以充当买卖双方的任何一方;第二,证券能够在一定期限内获得分红,而分红的数额是不确定的。在检验证券市场信息有效性的研究中,信息完全对称和信息不对称两种信息结构都被引入实验室,例如 Smith 等进行了信息完全对称的证券市场研究,Plott 和 Sunder(1982)、Flood 等(2002)设计了信息不对称的实验。

本文借鉴了西方实验经济学的基本方法,利用浙江大学经济学院开发的实验经济学计算机模拟系统,通过实验数据对以下两个问题进行考察:第一,在信息完全对称的条件下,交易者是否能够应用所有信息形成一致的理性预期;第二,在存在内幕人的信息不对称条件下,不知情的交易者是否能够通过对价格的观察实现信息的扩散,使价格收敛于理性预期的均衡价格。

本文的结构包括:第一部分提出实验设计;第二部分介绍实验结果;第三部分对实验结果进行进一步讨论;最后是本文的结论。

一、实验设计

本文设置了三组信息结构不同的实验,为了提高实验结果的可信度,每组实验重复进行了 3 次,每次实验为一个独立的证券交易市场。第一组实验包括实验 1.1,实验 1.2 和实验 1.3,是在信息完全对称的条件下进行的,检验在信息完全对称的情况下是否能实现标准金融理论预测的结果;第二组实验,包括实验 2.1,2.2 和 2.3 设置了事前信息(pre-trade information)不对称的结构;第三组实验,包括实验 3.1,3.2 和 3.3 设置了事后信息(post-trade information)不对称。第二和第三组实验用于检验信息不对称条件下信息是否能够得到有效的扩散,这里的事前信息主要是交易前有关红利分布的信息①,事后信息是有关交易结果的信息。

除了在信息结构上存在差异以外,三组实验的其他环境是基本上一致的,因此,在很大程度上可以将实验结果的差异归结为信息结构的差异。实验设计的基本要点包括:

1. 实验参与人。实验参与人包括浙江大学经济学院全日制的研究生和本科生,也包括在职的研究生,部分参与人拥有真实证券市场的交易经验②。实验中,每个市场由 5~8 人组成。

2. 初始禀赋。实验开始时,每人拥有 10 个单位的证券和 5000 元的现金,这些证券和现金都是虚拟的。实验开始后,参与人可以用初始持有的现金购买证券,也可以卖出持有的证券。

3. 交易时间。每次实验的交易过程包括 10 个周期,每个周期持续 3 分钟,每个周期结束之时,交易者持有的证券可以获得分红。

4. 分红情况。每个周期的分红情况是单位证券 50% 的概率分红 40 元,50% 的概率分红 20 元。在每个周期结束之时计算机按上述概率随机决定分红数额,然后通过网络系统告知每位参与人所获得的分红,并将分红计入参与人

---

① 在存在做市商的市场中,事前信息往往指做市商的报价信息,在我们的实验设计中,没有引入做市商,所以将交易前有关红利分布的信息作为事前信息。

② 在现有的实验经济学文献中,实验参与人绝大部分是学生。选取学生作为市场实验的参与人一直受到实验经济学怀疑者的批评。针对这些批评,有些研究也选取市场专业人士来进行实验,如 Dyer 和 Kagel (1989)、Smith 等(1988),他们的研究表明专业人士的决策与学生的决策并不存在显著的差异性,而后者作为实验对象的费用远远低于前者。

的总资产。在第 10 个交易周期分红之后,证券的赎回价值为零。

根据红利的分布情况可知,在假设交易者风险中性以及不考虑贴现率的前提下,第一周期中单位证券理性预期的均衡价格(即基础价值)是:$(40 \times 50\% + 20 \times 50\%) \times 10 = 300$;第二周期为:$(40 \times 50\% + 20 \times 50\%) \times 9 = 270$……第十周期为:$(40 \times 50\% + 20 \times 50\%) \times 1 = 30$。这样,理性预期的均衡价格是一条随交易周期逐步递减的曲线。也就是说假设证券持续 n 个交易周期,在每个交易周期结束之时能获得分红,且在 n 期分红之后的赎回价值为零,那么,证券在 t 期的基础价值是从 t 期开始至 n 期红利的贴现值,在下一个周期,证券的基础价值是 $t+1$ 期到 n 期的红利贴现值,因此,t 期的基础价值必然高于 $t+1$ 期[①]。在实验过程中,成交价格偏离理性预期价格的部分就是价格泡沫。

5.交易机制。交易采用双向拍卖机制。拍卖的方法是买方从低往高出价(bid),卖方则从高往低要价(offer),直到出价等于要价时,买卖双方成交。整个拍卖过程由联网的计算机程序实现,交易者只需按照交易规则向计算机发出申请买入或者申请卖出证券的指令。参与人通过计算机进行操作的界面如图 1 所示。

图 1   证券市场实验用户操作界面

---

① 在现实市场中,基础价值逐步递减的典型是有期限的债券,随着债券到期日的来临,持有债券能获得的利息收入是逐步递减的。

6.激励机制。通过实验,参与人的收益来源于两个途径,一是持有证券获得的分红,二是买卖证券的价格差。实验中,我们采用了竞赛方式来激励参与人。在实验结束时,统计参与人最后的总收益,并公布每个市场中参与人的收益排行榜,对收益第一名的参与人给予价值人民币10元左右的物质奖励。由于参与人大多来自同一个班级,这种竞赛方式在一定程度上能够激励他们通过交易获取最大收益。

7.市场信息。根据实验目的,三组实验采取了不同的信息结构。第一组实验中,完全对称的信息结构是通过交易之前的《实验说明》和交易过程中的计算机交易界面这两个途径来实现的。实验之前,每个交易者都获得一张《实验说明》的文本,列明了有关交易规则和红利分布的全部信息。交易过程中,交易者可以从操作界面上获取所有成交结果的信息,并可看到根据交易结果绘制的实时成交趋势图。(见图1)。第二和第三组实验设计的基本情况与第一组实验基本一致,区别在于设置了信息不对称的结构。实验2.1,2.2和2.3中分别随机选取2名参与人作为内幕人,实验开始后,实验主持者通过网络向内幕人发出内幕信息,即单位证券50%的概率分红40元,50%的概率分红20元,而其他参与人只知道可能分红40或者20元,不知道具体分布概率,也无法计算证券的基础价值。第三组实验3.1,3.2和3.3中也分别随机选取2名内幕人,内幕人在交易过程中可以从交易界面上获取成交结果的信息和成交趋势图,而其他人从界面中无法获取成交结果的信息。

笔者将根据不同信息结构下的市场行为对市场信息有效性问题进行检验。

二、实验结果

实验操作系统记录了实验中每次成交的价格,根据这些数据,我们对实验结果进行了一系列的分析。

(一)基本实验结果——市场价格水平与价格泡沫

笔者进行的9次实验都持续了10个交易周期,从各个交易周期的平均价格来看,信息完全对称的第一组和事前信息不对称的第二组实验中所有的市场都不同程度地出现了偏离均衡价格的泡沫现象,事后信息不对称的第三组实验中泡沫程度则显著地减少了,价格变化趋势与理性预期结果基本一致。例如,图2、图3、图4分别显示了实验1.1,2.1,3.1中每周期的平均价格和基础价值的走势。

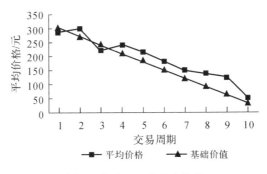

图 2　实验 1.1 的成交结果

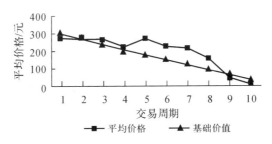

图 3　实验 2.1 的成交结果

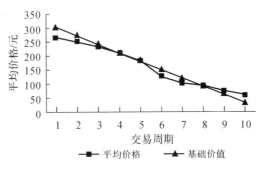

图 4　实验 3.1 的成交结果

笔者用总价格泡沫来衡量市场平均价格偏离均衡价格的总体规模,如果实验持续 10 个交易周期,那么总泡沫的计算方法为:

$$B = \sum_{t=1}^{10}(P_t - P_t^*) \tag{1}$$

其中,P_t 指第 t 周期市场平均成交价格,P_t^* 指第 t 周期的均衡价格。三组实验中各市场总价格泡沫的计算结果如表 1 所示。

表 1 总价格泡沫计算结果

实验组	实验序号	总价格泡沫
第一组（信息完全对称）	实验 1.1	239.62
	实验 1.2	139.84
	实验 1.3	288.64
	平均值	222.70
第二组（事前信息不对称）	实验 2.1	286.07
	实验 2.2	228.62
	实验 2.3	569.66
	平均值	361.45
第三组（事后信息不对称）	实验 3.1	−72.8
	实验 3.2	−80.4
	实验 3.3	50.64
	平均值	−34.19

根据表 1 得出的各组实验价格泡沫的平均值可知，事前信息不对称条件下价格偏离均衡价格的程度最大，信息完全对称条件下次之，事后信息不对称的偏离程度最小。

(二)信息有效性相关指标计算

为了进一步检验不同条件下市场传递信息的效率，我们将利用实验数据，对实验结果进行相关指标的计算。根据 Theission(2000)在实验室证券市场中测度信息有效性的方法可以使用三个相关的指标。第一个指标是成交价格与基础价值的平均绝对偏差（MAE，Mean Absolute Error）。用公式表示为：

$$MAE = \frac{1}{10}\sum_{t=1}^{10} | P_t - P_t^* | \tag{2}$$

这里的价格 P_t 是指实验中每个周期的平均价格，P_t^* 是指该周期的均衡价格。

第二个指标是平均相对偏差（MRE，Mean Relative Error）。用公式表示为：

$$MRE = \frac{1}{10}\sum_{t=1}^{10} \frac{| P_1 - P_t^* |}{P_t^*} \tag{3}$$

第三个指标是平均偏差平方的平方根（RMSE，Root Mean Squared Error）。用公式表示为：

$$RMSE = \sqrt{\frac{1}{10}\sum_{t=1}^{10}(P_t - P_t^*)^2} \tag{4}$$

RMSE 对较大的偏差赋予了更大的权重。

以上三个指标实质上衡量的也是市场价格对均衡价格 P_t^* 的偏离程度，由于 P_t^* 是根据市场信息得出的，因此对 P_t^* 的偏离程度越大，市场的信息有效性越低，也就是说以上三个指标越大表明信息有效性越低。笔者分别计算了三组实验的上述指标值，结果见表 2。

表 2   市场信息有效性指标计算结果

实验组	实验序号	MAE	MRE	RMSE
第一组(信息完全对称)	实验 1.1	30.18	0.31	33.54
	实验 1.2	20.43	0.20	22.15
	实验 1.3	34.76	0.187	52.17
	平均值	28.46	0.23	35.95
第三组(事前信息不对称)	实验 2.1	41.54	0.36	52.44
	实验 2.2	39.30	0.26	48.79
	实验 2.3	58.97	0.46	73.34
	平均值	46.60	0.36	58.19
第四组(事后信息不对称)	实验 3.1	15.04	0.16	19.11
	实验 3.2	17.65	0.18	19.84
	实验 3.3①	21.52	0.19	25.14
	平均值	18.07	0.18	21.36

从三组实验各个指标的平均结果而言，笔者可以得出这样的结论，即在有关分红和交易结果的信息都完全对称时，参与人没有完全地、有效地利用这些信息进行决策，因此市场价格没有充分地、迅速地反映全部的信息；当参与人有关证券分红的信息不对称时，与信息完全对称的情况相比，市场的信息有效性

---

①　实验 3.3 的总价格泡沫程度较低，而信息有效性也较低，原因在于市场出现了较多的负泡沫，负向偏离基础价值的程度较高。

更低,红利信息没有通过价格的信息揭示功能从知情交易者处扩散到不知情交易者那里;当红利信息完全对称,而有关成交价格的事后信息不对称时,参与人较为充分地利用了红利信息,而均衡价格正是由红利信息决定的,所以市场的信息有效性比较高。

三、对实验结果的进一步分析

根据实验数据,在不同的信息结构下,市场的信息有效性存在差异。各个市场信息有效性从高至低依次为:事后信息不对称市场、信息完全对称市场和事前信息不对称市场。

在信息完全对称的第一组实验中,成交价格大多高于理论预测的均衡价格,这表明交易者在共同信息条件下没有形成一致的预期,他们在解决具体决策问题时,并不经历与经济学家相同的思考和计算过程。在信息完全对称的证券市场中,交易者预期的差异性可能来源于两个方面,第一,交易者具备了不同的先验信念(prior belief),第二,交易者存在认知偏差(cognitive bias)。在异质性先验信念和认知偏差的制约下,即使交易者拥有相同的信息集,也未能形成一致的预期,从而最终导致市场价格偏离均衡价格。

在第二组实验中,有关证券分红的信息对参与人来说是信息不对称的,每次实验中有 2 名参与人知道证券分红的概率分布。在这种信息不对称的结构下,不知情的参与人必定需要通过市场的买卖报价指令以及成交价格来推测分红的情况,而通常的情况是参与人并不具备完全的认知能力,因此他们的推测不一定是正确的。错误推测、相互模仿……这一系列行为都将使证券价格偏离其基础价值。正如 Bulow 和 Klemperer(1994)的理论模型表明的,仅仅观察到一个人的购买行为,都足以使参与人对市场价格的观点从"偏高"转向"具有足够的吸引力",引起购买狂热,使交易量大量增加,并被市场认为反映了基础内幕信息,从而进一步刺激购买行为,导致市场价格偏离均衡价格。

第三组实验设置了事后信息不对称的实验环境。在这两个市场中分别只有 2 名参与人能够看见成交结果和价格走势图,而其他参与人是成交信息的不知情者。在这种实验环境下,价格泡沫反而显著地低于信息完全对称的实验环境。产生这一结果的原因可能在于理性预期的基础价值是由红利分布情况决定的,在第三组实验中,有关红利分布的信息是参与人拥有的共同知识,对成交信息的不知情反而导致参与人更加关注于分红信息,市场价格则更为接近基础价值。证券可以为参与人带来的收益包括两种方式，一是通过持有证券获得的分红，二是通过低买高卖获得的价差收入。当参与人是有关成交价格的信息不知情者时，增加了参与人"低买高卖"在操作上的困难，迫使他们更关心分红收入，而不是价差收入。由于均衡价格是由红利分布决定的，因此第三组实验基本上没有出现价格偏离基础价值的泡沫现象，市场信息的有效程度比较高。

根据实验结果，笔者可以得出这样的推论，即有关成交价格的事后信息透明度降低反而提高了市场的信息有效性，也就是说事后信息透明度不利于市场信息的有效性的提高，而事前信息透明度则有助于提高市场信息的有效性。以市场价格偏离均衡价格的泡沫程度为例，三类市场总价格泡沫（各次实验总价格泡沫的平均值）的比较如图 5 所示：

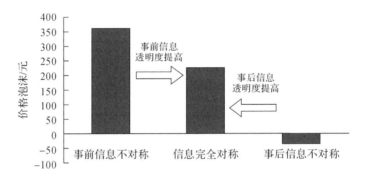

图 5　泡沫程度比较

这一结论对提高实际证券监管工作的效率有一定的借鉴意义。当前世界各国的监管机构都将提高市场的信息透明度作为主要的监管目标，并推出了一系列相关的促进措施。这些政策实施的结果是，一方面投资者可以越来越轻松地、低成本地获取更多的信息，而另一方面投资者被迫淹没在信息的海洋里，无法合理地区分什么是有效的、什么是无效的信息。与监管当局初衷相反，信息透明度的提高很可能会干扰投资者的理性决策，并导致市场价格的波动。因此，笔者认为有必要强调对有效信息的披露，减少无效信息的干扰。而什么是有效信息、什么是无效信息可以借助实验工具做进一步深入和详细的研究。

四、结　论

本文通过设计不同信息结构的实验室市场和收集实验数据对市场信息有效性进行了检验。实验结果表明，在信息完全对称的条件下，交易者并非能够应用所有信息形成一致的理性预期；在有关分红的事前信息不对称条件下，不知情的交易者也未能通过对价格的观察实现信息的有效扩散，价格偏离均衡价格的程度非常显著；而在有关成交价格的事后信息不对称时，信息的有效程度较高，市场价格基本上收敛于理性预期的均衡价格。从三组实验的平均水平而言，各个市场信息有效性从高至低依次为：事后信息不对称市场、信息完全对称市场和事前信息不对称市场。这表明，在实验条件下，事后信息透明度提高与市场信息的有效性呈负面关系，而事前信息透明度提高与市场信息的有效性呈正面关系。这一结论说明区分有效信息与干扰信息，并且进一步提高有效信息的披露程度在证券监管中具有重要的意义。

从研究方法上，本文存在的局限性是实验参与人在交易过程中不承担任何真实的损失，这可能导致他们放弃谨慎交易的原则，降低了实验结果的有效性，如何给参与人提供更为真实的激励和风险约束机制是未来研究亟待解决的问题。

参考文献

[1] Sunder S. Experimental asset markets：A survey［M］. Camegie Mellon University，1992.

[2] Forsythe R，Palfrey T R，Plott C. Asset valuations in an experimental market［J］. Econometrica，1982，50：537-68.

[3] Smith V L，Suchanek G L，Williams A W. Bubbles，crashes，and endogenous expectations in experimental spot asset markets ［J］. Econometrica，1988，56：1119-1151.

[4] Plott C R，Sunder S. Efficiency of experimental security markets with insider information：An application of rational-expectations models［J］. Journal of Political Economy，1982，90(4)：663-698.

[5] Flood M D，Koedijk K G. Dividing the Pie：Asymmetrically informed dealers and market transparency［J］. ERIM Report Series Reference，2002.

[6] Theissen E. Market structure，informational efficiency and liquidity：An experimental comparison of auction and dealer markets［J］. Journal of Financial Markets，2000,3(4)：333-363.

[7] Bulow J，Klemerer P. Auction vs negotiations［J］. NBER Working Paper，1994，No. w4608.

银行监管与中国上市公司代理成本研究[①]

摘 要 本文在回顾西方杠杆治理理论的基础上,从理论和实证两个方面分析了银行监管与中国上市公司管理者行为的相互关系。杠杆治理之所以在我国失效是因为我国国有商业银行低效的监管体制导致企业预算软约束,自1999年后实行的针对降低银行不良贷款比例的银行业改革已大大加强了企业的预算约束并引发了企业代理成本的显著降低,但杠杆治理的作用仍然没有显现,银行业的改革还需进一步深化。

关键词 杠杆治理;代理成本;预算约束;监管

一、引言

委托—代理理论产生以后,西方的企业理论一直在探讨有效降低代理成本的方法。在理论和实证两方面,他们都已证明债务融资可以产生破产威胁、自由现金流缩减和债权人监督三方面后果,能有效降低企业的代理成本。然而,在中国的实证研究并不支持在西方已成熟的理论,究其原因是在中国特有制度背景下产生的预算软约束。在预算软约束的条件下,来自银行贷款的增加反而会增加企业管理者的自由现金流,带来更大的道德风险,并且在经济中产生巨额的不良贷款。

在 20 世纪末这种不良贷款比例已出乎寻常,达到了威胁经济安全的程度。政府已清楚认识到低效的银行监管、过高的银行坏账比例对正处在转型期的中

---

① 本文作者金雪军、张学勇,最初发表在《金融研究》2005 年第 10 期。

国经济的威胁。可以说,我们银行业的问题从来都没有像今天这样令人担忧、引人注目。若处理不好,经济改革将难以为继。因此 1999 年国务院成立四大资产管理公司,剥离四大国有商业银行巨额的不良贷款并开始了降低银行不良贷款比例的努力,随后国务院、中国人民银行颁布了一系列法规①。2003 年为加强对银行业的监管成立了中国银行业监督委员会,2004 年开始对中国银行和中国建设银行进行股份制改造。这些法规和措施目的都是强化商业银行自主经营自负盈亏的经营主体,加强新增贷款的审批责任,严格控制新增贷款的坏账比例,力求四大银行的不良贷款比例逐年下降。银行业的改革必然会影响到企业的预算约束,在企业预算约束转变的过程中,债务融资在企业治理方面的作用是否得到体现是本文拟回答的问题。通过理论和实证分析我们发现银行监管的加强有效地加强了企业的预算约束,降低了管理者的代理成本。但杠杆治理效应的证据我们没有发现,表明我们银行业的改革还需继续深化。

Jensen 和 Mecking(1976)对企业的代理成本与所有权结构的关系给出了很好的解释,对代理成本的构成做了分析,并就贷款者为何要对借款者的行为加以限制做了很好的说明。Jensen(1986)指出管理者和股东的冲突表现在公司规模的大小和股东要求的现金回报上。在拥有大量现金流的企业里,这种冲突就会更加激烈。债务的存在可以将部分可能被管理者"滥用"的现金流转移至债权人,有效降低管理者的可控现金流并增加了对管理者监督的力量,进而降低代理成本。Stulz(1990)发现公司的融资政策通过影响管理者可控制的资源,可降低管理者过分投资或投资不足所导致的代理成本。

Dewatripont 和 Tirole(1994)指出在管理者可能会做出降低公司价值行为时,债权人将会比股东更敏感:在经营最坏的时候债权人会要求接管公司的控制权,而股东只是在企业经营良好的时候才会拥有"控制权",因此把债权人约束称为"硬约束",而股东约束称为"软约束"。Grossman 和 Hart(1982)分析了破产压力对提高管理质量的作用,存在债务的情况下,管理者会约束其行为避免其位置的动摇,这样也提高了公司的市场价值,并分析了对管理而言决定最优债务水平的因素。Michael Westphalen(2002)发现债务对代理成本的作用就像它对企业税负一样,存在着"挡板"(shield)作用,但部分这个作用会在企业破产时消失。故在企业里存在着债务"挡板"收益和破产成本之间的均衡。

Komai(1980)指出在社会主义经济中,在政治的干预下,债权人无法强制不

---

① 如国务院颁布了《国务院关于金融改革的决定》,中国人民银行颁布了《金融违法行为处罚办法》等法规。

能按期还本付息的企业破产清算，从而该企业的预算约束是软的。

James S. Ang(2000)对不同所有权和管理结构企业的代理成本进行了度量，提供了两种度量代理成本的方法：费用销售收入比和收入资产比。其实证分析表明代理成本会随着非管理股东的增加而增加，随着银行的监管而下降。

以上西方的杠杆治理理论都有一个暗含前提："预算硬约束"。当公司不能及时归还债务时，债权人可以通过公司破产或重组来获得公司的控制权。而在我国这个暗含的前提至少在1999年之前是不充分具备的。田利辉(2004)指出因为我国国有商业银行给政府关联企业贷款，扩大了企业管理者控制的资本资源，却没有相应的治理措施。企业管理者使用贷款，获取个人好处，管理者代理成本的增加并导致企业绩效的下降，导致了银行大量呆坏账存在。因此，田利辉发现银行贷款的债务融资提高了管理者代理成本，恶化公司治理的质量，这个结论与西方杠杆治理理论刚好相反[1]。

总之，西方的公司财务理论认为债务可以减少管理者的代理成本，提高公司的质量。而田利辉利用1994—1998年中国上市公司的数据实证分析发现中国的实际与西方财务理论背道而驰，且将原因归结为企业预算软约束的存在。本文重点讨论的是自1999年四大国有商业银行不良贷款剥离等一系列银行业改革之后，企业预算约束的加强是否会影响到上市公司管理者的行为，提高公司的治理效率。

本文的结构安排如下：第一节，对西方财务杠杆理论和中国的实证研究做简要的回顾；第二节，沿着Grossman和Hart(1982)的思路，建立含有约束变量的企业管理者效用函数模型，并根据中国实际提出相应待检验的假设；第三节，对本文实证检验的数据和模型选择做简要的说明；第四节，分别通过两种方法回归检验假设是否成立；第五节，对文章理论和实证的结论做简要陈述。

二、模型与假设

假定一企业面临着一新的投资机会，需投资 I，管理者只能通过发行新的股票或向银行借款融资。不考虑过去的投资和原有的股东，假定投资机会的生产函数可以被描述成一随机过程：

$$q = g(I,M) + \pi$$

M 是管理者对投资项目的付出水平，管理者可以选择勤勤恳恳，也可以选择马马虎虎，由管理者自己决定；g 表示项目的期望产出，假设 $g(0)=0, g'>0$，

$g'' < 0$，管理者付出水平的增加会带来产出的增加，即 $\frac{\partial g}{\partial M} > 0$。$\pi$ 是均值为零的随机变量。

模型分两期，在第 1 期投资，在第 2 期产出得以实现。假定同期银行存款利率是 R，且股东和债权人都是风险中立的。考虑资金的时间价值，在第 2 期末项目的期望净利润是：

$$V = g(I, M) - I(1 + R) \tag{1}$$

假定在投资 I 中，发行新股票筹集的资金是 s，银行的借款是 d，那么在第二期需归还 $D = d(1 + R)$ 银行债务。在预算是完全硬约束的情况下，当 $g(I, M) + \pi < D$，也即 $\pi < D - g(I, M)$ 的时候，企业面临着破产。假定 π 随机变量的分布函数是 $0 \leqslant F \leqslant 1$，其密度函数 $f > 0$。故在预算完全硬约束的情况下，企业破产的概率是 $0 \leqslant F[D - g(I, M)] \leqslant 1$，且 $\frac{\partial F}{\partial g} < 0, \frac{\partial F}{\partial M} < 0$。

假定企业面临的预算约束是 $0 \leqslant h(r) \leqslant 1$，且 $\frac{\partial h}{\partial r} > 0$，$r$ 表示政府对银行监管的力度，即政府对银行监管力度加大会导致企业预算约束的加强。当 $h(r) = 0$，完全软约束，企业可以不归还债务，无破产威胁；当 $h(r) = 1$，完全硬约束，企业必须百分百归还债务，否则破产；当 $0 < h(r) < 1$ 时，企业需归还贷款 $h(r) \cdot D$。

在预算并非完全硬约束变量的情况下，项目的净利润会因为少归还 $[1 - h(r)]D$ 而比完全硬约束下有所增加，期望的净利润增加为：

$$V' = g(I, M) - I(1 + R) + [1 - h(r)]D \tag{2}$$

随着企业归还借款的数目因为约束强度的改变而变化，企业破产条件也发生了变化，当 $g(I, M) + \pi < D \cdot h(r)$ 时，企业破产，破产的概率是 $0 \leqslant F[D \cdot h(r) - g(I, M)] \leqslant 1$。

假定管理者的效用函数 U 是凹的冯·纽曼—摩根斯坦期望效用函数，不失一般性，我们假定在不考虑破产的情况下，管理者的效用水平只取决于项目的期望净利润 V，且 $U'(0) = +\infty, U' > 0, U'' \leqslant 0$。

在综合考虑破产和预算约束情况下，管理者的效用函数为：

$$L = U\{g(I, M) - I(1 + R) + [1 - h(r)]D\} \cdot \{1 - F[D \cdot h(r) - g(I, M)]\} \tag{3}$$

利用以上假定并简化符号，分别将管理者效用函数对预算约束(h)、监管水平(r)和管理者付出水平(M)求导：

$$\partial L / \partial h = -U'D(1 - F) - U \cdot f \cdot D < 0 \tag{4}$$

$$\partial L/\partial r = \partial L/\partial h \cdot \partial L/\partial r < 0 \qquad (5)$$

$$\partial L/\partial M = U' \cdot \partial g/\partial M \cdot (1-F) + U \cdot f \cdot \partial g/\partial M > 0 \qquad (6)$$

综合考虑(4)(5)(6)式,存在破产和预算约束的情况下,我们可以分别得出以下结论:

结论 1:管理者的效用水平随着债务预算约束[$h(r)$]的加强而下降,究其原因,一方面是管理者面临破产概率的增加,另一方面是投资项目净利润的降低。

结论 2:管理者的效用水平随着政府对银行监管的加强而下降,因为政府对银行监管的加强会导致企业所面临的债务预算约束[$h(r)$]的加强。

结论 3:管理者的效用水平随着其管理的投入而增加,因为管理投入的增加导致产出的增加,一方面会降低破产概率,另一方面会提高投资项目的净利润。

结合我国实际情况,在完全软约束的情况下[$h(r)=0$],管理者没有破产风险。如在我国计划经济时代,银行和企业同是国企的属性导致企业没有还款压力也没有破产压力,借款反而会增加管理者可自由支配的现金流,提高其效用,故企业管理者哪怕是较少的管理付出也有可能获得较高的效用水平。随着国家对银行监管力度的加深,企业面临的债务预算约束加强[$h(r)$由 0 逐渐增加],导致管理者的效用水平下降,具有理性的管理者要想保持原有的效用水平只有不断地提高管理投入,降低非必要的耗费,提高公司的产出,并降低破产概率。这些都会导致公司的代理成本下降。

中国自 1999 年以来不断深化的银行业改革在模型中的反映就是 r 的不断增加,r 的增加会导致 h 的提高。根据上面分析,在同一效用水平下,h 的提高会引致管理者 M 的增加,代理成本的下降。根据中国的实际和我们的模型,我们提出需待检验的假设:

假设 1:1999 年之后,随着中国银行监管水平的提高,中国上市公司代理成本随债务融资增加的幅度明显下降,杠杆治理的效应显现为监管效应。

假设 2:1999 年之后,银行的监管力度足够强大,中国上市公司代理成本会随着债务融资比例的提高而下降,杠杆治理的效应显现为杠杆效应。

三、数据与回归模型设定

本文所采用的数据主要来自香港大学中国金融研究中心与深圳国泰安公司开发的 CSMAR 数据库,其中包括 1994—2003 年以来在上海证券交易所和深圳证券交易所上市的所有公司的财务数据。涉及的数据包括资产负债率、管理费用、主营业务收入以及公司所属行业。

James S. Ang(2000)用(管理费用/主营业务收入)和(主营业务收入/期末总资产)度量代理成本的高低。本文我们选择(管理费用/主营业务收入)(用 C 表示)来度量代理成本,当代理成本高的时候,C 会提高。因为管理费用一般不会小于或等于 0,所以我们刨去所有管理费用小于等于 0 的样本。

根据公司财务传统,选择资产负债率表示上市公司的财务杠杆比例,因为负债一般不可能为零,因此刨去资产负债率小于 0 的样本。

设立 t 是一虚拟变量,当所选择的数据在 1994—1999 年之间的,$t=0$;当所选择的数据在 2000—2003 年之间的,$t=1$。

我们所选取的其它控制变量是上市公司的规模和所属的产业。规模用主营业务收入度量,在回归模型中我们对它取对数。产业的划分依据《上市公司行业分类指引》划分为 106 个行业,我们将行业代码首字母相同的行业合并为一个行业,结果共划分为 13 个行业,分别做虚拟变量。所涉及的连续变量的描述见表 1。

表 1 样本部分变量描述

解释变量	样本	平均值	标准差	最小值	最大值
管理费用(单位:百万)	8097	74.17068	342.267	0.0665213	21616
主营业务收入(单位:百万)	8097	1089.121	5382.644	0.116694	324184
资产负债率	8097	0.457677	0.3632123	0.005535	10.37519

根据本文的主旨,我们将分别做两个模型的检验,模型(1)将 1994—2003 年以 1999 年前后划分为两个阶段(1994—1999,2000—2003),主要考虑是 1999 年前后系数的变化。模型(2)逐年回归 1994—2003 年,主要考虑的是每一年的系数。

$$\lg C_i = \beta_0 + \beta_1 \, \mathrm{debt}_i + \beta_2 \, \mathrm{debt}_i \times t + \beta_3 t + \beta_4 \lg(\mathrm{inc}_i) + \beta_5 \mathrm{ind} + \cdots + \beta_{17} \mathrm{ind} + u_i \tag{1}$$

$$\lg C_i = \beta_0 + \psi_{03} \, \mathrm{debt}_i + \delta_{94} \mathrm{year}_{94} + \delta_{95} \mathrm{year}_{95} + \cdots + \delta_{02} \mathrm{year}_{02} + \psi_{94} \, \mathrm{debt}_i \times \mathrm{year}_{94} + \psi_{95} \, \mathrm{debt}_i \times \mathrm{year}_{95} + \cdots + \psi_{02} \, \mathrm{debt}_i \times \mathrm{year}_{02} + \beta_1 \log(\mathrm{inc}_i) + \beta_2 \mathrm{ind}_2 + \beta_3 \mathrm{ind}_3 + \cdots + \beta_{13} \mathrm{ind}_{13} + u_i \tag{2}$$

上式 C 表示代理成本,debt 表示资产负债率,debt×t 表示资产负债率与虚拟变量 t 的交互项,ind 表示产业虚拟变量,且按照上市公司行业分类指引,选择代码为 A 的农、林、牧、渔业为基准行业。inc 表示上市公司的主营业务收入,

year 表示数据的年份虚拟变量,以 2003 年为回归基本年。debt·year 是资产负债率与年份的交互项,同样我们以 2003 年的交互项以回归基本年。u 表示误差项。下标 i 表示不同的上市公司样本。

四、回归检验

(一)分两个阶段检验

由检验模型(1)可知,1994—1999($t=0$)年财务杠杆对代理成本影响的系数是 β_1,而 1999—2003($t=1$)年的系数是 $\beta_1+\beta_2$。所以检验我们的假设只需关注 β_2 是否显著,若 β_2 显著,则表示在 1999 年前后财务杠杆对代理成本的影响程度有显著差异。

先利用 Breusch-Pagan 方法进行异方差检验,得到 $F(16,7854)=33.71$,prob$>F=0.0000$,表明存在异方差。我们分别选择异方差—稳健性(ROBUST)方法和可行的广义最小二乘法(FGLS)回归,得到表 2 的结果①:

表 2　分两个阶段回归结果

解释变量	ROBUST 回归		FGLS 回归	
	系数	t 值	系数	t
debt	1.436	18.52***	1.44	21.89***
debt×t	−0.958	−9.21**	−0.59	−7.17***
T	0.766	15.28**	0.595	15.13**
lg(inc)	−0.446	−40.28**	−0.434	−64.71***
ind$_2$	0.453	4.57**	0.511	5.3***
ind$_3$	0.103	1.78**	0.112	2.41*
_cons	5.453	24.85***	5.218	37.79***
	R^2	0.4336	R^2	0.4035
系数	1994—1999	1.446	1994—1999	1.45
	1999—2003	0.479	1999—2003	0.854

---

① ***表示在 1% 水平上显著,** 表示在 5% 水平上显著,因为我们并不重点关注产业的影响,故只报告 2 个行业的系数。

从表 2 中可以看出无论是 ROBUST 回归还是 FGLS 回归，交互项（debt×t）的系数是负值且在 1% 水平上都显著。这意味着在 1999 年之后，上市公司代理成本随着债务水平提高而增加的幅度已有显著的下降。在模型（1）中我们选择因变量是对数形式，通过 $[\exp(\beta×1\%)-1]$ 转换可精确计算资产负债率每增加 1% 对 C 的影响，计算的结果见表 2 的最后两行。

表 2 报告的 ROBUST 和 FGLS 回归的 R^2 分别为 0.4336 和 0.4035，表明回归的模型（1）有较好的解释能力。在 1999 年之前，ROBUST 回归得到资产负债率每增加 1% 会带来 C 增加 1.446%，FGLS 回归的结果是 1.45%，可见负债增加会导致代理成本的增加，且代理成本增加的幅度大于负债增加的幅度；在 1999 年之后，ROBUST 回归得到资产负债率每增加 1% 会带来 C 增加 0.479%，FGLS 回归的结果是 0.854%，表明负债增加也带来代理成本的增加，但代理成本增加幅度已远低于 1999 年之前，且低于负债增加的幅度，表明监管效应在中国上市公司中得到明显体现，这与我们假设 1 相吻合。值得注意的是，1999 年之后，负债增加并没有导致代理成本的减少，表明负债并没有带来杠杆治理效应，这与我们的假设 2 相悖。

（二）逐年检验

由检验模型（2）可知，2003 年负债水平对管理费用影响的系数是 φ_{03}，1994 年的系数是 $\varphi_{94}+\varphi_{03}$，1995 年的系数是 $\varphi_{95}+\varphi_{03}$，以此类推，我们可以得到 1994—2003 每一年系数的大小，我们重点关注的是 1999 年前后系数的变化是否显著。

先用 Breusch-Pagan 进行异方差检验，得到 $F(32,7838)=10.40$，$\text{prob}>F=0.0000$，表明存在异方差。同上，我们分别做异方差—稳健性（ROBUST）回归和可行的广义最小二乘法（FGLS）回归，其结果见表 3。

由表 3 可知，所有 debt 和 debt×year 的系数在 5% 水平上都显著。同上，因为因变量采用对数形式，我们可通过 $[\exp(\varphi×1\%)-1]$ 精确计算系数，计算的结果见表 4。表 3 报告的 ROBUST 和 FGLS 回归的 R^2 分别为 0.4550 和 0.4185，也同样表明回归的模型（2）有很好的解释能力。

表3　逐年回归①

解释变量	ROBUST 回归		FGLS 回归	
	系数	T 值	系数	t 值
debt	0.112	2.09 **	0.286	3.84 ***
ind_2	0.456	4.66 ***	0.486	5.1 ***
ind_3	0.108	1.93 ***	0.111	2.51 *
$year_{94}$	−1.067	−5.56 ***	−0.984	−6.2 ***
$year_{95}$	−0.767	−5.52 ***	−0.670	−5.46 ***
$debt \times year_{94}$	1.096	2.79 ***	0.947	2.81 ***
$debt \times year_{95}$	1.168	2.67 ***	0.986	2.08 **
$debt \times year_{96}$	1.266	5.74 ***	1.077	5.12 ***
$debt \times year_{97}$	1.292	7.17 ***	1.093	6.4 ***
$debt \times year_{98}$	1.588	8.99 ***	1.340	8.39 ***
$debt \times year_{99}$	1.315	10.02 ***	1.131	8.7 ***
$debt \times year_{00}$	1.054	7.7 ***	0.825	6.36 ***
$debt \times year_{01}$	0.518	4.27 ***	0.714	5.74 **
$debt \times year_{02}$	0.379	4.13 ***	0.435	3.81 ***
$\log(inc)$	−0.451	−40.4 ***	−0.442	−66.03 ***
_cons	6.616	27.67 ***	6.355	43.5 ***
	R^2	0.455	R^2	0.4185

　　表4的第三行和第五行表明资产负债率每增加1‰时 C 增加的幅度。自1999 年以后,负债引起代理成本增加的幅度明显下降,且自2001 年起,代理成本增加幅度已小于或等于负债的增加幅度。

　　将表4计算的结果描述于图1和图2。图1表示 ROBUST 回归得到的结果,图2表示 FGLS 回归得到的结果。从两个图中我们都发现曲线在1999 年之后出现明显下滑的趋势。因此我们得出结论:1999 年之后,负债引致代理成本增加的幅度较1999 年之前大幅下降,监管效应显现,这与我们假设1相吻

---

　　① "***""**"含义同上,因为并不重点关注行业和年份的影响,故只报告两个行业和年份的值。

合。但 1999 年之后系数仍大于 0 表示代理成本依然随负债增加而增加,表明杠杆治理效应并没有出现,这与假设 2 相悖。

表 4　负债对代理成本影响系数

年份		1994	1995	1996	1997	1998	1999	2000	2001	2002	2003
ROBUST	lgC	1.209	1.28	1.378	1.404	1.7	1.427	1.167	0.63	0.491	0.112
回归	C%	1.22	1.288	1.388	1.414	1.715	1.437	1.174	0.632	0.492	0.112
FGLS	lgC	1.232	1.272	1.362	1.379	1.625	1.417	1.111	1	0.721	0.286
回归	C%	1.24	1.28	1.371	1.389	1.638	1.427	1.117	1.005	0.724	0.286

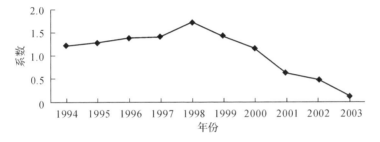

图 1　负债对代理成本的影响系数(ROBUST)

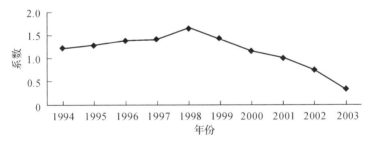

图 2　负债对代理成本的影响系数(FGLS)

五、结　论

杠杆治理对于企业管理的作用已被西方公司财务理论和实践反复证明,而在理论和实证的背后都隐藏着一个不可或缺的假设:企业面临的预算是完全硬约束。从我国国有企业和国有商业银行的关系来看,这样的假设至少在 1999 年之前并不存在。在模型中加入预算约束变量之后,我们得出结论:当企业所面临的预算约束加强后,理性的管理者为了维持其效用水平必然会改善其管理水平,提高企业产出与收入,进而降低了代理成本。

实证研究支持理论研究的结论,自我国政府 1999 年以来实行的针对降低银行业不良贷款比例的一系列改革,银行不得不加强对企业的监督,企业的预算约束随之加强,企业管理者面临着还款甚至企业破产的压力逐渐明显,这样的压力降低了企业的耗费和管理者可自由支配的现金流,提高了企业绩效,进而也降低了企业的代理成本。实证分析发现,1999 年以后随着资产负债率的提高,上市公司的代理成本随着债务水平的提高而增加的幅度已明显下降,至 2003 年,这一幅度已下降到 0.286[①] 以下,但这一数值也同样表明代理成本并没有随着债务水平提高而减少,西方公司财务理论中的杠杆治理依然没有显现。

银行一直以来是社会化生产的中介,提供生产必需的生产要素:资金。同样在本文中,我们发现银行在某种程度上也是政府政策的中介。我们欣喜地发现,本意是降低银行不良贷款比例、提高银行绩效、使银行摆脱困境并化解中国经济风险的银行业改革,在很大程度上也降低了中国上市公司的代理成本随债务融资增加的幅度,提高了其治理效率。但在 2003 年以前,债务融资还是会增加上市公司管理者可自由支配的现金流,使上市公司的代理成本增加。这也说明,银行给予企业的破产压力和监督力度还没有足以达到杠杆治理的目的。2004 年我们开始对中国银行和中国建设银行实行股份制改革并准备上市融资,表明新一轮中国银行业改革已启动。我们的改革在继续,在这新一轮的改革中政府特别强调了银行的自生能力,相信这一轮的改革将会更大幅度地提高企业的治理效率。杠杆治理效应是否可以在中国上市公司中得到体现是未来一个值得继续研究的课题。

参考文献

[1] 田利辉. 杠杆治理、预算软约束和中国上市公司绩效[J]. 经济学(季刊),2004(S1):15-26.

[2] Ang J S, Cole R A, Lin J W. Agency costs and ownership structure [J]. Journal of Finance,2000,55(1):81-106.

[3] Dwatripont M, Tirole J. A theory of debt and equity:Diversity of securities and manager-shareholder congruence [J]. Quarterly Journal of

---

① FGLS 回归结果。

Economics，1994 109(4)：1027-1054.

[4] Grossman S J， Hart O D. Corporate financial structure and managerial incentives[M]. The Economics of Information and University (University of Chicago Press，Chicago)，1982：107-144.

[5] Jensen M C，Meckling W H. Theory of the firms：Managemeial behavior，agency costs and owership structure[J]. Journal of Financial Economics，1976，(3)：305-360.

[6] Jensen M C. Agency costs of free cash flow，corporate finance，and behavior[J]. American Economic Review，1986，76(2)：323-339.

[7] Kornai J. Economics of shortage[M]. Amsterdam：North-Holland，1980.

[8] Stulz R M. Managerial discretion and optimal financing policies[J]. Journal of Financial Economics，1990，26(1)：3-27.

[9] Westphalen M. Optimal capital structure with agency costs of free-cash-flow[J]. unpublished，2002.

资金约束放松与证券市场泡沫：
一个实验检验[①]

摘　要　本文利用相关计算机实验软件，通过设置 4 组初始资金约束状况不同的实验环境，选取 71 名实验参与人作为交易者，检验了资金约束状况与证券泡沫的相关关系。实验结果表明，代表市场资金约束状况的流动性价值（初始现金总量与证券数目的比值）与证券价格泡沫存在显著的正向相关关系。对实验中价格泡沫现象的讨论还表明资金约束放松为交易者非理性情况下价格泡沫的产生和膨胀创造了必要条件。根据实验结论，中央银行在制定金融政策的过程中，必须充分考虑货币供应量以及资本流动对证券市场可能带来的影响。

关键词　实验经济学；价格泡沫；资金

一、引言

在不同的宏观经济背景和制度环境下，证券市场泡沫的形成有着不同的起因。但是解读近年来世界各国证券市场泡沫事件，我们可以发现泡沫背后往往存在一个共同的助推器，那就是国内信贷的过度膨胀或者国外资金的大量涌入。

1997 年的东亚金融危机中，大量资本涌入东亚国家，国内信贷的快速扩张以及资本部门过高的投资率导致了泡沫的出现。1980 年到 2001 年的拉丁美洲

---

①　本文作者杨晓兰、金雪军，最初发表在《世界经济》2006 年第 6 期。

泡沫，其产生的国内因素也是信贷的快速膨胀，而外部因素是美国短期利率调整导致大量外资涌入拉美。归结来看，这些问题的实质是资金供给与证券供给的不平衡性，市场资金放松引发资金大幅度流入证券市场，在证券数量不变的前提下，最终导致证券价格偏离其基础价值而急速上扬。正如宾斯维杰（2003，中译本）①指出，信贷或金融约束的放松不仅对实物投资有着重要性，而且它对创造"可持续性泡沫经济"也提供了必要条件。

针对市场资金水平与证券价格泡沫相关关系这一问题，现有研究主要是利用三种方法来进行的：第一是历史分析方法，以金德尔伯格（2000）为代表，将宏观经济过热作为金融泡沫产生与膨胀的基本原因，而宏观经济过热的表现之一就是资金约束的放松；第二是实证研究方法，以 Borio 等（1994）为代表，Borio 等（1994）研究了资本市场价格与私人总信贷量之间的关系，样本为 1970 年到 1980 年间的 13 个工业国家，结论说明信贷对资本价格有着显著性的影响，信用扩张提高了资本价格；第三是实验研究方法，以 Caginalp 等（1998，2001）为代表，他们通过实验数据证明了市场资金水平与证券价格泡沫存在正向相关关系。

新兴的实验研究方法也体现出独特的优势，并逐步成为传统工具的有力补充。证券市场实验是在实验室中构造一个证券交易的环境，实验参与人作为证券交易者进行买入或者卖出证券的决策，每个交易周期结束时交易者所持有的证券可以获得分红。在检验资金约束状况与证券价格泡沫关系的研究中，实验方法具备了可控制性的优势：首先，泡沫被定义为证券价格偏离基础价值（未来红利的贴现值）的部分，在实验中证券基础价值是研究者事先设定的，因此可以精确计量市场中证券泡沫的大小，而在经验研究中研究者并不知道未来红利的分布，因此难以精确计量泡沫水平；其次，实验研究可以创造出"除了市场资金水平之外，其他完全条件相同"的多组实验环境，并将实验结果的差异归结为资金水平的差异，真实的证券市场则不存在这种其他条件完全相同的环境，证券价格的变化是各种因素复杂作用的结果，而很多因素是研究者难以观察到的。

本文通过设置四个初始资金不同的实验室证券市场，利用浙江大学经济学院开发的计算机实验软件，选取 71 名实验参与人，用来自我国的实验数据对资金约束放松与价格泡沫之间的相关关系进行了检验。本文的实验结果表明，充裕的现金为证券价格上涨提供了原动力，以流动性价值（市场资金与市场证券

---

① 宾斯维杰.股票市场：投机泡沫与经济增长［M］.上海：上海三联书店，2003.

数目的比值)来代表市场资金的充裕程度,每单位流动性价值的上升会带来0.271 单位的市场价格泡沫;此外,在实验设定的 10 个交易周期中,流动性价值在前两个交易周期对价格泡沫的影响程度较弱,随后逐步上升,在最后两个周期开始下降。实验结果可以为中央银行制定金融政策提供借鉴意义,即以调控市场货币供应量、资本流动为目标的金融政策必须充分考虑到对证券价格可能产生的影响。

本文的结构如下:第二部分是对相关实验文献的简单回顾,第三部分介绍实验设计,第四部分是实验结果及其分析,第五部分对实验中的价格泡沫现象作进一步解释,最后是结论。

二、文献回顾

通过参与人在可控制性的实验环境下进行虚拟证券交易而获取实验数据的研究方法是 Forsythe 等(1982)首创的,继而被 Plott 和 Sunder(1982),Friedman 等(1984)进一步发展。研究泡沫产生和膨胀的原因已经成为证券市场实验的一个重要主题。

首次在证券市场实验中发现泡沫现象的研究来自 Smith 等(1988)。他们构造了一个信息完全对称的实验室证券市场,即有关红利分布的信息对每个交易者来说都是共同知识。在实验之前,参与人被告知每只股票在每个交易周期可能获得的分红是:0、8、28 或者 60 美分,每种分红结果都有 25% 的概率,交易将持续 15 个周期。根据理性预期理论,证券市场的均衡价格即证券的基础价值是其未来收益(现金流)的贴现值,由于证券在每个周期的期望红利是 24 美分($0 \times 25\% + 8 \times 25\% + 28 \times 25\% + 60 \times 25\%$),所以第一个交易周期的基础价值是 360 美分(24×15),第二个周期是 336 美分(24×14)……第十五个周期是24 美分。经过多次实验,他们发现在超过一半的实验中都出现了泡沫现象,即市场价格高于基础价值。Smith 等认为这说明共同的信息不足以形成共同的预期。让实验参与人重复参与该实验,结果显示随着交易者经验的积累,价格泡沫倾向于减少。

Smith 等(1988)的实验结果引发了大量的讨论,在 Smith 等(1988)实验的基础上,研究者们继续重复该实验或者从不同的角度修正实验环境。King(1993)在实验中分别引入了卖空、交易费用、涨跌停限制等因素,Schwartz 和Aug(1989)采取了参与人自己付出初始现金来进行证券买卖的方法(每人付出

20 美元)，Lei 等(2002)引入了交易中的资本所得税等。实验结果显示上述这些因素无法显著地抑制泡沫的出现，即泡沫具有稳健性(robustness)的特征。

Caginalp，Porter 和 Smith(1998，2001)通过实验数据检验了市场资金水平与证券价格泡沫之间的关系。Caginalp，Porter 和 Smith(1998)设计了 7 次实验，每次实验有 9 人参加，交易持续 15 个周期，单个周期的期望红利是 3.6 美元。在这些基本条件一致的情况下，7 次实验的环境差异在于赋予了交易者不同数量的初始现金。实验结果表明现金充裕的市场证券价格显著地高于现金匮乏的市场。Caginalp，Porter 和 Smith(2001)继续采用类似的实验设计方法，检验了市场的流动性价值(市场现金总量与证券数目的比值)与证券价格的相关关系，他们得出的结论是流动性价值每上升 1 美元，证券价格会上升 36.5 美元。

在国内，实验经济学的研究方法已经得到了广泛的介绍，例如汪丁丁(1994)，蔡志明(1997)，高鸿桢(2003)，金煜、梁捷(2003)等。但是，通过实验操作来检验经济理论的研究相对比较少，尤其在证券市场领域缺乏相关的实验研究的成果。

本文是借鉴国外已有研究成果，利用我国的实验数据对证券价格问题进行研究的一个尝试，在实验软件设计、实验环境设置、实验结果分析等方面主要参考了 Smith 等(1988)以及 Caginalp、Porter 和 Smith(1998，2001)的研究方法。

三、实验设计

本文的实验目的是检验市场中资金约束放松是否会引发更高的价格泡沫。这里的资金约束放松是指整个市场的资金量增加，表现为参与人持有资金的普遍上涨，排除了个别拥有大量现金的参与人操纵市场导致泡沫出现的情况。为此，我们设计了 4 组不同初始现金总量的实验环境，每组实验重复 3 次，共计 12 次实验，每次实验的情况如表 1 所示。

表 1　实验基本情况

实验组	实验序号	初始现金(元/每人)	参与人数目
实验 1	实验 1.1	6000	6
	实验 1.2		6
	实验 1.3		5

续表

实验组	实验序号	初始现金(元/每人)	参与人数目
实验2	实验2.1	5000	5
	实验2.2		8
	实验2.3		5
实验3	实验3.1	3000	7
	实验3.2		7
	实验3.3		5
实验4	实验4.1	1500	6
	实验4.2		6
	实验4.3		5

12次实验的设计要点如下:

(一)实验参与人

实验参与人全部为浙江大学经济学院的研究生,其中实验3的参与人来自在职公共管理硕士班,其余参与人来自政治经济学和金融学等专业。实验中,每个市场由5～7人组成。

(二)初始禀赋

实验开始时,每人拥有10个单位的证券和一定数量的现金,这些证券和现金都是虚拟的。实验开始后,参与人可以用初始持有的现金购买证券,也可以卖出持有的证券。

(三)交易时间

每次实验的交易过程包括10个周期,每个周期持续3分钟,每个周期结束之时,交易者持有的证券可以获得分红。

(四)分红情况

每个周期的分红情况是单位证券50%的概率分红40元,50%的概率分红20元。在每个周期结束之时计算机按上述概率随机决定分红数额,然后通过网络系统告知每位参与人所获得的分红,并将分红计入参与人的总资产。在第10

个交易周期分红之后，证券的赎回价值为零。

(五)交易机制

交易采用双向拍卖机制。双向拍卖是被世界各地证券交易所广泛采用的一种交易形式，已经被证明有较高的市场效率。目前已有的证券市场实验也基本上都采用了这种交易机制。拍卖的方法是买方从低往高出价(bid)，卖方则从高往低要价(offer)，直到出价等于要价时，买卖双方成交。整个拍卖过程由联网的计算机程序实现，交易者只需按照交易规则向计算机发出申请买入或者申请卖出证券的指令。所有的申买价格(出价)按照从低至高的顺序在操作界面的左边排列，申卖价格(要价)按照从高至低的顺序在界面的右边排列。

(六)市场信息

12 次实验都采取了完全对称的信息结构。有关交易规则和红利分布的信息全部通过《实验说明》的形式列明。实验之前每个交易者都获得一张《实验说明》的文本，实验开始时，我们还对该说明进行了详细讲解。交易过程中，交易者可以从操作界面上获取所有成交结果的信息，并可看到根据交易结果绘制的实时成交趋势图。

(七)激励机制

通过实验，参与人的收益来源于两个途径，一是持有证券获得的分红，二是买卖证券的价格差。实验中，我们采用了竞赛方式来激励参与人。在实验结束时，统计参与人最后的总收益，并公布每个市场中参与人的收益排行榜，对收益第一名的参与人给予价值人民币 10 元左右的物质奖励。由于参与人大多来自同一个班级，这种竞赛方式在一定程度上能够激励他们通过交易获取最大收益。

此外，交易中没有设置任何税费，也没有价格涨跌停等价格限制措施。在以上实验环境基本相同的基础上，4 组实验中参与人初始被赋予了不同的现金，分别为 6000 元、5000 元、3000 元和 1500 元，因此我们可以将 4 组实验结果的差异主要归结为初始现金的差异。

根据以上实验设计，可以计算出市场的两个重要变量：基础价值和流动性价值。

1.基础价值。在金融理论中，证券的基础价值被定义为未来收益流的数学期望值,并以一定的利率进行贴现,这个贴现率则与该证券对应的风险相适应。假设交易者是风险中性的,且贴现率为零,那么证券的基础价值可以简单地等同于其期望收益。实验中证券在每个交易周期结束时都可以获得分红,根据设定的分红概率,我们可以计算出每个周期证券的基础价值。

在不考虑贴现率的情况下,第一周期持有证券可以在未来获得 10 次分红,单位证券的基础价值是:$(40 \times 50\% + 20 \times 50\%) \times 10 = 300$

第 2 周期可以获得未来的 9 次分红,基础价值为:$(40 \times 50\% + 20 \times 50\%) \times 9 = 270$

第 10 周期为:$(40 \times 50\% + 20 \times 50\%) \times 1 = 30$

根据标准金融理论,在理性或者有效市场中证券价格必须反映基础价值,一个由风险中性、效用最大化的投资者组成的市场将会按照基础价值来决定价格。在实验过程中,市场成交价格高于基础价值的部分就是价格泡沫,是我们的主要研究对象。

2.流动性价值。我们将流动性价值 L 定义为市场中初始现金总额(M)除以证券数目(N)的比值,流动性价值代表了市场资金的约束状况。

假设每个市场的交易人数为 n,每人拥有证券 10 个以及初始现金 m 元,那么交易初始,该市场具有的现金总额是:$M = nm$

证券总数是:$N = 10n$

流动性价值 L 为:

$$L = M/N = nm/10n = m/10 \tag{1}$$

在我们设计的 4 组实验中,m 分别为 6000,5000,3000 和 1500 元,将 m 代入上式,可以得出各组实验、各个周期的流动性价值。在实验开始之时,四组实验的流动性价值分别为 600,500,300 和 150 元。

相对于基础价值来说,实验设计提供了三种不同的市场环境,体现了市场资金不同的约束状况:

(1)现金充裕组:实验 1 和实验 2,市场初始的现金总量大于全部证券的基础价值之和,即流动性价值大于单位证券的基础价值;

(2)现金平衡组:实验 3,市场初始的现金总量等于全部证券的基础价值之和,流动性价值等于单位证券的基础价值;

(3)现金匮乏组:实验 4,市场初始的现金总量小于全部证券的基础价值之和,流动性价值小于单位证券的基础价值。

四、实验结果及其分析

每组实验我们都在相同的情况下重复了 3 次,通过 12 次实验的结果来检验市场资金约束的放松是否会带来价格泡沫。在对实验结果进行简单描述之后,我们将用代表资金约束状况的流动性价值 L 与价格泡沫进行计量分析,揭示二者之间存在的相关关系。

(一)基本实验结果

12 次实验的结果如表 2 所示,列出了每次实验市场的总价格泡沫和每组实验的平均价格泡沫。

表 2　实验基本结果

实验序号	初始现金（元/每人）	初始流动性价值（元）	总价格泡沫（元）	平均价格泡沫（元）
实验 1.1	6000	600	227.53	514.99
实验 1.2			637.08	
实验 1.3			680.35	
实验 2.1	5000	500	239.62	222.70
实验 2.2			139.84	
实验 2.3			288.64	
实验 3.1	3000	300	351.36	196.30
实验 3.2			84.35	
实验 3.3			153.19	
实验 4.1	1500	150	−106.12	−53.27
实验 4.2			−64.25	
实验 4.3			10.55	

其中,总价格泡沫是指每次实验中每周期平均价格偏离基础价值的总和,计算方法为:

总价格泡沫 $$B = \sum_{t=1}^{10} (p_t - p_{at}) \tag{2}$$

基础价值 $$P_{at} = (40 \times 50\% + 20 \times 50\%) \times (10 + 1 - t) = 30(11 - t) \tag{3}$$

这里,P_t是每个周期的市场平均价格,P_{at}是每个周期的基础价值。从表2可以判断,12次实验中泡沫程度最大的是实验1.3,出现在每位交易者持有初始现金6000的情况下;而初始现金为1500时,实验4.1和实验4.2基本没有出现成交价格高于基础价格的泡沫现象,总价格泡沫小于零,4.3的泡沫程度也非常低。图1和图2显示了实验1.2和实验4.1中市场价格的走势以及相对于基础价值的偏离情况。

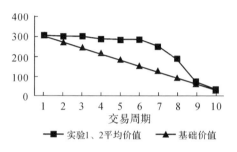

图1   实验1.2价格走势

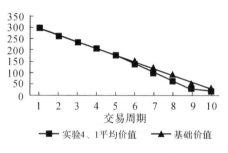

图2   实验4.1价格走势

图1和图2表明在不同的流动性价值L下,市场平均价格存在显著的差异。表2所显示的实验基本数据也表明资金充裕组的泡沫明显高于其他组。我们将通过统计分析,进一步从数量上判断流动性价值对价格泡沫的影响方式和程度。

(二)对实验数据的计量分析

1.实验结果的均值比较——t检验。按照初始现金禀赋的不同,12次实验被分为三个组:现金充裕组、现金平衡组以及现金匮乏组。我们将通过两两之间市场价格泡沫均值比较的t检验,判断三组实验结果是否存在显著的差异性。价格泡沫的数据来源于每次实验中,每周期市场平均价格减去该周期的基础价值,即$B_t = p_t - f_t$。

表3至表5列出了两组之间市场平均价格泡沫t检验的结果。从表中可以

得知,在方差齐性检验中,现金充裕与现金平衡这两组数据方差齐性检验的显著性概率大于 0.05,满足方差齐的假设条件,选用方差齐假设下的 t 检验结果;而现金充裕与现金匮乏组、现金平衡与现金匮乏组显著性概率都小于 0.05,因此应该选用方差不齐假设下的 t 检验结果。t 检验结果显示,在 5% 的置信水平下,现金充裕组与现金匮乏组、现金平衡组与现金匮乏组的价格泡沫均值存在显著的差异性;而在 10% 的置信水平下,现金充裕组与现金平衡组也具有显著的差异性。

t 检验表明,在不同的资金约束状况下,市场价格泡沫的均值表现出一定的差异性,尤其是现金匮乏的市场与其他两个市场的差异性更为显著。这个结果从一定程度上证明资金约束状况对价格泡沫有显著性的影响,但影响的程度和方向,需要进一步的回归分析来判断。

表 3　独立样本 t 检验(现金充裕组与现金平衡组)

		Levene 方差齐性检验		两均值是否相等的 t 检验						
		F 值	显著性概率	t 值	自由度	显著性概率(双侧)	均值差值	均值差异的标准误差	均值差异的 95% 置信区间	
									下限	上限
价格泡沫	假设方差齐	1.315	0.255	1.846	87	0.068*	16.5775	8.9783	−1.2677	34.4228
	假设方差不齐			2.004	68.638	0.049	16.5775	8.2739	7.006E-02	33.0850

说明:* 为 10% 的置信水平下显著;** 为 5% 置信水平下显著。表 4、表 5 同。

表 4　独立样本 t 检验(现金充裕组与现金匮乏组)

		Levene 方差齐性检验		两均值是否相等的 t 检验						
		F 值	显著性概率	t 值	自由度	显著性概率(双侧)	均值差值	均值差异的标准误差	均值差异的 95% 置信区间	
									下限	上限
价格泡沫	假设方差齐	15.447	0.000	5.235	88	0.000	42.2116	8.0633	26.1874	58.2357
	假设方差不齐			6.689	85.521	0.000**	42.2116	6.3102	29.6663	54.7568

表 5　独立样本 t 检验(现金平衡组与现金匮乏组)

		Levene 方差齐性检验		两均值是否相等的 t 检验					均值差异的 95% 置信区间	
		F 值	显著性概率	t 值	自由度	显著性概率(双侧)	均值差值	均值差异的标准误差	下限	上限
价格泡沫	假设方差齐	9.541	0.003	3.717	57	0.000	25.6341	6.8956	11.8258	39.4423
	假设方差不齐			3.680	41.616	0.001**	25.6341	6.9649	11.5746	39.6936

2.价格泡沫与流动性价值的回归分析。除了初始现金禀赋的差异之外,12 次实验在各个周期产生的期望红利是一致的,因此我们将主要考察由初始现金水平决定的流动性价值对价格泡沫的影响程度。首先用每次实验的总价格泡沫 $B = \sum_{t=1}^{10}(p_t - f_t)$ 与每次实验的流动性价值 L 构造如下回归方程:

$$B = \beta_0 + \beta_1 L \tag{4}$$

方程的回归结果为:

$$B = -193.042 + 1.066L \quad R^2 = 0.622, N = 12 \tag{4'}$$
$$\underset{(-1.727)}{} \quad \underset{(4.055)}{}$$

回归结果中,初始流动性价值 L 的系数为 1.066,标准误差为 0.263,产生的 t 值为 4.055,p 值为 0.002。这个结果从统计上有力地支持了理论分析所提出的假说,即资金约束放松会显著性地导致更高的市场价格泡沫。回归方程还表明,初始流动性价值每提高 1 元(即市场中每单位证券初始拥有的额外现金增加 1 元),会带来实验市场 1.066 元的价格泡沫。回归直线的拟合情况如图 3 所示。

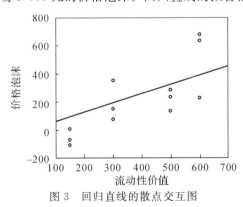

图 3　回归直线的散点交互图

回归方程(4)考察了每次实验的总价格泡沫与流动性价值之间的关系,为了检验流动性价值 L 在不同交易周期产生的效应,借鉴 Caginalp,Port 和 Smith(2001)的方法,我们按照交易周期构造了一组回归方程:

$$B(t,e) = \beta_{0,t} + \beta_{1,t}L(e) \qquad (5)$$

其中,t 代表交易周期(1 至 10 周期),e 则代表某次实验,因而 $B(t,e)$ 代表实验 e 第 t 个周期的价格泡沫。事实上,方程 5 包括了 10 个回归方程,即从第 1 周期到第 10 周期的价格泡沫与该周期流动性价值的关系,数据则来源于 12 次相互独立的实验。表 6 列出了 10 个回归方程的 β_0、β_1,以及它们的标准误差、t 值、p 值,还有整个回归方程的 F 值。

表 6　每周期价格泡沫与流动性价值的回归结果

交易周期	β_0				β_1				F 值
	系数	标准误差	t 值	p 值	系数	标准误差	t 值	p 值	
1	−5.918	11.260	−0.526	0.611	1.478E-02	0.027	0.555	0.591	0.308
2	−0.588	25.477	−0.023	0.982	6.497E-02	0.060	1.079	0.306	1.164
3	−0.413	26.918	−0.015	0.988	5.805E-02	0.064	0.912	0.383	0.832
4	−6.029	21.421	−0.281	0.784	0.113	0.051	2.230	0.050	4.975
5	−3.968	19.149	−0.207	0.840	0.117	0.045	2.576	0.028	6.636
6	5.938	22.731	0.261	0.799	7.212E-02	0.054	1.342	0.209	1.802
7	−58.032	34.106	−1.702	0.120	0.181	0.081	2.246	0.049	5.043
8	−58.634	26.953	−2.175	0.055	0.225	0.064	3.539	0.005	12.521
9	−35.663	18.937	−1.883	0.089	0.127	0.045	2.831	0.018	8.012
10	−10.659	7.787	−1.369	0.201	4.043E-02	0.018	2.196	0.053	4.824

对各周期价格泡沫与流动性价值的相关分析结果如表 7 和图 4 所示。根据表 6 所示的回归结果和表 7、图 4 所示的相关分析结果,我们可以得出以下结论:(1)在各个交易周期中,初始流动性价值与价格泡沫都呈正向相关;(2)初始流动性价值对价格泡沫的影响程度在前 3 个周期比较小,在后面几个周期中,除了第 6 周期以外,其他周期中影响程度都比较大,而第 6 周期的影响程度也高于前三个周期;(3)在第 8 个周期,初始流动性价值对价格泡沫的影响程度最大(1%置信水平下具有显著性),此时,初始流动性价值上升一个单位,会给该交易周期带来 0.225 个单位的市场价格泡沫。

表 7　各周期价格泡沫与流动性价值的相关系数

交易周期	1	2	3	4	5	6	7	8	9	10
相关系数	0.173	0.323	0.277	0.576*	0.632*	0.391	0.579*	0.746**	0.667*	0.570
显著性概率	0.591	0.306	0.383	0.050	0.028	0.209	0.049	0.005	0.018	0.053

说明:* 为 5% 置信水平下有显著的相关性;** 为 1% 置信水平下有显著的相关性。

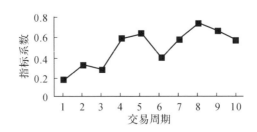

图 4　价格泡沫与流动性价值相关系数的变化趋势

　　在我们的实验开始之前,已经告知交易者每个周期持有证券可能获得的分红概率,并将每个周期基础价值的计算方法和结果在实验说明中列出,还通过实验组织者的讲解使交易者对基础价值有一定的印象。通过这样的方式,在实验开始之时,交易者对基础价值应该具有比较明确的认识,而且在实验初始由于对实验程序和过程的生疏,他们的交易也相对谨慎。基于这些原因,在前 3 个交易周期,成交价格更倾向于基础价值,甚至低于基础价值,流动性价值对价格的影响程度相对比较弱。随着实验周期的不断推进,开始低估的市场价格产生了动量效应,激发了交易者的购买行为,而此时资金约束的作用逐步体现,他们不同程度地感受到购买能力受到其持有现金总量的影响。这体现在回归结果中,第 4 到第 8 个周期流动性价值对价格泡沫的影响更为显著。在最后的几个周期中,由于交易者认识到交易即将结束,而证券的赎回价值为零,他们对持有证券可能带来的收益有了更为理性的认识,因而流动性价值的影响又开始减弱。

　　总体上来看,实验结果表明市场资金约束放松,即流动性价值增大,会带来市场价格泡沫的增加,充裕的现金为价格泡沫的膨胀提供了条件。

五、对价格泡沫的进一步解释

　　在我们进行的 4 组共 12 次实验中,有 10 次实验出现了价格泡沫现象,其中9次实验（前三组）的价格泡沫比较显著。统计和计量分析结果显示价格泡沫的程度与市场的资金充裕程度呈现较为显著的相关性。价格泡沫的形成有着复杂的机理，对此进行进一步剖析，有助于我们认识资金充裕程度在这一过程中起到的作用。

Tirole(1985)提出了一个在一般均衡框架下的理性泡沫理论，从价格模型中推导出理性泡沫解，但他同时指出在有限交易时间和有限市场参与人的情况下，理性泡沫是不可能存在的。在我们的实验设计中，所有市场都满足有限交易时间和有限市场参与人的条件，因而排除了理性泡沫的存在。实验中价格泡沫的产生和膨胀很大程度上来源于交易者的非理性决策。我们可以借用两种理论来解释交易者为什么愿意以高于基础价值的价格进行证券交易。第一是大傻瓜理论，即交易者在市场价格高于基础价值的情况下买入证券的动机在于他们相信有"更大的傻瓜"愿意以更高的价格购买该证券。正如Smith等(1988)所总结的，泡沫的出现是因为"交易者对他人行为的不确定"，交易者相信其他交易者是非理性的，并且会以高于基础价值的价格买入证券。第二，正反馈机制，希勒(2001)提出由于交易者存在的认知偏差最终导致资产的定价偏差，而资产的定价偏差反过来会影响交易者对这种资产的认识与判断，这一过程就是"反馈机制"。发生反馈是由于过去的价格上涨产生了对价格进一步上涨的预期，或者由于价格的上涨使交易者的信心增加。

在交易者进行决策的过程中，其持有的资金数量对决策行为产生了很大的约束作用，初始现金禀赋低的市场中，交易者没有足够的资金支持他们不断以高于基础价值的价格购入证券，因而市场成交价格比较接近于基础价值；在初始现金禀赋高的市场，充裕的现金为交易者的非理性决策提供了支持。可以说资金约束的放松为交易者非理性情况下价格泡沫的产生和膨胀创造了必要条件。在理性预期的框架下，理性的交易者不会因为拥有更多的资金而增加对证券的需求(Caginalp，Port和Smith，2001)。

六、结论与未来研究展望

本文通过设计现金充裕、现金平衡、现金匮乏这三组初始现金禀赋不同的实验室证券市场，对理论假说进行了检验。实验结果表明充裕的现金为价格上涨提供了原动力，每单位流动性价值的上升会带来1.066单位的市场价格泡沫。此外，流动性价值在前两个交易周期对价格泡沫的影响程度较弱，随后逐步上升,在最后两个周期开始下降。对实验结果的进一步分析表明资金约束放松为交易者非理性情况下价格泡沫的产生和膨胀创造了必要条件。在类似的实验条件下 Caginalp,Port 和 Smith(2001)得出流动性价值与价格水平正向相关,流动性价值每上升 1 个单位,市场平均价格上升 36.5 个单位。我们的实验结果与他们基本一致(我们的研究是以价格泡沫为因变量)。

在真实的经济系统中,资金约束放松可以通过降低利率、开放资本账户等多种渠道来实现。理论研究、实证数据已经表明,资金约束放松会带来更多的价格泡沫,实验数据也对这一结论提供了有力的支持。这些结论对中央银行制定金融政策有着重要的借鉴意义。中央银行的金融政策是以调节宏观经济为目标,而且往往是以调节实体经济为主,但诸如货币供应量、资本流动等宏观经济变量对实体经济和证券市场都有着重要的影响。真实市场中的交易者通常不是完全理性的,如果在金融政策制定过程中忽视了其对证券市场的政策效应,这些政策就可能通过交易者的非理性行为导致证券市场的剧烈波动,并最终阻碍实体经济的发展。

实验室证券市场是真实市场的抽象,为我们提供了检验理论假说的简单途径。本文的实验结论支持了有关资金约束放松与价格泡沫之间关系的理论假说,如何利用实验结论去解释复杂的真实证券市场现象,还有待于实验环境的进一步复杂化和实验技术的进一步完善。从研究方法上,本文存在的局限性是实验参与人在交易过程中不承担任何真实的损失,这可能导致他们放弃谨慎交易的原则,降低了实验结果的有效性,如何给参与人提供更为真实的激励和风险约束机制是未来研究亟待解决的问题。此外,在研究内容上,本文还可以进行深入,例如本文实验中资金供应是一个外生变量,即实验组织者充当了中央银行的角色,为市场赋予了不同的初始资金,在未来的实验中可以将资金供应内生化,在每个市场中设置一个充当中央银行的实验参与人,由他根据市场价格情况,随时调整市场的资金水平,此类实验可以进一步检验中央银行的金融政策对证券价格泡沫产生的影响。

参考文献

[1] 宾斯维杰. 股票市场,投机泡沫与经济增长[M]. 上海:上海三联书店,2003.

[2] 金德尔伯格. 经济过热、经济恐慌及经济崩溃——金融危机史[M]. 北京:北京大学出版社,2000.

［3］蔡志明. 经济学中的实验方法与技术——兼论实验经济学的发展［J］. 华东师范大学学报（哲社版），1997（3）：35-42.

［4］高鸿桢. 实验经济学导论［M］. 北京：中国统计出版社，2003.

［5］金雪军，杨晓兰. 证券市场理性预期与泡沫的实验检验［J］. 世界经济文汇，2004（6）：23-35.

［6］金煜，梁捷. 行为的经济学实验：个人、市场和组织的观点［J］. 世界经济文汇，2003（5）：66-81.

［7］希勒. 非理性繁荣［M］. 北京：中国人民大学出版社，2001。

［8］汪丁丁. 实验经济学与中国经济学建设［J］. 经济学动态，1994（7）：47-51.

［9］Borio C，Kennedy N，Prowse S O. Exploring aggregate asset price fluctuations across countries［J］. BIS（Bank for International Settlements）Economic Paper，1994（40）：9-96.

［10］Caginalp G，Porter D，Smith V. Initial cash/asset ratio and asset prices：An experimental study［J］. Proceedings of the National Academy of Sciences，1998，95（2）：756-761.

［11］Caginalp G，Balenovich D. Asset flow and momentum：Deterministic and stochastic equations［J］. Philosophical Transaction of the Rayal Society of London，1999，357（1758）：2119-2133.

［12］Caginalp G，Porter D，Smith V. Financial bubbles：Excess cash，momentum，and incomplete Information［J］. The Journal of Psychology and Financial Markets，2001，2（2）：80-99.

［13］Friedman D，Sunder S. Experimental methods：A primer for economists［M］. Cambridge，UK，and New York：Cambridge Universtiy Press，1994.

［14］Forsythe R，Palfrey T R，Plott C R. Asset valuations in an experimental market［J］. Econometrica，1982（50）：537-567.

［15］Lei V，Noussair C，Plott C R. Asset bubbles and rationality：Additional evidence from capital gains tax experiments［J］. California Institute of Technology Social Science Working Paper 1137，2002.

［16］King R R，Smith V L，Williams A W，et al. The robustness of bubbles and crashes in experimental stock markets［J］. Nonlinear Dynamics and Evolutionary Economics，1993：183-200.

[17] Plott C R，Sunder S. Efficiency of experimental security markets with insider information：An application of rational-expectations models[J]. Journal of Political Economy，1982,90(4)：663-698.

[18] Schwartz T，Ang J S. Speculative bubbles in the asset market：An experimental study[J]. American Finance Association Meetings Atlanta，1989.

[19] Smith V L，Suchanek G L，Williams A W. Bubbles，crashes，and endogenous expectations in experimental spot asset markets[J]. Econometrica Journal of the Economietvic Society，1988：1119-1151.

[20] Smith V L. Theory，experiments and economics[J]. Journal of Perspectives (winter)，1989,3(1)：151-161.

[21] Tirole J. Asset bubbles and overlapping generations[J]. Econometrica Journal of the Economietvic Society，1985：1499-1528.

一种新的经济学文献综述方法

——MRA 研究述评[①]

一、元回归分析（MRA）概述

（一）元分析的简单介绍

美国教育心理学家 Glass 被认为是元分析的创始者，他在 1976 年给元分析（meta-analysis）下的定义是：以综合已有的研究成果为目的，对众多的单个研究结果进行综合的一种统计学分析方法。之后随着元分析的不断发展及其应用范围的扩展，元分析的表述发生了一定的变化，但基本内涵是一样的，即：元分析是基于以往相关的研究成果，运用特定的设计及统计方法进行的整体性的和系统性的定性和定量分析，对传统的文献综述作了较大的改进，是概括以往研究结果的一种较科学的方法。

纵观元分析的过程可以发现元分析的主要目标是计算出"效应值"（effect size），Glass（1976）所定义的效应值是试验组的均值和控制组的均值间的差与控制组的标准差之间的比值，记为：

$$g = (u_e - u_c)/\sigma \tag{1}$$

效应值作为元分析中最主要的一个研究变量，它的提出使得相同类的众多个体文献得以比较，因而十分适合于综述（Hunter 和 Schmidt，2004）。随着元分析的发展，元分析被广泛运用于心理学、教育学以及管理学（特别是组织

---

① 本文作者徐少君、金雪军、皮永华，最初发表在《统计研究》2006 年第 8 期。

行为学，Hunter 和 Schmidt，2004）中①，由于经济学本身的一些特点，元分析在经济学中的应用还相对滞后（Jarrell 和 Stanley，1990）。

（二）经济学的特殊性和元回归分析（MRA）方法的提出

Stanley 和 Jarrell 于 1989 年提出了元分析在经济学中应用的分支——元回归分析（MRA）。虽然其主要的内涵与元分析是类似的，但在形式和方法上有一定的区别。元回归分析的因变量是一个来自各个原始文献综合的统计量，如回归参数；自变量则可能包括这些文献中使用的方法、设计或数据的一些特征。因此，MRA 给我们提供了一种用于分析、估计、评价各种可供选择的模型设定（model specification）以及特定的搜索（specification searches）所产生的影响（Stanley 和 Jarrell，1989）。

（三）元回归分析（MRA）方法

元回归分析方法首先要求收集所有的相关文献，包括发表的和未发表的，从而降低由于任何非随机的文献选择所导致的潜在偏差，一个好的元回归分析需要提供有关诸如搜索的细节问题，包括涉及的年份、文献入选标准等，以便于其他学者进行"复制"研究。

其次，元回归分析需要选择一个代表统计量，并将其转化为统一的可比较的尺度。Stanley 和 Jarrell（1989）提出应在考虑"代表统计量的分布类型是否具有潜在的异方差与文献的自由度间的关系"等基础上，决定好入选的各文献拟采用什么代表统计量（summary measures），如回归系数、弹性系数、t 值、χ^2 值、F 值以及其他的一些统计值等。在转化为一个统一的可比较的尺度的方法上，元回归分析一般不使用元分析中普遍采用的"效应值"，而使用其他的统计值，如 Lipak（1958）提出的标准正态分布（转引自：Stanley，2001）、Maddala（1977）提出的 t 统计值（转引自：Stanley 和 Jarrell，1989）等。

至此，可以构建元回归分析的基本模型：

$$b_j = \beta + \sum_{k=1}^{K} \alpha_k Z_{jk} + e_j (j = 1, 2, \cdots, L)$$

其中，因变量 b_j 为"统一尺度值"，是第 j 篇文献中的所关心的变量的系数

① Hunter 和 Schmidt（2004）对元分析在心理学中的应用量进行了统计，发现在心理学信息数据库（PsycINFO database）里，1974 年至 2000 年发表的有关元分析的文章达到 800 多篇。

估计值（即一般回归模型中的 β 值）；自变量（也称为"调节变量"）Z_{jk} 代表原始实证文献中所涉及的一些重要特征，如各研究所使用的不同数据集、不同模型的哑变量等，但由于不同的研究往往采用了不同的数据集、自变量和时间段，因而在有限的研究文献数量的样本空间里，不可能包括所有的这些特征，需要有重点的选择。其系数 α_k 可用来解释特定文献中某一特征与其他文献的偏离效应，e_j 是元回归分析的随机扰动项。模型（2）中的 β 则是我们所关注的真正的参数估计值。

但是，就像其他的统计模型一样，元回归分析也可能出现一些问题，在一般情况下，可以通过标准的统计检验进行自相关、异方差等的检验，而对于元回归本身设定的一些问题，则需要通过专门的统计检验加以鉴别或解决。

二、元回归分析的作用及在经济学中的应用情况

（一）元回归分析方法的作用

元回归分析是元分析在经济学中的一个应用分支，因此，元回归分析具有元分析的一般"作用"，同时也具有自身独特的"功能"。具体而言，体现为以下几个方面[①]：（1）解决各研究结果所呈现出的分歧，揭示研究变量间的真实关系。由于各研究条件、研究数据、方法不同等原因，可以导致同一主题的研究结果表现出较大的差异，而元回归分析正是充分考虑了这些"差异因素"，将其作为控制变量，并通过"异质性检查"估计可能存在的各种偏倚，从而体现变量间真实的关系。（2）提高统计分析的功效。元回归分析一个重要的特点，就是扩大了样本容量，因而较好地解决了小样本研究所存在的一些问题，提高了对效应的分析评估力度。（3）对新的研究问题起到了启发作用。通过 MRA 的敏感性分析，可解释各研究文献出现不同结果的可能原因，如为什么同一研究问题会出现相互矛盾的结果或是过度波动的结果（Stanley 和 Jarrell，1989），从而发现单个研究存在的一些问题（如变量控制等）和忽略的一些条件，因此有助于发现新的研究问题，为将来的研究提供了潜在的方向。（4）其他作用，如以元回归分析代替大规模的调查研究，可以节约大量的研究费用及时间，同时也

---

① 关于元分析的作用及意义，Hunter 和 Schmidtg（2004）有详细地阐述，此外，夏凌翔（2005）对元分析的作用也作了介绍。本文该部分内容主要参考了夏凌翔（2005）有关内容，并结合元回归分析的特点进行阐述。

有利于研究的"累积性"①，从而提高研究的层次与水平。

（二）元回归分析方法在经济学中的应用情况

虽然元回归分析方法在经济学中的应用还只是开始，但已经获得了快速的发展（Stanley，2001，2004 等）。到现在为止，元回归分析方法在经济学中的应用范围也有了很大的扩展，已经从劳动经济学（如 Card 和 Krueger，1995；Stanley 和 Jarrell，1998）到休闲收益的评价领域（Smith 和 Kaoru，1990；Rosenberger 和 Loomis，2000），从宏观经济学（如 Doucouliagos，1997；Stanley，1998）到发展经济学领域（如 Phillips 和 Goss，1995；Gory 和 Strobl，2001），并出现了像 Stanley，Jarrell，Doucouliagos，Phillips 等众多致力于研究和发展元回归分析方法的经济学者。

三、小结

定量技术在面对综合复杂的并且是经常矛盾的经济文献时是否有用？MRA 能否揭开学术研究的黑箱？正如许多学者（如 Stanley，1989，2001；Doucouliagos，1997）所说，MRA 尽管不是灵丹妙药，但确实是一种十分有效的综合的解释各种不同的实证经济学文献的分析框架，当然 MRA 也不是一蹴而就的，它需要对整个领域的研究文献进行综合搜集和对其研究过程进行仔细的分析；但它确实提供了一种研究框架，通过它使得我们可以更客观地对经济研究提出问题，提供解释的假设，严密地检验这些推测。虽然元回归分析方法还存在一定的局限性，但其所提供的一套定量分析的规则与框架、其所体现出来的客观性和明确性，无疑对于复杂的经济研究结果的综合和评价有着重要的作用。

虽然元分析方法在国外已经有几十年的发展历史了，但在我国学界基本是在 1990 年代才开始注意和应用到这种方法，并且主要还是集中于对元分析的介绍。如王重鸣等（1990）介绍了元分析如何应用到心理学领域；赵宁等（1993）将元分析引入到医学领域中，并且从 2000 年起我国医学界对元分析的应用迅速增多，但研究质量并不高；张力为等（1993）则将其引入到体育研究中；而最近

---

① 研究的"累积性"有助于形成研究的"梯队"，是研究不断前进的动力，而在这方面，文献综述显然起着举足轻重的作用，元回归分析作为一种科学、系统的文献综述方法，可以进一步提高已有文献研究成果的可靠性，为进一步的研究提供有益的帮助。

彭少鳞等(1998)则将元分析引入到生态学中①。上述领域基本上还是采用了类似的"效应值",而如前文所述,经济学由于其本身的特殊性(非实验性、多数结果为回归系数等特点),使得类似的元分析在经济学中并不能如法炮制,而元回归分析的提出则为元分析在经济学中的应用提供了广阔的前景。但这方面的研究,包括对这种方法的介绍,目前国内还是一片空白,更不用说具体运用元回归分析方法对一些经济研究主题进行定量分析了。因此,在这方面的研究显得任重而道远,元回归分析方法的运用,有望解决经济学中长期存在的一些争端,从而进一步提高实证对理论的检验力,并探索出新的研究方向。

参考文献

[1] 夏凌翔. 元分析方法的几个基本问题[J]. 山西师大学报(社会科学版),2005(03):34-38.

[2] Stanley T D,Jarrem S B. Meta-regression analysis:A quantitative method of literature surveys[J]. Journal of Economic Surveys,1989,3(2):161-170.

[3] Hunter J E,Schmidt F L. Methods of meta-analysis correcting error and bias in research findings[M]. London:Sage Publication,Ine. 2004.

---

① 上述文献见"夏凌翔,《元分析方法的几个基本问题》,社会科学总论,2005 年第 3 期"中的论述。

公司现金储备和公司治理机制

——基于中国上市公司的实证研究①

摘　要　基于转型经济环境下中国上市公司的截面数据,考察上市公司现金储备与公司治理机制的关系,发现作为公司治理机制重要内容的董事会治理结构、公司股权结构对公司的现金储备具有显著的影响,然而影响的作用方向却与对发达市场经济环境下公司现金储备行为的研究结论相反。这是因为在弱外部治理机制的经济条件下(不完善的接管市场和经理人市场,如中国),内部治理效力越差的公司倾向于持有较少的现金储备;而在强外部治理机制条件下(如美国)则刚好相反。公司治理效力的变量对公司现金储备水平的不同影响方向,正是由两种经济环境下作为代理人的公司管理者持有现金资产的成本收益构成的异质性造成的。

关键词　现金储备;治理机制;实证研究

一、引言

　　近年来有关公司资本结构和股权结构方面的研究日益引起国内学者的关注,然而,同为公司金融领域核心命题的公司资产结构却未能得到应有的重视。特别是有关公司现金储备方面的研究,无论在理论和经验上都相当匮乏。国外学者对公司现金管理的研究始于凯恩斯开创性的着眼于货币需求特征的实证研究,目前该研究已经从总量层面转移到了公司个体层面。在现有文献中,根

　　①　本文作者金雪军、王利刚,最初发表在《浙江大学学报(人文社会科学版)》2007年第1期。

据管理者的行为动机基本上可以将文献归为两类:一是从股东财富最大化的角度研究最佳的现金储备水平;另一类则是考虑代理问题对公司现金储备水平的影响。

在股东财富最大化假设下,经典的理论模型包括 Baumol 模型和 M-O 模型。在此以后,有关公司现金储备管理方面的研究进展不大。最近的文献主要包括 Opler 等人检验了现金持有的两个竞争性的理论:权衡理论和融资层级理论。权衡理论从股东财富最大化角度出发,认为现金持有的成本和收益的权衡决定了一个最优的现金持有水平。而与权衡理论相对应的是融资层级理论,则认为并不存在一个最优的现金储备水平,增加一美元现金与减少一美元债务是等价的,现金仅仅是负的债务。Opler 等人的研究最终支持了静态权衡理论[1]。

与上述观点不同,更多的学者认为管理层的公司现金储备决策,不可能简单地以股东财富最大化作为出发点。在现金储备决策过程中同样存在管理者对股东利益的背离。

Lee Pinkowitz 发现,一个公司被收购的概率随着现金储备量的增多而减小。样本公司中没有成为收购目标的比那些成为敌意收购目标的公司,平均水平上多持有 50% 以上的现金储备量。他证明现金储备通过妨碍潜在的收购报价(bid),或为敌意收购的目标公司提供更宽裕寻找白衣骑士的时间,从而达到降低目标公司被收购的概率[2]。这证明了现金储备对公司管理者具有"沟壑保护效应"(entrenchment effect),以抵抗接管市场对公司管理层的轮换,尽管这种接管对股东来说可能是有利的。与之相对照,Harford 进一步发现现金丰裕的公司更可能进行收购活动,并且容易发生过度支付,收购后企业的业绩比其他公司更差[3]。Pinkowitz[2] 和 Harford[3] 的研究支持了现金储备的代理成本的结论。

而 Dittmar 等人[4]与 Kalcheva 和 Lins[5]证实了国别间的股东权利保护的差异对各国公司平均现金储备水平的影响。前者发现股东权利未得到有效保护的国家,公司现金储备水平两倍于股东权利保护较好的国家,并且股东权利保护较差时,影响公司现金储备的其他因素,如投资机会、不对称信息等因素变得相对不重要。

Pinkowitz、Stulz 和 Williamson[6] 的研究对 Dittmar 等人[4]与 Kalcheva 和 Lins[5]的研究作了一个补充。他们检验了公司间的股东权利保护差异对公司现金储备水平的影响,发现股东权利保护较差的公司其现金储备的价值对于小股东来说更低。

分析现有的研究文献,我们发现现有研究总体上呈现两大特征:一方面,基本上以美国为代表的发达市场经济条件下的公司样本作为研究对象;另一方面,现有文献着重于股东权利保护对公司现金储备水平的影响。已有研究的很大不足在于缺少对发展中国家,尤其是转型经济国家的考察。作为市场经济体制和公司外部治理机制尚不完善的发展中国家和转型经济国家,其经济环境与发达国家具有巨大的差别,这种差别对公司现金储备和公司治理机制之间的关系会产生怎样的影响,已成为一个值得进一步研究的课题。

本文所要考察的正是转型阶段的中国在特有的经济环境和制度环境下,上市公司的现金储备水平和公司治理机制(董事会结构、股权结构)的关系。我们的研究结果支持了代理问题对公司现金储备水平具有决定作用的结论。但是与发达市场经济条件下的研究结果相反,我们发现处于转型经济环境下的中国,上市公司代理问题的严重程度与公司现金储备水平具有负向关系,即内部治理效力越差、代理问题越严重的公司,往往倾向于持有较少的现金储备。我们对两种经济环境下的不同研究结论提出了一个理论解释:不同经济环境下作为代理人的公司管理层持有现金储备的成本收益的构成具有异质性,发达市场经济环境下公司管理层持有现金储备的预防性动机和"堑壕保护"动机的效用较高,而转型经济环境下,公司管理层特别是国有性质的上市公司的管理层更偏向于将本期现金流更快、更彻底地用于投资和花费,以享受到更多的现期在职消费和业绩塑造,这种代理人持有现金储备的效用差异,最终导致了代理问题对不同经济环境下公司现金储备水平的不同作用方向。在弱外部治理机制的经济条件下(如中国),内部治理效力越差的公司倾向于持有更少的现金储备;而在强外部治理机制条件下(如美国),内部治理效力越差的公司倾向于持有更多的现金储备。

二、公司现金储备与公司治理机制的实证研究及理论解释

(一)样本选择

我国上市公司行业分类较粗,按一级行业分类,行业内公司的同质性差,无法进行行业比较,而按二级行业分,许多行业内上市公司样本数过少,不具统计意义。出于本文对行业控制的研究需要,我们选择了两市中行业内公司同质性较好且公司数目足够多的六个二级行业和一个代表多样化经营的综合类一级

行业共 281 家上市公司,作为我们的研究样本。除去其中极值和数据缺失的 27 个公司,实际有效样本数为 254 个。样本观察值的所有数据均来自 CSMAR2002 公司财务数据库和天软金融分析软件。样本观察值的行业分布如表 1:

表 1　样本观察值的行业分布

行业	行业公司总数	极值或数据缺失	样本最终个数	频率(%)
C05 饮料制造业	24	3	21	8.27
C13 服装及其他纤维制品制造业	20	0	20	7.87
C41 石油加工及炼焦业	16	1	15	5.91
C81 医药制造业	60	4	56	22.05
D01 电力、蒸汽、热水的生产和供应业	47	8	39	15.35
J01 房地产你开发与经营业	32	2	30	11.81
M 综合类(多元化经营)	82	9	73	28.74
合计	281	27	254	100

(二)变量定义

本文的研究变量主要包括企业财务变量、董事会治理结构变量、股权结构变量以及行业控制变量等四个部分,其中董事会治理结构变量和股权结构变量的测度,是参考国际上通行的指标并结合我国实际情况设定的。各变量的定义及计算具体见表 2:

表 2　变量的定义及计算

变量	变量定义
因变量	
现金净资产比率(C1)	(货币资金＋短期投资)/(总资产－货币资金－短期投资)

续表

变量	变量定义
自变量	
董监事会结构变量	变量定义
董事会规模[1](Bsize)	哑变量,高于样本公司董事会规模中位数为1,反之为0
监事会规模[ln(Asize)]	ln(监事会中监事人员总数)
独立董事比例(lndp)	独立董事人数/董事总人数
董事长兼执行总裁(Ch&Ceo)	哑变量,如果董事长兼任执行总裁,赋予哑变量1值,反之赋予0值
董事会中管理层规模哑变量(Mbp)	哑变量,高于样本公司管理层占董事会比例中位数水平为1值,反之为0
股权性质及结构特征变量	变量定义
控股股东性质(Lcy)	哑变量,如果国有控股(包括国有股和国有法人股)则赋予变量0值,反之赋予1值
股权集中度指数(Cindex)	公司前三大股东持股比例的平方和
股权集中度指数平方项(Cindex^2)	(股权集中度指数)^2
CEO执股(CEOhld)	哑变量,如果执行总裁执有公司股票则赋值1,反之为0
流通A股比例(TraAp)	流通A股数/公司总股本
财务控制变量	变量定义
公司规模[ln(Asset)]	ln(总资产的账面价值)
负债权益比率(Leverage)	总债务/总资产
确切性系数(tangibility)	固定资产/总资产
托宾Q值(Tobin's Q)	(流通股的市值＋非流通股账面价值＋债务的账面价值)/总资产的账面价值
资本费用(Capexpenditure)	(固定资产净值的年度变化＋当年折旧额)/总资产
红利支付(Divident)	哑变量,财务年度公司支付红利的为1,未支付的为0
调整后每股收益(rtnpstk)	即为调整后公司的每股净收益
其他控制变量	变量定义
行业(industry)	哑变量,属于该行业的则赋予1值,反之为0,共有七个行业哑变量,对应七个行业

　　注:①由于我国上市公司的董事会规模分布比较集中,因此采用哑变量形式能更好地说明。②控股股东为民营性质的标准参考浙大民营经济研究中心的《中国民营上市公司指数编制》课题中的有关定义:两市所有上市公司中由中华人民共和国(大陆)自然人直接或间接控股的上市公司。

(三)公司现金储备与董事会治理结构

Jensen 提出了规模较大的董事会倾向于较差的治理效率的观点,在这之后许多文献都直接或间接地证实公司现金持有水平与公司董事会规模成正相关关系[7]。此外,我国学者研究显示监事会规模与公司治理效力正相关,而董事会中管理层比例越高以及董事长和总经理两职合一的公司,其内部人控制问题更为严重,因此治理效力相对较低。根据 Dittmar 等人的结论,代理问题越大(治理效力越低),则公司现金持有水平越高[4],这进一步说明公司治理效力越差的公司倾向于持有更多的现金。综合上述文献的结论,我们提出以下几个假说:假说一,董事会规模与上市公司的现金储备水平成正相关;假说二,董事会中管理层比例越高,公司越倾向于持有较高的现金储备水平;假说三,董事长和总经理两职合一公司倾向于持有较高的现金储备水平;假说四,董事会中独立董事比例越大,公司越倾向持有较低的现金储备水平;假说五,监事会规模与公司现金储备成负相关。笔者在实证分析中引入了六个模型,并分别针对六个模型进行了回归,回归结果如表 3 所示。

表 3　现金持有和董事会结构

	现金净资产比率(C1)					
	(1)	(2)	(3)	(4)	(5)	(6)
董事会规模	-0.082^{***}	-0.074^{***}	-0.064^{**}	-0.060^{**}	-0.065^{***}	-0.061^{**}
Bsize	(0.01)	(0.01)	(0.02)	(0.03)	(0.01)	(0.02)
监事会规模	0.07^{*}	0.079^{**}	0.097^{***}	0.100^{***}	0.064^{**}	0.068^{**}
ln(Asize)	(0.08)	(0.05)	(0.01)	(0.01)	(0.05)	(0.05)
董事会中管理层规模	-0.34	-0.026	-0.044^{**}	-0.038^{*}	-0.043^{**}	-0.037^{*}
Mbp	(0.16)	(0.30)	(0.05)	(0.10)	(0.05)	(0.10)
独立董事比例		0.203		0.115		0.129
Outdorsp		(0.20)		(0.40)		(0.39)
董事长兼执行总裁		-0.052		-0.033		-0.039
CEOisbe		(0.12)		(0.30)		(0.20)
公司规模			-0.032^{**}	-0.028^{*}	-0.034^{**}	-0.029^{*}
ln(asset)			(0.05)	(0.10)	(0.04)	(0.08)

续表

	现金净资产比率(C1)					
	(1)	(2)	(3)	(4)	(5)	(6)
确切性系数			−0.253***	−0.245***	−0.406***	−0.397***
tangibility			(0.00)	(0.00)	(0.00)	(0.00)
资本费用			0.190*	0.188*	0.160	0.156
Cape xpenditure			(0.08)	(0.09)	(0.13)	(0.14)
调整后每股收益			0.174***	0.157***	0.158***	0.137***
stock return			(0.00)	(0.00)	(0.00)	(0.00)
股利支付			0.077***	0.080***	0.061***	0.064***
Divident			(0.00)	(0.00)	(0.01)	(0.00)
托宾 Q 值			0.040	0.047*	0.031	0.038
Tobin's Q			(0.14)	(0.10)	(0.26)	(0.19)
杠杆系数			−0.01	−0.001	−0.001	−0.001
leverage			(0.30)	(0.27)	(0.28)	(0.24)
constant	0.193***	0.149*	0.506**	0.416*	0.593***	0.594***
	(0.00)	(0.10)	(0.02)	(0.06)	(0.00)	(0.01)
行业影响(industry)					控制	控制
DW	1.832	1.856	1.968	1.960	2.092	2.083
Adjusted R^2	0.037	0.044	0.194	0.192	0.257	0.258

注：***、**、*分别代表在 1%、5%、10%水平下显著。

在模型(1)中，我们引入了董事会规模、董事会中管理层规模两个哑变量和监事会规模的对数变量，回归结果显示，所有变量的系数符号与假说 1—5 的预测结果相反，并且都显著。在模型(2)中，我们进一步引入了独立董事比例变量和董事长与 CEO 两职合一哑变量，我们发现，董事会规模哑变量系数虽然稍微减小，但符号仍旧为负并且高度显著，监事会规模对数变量系数变大并且显著性也提高。董事会中管理层规模哑变量、两职合一哑变量系数以及独立董事比例变量系数与假说预测相反，但不显著。模型(3)、(4)及模型(5)、(6)在前面的基础上分别引入了财务控制变量和行业哑变量，引入后的结果没有发生根本性的变化。公司现金储备与公司董事会治理结构的实证研究结果完全推翻了我们的假说,得到了与假说相悖的结果:即治理效力越低、代理问题越严重的公司持有更低的现金储备。

此外,模型(1)~(6)证实了我国上市公司现金储备中存在的规模经济效应,这与 Miller 和 Orr[8] 以及 Opler 等人[1] 的结论一致。确切性系数反映的是不对称信息的强度①,我们得到了与现金持有的预防性动机理论一致的结果。调整后每股收益与公司现金持有水平正相关,说明营利性公司倾向于持有较高的现金储备。而宣布股利支付的公司一般预先储备较高的现金量。另外,我们发现从模型(1)~(6),调整 R^2 由 0.037 增加到了 0.258,并且六个模型的 DW 值都在 2 上下。

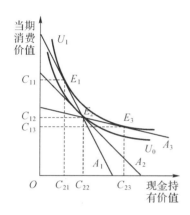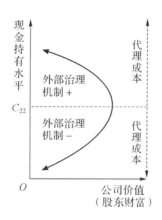

图 1　现金持有与当期消费权衡图　　图 2　现金持有、公司价值与代理成本关系图

我们的研究结果同样支持有关文献对影响公司现金储备水平的决定因素的发现,但影响的方向却迥然不同。代表较差的公司治理效力和较为严重的代理成本的变量——董事会规模、董事会中管理层规模和两职合一哑变量与公司现金储备水平负相关;而反映治理有效性的监事会规模②和独立董事比例系数的符号却是正的。这是不是说明我国上市公司中不存在管理层代理问题或者影响较小——显然与我们的直觉不符。笔者以为,其根本原因在于不同的外部治理机制下,作为代理人的管理者其持有现金资产的成本收益构成的差异。现金储备所获得的不同收益和承担的不同成本,导致了不同环境下公司管理层对

---

① 高的确切性系数值代表较弱的不对称信息,反之代表信息更大的不对称。

② 监事会规模与公司治理效力的正相关,是由于我国公司法中明确规定监事会成员不得兼任公司管理层职位,从而保证了其独立性;同时,监事会的规模相比于董事会规模来说要小得多。因此,在一个极值范围内,监事会规模的上升有利于监督作用的加强。

高流动性资产的偏好差异。进一步用图形分析，如图1、图2所示。

首先假设年度的现金流收入 C 和年初的现金余额 C_0 是既定的，会计年度末资产负债表上的现金持有水平高低主要受当前现金流收入 C 的跨期分配影响。图1纵轴代表当期现金收入流中用于当期消费的价值（或效用），而横轴则表示持有现金转移到下期的价值（或效用）。对于所有者也即管理者来说，其预算约束线为 A_2，A_2 与坐标轴的交点分别代表了两个极端，即将当前现金收入全部在当期花费或全部转移到下期时的价值。当管理者同时也是所有者时，他将权衡现金持有的收益成本，并最终选择无差异曲线与 A_2 的切点 E_2 所决定的现金流跨期分配比例。这时对于所有者（管理者）来说，当期现金花费的边际收益等于持有现金的边际收益。

然后我们考虑所有者（管理者）B 将全部股份出售给投资者 D，但仍旧维持经理人地位的情形。这时，纯粹的经理人 B 与投资者（股东）D 的现金持有的成本收益就不再一致，管理者具有自己的成本收益曲线。由于在发达市场经济条件下具有发达的接管市场和经理人市场，外部治理机制较为完善，因此公司管理层具有很强的危机意识。较高的现金储备一方面可以避免由于流动资金不足引致公司财务危机，从而造成经理人身价下降甚至被接管和辞退的威胁；另一方面，持有较多的现金可以更有力地反击敌意收购，使得公司管理层轮换的防御上宛如受到"堑壕"的保护，所以，管理者持有现金的效用相对来说要高于股东[①]。而在转型经济环境下的中国，缺少有效的控制权市场和经理人市场，加上大多数上市公司具有政府背景，高级管理层的轮换受到外部控制权市场的威胁较小[②]，因此，他们对于现金储备的预防性动机较低，对现金"堑壕"作用的需求不像发达国家公司管理层那般强烈。相反，将本期现金流更快、更彻底地用于投资和花

---

① 这与国际贸易理论中的比较优势理论具有类似之处，虽然绝对收入一般不可能超过股东。

② 李增泉、杨春燕指出："我国国有企业的经理人员虽然能够在资产使用方面获得相对的控制权，但是企业控制权的另一重要方面，即对企业高级管理人员的任免权仍然紧紧地掌握在政府手中……这就是我们常说的'党管干部'（钱颖一，1995）……地方绝大多数国有企业的人事任命权也由相应的地方政府部门掌握（刘小玄，2001）……中国企业家系统2000年的调查显示，从1993年以前和1994—1999年前后，我国国有企业的经营者有主管部门任命的和经职代会选举再由上级任命的分别为93.4%和75.2%。"摘自李增泉、杨春燕："企业绩效、控制权转移与经理人员变更"，《中国会计与财务研究》2003年第4期，第100—112页。

费,却能够享受到更多现期在职消费和业绩塑造[1],并且通过各种形式满足大股东转移资金和地方政府的资金需求(陈信元[9]和金雪军等[10]),从而获得主管部门、地方政府及大股东的青睐。因此,比较而言,中国上市公司的管理层比股东更偏好于持有较少的现金储备。

由于两种条件下管理层的预算约束线都穿过 E_2 点[2],根据上述分析我们可以确认:在外部治理机制较为完善的条件下,公司管理层的预算约束线为 A_3,而外部治理机制较弱环境下公司管理层的预算约束线为 A_1。为了简单起见,我们假设预算约束线 A_1、A_3 刚好被同一条无差异曲线 U_1 相切,切点分别为 E_1、E_3,这时尽管两种环境下经理层都背离了股东收益最大化的目标,追求的是个人利益最大化,但他们在现金储备水平上的表现却出现了相反的结果(如图2所示)。在发达市场经济和强外部治理机制的环境下,管理层偏好于持有更多的现金储备,因此,当公司治理效力较低、代理问题较严重时,公司倾向于储备比股东财富最大化下最优现金储备水平更高的现金;而在外部治理机制较差的国家,治理效力越低、代理问题越严重的公司,管理者更偏好于储备比股东财富最大化条件下最优现金储备更低的现金水平[3]。于是在两种经济环境下,董事会规模、内部人控制变量等影响公司治理效力的变量对于公司现金持有水平的影响方向却是相反的。

然而上述结论并不说明弱外部治理机制环境下的公司现金储备水平必定低于强外部治理机制下的公司现金储备水平。相反,根据已有文献研究发现(Dittmar 等人[4]):外部治理机制较差国家的公司,其现金储备几乎两倍于外部治理机制较为完善的国家。Dittmar 等人把此现象归因于更为严重的代理问题。而我们认为产生这种现象的原因在于两种经济环境下股东财富最大化基础上的最优现金储备水平 E_2 是不一致的(出于简化,上文分析中我们假设它相同)。由于资本市场的完善性、金融工具的多样性和信息不对称强度的不同,强

---

① Harford 发现,具有较弱股东权利(低的治理效力)的公司具有较少的现金储备。这与以前研究世界各国公司现金持有和股东权利间的关系的结果不一致。他们的进一步检验揭示,这种结果的获得是因为在美国不容易被接管(entrenched)的管理者比其他的管理者花费(dissipate)现金储备的速度更快。不容易被接管的管理者他们主要将现金储备花费于收购,这与他们(反接管)防备措施结合在一起,导致了那些具有"堑壕保护效应"的管理者的公司具有更高的生存率。

② 因为如果经理愿意的话,两种环境下的经理人都可以实现 E_2 的分配比例。

③ 这里潜在地认可了现金持有的权衡理论。即认为从股东财富最大化角度看,存在一个最优的现金储备水平,而不是简单地认为现金就是负的债务。

外部治理机制下股东财富最大化下的最优现金储备水平要远远低于弱外部治理机制国家中股东财富最大化下最优的现金储备水平。而代理问题的存在,则缩小了两种环境下公司现金储备水平的差距。

(四)稳健性检验——公司现金储备与股权结构

我国学者杜莹[11]、孙永祥等[12]证实了股权集中度与公司绩效存在着倒 U 形的关系。而徐晓东、陈小悦[13]的研究则进一步指出上市公司第一大股东为非国家股东的公司有着更有效的治理绩效,因此具有更高的企业价值和更强的盈利能力。基于公司绩效与公司的治理效力间存在正相关关系的经验,如果上文的研究结果(即在弱外部治理机制的中国,治理效力越低、代理问题越严重的上市公司持有更低的现金储备)是稳健的,那么我们可以得到假说六和假说七:假说六,公司现金储备水平和公司股权集中度呈倒 U 形关系;假说七,非国有控股公司(民营上市公司)具有相对较高的现金储备水平。我们在下文将使用四个模型来研究公司现金储备与公司股权结构的关系,并与已有的研究成果进行比较(见表4):

表 4 现金持有与公司股权结构

	(1)	(2)	(3)	(4)
控股股东性质	0.067*	0.069*	0.033	0.035
Lcy	(0.07)	(0.06)	(0.35)	(0.31)
股权集中度指数		0.699***		0.526**
Cindex		(0.01)		(0.04)
股权集中度指数平方项		−1.198***		−0.810**
$Cindex^2$		(0.01)		(0.05)
CEO 执股	−0.010	−0.008	−0.004	−0.003
CEOhld	(0.70)	(0.76)	(0.95)	(0.91)
流通 A 股比例	−0.022	−0.003	−0.005	0.026
Tra Ap	(0.79)	(0.97)	(0.95)	(0.75)
公司规模			−0.031*	−0.031*
ln(asset)			(0.07)	(0.08)
确切性系数			−0.411***	−0.398***
tangibility			(0.00)	(0.00)

续表

	(1)	(2)	(3)	(4)
资本费用 Capexpenditure			0.178* (0.01)	0.163 (0.18)
调整后每股收益 stock return			0.148*** (0.00)	0.138*** (0.00)
股利支付 Divident			0.057** (0.02)	0.056** (0.02)
托宾 Q 值 Tobin's Q			0.032 (0.25)	0.034 (0.22)
财务杠杆系数 leverage			−0.002 (0.21)	−0.002 (0.18)
常数项 costant	0.296*** (0.00)	0.105* (0.07)	0.681*** (0.00)	0.599*** (0.00)
行业影响 industry	控制	控制	控制	控制
R^2	0.093	0.120	0.267	0.280
DW	2.043	2.203	2.110	2.077
Adjusted	0.060	0.080	0.217	0.225

在未引入财务控制变量前,模型(1)、(2)显示控股股东为民营性质的上市公司其现金储备水平更高,并且分别在 7%、6% 水平下显著,这与我们的假设一致;在引入财务控制变量后,尽管统计上不再显著,但其变量的系数符号仍一定程度支持了假说七。股权集中度指数的一次项和二次项在财务控制变量前后都表现出高度的显著性,并且一次项系数为正,二次项系数为负,这个结果与我们的假说六一致,即公司现金储备水平和公司股权集中度呈倒 U 形关系。公司现金储备与公司股权结构的关系进一步支持了我们的结论:在弱外部治理机制的中国,治理效力越低、代理问题越严重的上市公司持有更低的现金储备。

三、结　论

本文基于中国上市公司的截面数据检验了公司现金储备与公司治理机制的关系。研究发现,发达市场经济条件下对公司现金储备水平具有影响力的董事会结构因素、股权结构因素对中国上市公司同样产生作用。然而,这些因素对中国上市公司现金储备的作用方向却与发达市场经济下的结果相悖。笔者对这种现象进行了剖析,并得出结论,认为在弱外部治理机制的环境下,治理效力差的公司倾向于持有较少的现金储备;而在强外部治理机制的条件下则正好相反。弱外部治理机制下,由于股东权利保护较弱(不发达接管市场和经理人市场),从而造成了管理者更偏好对现金流的现期消费以获取更大的私人利益,而不是出于预防性动机进行现金累积。

参考文献

[1] Opler T, Pinkowitz L, Willamson R. The determinants and implications of corporate cash holdings[J]. Journal of Financial Economics, 1999,52:3-46.

[2] Pinkowitz L. The market for corporate control and corporate cash holding[J]. Available at SSRN 215191, 2000.

[3] Harford J. Corporate cash reserves and acquisitions[J]. The Journal of Finance,1999,54(6):1969-1997.

[4] Dittmar A, Mahrt-Smith J, Servaes H. Corporate liquidity [J]. Available at Cepr Discussion Papers, 2002, 38.

[5] Kalcheva I, Lins K V. International evidence on cash holdings and expected managerial agency problems[J]. The Review of Financial Studies, 2007, 20(4): 1087-1112.

[6] Pinkowitz L, Stulz R M, Willamson R. Do firms in countries with poor protection of investor rights hold more cash? [J]. NBER Working Paper, 2004: 10188.

[7] Jensen M C. The modern industrial revolution,exit and the failure of internal control systems[J]. Journal of Finance,1993,48(3): 831-880.

[8] Miller M H,Orr D. A model of the demand for money by firms[J].

Quarterly Journal of Economics,1966,80(3):413-435.

[9] 陈信元,陈冬华,时旭.公司治理与现金股利:基于佛山照明的案例研究[J].管理世界,2003(08):118-126+151-154.

[10] 金雪军,张雪芳,李红坤.国际游资流入对我国宏观经济冲击机制分析[J].浙江大学学报(人文社会科学版),2006(2):112-121.

[11] 杜莹,刘立国.股权结构与公司治理效率:中国上市公司的实证分析[J].管理世界,2002(11):124-133.

[12] 孙永祥,黄祖辉.上市公司的股权结构与绩效[J].经济研究,1999(12):23-30+39.

[13] 徐晓东,陈小悦.第一大股东对公司治理、企业业绩的影响分析[J].经济研究,2003(2):64-74+93.

违约风险与贷款定价：
一个基于期权方法和软预算约束的新模型[①]

摘　要　由于忽视了软预算约束导致的"优先原则"不成立以及由此产生的还贷道德风险等现实问题，贷款定价传统期权方法在中国的适用性受到了影响。通过引入信贷合同效率，本文构造了二维违约风险，并据此建立了贷款定价的新模型。新模型解决了上述问题，得到以下结论：第一类与第二类违约风险的联动对贷款定价的影响是不确定的，第一类与第二类违约风险相关度越高则贷款定价越低，贷款期限与贷款定价之间的关系受违约风险构成的影响等。

关键词　违约风险；贷款定价；软预算约束

一、引言

随着利率市场化的推进、资本市场的逐步开放以及银行业与国际接轨的不断深入，我国银行业加强风险管理变得十分重要，对银行信贷风险的深入研究是不能回避的任务。与此同时，斯蒂格利茨和格林沃尔德(2005)指出银行的一项重要功能是判定谁可能违约，并依此决定信贷供给，因此银行在决定经济活动方面是至关重要的，是货币政策的微观基础[②]，所以研究银行信贷决策与违约风险不仅能够剖析金融机构的微观行为进而提高金融市场的效率，而且还为货币政策理论的发展提供了新的突破口。在此大背景下，研究违约风险与银行贷

---

①　本文作者金雪军、毛捷，最初发表在《经济学(季刊)》2007年第4期。

②　约瑟夫·斯蒂格利茨、布鲁斯·格林沃尔德著，《通往货币经济学的新范式》，陆磊、张怀清译，北京：中信出版社2005年版，第4—5页。

款定价是一项重大课题,对于我国银行业增强风险监控和管理、完善我国货币政策机制而言均具有重要意义。

违约风险与银行信贷决策紧密相关。违约风险的存在降低了信贷合同的价值(借鉴 Jarrow 和 Turnball,1995)[1],因而影响银行的信贷决策。关于违约风险与贷款定价,国内研究的主要贡献在于对违约风险度量方法的整理(侯光明和张燃,2005;马若微和唐春阳,2005),理论研究相对较少(王化锋等,2002;王俊寿,2004;戴国强和吴许均,2005)。相比之下,国外的理论研究比较丰富,包括 Black-Scholes-Merton 方法(Merton,1974,1977)、线性因素方法(Feder,1980;Repullo 和 Suarez,2004)、易损期权方法(Johnson 和 Stulz,1987)、违约支付率方法(Jarrow 和 Turnball,1995)、合同条款方法(Johnson,1967;Boot,Thakor 和 Udell,1991)、信用评级方法(Orgler,1970;Stein,2005)以及常量方法(Gambacorta,2004)等。

其中,(1)Black-Scholes-Merton 方法用债务企业的价值刻画违约风险,Merton(1974)在 Black 和 Scholes(1973)期权定价方法的基础上,将债务企业的股权价值视为对于企业股东而言的一份标准欧式看涨期权,而债务价值就等于债务企业总价值与债务企业股权之期权价值的差额,Merton(1977)沿用 Merton(1974)的思路,研究银行存款保险与贷款担保的定价问题,为应用期权方法对具有违约风险的债务进行定价提供了一个明确的思路。(2)线性因素方法假定贷款定价的违约风险是某些相互独立因素的线性组合,其研究方法可以分为两大类(Feder,1980):内生违约风险与外生违约风险。例如,Feder(1980)设计的违约概率是将违约风险内生化为借款人贷款资金使用结果的一元线性函数,此外 Repullo 和 Suarez(2004)在研究《巴塞尔新资本协议》对银行贷款定价的影响时,其所设定的违约风险使用的也是线性因素方法,即违约风险是债务企业财务脆弱度与系统风险的线性组合,金雪军和毛捷(2006)对《巴塞尔新资本协议》下贷款模型的修正同样采用了此类方法刻画违约风险。(3)易损期权方法(多维 Black-Scholes-Merton 方法)基于期权本身也存在违约风险的思想(Johnson 和 Stulz,1987),将违约风险与两个变量建立联系——期权原生资产价值(如债务企业价值)与期权签发者价值,因此贷款定价的普通期权定价公式只是其中的一种特例。(4)违约支付率方法用违约支付率作为违约风险的代理变量(Jarrow 和 Turnball,1995),利用外汇期权定价方法,在无套利定价原理

---

[1] 证明见附录。

(APT)框架下,分别研究了离散模型与连续时间模型下两类违约风险(原生资产违约和期权债务签发者违约)的债务期权定价。(5)合同条款方法假定贷款合同条款,如贷款期限、贷款担保或抵押类型等,决定了银行贷款违约风险,例如传统观点认为期限越长、违约风险越大,因为期限越长,债务人行为恶化的可能性越大,违约风险越大,但也有学者认为违约风险是债务期限的非增函数,因为短期债券存在内在缺陷(Johnson,1967)。关于贷款抵押对违约风险的作用,Boot、Thakor 和 Udell(1991)支持贷款道德风险越大借款人提供抵押也越多的观点(Besanko 和 Thakor,1987a,1987b;Chan 和 Kanatas,1985;Bester,1985),但也发现贷款合同签订前的信息不对称(借款者的私人信息)对贷款风险越大借款人提供抵押越多的观点没有给出确定的支持或不支持。值得注意,合同条款与违约风险之间的关系并非单向,而是相互决定的,因此合同条款与违约风险之间存在内生性问题。(6)信用评级方法的思想源自违约风险的财务指标衡量方法,即利用债务企业财务指标来刻画信贷活动的违约风险(Altman,1968,1974,1989;Orgler,1970;Altman 和 Saunders,1997;Altman 和 Suggitt,2000;Crouhyet 等,2000),Stein(2005)基于信用评级模型,利用 ROC 曲线[①]来研究银行贷款定价与违约风险。(7)常量方法假定违约风险是一个常量,如 Gambacorta(2004)基于从 20 世纪 80 年代末至 21 世纪初意大利银行业的一些程式化事实,构建了寡头垄断市场结构下银行存贷款定价的一个线性模型,规划均衡解以及各变量对均衡定价的理论影响如图 1。

常量方法虽然大大简化了模型的处理,但与现实不符,对违约风险的理解过于简单,所能反映的信息也很少。仍以 Gambacorta(2004)为例,该模型得到了贷款定价与银行贷款渠道、银行资本渠道以及货币政策之间关系的丰富结论,但违约风险与贷款定价之间的关系却很简单,违约风险与物价水平、基准利率和贷款成本等因素毫无区别。此外,直接研究违约风险与贷款定价的实证文献不多,Angbazo(1997)分析了违约风险与利率风险对银行净利息收益的影响。他将违约风险与利率风险作为主要的解释变量,检验并证实了如下假说:违约风险越大,银行就会要求越高的净利息收益(贷款利率)。

根据已有文献,我们发现具有违约风险的贷款定价非期权方法存在以下一些缺陷:或只能间接地刻画违约风险,或违约风险的刻画过于复杂、不够直观。

---

① ROC 曲线全名 the recei ver operator characteristic curve,中文称之为"受试者作业特征曲线",能够很好地反映不同阈值下变量的敏感性与特异性,是统计学里常用的分析工具。

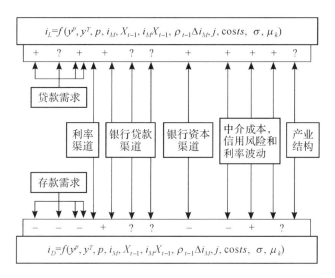

图1 常量违约风险下的银行贷款定价模型

注：该图引自 Gambacorta(2004)附录的图 3。

而相比之下，Merton(1974)等开创的期权方法具有显著优势：[①](1)对贷款违约风险的刻画十分直观，抓住了影响违约风险的主要因素——债务人价值，通过决定债务企业直接还贷能力的债务人价值变化来反映违约风险的大小；(2)模型导出的定价公式具有良好性质，且能得到与直觉基本一致的丰富结论；(3)由于 Black-Scholes 期权定价公式可计量，便于实证检验。

但是，贷款定价的传统期权方法仍存在问题：(1)债务人价值没有考虑市场的非有效性，导致模型导出的定价与实际不符(1998 年 LTCM 对冲基金破产的主要因素)。(2)对违约风险的理论刻画不适用于发展中国家，Merton 等在"优先原则"下假定债务人价值大于到期债务偿还额就不存在违约风险，而当债务人价值低于到期债务偿还额时就会发生违约。事实并非如此简单，"优先原则"并不是必然成立的：由于我国处于经济转型期，银行业面临软预算约束问题(廖国民，2004；段文斌、张红星，2005)，某些企业(比如部分国有企业)的融资存在预算软约束[②]，商业银行贷款给这类企业，当企业违约时，商业银行不能接管该企业的所有资产，这就违背了传统期权定价方法的前提条件——"优先原则"。(3)没有考虑信息问题，当"优先原则"不成立时，就算债务人价值大于到期债务

---

① 以下称之为贷款定价的传统期权方法。

② 关于预算软约束，参见平新乔(1998)、钟伟和宛圆渊(2001)、林毅夫和李志(2004)。

偿还额时也会存在违约风险,这是由于信贷市场存在信息不对称(Jaffee 和 Russell,1976;Stiglitz 和 Weiss,1981),即使企业有完全偿付能力,也可能只偿还一部分贷款本息,实际偿还额取决于信贷契约的效率。

将这些因素考虑进去,已有文献所得结论的可靠性就会下降。为了优化具有违约风险的贷款定价模型,必须解决这些问题。就第一个问题而言,Majumder(2006)已经解决了市场有效性对债务企业价值的影响,通过区分企业特有因素和市场敏感因素,从债务企业股权价值中剔除了市场运动的影响,得到了基于企业基本价值的股权价值,即有效市场下企业的股权价值。但是,对第二和第三个问题的研究还不多,商业银行如何在"优先原则"不成立且存在道德风险的信贷市场中运用符合市场实际情况的期权方法完成贷款定价,仍有待研究,而这正是本文试图解决的问题。

根据我国银行业面临的实际情况,本文将信贷合同效率引入贷款违约风险中,使之与传统的债务企业价值组成一个新的二维违约风险,建立了违约风险与贷款定价的一个两资产择差期权模型。本文以下内容的结构安排如下:第二部分考虑我国银行业存在的软预算约束和信贷市场存在的信息不对称,拓展贷款违约风险的理论刻画,并建立一个贷款定价新模型;第三部分根据建立的模型展开具体分析,论证了新模型下违约风险与贷款定价决策之间存在的丰富关系;第四部分是全文的结论。

二、模型的建立

为了解决上述问题,必须根据我国实情完善信贷市场违约风险的理论刻画。考虑到我国银行业存在的软预算约束(廖国民,2004;段文斌、张红星,2005),"优先原则"不成立,即债务企业价值低于贷款到期日应偿还额时,银行不能对其进行破产处理并接管其所有资产,只能借助信贷合同催回部分欠款,其中可催回欠款的数额取决于信贷合同的效率,而由于信贷市场存在信息不对称,信贷合同的效率将不可避免地受到道德风险的影响。但是,当债务企业价值过低时——低于通过信贷合同可催回的欠款,资产管理公司(AMF)将对债务企业的不良资产进行处理,以保证银行能够收回不良资产部分变现额,减少损失。因此,当"优先原则"不成立时,贷款的违约风险除了与债务企业价值这一变量有直接关联之外,还与信贷合同的效率紧密相关。

信贷合同的效率取决于金融契约的机制设计和银行对债务企业的监督,信贷合同的效率越高，即金融契约的机制设计越合理、银行对契约执行的监督力度越强，银行从债务企业那里可催回的贷款金额就越接近合同规定的应偿付额，违约风险越低；反之，可催回额与应偿付额之间的差额越大，违约风险越高。这意味着信贷合同效率越高，银行对实际偿付额的预测越精确，从而对违约风险的控制力也越强。因此，在考虑违约风险的贷款定价模型中，信贷合同效率是与债务企业价值同等重要的一个变量，对贷款合同期权价值的最终收益也具有影响。由于信贷合同的效率与银行从债务企业那里可催回的贷款金额有对应关系，可用贷款可催回额作为信贷合同效率的一种度量，即贷款可催回额越接近合同规定的应偿付额，信贷合同的效率越高，反之则反是。

综上，贷款定价模型中的违约风险至少应包含以下两类因素：债务企业价值与贷款可催回额。下文的论证将说明通过引入信贷合同效率和贷款可催回额，可以较好地解决贷款定价传统期权方法存在的不足。这里需要指出的是，这两类违约风险因素既有联系，又存在差别。一方面，信贷合同效率与债务企业价值之间可以是互相促进的：由于控制道德风险能够激励代理人做出更大的努力，信贷合同效率高就意味着银行对债务企业的监督力度强，债务企业会更努力地完成贷款项目，因此贷款项目收入和债务企业价值也高；同时，债务企业价值高，债务企业的贷款偿付能力强，信贷合同的效率也有了保障。另一方面，由于各自的主要决定因素不同——贷款项目的收益与风险决定债务企业价值、金融契约的机制设计与银行对债务企业的监督力度决定信贷合同的效率，债务企业价值与信贷合同效率之间的关系也可以是不确定的，既可以出现信贷合同效率高（即银行通过严厉的监督，及时收回贷款），但债务企业价值低的情况，也可以是债务企业价值不低，但信贷合同的效率低下。由于这两类违约风险因素之间的关联是部分的，必须同时考虑它们对贷款违约风险的影响。

根据上述说明，假定银行 i 在时刻 $t=0$ 贷款给债务企业 j，债务企业将贷款用于项目投资，贷款到期日 t_T 债务企业应偿还贷款额 D（贷款到期一次还本付息），银行根据信贷活动的收益（D）与风险（主要是违约风险）做出贷款定价决策。其中，违约风险因素之一的债务企业价值设为 $V(t)$（股利为 q）[1]，其中 $V(t) \geqslant 0$ 且 $t \in [0, t_T]$；另一个违约风险因素信贷合同的效率设为 $R(t)$[2]，其度量变

---

① 这里的 $V(t)$ 是经过 Majumder(2006) 修正后的企业价值。

② 考虑到银行对债务企业的监督能力随时间会发生变化而不是一个常量，因此假设信贷合同的效率也是一个随机变量。

量贷款可催回额设为 $B(t) = f(R(t), D)$,其中 $f_R > 0, B(t) \in (0, D]$[①]。这里 $V(t)$ 和 $B(t)$(也即 $R(t)$)均为随机变量,且都符合几何布朗运动

$$dV(t) = V(t)\mu_1 dt + V(t)(\sigma_{11} dz_1 + \sigma_{12} dz_2)$$

$$dB(t) = B(t)\mu_2 dt + B(t)(\sigma_{22} dz_2 + \sigma_{23} dz_3)$$ [②]

因此,上述两类违约风险因素可做如下细化:(1) $V(t) < D$,即债务企业资不抵债,这是传统期权定价方法规定的违约风险,我们称之为第一类违约风险;(2) $B(t) < D$,贷款可催回额低于应偿付额,此时即"优先原则"不成立下存在贷款的道德风险,我们称之为第二类违约风险。

根据 Merton(1977)的思想,具有上述违约风险的贷款合同最终收益可做如下刻画。

表 1　具有违约风险的贷款合同最终收益的刻画

债务企业价值 V (t_r)	到期实际偿还 B (T_r)	借款人违约行为	银行最终收益
$V(T_r) \geqslant D \geqslant B$	$B(T_r) = D$	不违约	D
	$B(T_r) < D$	第二类违约风险	$B(T_r)$
$V(T_r) < D$	$B(T_r) \leqslant V(T_r) < D$	第一类违约风险 + 第二类违约风险	$B(T_r)$
	$V(T_r) = B(T_r) < D^1$	第一类违约风险 或 第二类违约风险	$V(T_r) = B(T_r)$

注:贷款可催回额不会超过债务企业价值,因此不会出现 $V(T_r) < B(T_r)$ 的情况。

由表 1,银行贷款的最终收益是 $P = V(T_r) - \max\{V(T_r) - \min\{B(T_r), D\}, 0\}$,该式等价于 $P = \min\{V(T_r), B(T_r)\}$,根据最终收益的上述形式,可用期权方法来刻画贷款合同价值的动态过程。根据假定,$V(t)$ 和 $B(t)$ 均服从几何布朗运动,因此具有违约风险的贷款合同价值是一个两资产择差期权。根据姜礼尚(2003:216)关于两资产择好期权的定价公式,我们可以得到贷款的两资产择差期权定价公式。

---

① $B(t)$ 不能等于 0,因为理性的银行不会贷款给贷款可催回额为 0 的借款人。

② 由于债务企业价值 V 与信贷合同效率 R 部分相关,因此设计一个共同影响因子 dz_2,而 dz_1 和 dz_3 分别是 V 与 R 独有的影响因子。之所以假设它们符合几何布朗运动,一方面是为了方便模型的建立,另一方面是因为几何布朗运动是一种比较常见的随机过程,具有普遍性。

引理 1 两种资产 S_1 和 S_2，红利率分别为 q_1 和 q_2，则由其构成的择差期权 $\min\{S_1, S_2\}$ 的定价公式是

$$V(S_1, S_2, T-t) = S_1 \cdot \exp\{-q_1 \cdot (T-t)\} \cdot N(\hat{d}_1)$$
$$+ S_2 \cdot \exp\{-q_2 \cdot (T-t)\} \cdot N(\hat{d}_2)$$

其中 T 为期权有效期，$t \in [0, T]$，

$$\hat{d}_1 = \frac{\ln(S_2/S_1) + \left[q_1 - q_2 - \frac{1}{2}(a_{11} - 2a_{12} + a_{22})\right](T-t)}{\sqrt{(a_{11} - 2a_{12} + a_{22})(T-t)}},$$

$$\hat{d}_2 = \frac{\ln(S_1/S_2) + \left[q_2 - q_1 - \frac{1}{2}(a_{11} - 2a_{12} + a_{22})\right](T-t)}{\sqrt{(a_{11} - 2a_{12} + a_{22})(T-t)}},$$

$N(\cdot)$ 是标准正态分布的累积分布函数。[①]

根据引理 1，我们得到考虑上述两类违约风险的银行贷款期权价值。

命题 1 如果借贷市场具有第一类和第二类违约风险，V 和 B 分别是贷款有效期内债务企业价值（剔除市场运动的影响）和贷款可催回额，且

$$dV = V_{\mu_1} dt + V(\sigma_{11} dz_1 + \sigma_{12} dz_2)$$
$$dB = B_{\mu_2} dt + B(\sigma_{22} dz_2 + \sigma_{23} dz_3)$$

企业支付股利 q，t_T 为贷款期限，t_0 是 $[0, t_T]$ 上的任一时点，则贷款期权价值

$$P(B, V, t_T - t_0) = V \cdot \exp\{-q(t_T - t_0)\} \cdot N(d_1) + B \cdot N(d_2),$$

其中

$$d_1 = \frac{\ln\frac{B}{V} + \left[q - \frac{1}{2}\sigma^2\right](t_T - t_0)}{\sqrt{\sigma^2(t_T - t_0)}}$$

$$d_2 = \frac{\ln\frac{V}{B} - \left[q + \frac{1}{2}\sigma^2\right](t_T - t_0)}{\sqrt{\sigma^2(t_T - t_0)}},$$

$$\sigma = \sqrt{a_{11} - 2a_{12} + a_{22}},$$

$$a_{11} = \sum_{k=1}^{3} \sigma_{1k}\sigma_{1k} = \sigma_{11}^2 + \sigma_{12}^2,$$

[①] a_{11}, a_{12}, a_{22} 的定义见姜礼尚（2003：204）的其中的 $a_{ij} = \sum_{k=1}^{m} \sigma_{ik}\sigma_{jk}$ 见姜礼尚（2003：203）式（7.1.5）。具体证明见附录。

$$a_{12} = a_{21} = \sum_{k=1}^{3} \sigma_{1k}\sigma_{2k} = \sigma_{12}\sigma_{22},$$

$$a_{22} = \sum_{k=1}^{3} \sigma_{2k}\sigma_{2k} = \sigma_{22}^2 + \sigma_{23}^2 \text{①}$$

根据命题 1 得到贷款定价公式

$$P(B,V,t_T - t_0) = V \cdot \exp\{-q \cdot (t_T - t_0)\} \cdot N(d_1) + B \cdot N(d_2),$$

与 Merton(1974：p. 454，式(13))的结论相似，但是新公式考虑了"优先原则"不成立时贷款偿付的道德风险，因此蕴涵更为丰富的信息。该定价公式的经济含义是：贷款有效期内的债务企业价值(V 和 q)、信贷合同的效率(B)和距离到期日的时间($t_T - t_0$)决定贷款定价。根据这一定价公式，可以反映债务企业价值、债务企业股利支付、贷款可催回额(信贷合同效率)、第一类违约风险及其波动、第二类违约风险及其波动、两类违约风险相关性等多种因素对银行贷款定价决策的影响，提供了对贷款定价的新认识。以下我们通过对所建立模型的具体分析逐一进行论证。

三、模型的分析

首先，分析债务企业价值、债务企业股利支付、贷款可催回额对银行贷款定价决策的影响。

命题 2　其他条件不变，债务企业价值(V)越高或债务企业支付股利(q)越低，银行贷款利率定得越低；贷款可催回额(B)越高或信贷合同效率越高，银行贷款利率定得越低。②

命题 2 的前半部分与 Merton(1974)一致，其经济含义也比较明显：债务企业价值越高，说明其偿还贷款的能力越强，贷款偿还越有保障，所以贷款利率定得相对低(见图 2)；债务企业股利支付越多，说明其偿还贷款的可用资金越少，贷款偿还的保障程度越低，所以贷款利率水平越高。

命题 2 的后半部分是 Merton(1974)所没有的，其经济含义是：在贷款有效期内，信贷合同的效率越高，银行通过信贷合同从债务企业那里可催回款项就越接近合同规定的应偿付金额，这说明银行对"优先原则"不成立时贷款偿还的

---

①　证明见附录。

②　证明见附录。命题 2 的证明需要用到等式 $N'(d_1)/N'(d_2) = B \exp\{q(t_T - t_0)\}/V$，该式的证明见附录。

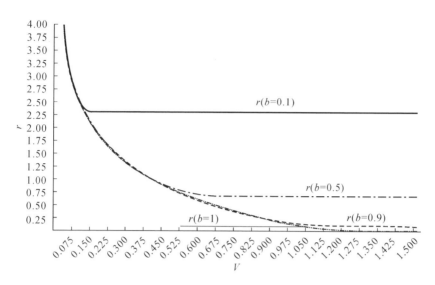

图 2 债务企业价值与银行贷款利率的关系

注:参数值分别为 $D=1, t_T-t_0=1, \sigma_{11}=0.1, \sigma_{12}=0.2, \sigma_{22}=0.2, \sigma_{23}=0.1, q=0.1, B=0.1, 0.5, 0.9, 1, V\in[0,+\infty)$。

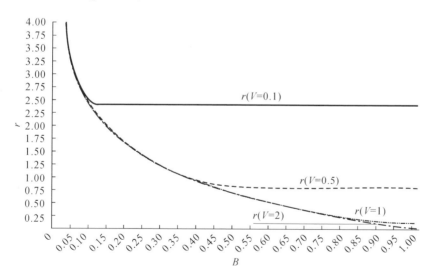

图 3 信贷合同效率与银行贷款利率的关系

注:参数值分别为 $D=1, t_T-t_0=1, \sigma_{11}=0.1, \sigma_{12}=0.2, \sigma_{22}=0.2, \sigma_{23}=0.1, q=0.1, V=0.1, 0.5, 1, 2, B\in[0,1]$。

道德风险控制得就越好,违约风险小,所以贷款利率定得越低(见图3)。由于信贷合同的效率(或贷款可催回额)是由金融契约的机制设计和银行对债务企业的监督所决定的,而机制设计短期内一般变化不大,因此命题2的一个直接推论就是:银行对债务企业的信息调查越充分,监督力度越强,贷款利率就定得越低。

至此,我们仍未分析第一类和第二类违约风险对贷款定价决策的具体影响。借鉴 Merton(1974)的思路以及我们对这两类违约风险的定义,令 $e_1 = \dfrac{De^{-r(t_T - t_0)}}{V}$ 表示第一类违约风险,即贷款额贴现值占债务企业价值比重越高,债务企业偿付压力越大,第一类违约风险也越高;令 $e_2 = \dfrac{De^{-r(t_T - t_0)}}{B}$ 表示第二类违约风险,即贷款额贴现值与贷款可催回额之比率越高,债务企业贷款偿付的道德风险越大,第二类违约风险也越高。这里,r 是市场无风险利率——表示银行贷款的机会成本。此时,命题1的形式有所变化,我们用引理2表示。

引理2 银行贷款的风险溢价

$$r(\tau) - r = -\frac{1}{t_{T_1} - t_0}\ln\left[\frac{1}{e_1}e^{-q(t_T - t_0)}N(\hat{d}_1) + \frac{1}{e_2}N(\hat{d}_2)\right],$$

其中,

$$\hat{d}_1 = \frac{\ln\dfrac{e_1}{e_2} + \left[q - \dfrac{1}{2}\sigma^2\right](t_T - t_0)}{\sqrt{\sigma^2(t_T - t_0)}}$$

$$\hat{d}_2 = \frac{\ln\dfrac{e_2}{e_1} - \left[q + \dfrac{1}{2}\sigma^2\right](t_T - t_0)}{\sqrt{\sigma^2(t_T - t_0)}} \quad ①$$

引理2仅是命题1的另一种表述,其背后的经济含义没有变化。借助引理2,可以分析第一类与第二类违约风险对银行贷款定价决策的具体影响。

命题3 其他条件不变,第一类违约风险越大(e_1 值越高),银行贷款利率定得越高;第二类违约风险越大(e_2 值越高),银行贷款利率定得越高。②

命题3的经济含义是显而易见的:违约风险越大,贷款定价决策越谨慎,贷款利率定得也越高(见图4和图5)。这与已有的贷款定价模型基本思想一致:在贷款活动中,银行承担的风险越大,其所要求的风险补偿也越大,因此银行会提高贷款利率水平。与此同时,这也说明我们基于我国实际情况对贷款定价所构建的两资产择差期权模型是合理的,能够揭示违约风险与贷款定价之间的内在关系。

---

① 证明见附录。

② 证明见附录。

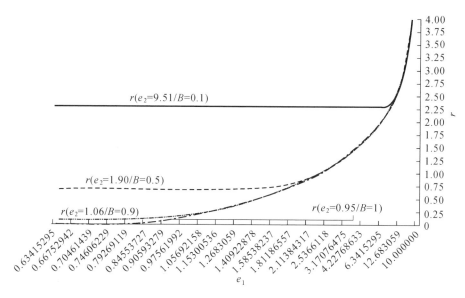

图 4　第一类违约风险与银行贷款利率的关系

注:参数值分别为 $D=1,r=0.05$(无风险利率),$t_T-t_0=1,\sigma_{11}=0.1,\sigma_{12}=0.2,\sigma_{22}=0.2,\sigma_{23}=0.1,q=0.1,B=0.1,0.5,0.9,1,V\in[0,+\infty)$。

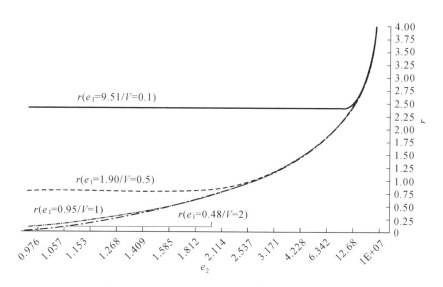

图 5　第二类违约风险与银行贷款利率的关系

注:参数值分别为 $D=1,r=0.05$(无风险利率),$t_T-t_0=1,\sigma_{11}=0.1,\sigma_{12}=0.2,\sigma_{22}=0.2,\sigma_{23}=0.1,q=0.1,V=0.1,0.5,1,2,B\in[0,1]$。

由于第一类和第二类风险共生并存,因此有必要关注这两类风险的联动对银行贷款定价决策的影响。但是,根据 e_1 和 e_2 的定义,我们尚不能得出这两类违约风险的联动对贷款定价有确定性影响的结论,这是因为:

命题 4　第一类违约风险与第二类违约风险的联动对银行贷款定价决策的影响是不确定的。①

命题 4 的结论在预料之中,由于贷款有效期内债务企业价值 V 与贷款可催回额 B 仅部分相关,除了共同影响因子(a_{12} 或 a_{21})对 V 和 B 有相同的作用,从而对贷款定价也会产生一致影响之外,不同影响因子(a_{11} 和 a_{22})对 V 和 B 的作用肯定有差异,因此对贷款定价也将产生不一致的影响。这与实际情况也是相符的,例如银行贷款给某家国有大型企业,该企业资产负债率很高,导致第一类违约风险很高;但是这家银行采用的信贷合同机制设计得十分合理,银行对债务企业的监督力度也很强,降低了第二类违约风险,因此这两类违约风险的联动对银行贷款定价的作用是不确定的,取决于两类违约风险联动的净结果。

不过,这一分析上的缺陷可以通过分析两类违约风险的相关度($a_{12}=a_{21}=\sigma_{12}\sigma_{22}$)对贷款定价的影响得到弥补。考虑影响债务企业价值 V 与贷款可催回额 B 的共同因子 $a_{12}=\sigma_{12}\sigma_{22}$②,有以下结论:

命题 5　其他条件不变,第一类违约风险与第二类违约风险的相关度越高($a_{12}=\sigma_{12}\sigma_{22}$ 越大),银行贷款利率定得越低。③

命题 5 的经济含义是:第一类违约风险与第二类违约风险相关度越高,银行对这两类部分相关风险的整体把握度也越高,在银行获取信息能力不变的情况下,这意味着银行对违约风险的预测成本降低了,因此贷款定价决策也有所宽松(见图 6)。例如,如果这两类违约风险之间呈显著的正相关变化关系,即现实情况是银行很难对资产负债率高的债务企业进行有效监督,或者说当第一类违约风险高时第二类违约风险也不低,那么银行可以仅凭债务企业第一类违约风险的信息或仅凭其第二类违约风险的信息来做贷款定价决策,所需的信息量减少了,违约风险的预测成本下降,从而导致银行贷款成本下降,贷款利率水平也随之下降。

---

①　证明见附录。

②　由于 $e_1=\dfrac{De^{-r(t_T-t_0)}}{V}$,$e_2=\dfrac{De^{-r(t_T-t_0)}}{B}$,而 a_{12} 是 V 和 B 的共同影响因素,显然 a_{12} 也是 e_1 和 e_2 的共同影响因素。

③　证明见附录。

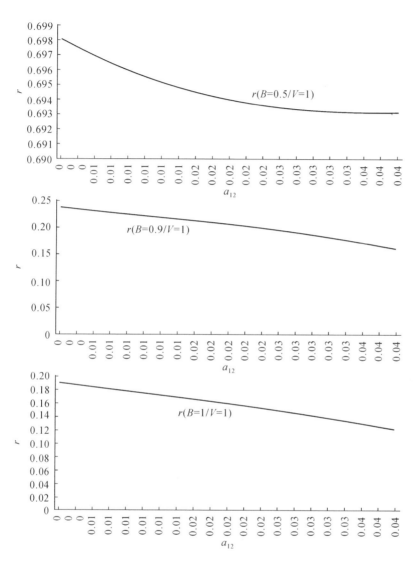

图 6 两类违约风险相关度与银行贷款利率的关系

注：参数值分别为 $D=1, V=1, t_T-t_0=1, a_{11}=0.05, a_{22}=0.05, q=0.1, B=0.5, 0.9, 1$，$a_{12} \in [0, 0.04]$。

命题 5 的结论具有重要意义。假定当信贷市场发展比较完善时，信息更为充分，第一类与第二类违约风险的相关性也会增强，则命题 5 进一步印证了商业银行客户经理制存在的合理性，一个完备的客户信息系统和客户资源管理平台有助于银行以更低的成本监控信贷业务的两类违约风险，实现银行违约风险的更有效管理与防范。

当然,由于债务企业价值 V 与贷款可催回额 B 均为随机变量,其波动性对银行贷款定价决策的影响也是不可忽视的。

命题 6　其他条件不变,V 或 B 波动幅度越大,即 $a_{11}=\sigma_{11}^2+\sigma_{12}^2$ 或 $a_{22}=\sigma_{22}^2+\sigma_{23}^2$ 越大,银行贷款利率定得越高。[①]

命题 6 的经济含义也很重要:V 和 B 波动越剧烈,意味着债务企业经营管理越不稳定、信贷合同机制设计越不合理或银行对债务企业的监督越不得力,银行对债务企业价值和可催回额的预测准确度也越低,其面临的违约风险也越大,因此贷款定价决策越谨慎(见图 7-1 和图 7-2)。

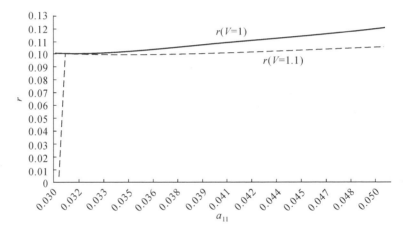

图 7-1　V 波动程度与银行贷款利率的关系

注:参数值分别为 $D=1,B=1,t_T-t_0=1,a_{22}=0.05,a_{12}=0.04,q=0.1,V=1,1.1,a_{11}\in[0.03,0.05]$。

此外,模型得到的贷款定价与贷款期限之间的关系与已有文献(Gottesman 和 Roberts,2003)结论也是一致的,即贷款定价与贷款期限之间的关系不是简单的正向或负向关系。这是因为期限对贷款定价的影响包含了两重因素:风险补偿(trade off)与信用质量控制(credit quality control)。一方面,期限越长,银行承担的风险越大,贷款利率会定得越高;另一方面,期限越长,银行对债务企业信用质量的控制越强,风险越小,贷款利率会定得越低。因此,期限对贷款定价决策的影响取决于这两个因素作用的净结果。模型较好地说明了这一点。

命题 7　其他条件不变,贷款期限对银行贷款定价决策的影响是不确定的;

---

① 证明见附录。

贷款期限和第二类违约风险的联动对银行贷款定价决策的影响也是不确定的。①

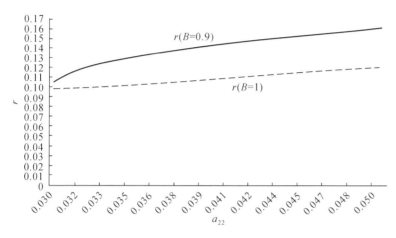

图 7-2　B 波动程度与银行贷款利率的关系

注：参数值分别为 $D=1, V=1, t_T-t_0=1, a_{11}=0.05, a_{12}=0.04, q=0.1, B=0.9, 1, a_{22} \in [0.03, 0.05]$。

命题 7 前半部分的经济含义是：由于同时存在风险补偿与信用质量控制两类效应，而且这两类效应综合作用的净结果不确定，所以贷款期限与贷款利率之间的关系也不确定（见图 8）。命题 7 的后半部分说明即使一定程度地放松条件，例如允许某一类违约风险发生变动，结论仍然不变，这说明贷款利率与贷款期限之间呈现不确定关系是一种比较稳定的现象。

不过，如果给予二维违约风险一个特定的限制，即假定相对于第一类违约风险，第二类违约风险占支配地位（$e_2/e_1 \to \infty$ 或 $e_1/e_2 \to 0$），将得到以下结论：

命题 8　其他条件不变，如果第二类违约风险占支配地位，那么贷款期限和第二类违约风险的联动与银行贷款利率之间呈负相关关系。②

命题 8 意味着：当第二类违约风险占支配地位时，信贷市场存在严重的还贷道德风险，信用质量控制将发挥主要作用，此时银行特别重视对债务企业潜在还贷道德风险的控制，对于信誉差的企业不会发放长期贷款，而将绝大部分长期贷款给了信誉好的企业，这时存在一定程度的信贷配给，因此就算允许违约风险因素发生变动（放松条件），仍会出现贷款期限越长、贷款定价决策反而

---

①　证明见附录。

②　证明见附录。

越宽松的情况。综上,命题 7 和命题 8 证明贷款期限与贷款定价之间的关系的确不简单,还取决于贷款违约风险的具体构成,传统的贷款期限越长、贷款利率越高的认识需要改变。

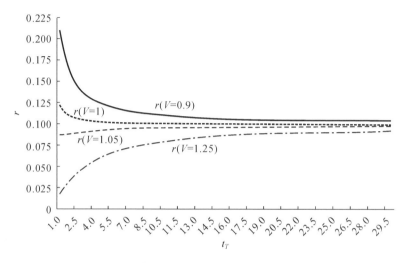

图 8　贷款期限与银行贷款利率的关系

注:参数值分别为 $D=1, B=1, \sigma_{11}=0.1, \sigma_{12}=0.2, \sigma_{22}=0.2, \sigma_{23}=0.1, q=0.1, V=0.9, 1, 1.05, 1.25, t_0=0, t_T \in [1, 30]$。

四、结　论

基于我国银行业的实际情况和已有研究的不足,我们将信贷合同效率引入贷款定价模型的违约风险中,设计了二维违约风险,并用两资产择差期权模型建立了一个新的贷款定价模型,完善了银行贷款定价的传统期权方法。

根据新模型,得到以下发现:(1)债务企业价值越大、信贷合同效率越高(贷款可催回额越高),贷款合同价值就越高,贷款利率定得就越低;(2)第一类和第二类违约风险越大,贷款合同价值就越低,贷款利率定得也就越高;(3)虽然第一类与第二类违约风险的联动对贷款定价决策的影响是不确定的,但如果这两类违约风险相关度越高,贷款定价决策的成本就越低,贷款利率也定得越低;(4)对债务企业价值和信贷合同效率(贷款可催回额)的预测精度越低,贷款定价决策就越谨慎;(5)违约风险与贷款定价决策之间的关系并不简单,还受违约风险构成的影响。新模型推导出来的这些结论提供了对银行贷款定价的一些新认识,丰富了贷款定价的理论研究。

本文的政策含义是：(1) 2006 年 12 月 11 日我国银行业已全面开放，国内银行面临更为复杂的市场风险环境和更高的风险监管要求，为了更为高效地开展信贷业务、提高与外资银行的竞争能力，银行除了需要继续做好贷前评审、提高贷款项目收益与风险的评估精度之外，还必须高度重视贷后对借款者的信息监督，这要求建立完备的信贷市场信用评级体系，并进一步完善现有的商业银行客户经理制度；(2) 对银行贷款决策行为的深入研究有助于更好地理解货币政策传导机制，例如商业银行的贷款定价决策不仅受基准利率和债务人偿债能力的影响，而且还受国有企业改革（软预算约束）等因素的影响，因此在制定货币政策前应当全面地权衡新政策的出台对决定银行微观行为的这些关键因素的直接和潜在作用，这样可以改善货币政策实施效果。

附　录

1. "违约风险的存在降低了信贷合同的价值"的证明：

令 $\Delta_1 = -\lambda_1\mu_1(M-m)$，$\Delta_2 = -\lambda_1\mu_1(m-t)$，则违约发生前，$t < \tau_1^*$，由 Jarrow and Turnball (1995：77，式(54))，得债券期权价值为

$$C_1(t,K)_{t<\tau_1^*} = \delta_1(1-e_{\Delta_2})C_0(t,K') + [e_{\Delta_1} + \delta_1(1-e_{\Delta_1})]e_{\Delta_2}C_0(t,K'')$$

违约发生后，$t \geq \tau_1^*$，由 Jarrow 和 Turnball(1995：78，式(56))，得债券期权价值为

$$C_1(t,K)_{t\geq\tau_1^*} = \delta_1 C_0(t,K'),$$

所以

$$
\begin{aligned}
C_1(t,K)_{t\geq\tau_1^*} &- C_1(t,K)_{t<\tau_1^*}\\
&= \delta_1 e_{\Delta_2} C_0(t,K') - e_{\Delta_2}[e_{\Delta_1} + \delta_1(1-e_{\Delta_1})]C_0(t,K'')\\
&= \delta_1 e_{\Delta_2}[C_0(t,K') - C_0(t,K'')] - e_{\Delta_2}e_{\Delta_1}(1-\delta_1)C_0(t,K'') \quad (a1)
\end{aligned}
$$

因为 $e^{-\lambda_1\mu_1(M-m)} + \delta_1(1-e^{-\lambda_1\mu_1(M-m)}) - \delta_1 = e^{-\lambda_1\mu_1(M-m)}(1-\delta_1) > 0$，所以

$$e^{-\lambda_1\mu_1(M-m)} + \delta_1(1-e^{-\lambda_1\mu_1(M-m)}) > \delta_1$$

$$K' = \frac{K}{\delta_1} > \frac{K}{e^{-\lambda_1\mu_1(M-m)} + \delta_1(1-e^{-\lambda_1\mu_1(M-m)})} = K''$$

由 Jarrow 和 Turnball(1995：77，式(55a))，易知 $\dfrac{\partial C_0(t,L)}{\partial L} < 0$（看涨期权价值与执行价格呈反比），所以 $C_0(t,K') < C_{0(t_1,K'')}$。回到(a1)式，可见(a1)式右边为负，所以 $C_1(t,K)_{t\geq\tau_1^*} - C_1(t,K)_{t<\tau_1^*} < 0$。证毕。

2. 引理 1 的证明：根据两资产期权 Black-Scholes 公式的降维公式（姜礼尚，

2003：第 215 页，式（7.4.12））以及终值条件 $u(\xi,T)=\dfrac{1}{S_2}\min\{S_1,S_2\}=\min\{\xi,1\}=\xi-(\xi-1)^+$，易得

$$u(\xi,t)=\xi\exp\{-q_1(T-t)\}-[\xi\cdot\exp\{-q_1\cdot(T-t)\}\cdot N(d_1)-$$
$$\exp\{-q_2\cdot(T-t)\}\cdot N(d_2)],$$

其中

$$d_1=\frac{\ln(\xi)+\left[q_2-q_1+\dfrac{1}{2}(a_{11}-2a_{12}+a_{22})\right](T-t)}{\sqrt{a_{11}-2a_{12}+a_{22}}(T-t)}$$

$$d_2=d_1-\sqrt{a_{11}-2a_{12}+a_{22}}(T-t)$$

将降维变换 $u(\xi,t)=\dfrac{V(S_1,S_2,t)}{S_2}$ 和 $\xi=\dfrac{S_1}{S_2}$ 代入，即得引理 1。证毕。

3. 命题 1 的证明：令 $V=S_1$，$B=S_2$，$t_0=t$，$t_T=T$，$q=q_1$，$q_2=0$，代入引理 1 的结论，即可证明。证毕。

4. $N'(d_1)/N'(d_2)=B\cdot\exp\{q\cdot(t_T-t_0)\}/V$ 的证明：

由命题 1，

$$\frac{N'(d_1)}{N'(d_2)}=\exp\left\{\frac{(d_2+d_1)(d_2-d_1)}{2}\right\}=\exp\left\{-\ln\frac{V}{B}+q\cdot(t_T-t_0)\right\}$$
$$=\frac{B}{V}\cdot\exp\cdot\{q(t_T-t_0)\}$$

证毕。

5. 命题 2 的证明：

（1）由命题 1，得 $\dfrac{\partial d_1}{\partial V}=-\dfrac{\partial d_2}{\partial V}$，$\dfrac{\partial d_1}{\partial q}=-\dfrac{\partial d_2}{\partial q}$ 以及

$$\frac{\partial P}{\partial V}=\exp\{-q\cdot(t_T-t_0)\}\cdot N(d_1)+V\exp\{-q\cdot(t_T-t_0)\}\cdot N'(d_1)\cdot$$

$$\frac{\partial d_1}{\partial V}+B\cdot N'(d_2)\cdot\frac{\partial d_2}{\partial V}$$

$$\frac{\partial P}{\partial q}=V\cdot[-(t_T-t_0)\cdot\exp\{-q\cdot(t_T-t_0)\}\cdot N(d_1)+$$

$$\exp\{-q\cdot(t_T-t_0)\}\cdot N'(d_1)\cdot\frac{\partial d_1}{\partial q}]+B\cdot N'(d_2)\cdot\frac{\partial d_2}{\partial q}$$

利用 $N'(d_1)/N'(d_2)=B\cdot\exp\{q\cdot(t_T-t_0)\}/V$ 和标准正态分布累积分布函数的性质 $N(\cdot)\in[0,1]$，易得

$$\frac{\partial P}{\partial V}=\exp\{-q\cdot(t_T-t_0)\}\cdot N(d_1)>0$$

$$\frac{\partial P}{\partial q} = -V \cdot (t_T - t_0) \cdot \exp\{-q \cdot (t_T - t_0)\} \cdot N(d_1) < 0$$

由于贷款利率 $r(\tau) = \dfrac{-\ln\left(\dfrac{P}{D}\right)}{t_T - t_0}$，即贷款利率($r(\tau)$)与贷款期权价值($P$)成

反比，得 $\dfrac{\partial r(\tau)}{\partial V} < 0, \dfrac{\partial r(\tau)}{\partial q} > 0$

（2）由命题 1，有 $\dfrac{\partial d_1}{\partial B} = -\dfrac{\partial d_2}{\partial B}$。再利用

$$\frac{N'(d_1)}{N'(d_2)} = B \cdot \exp\{q \cdot (t_T - t_0)\}/V$$

得

$$\frac{\partial P}{\partial B} = V \cdot \exp\{-q \cdot (t_T - t_0)\} \cdot N'(d_1) \cdot \frac{\partial d_1}{\partial B} + N(d_2) + B \cdot N'(d_2) \cdot \frac{\partial d_2}{\partial B}$$

$$= N(d_2) > 0$$

所以 $\dfrac{\partial r(\tau)}{\partial B} < 0$。

根据假定，因为 $B = f(R(t), D)$，且 $f_R > 0$，所以

$$\frac{\partial r(\tau)}{\partial R} = \frac{\partial r(\tau)}{\partial B}\frac{\partial B}{\partial R} = \frac{\partial r(\tau)}{\partial B}f'_R < 0$$

证毕。

6.引理 2 的证明：由命题 1，得 $\dfrac{P}{D} = \dfrac{V}{D}e^{-q(t_T - t_0)}N(d_1) + \dfrac{B}{D}N(d_2)$。再根据

e_1 和 e_2 的定义，得

$$\frac{P}{D} = \frac{e^{-r(t_T - t_0)}}{e_1}e^{-q(t_T - t_0)}N(d_1) + \frac{e^{-r(t_T - t_0)}}{e_2}N(d_2)$$

代入 $r(\tau) = \dfrac{-\ln\left(\dfrac{P}{D}\right)}{t_T - t_0}$，即得

$$r(\tau) - r = -\frac{1}{t_T - t_0}\ln\left[\frac{1}{e_1}e^{-q(t_T - t_0)}N(\hat{d}_1) + \frac{1}{e_2}N(\hat{d}_2)\right]$$

将 $\dfrac{B}{V} = \dfrac{e_1}{e_2}$ 代入命题 1 的 d_1 和 d_2，即得 $\hat{d}_1$ 和 $\hat{d}_2$。证毕。

7.命题 3 的证明：

（1）令 $H = r(\tau) - r$，由引理 2 有 $\dfrac{N'(\hat{d}_1)}{N'(\hat{d}_2)} = \dfrac{e_1}{e_2}e^{q(t_T - t_0)}$，$\dfrac{\partial \hat{d}_1}{\partial e_1} = -\dfrac{\partial \hat{d}_2}{\partial e_2}$ 得

$$\frac{\partial H}{\partial e_1} = \frac{e^{-q(t_T-t_0)} N(\hat{d}_1)}{(t_T-t_0)e_1^2 \left[\frac{1}{e_1} e^{-q(t_T-t_0)} N(\hat{d}_1) + \frac{1}{e_2} N(\hat{d}_2)\right]} > 0$$

(2)由引理 2 有 $\dfrac{\partial \hat{d}_1}{\partial e_1} = -\dfrac{\partial \hat{d}_2}{\partial e_2}$ ，得

$$\frac{\partial H}{\partial e_2} = \frac{N(\hat{d}_2)}{(t_T-t_0)e_2^2 \left[\frac{1}{e_1} e^{-q(t_T-t_0)} N(\hat{d}_1) + \frac{1}{e_2} N(\hat{d}_2)\right]} > 0$$

证毕。

8. 命题 4 的证明：根据命题 3 的证明，得

$$\frac{\partial^2 H}{\partial e_2 \partial e_1} = \frac{\partial^2 H}{\partial e_1 \partial e_2} = \frac{e^{-q(t_T-t_0)} \Delta}{(t_T-t_0)e_1^2 e_2^2 \left[\frac{1}{e_1} e^{-q(t_T-t_0)} N(\hat{d}_1) + \frac{1}{e_2} N(\hat{d}_2)\right]^2}$$

其中，

$$\Delta = N(\hat{d}_1)N(\hat{d}_2) - \frac{\left[N(\hat{d}_1)N'(\hat{d}_2) + N(\hat{d}_2)N'(\hat{d}_1)\right]}{\sqrt{\sigma^2(t_T-t_0)}}$$

因为 $\Delta \overset{>}{\underset{<}{=}} 0$，所以

$$\frac{\partial^2 H}{\partial e_2 \partial e_1} = \frac{\partial^2 H}{\partial e_1 \partial e_2} \overset{>}{\underset{<}{=}} 0$$

证毕。

9. 命题 5 的证明：由命题 1，有 $\dfrac{\partial(d_1+d_2)}{\partial a_{12}} = \dfrac{\sqrt{t_T-t_0}}{\sigma}$ ，得

$$\frac{\partial P}{\partial a_{12}} = BN'(d_2)\left[\frac{\partial d_1}{\partial a_{12}} + \frac{\partial d_2}{\partial a_{12}}\right] = BN'(d_2)\frac{\sqrt{t_T-t_0}}{\sigma}$$

因为 $N'(d_2) > 0$ ，所以 $\dfrac{\partial P}{\partial a_{12}} > 0, \dfrac{\partial r(\tau)}{\partial a_{12}} < 0$ 。证毕。

10. 命题 6 的证明：由命题 1，有 $\dfrac{\partial(d_1+d_2)}{\partial a_{11}} = -\dfrac{1}{2}\dfrac{\sqrt{t_T-t_0}}{\sigma}$ ，得

$$\frac{\partial P}{\partial a_{11}} = B \cdot N'(d_2) \cdot \left[\frac{\partial d_1}{\partial a_{11}} + \frac{\partial d_2}{\partial a_{11}}\right] = -\frac{1}{2} B \cdot N'(d_2) \cdot \frac{\sqrt{t_T-t_0}}{\sigma} < 0$$

同理可得 $\dfrac{\partial P}{\partial a_{22}} = \dfrac{\partial P}{\partial a_{11}} < 0$ ，所以 $\dfrac{\partial r(\tau)}{\partial a_{11}} = \dfrac{\partial r(\tau)}{\partial a_{22}} < 0$ 。证毕。

11. 命题 7 的证明：

(1)令 $\tau = t_T - t_0$ ，由命题 1，有 $\dfrac{\partial(d_1+d_2)}{\partial \tau} = -\dfrac{1}{2}\dfrac{\sigma}{\sqrt{\tau}}$ ，得

$$\frac{\partial P}{\partial \tau} = -V \cdot q \cdot e^{-q\tau} N(d_1) - \frac{\sigma}{2\sqrt{\tau}} B \cdot N'(d_2) < 0$$

所以

$$\frac{\partial r(\tau)}{\partial t_T} = \frac{\partial r(\tau)}{\partial \tau} = -\frac{\frac{1}{P} \cdot \frac{\partial P}{\partial \tau} \cdot \tau - \ln(P)}{\tau^2} \begin{array}{c} > \\ = \\ < \end{array} 0$$

（2）由引理 2 和命题 3，得

$$\frac{\partial^2 H}{\partial e_2 \partial t_T} = \frac{\partial^2 H}{\partial e_2 \partial \tau} = -\frac{N(\hat{d_2}) \left[\frac{1}{e_1} e^{-q\tau} N(\hat{d_1})(1 - \tau q) + \frac{1}{e_2} N(\hat{d_2}) - \frac{\sigma\sqrt{\tau}}{2e_2} N'(\hat{d_2}) \right]}{\tau^2 e_2^2 \left[\frac{1}{e_1} e^{-q\tau} N(\hat{d_1}) + \frac{1}{e_2} N(\hat{d_2}) \right]^2} \begin{array}{c} > \\ = \\ < \end{array} 0$$

证毕。

12. 命题 8 的证明：由引理 2 和 $\frac{e_2}{e_1} \to \infty$，$\frac{e_1}{e_2} \to 0$，有 $N(\hat{d_1}) \to 0$，$N(\hat{d_2}) \to 1$，$N'(d_2) \to 0$。再由命题 7，得 $\frac{\partial^2 H}{\partial e_2 \partial t_T} = \frac{\partial^2 H}{\partial e_2 \partial \tau} \approx -\frac{1}{\tau^2 e_2} < 0$。证毕。

参考文献

[1] Altman E I. Financial ratios, discriminant analysis and the prediction of corporate bankruptcy[J]. The Journal of Finance, 1968, 23(4):589-609.

[2] Altman E I. Measuring corporate bond mortality and performance [J]. The Journal of Finance, 1989, 44(4):909-922.

[3] Altman E A, Saunders A. Credit risk measurement: Developments over the last 20years[J]. Journal of Banking and Finance, 1997, 21(11-12): 1721-1742.

[4] Altman E H, Suggitt H J. Default rates in the syndicated bank loan market: A mortality analysis[J]. Journal of Banking and Finance, 2000, 24(1-2):229-253.

[5] Angbazo L. Commercial bank net interest margins, default risk, interest-rate risk, and off-balance sheet banking[J]. Journal of Banking and Finance, 1997, 21(1):55-87.

[6] Besanko D, Thakor A V. Collateral and rationing: Sorting equilibria in monopolistic and competitive credit markets[J]. International Economic Review, 1987a, 28(3):671-689.

[7] Besanko D，Thakor A V. Competitive equilibrium in the credit market under asymmetric information [J]. Journal of Economic Theory，1987b,42(1):167-182.

[8] Bester H. Screening vs. rationing in credit markets with imperfect information[J]. The American Economic Review,1985,75(4):850-855.

[9] Black F，Scholes M. The pricing of options and corporate liabilities [J]. Journal of Political Economy,1973,81(3):637-654.

[10] Boot A W A，Thakor A，Udell G F. Secured lending and default risk:Equilibrium analysis, policy implications and empirical results [J]. Economic Journal,1991,101(406):458-472.

[11] Carey M. Credit risk in private debt portfolios[J]. The Journal of Finance,1998,53(4):1363-1387.

[12] Chan Y S，Kanatas G. Asymmetric valuation and the role of collateral in loan agreements[J]. Journal of Money,Credit and Banking,1985,17(1):84-95.

[13] Crouhy M，Galai D，Mark R. A comparative analysis of current credit risk models[J]. Journal of Banking and Finance,2000,24(1-2):59-117.

[14] 戴国强,吴许均.基于违约概率和违约损失率的贷款定价研究[J].国际金融研究,2005,(10):43-48.

[15] Dermine J，de Carvalho C N. Bank loan losses-given-default:A case study[J]. Journal of Banking and Finance,2006,30(4):1219-1243.

[16] Diamond D W. Financial intermediation and delegated monitoring [J]. The Review of Economic Studies,1984,51(3):393-414.

[17]段文斌,张红星.转型期国有商业银行的软预算约束[J].南开学报,2005(6):115-121.

[18] Emery K M，Cantor R. Relative default rates on corporate loans and bonds[J]. Journal of Banking and Finance,2005,29(6):1575-1584.

[19] Feder G. A note on debt,assets and lending under default risk[J]. Journal of Financial and Quantitative Analysis,1980,15(1):191-200.

[20] Gambacorta L. How do banks set interest rates? [J]. European Economic Review, 2008,52(5): 792-819.

[21] Gottesman A A，Roberts G S. Maturity and corporate loan pricing

[J]. Financial Review，2004，39(1)：55-77.

[22] 侯光明,张燃.信用风险度量的结构化方法[J].北京理工大学学报，2005(6)：560-564.

[23] Jaffee D M， Russell T. Imperfect information，uncertainty，and credit rationing［J］. The Quarterly Journal of Economics，1976，90（4）：651-666.

[24] Jarrow R A，Turnball S M. Pricing derivatives on financial securities subject to credit risk［J］. The Journal of Finance，1995，50（1）：53-85.

[25] 姜礼尚.期权定价的数学模型和方法[J].北京：高等教育出版社,2003.

[26] 金雪军,毛捷.新巴塞尔资本协议下贷款定价模型的修正[J].工作论文,2006.

[27] Johnson H，Stulz R. The pricing of options with default risk[J]. The Journal of Finance,1987,42(2):267-280.

[28] Johnson R E. Term structures of corporate bond yields as a function of risk of default[J]. The Journal of Finance,1967,22(2):313-345.

[29] 廖国民.银行业的软预算约束:一个文献综述[J].经济社会体制比较，2004(6)：132-138.

[30] 林毅夫,李志赟.政策性负担、道德风险与预算软约束[J].经济研究，2004,(02):17-27.

[31] 马若微,唐春阳.基于Fisher判别的企业短期贷款信用违约模型构建[J].系统工程,2005,(12):16-22.

[32] Majumder D. Inefficient markets and credit risk modeling：Why merton's model failed[J]. Journal of Policy Modeling,2006,28(3):307-318.

[33] Merton R C. On the pricing of corporate debt：The risk structure of interest rates[J]. The Journal of Finance,1974,29(2):449-470.

[34] Merton R C. An analytic derivation of the cost of deposit insurance and loan guarantees[J]. Journal of Banking and Finance,1977,1(1):3-11.

[35] Orgler Y E. A credit scoring model for commercial loans［J］. Journal of Money,Credit and Banking,1970,2(4):435-445.

[36] 平新乔."预算软约束"的新理论及其计量验证[J].经济研究,1998

(10):70-79.

[37] Repullo R，Suarez J. Loan pricing under Basel capital requirements[J]. Journal of Financial Intermediation,2004,13(4):496-521.

[38] Stein R M. The relationship between default prediction and lending profits:Integrating ROC analysis and loan pricing[J]. Journal of Banking and Finance,2005,29(5):1213-1236.

[39] Stiglitz J E，Weiss A. Credit rationing in markets with imperfect information[J]. The American Economic Review,1981,71(3):393-410.

[40] 约瑟夫·斯蒂格利茨,布鲁斯·格林沃尔德.通往货币经济学的新范式[M].陆磊,张怀清译.北京:中信出版社,2005.

[41] 王化锋,秦丽军,赵向东.商业银行贷款定价模型构造研究[J].辽宁工程技术大学学报(社会科学版),2002(1):40-42.

[42] 王俊寿.商业银行贷款定价模型的比较研究[J].南开经济研究,2004(2):99-102.

[43] 钟伟,宛圆渊.预算软约束和金融危机理论的微观建构[J].经济研究,2001(8):44-52.

论内部资本市场中资源配置的效率①

摘　要　随着人类社会经济规模的增长、社会分工的细化和资本集聚的加快,生产组织的一体化形式也在不断地演变和发展。在生产组织的一体化形式中,存在着一些介于市场和企业之间的中间组织结构:M型企业和企业集团等企业联合体,它们在成员单位之间构建起了一种"有组织的内部资本市场"。这种内部资本市场一方面规避了外部资本市场中的信息不对称和融资约束,提高了资源的配置效率;另一方面却又可能因为内部代理问题和缺少有效外部监督而面临着资源配置的扭曲。在新兴市场国家中,一方面需要发展内部资本市场来应对不发达的外部资本市场,另一方面又要通过完善公司治理机制来缓解内部代理问题所可能带来的资源配置扭曲行为。

关键词　内部资本市场;企业联合体;资源配置;公司治理

一、内部资本市场的含义

随着人类社会经济规模的增长、社会分工的细化和资本集聚的加快,生产组织的一体化形式也在不断地演变和发展。首先出现的是与市场机制完全对立的单个企业法人组织,它的出现被认为是节约市场交易成本的结果。而后随着企业组织形式的创新和兼并浪潮的出现,这种"单一利润中心"式的企业又逐渐发展成了超越单个产业单位或者单个法人的组织形式,例如M型企业、跨国企业、联合企业和企业集团等。这些一体化组织相继出现,又并存于现代社会

---

①　本文作者李艳荣、金雪军,最初发表在《学术月刊》2007年第4期。

经济体系中。在现实经济中我们可以看到一方面存在着为数众多的中小企业,另一方面是占有绝对经济规模的大型跨国企业、联合企业和企业集团等企业联合体。①

就单个企业来说,它是各个分散的资源或个体生产者的一体化组织,作为与市场相对立的一种生产组织制度,它的内部完全采用科层制的管理模式。联合企业则是具有多个利润中心、进行多元化经营、大规模的一体化经济组织,其中往往设置多个事业部或者分公司,但在法律地位上仍然还是属于一个法人组织,它在科层制管理体制中已经引入了部分市场竞争的因素。而企业集团则是多个法人企业的联合体,它是以资产、技术和交易为纽带的一种更大规模的一体化组织形式,是企业组织跨越单个法人边界的结果。这些企业联合体是介于市场和企业之间的组织形式,在它们的组织运行中既有市场体系中的交易方式,也有权威控制下的科层管理,是介于市场和企业之间的一个中间组织结构。它们实际上是在经济体内部构建起了一种"有组织的内部市场",以达到对外部市场的一种替代。制度经济学的大家奥利弗·威廉姆森在其名著《资本主义经济制度》中谈到 M 型企业和企业集团时曾指出:"在这种企业组织里,集团总部将积极介入内部资源的配置过程,现金流量的分配也要根据各成员企业对投资的竞争而定,并非取之于谁,就用之于谁"。② 由此可见,企业联合体中的资源配置过程类似于一个微型的资本市场,其中有一个管理中心对若干成员单位(生产点或者利润点)进行一定程度上的统一调配和控制,其中就包括对生产资源的调配。它在资源配置过程中兼有权威控制和市场竞争的双重特点,这是它不同于单个企业的一个很重要的地方,也是理解企业联合体内部资源配置的关键。

内部资本市场可能有两个层面上的含义,一种是狭义的概念,仅从资金融通的角度把企业联合体中各成员单位之间的资金相互融通行为称之为内部资本市场,主要表现为成员之间的债权融资、股权融资、资金划拨等;另一种则是广义的概念,主要是从多个成员单位之间进行资源配置的角度来考虑,企业联合体在协作中也经常需要在成员之间进行资源的相互转移,这种资源可能是技术、人力或资本,在资本转移中的表现方式也多种多样,不仅限于资金的融通,还可以通过其他交易形式来实现资源转移之目的,并且对成员单位的运营产生

---

① 本文为了论述的方便,把这类组织统称为企业联合体,其中包括作为控制中心的总部和各成员单位。

② 奥利弗·威廉姆森:《资本主义经济制度》,商务印书馆 2002 年版,第 401 页。

了极大的影响。因此,只要是在实质上造成了资源或利益在成员企业之间的转移,我们就把它看作一种内部资本交易行为,并把这种交易行为的总和称之为内部资本市场①。

作为一种经济制度安排,内部资本市场既有它的制度优势也有其制度劣势。一方面这种长期稳定的交易关系建立带来了很大的组织优势,它既可以减少纯粹市场交易中的不确定性和高昂的交易成本,又可以减缓企业科层制下的官僚主义与协调成本,提高了资源配置效率。另一方面又因为内部资本市场缺少外部监督和公允市场机制,在面对经济人的有限性和自利性时,也可能导致无效的资本分配、资本扭曲和代理问题等困扰②。与单个企业相比,企业联合体内部复杂的产权结构和多样化的协作方式使得其中的代理问题更加隐蔽和深化,由于成员单位之间的连锁关系,还会放大由此所带来的经济风险。因此,人们在采用该组织形式时,一方面享有由内部市场和协作行动所带来的合作收益,另一方面又要承担由其复杂结构所带来的治理成本,内部资本市场对资源配置效率和企业价值的影响如何一直在理论界存在着较大的争议。尤其是随着近年来多元化企业集团的发展,与其相伴随的内部资本市场效率成了企业集团绩效研究的核心和焦点。

二、内部资本市场中的资源配置特点

经济学研究中一个最为重要的命题就是如何配置人类社会中的有限资源以达到更高的效用产出,其中,相关的资源配置机制起着极为关键的作用。在前人的研究中,学者们一般关注的是市场和企业这两种相互对立的资源配置方式,前者是以价格调节和公平竞争为核心,而后者则是以行政指令和科层制为标志,两者在组织经济运行和资源配置方面各有其优缺点,交易成本的大小决定了双方各自的边界。而在现实经济中并不是非此即彼地只存在上述两种经济形式,作为两者中间形式的企业联合体大量存在,并占据着主要的经济规模,因此,有必要从资源配置的角度来探讨与这种经济形态相对应的公司金融、内

① Wulf J. Influence and Inefficiency in the Internal Capital Market: Theory and Evidence, Wharton, unpublished working paper.

② Gertner R H, Scharfstein J C. Stein. Internal versus External Capital Market[J]. Quarterly Journal of Economics, 1994(109): 1211-1230.

部资本市场、外部资本市场这三种资本配置系统在资源配置上的异同点。①

（一）三种资本配置系统的比较

在一般情况下，一个资本配置系统的大体结构情况如图 1 所示：

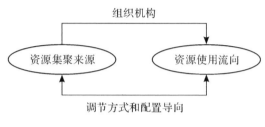

图 1　资本配置系统结构

从上图中可以看出在一个资本配置系统中一般包括这几个要素：第一是各种资金的集聚来源，一般包括拥有闲散资金的私人单位、生产单位、公共单位等，而这里主要指的是在某种特定的资本配置系统中所集聚的资金是来自于哪类社会主体。第二是资本的使用流向，是指集聚后的资金作为生产资本最终流向了哪些社会产业单位，比例是多少等等。第三是资金融通的组织机构，一般在单个企业内部是公司金融系统，在企业外部则是广义的外部资本市场，包括各种金融中介机构和资本交易市场，而处于两者之间的则是企业联合体之中的内部资本市场。第四是资本分配调节方式，是指在特定资本配置系统中是通过权威型的行政指令还是自由竞争的市场交易来完成资源配置的。第五是资本配置的导向，也就是面对着众多投资项目的竞争时，资本被分配到此项目而非彼项目时所依据的规则。这种规则可以是经营者对各项目的判断和权衡，一般通过行政指令的方式进行分配；也可以是投资者对各项目的投资预期，通过各项目在市场上的竞争来实现资本的分配。

从上述资本配置系统的五个要素考察公司金融、内部资本市场和外部资本市场三者的资本配置，区别点非常明显（见表 1）。

---

① 由于此处分析的是资本市场，所以这里的资源配置主要指的是生产资金的融通。

表1　单个企业、内部资本市场、外部资本市场三者的区别

名称	资金 集聚来源	资本 使用流向	组织机构	调节方式	配置导向
公司金融	单个 生产单位	原生产单位	公司 财务系统	行政命令	经营者的判断
内部资本 市场	集团内各 生产单位	集团内各 生产单位	企业 联合体总部	市场和企业 双重特性	经营者的判断和 单位产出率相结合
外部资本 市场	拥有闲余 资金的 社会主体	社会各 生产单位	金融中介 和资本市场	市场交易	各项目的预期 资本回报率

（二）内部资本市场的资本配置特点

从上表中可以看出，内部资本市场在资源配置上具有以下几个本质特点：

1. 控制中心的存在与成员单位的相对独立性。在企业联合体中一般都有一个控制中心的存在，它在内部资本市场中具有一定的权威控制力，这种控制权一般建立在合作契约或者股东所有权的基础之上，在现实经济中这些控制中心往往表现为集团总部或者是控股母公司。同时，在企业联合体中还存在着若干独立的"成员单位"，这些成员单位可以具有独立的"生产利润中心"，比如大型企业的事业部、分公司等，也可以具有独立法人地位，比如一些企业集团中围绕着母公司的控股子公司和参股子公司等。这些成员单位之间一方面独立经营生产，另一方面又存在着各种联系，其中最重要的资本联结方式，即企业之间通过股权出资和法人控制权而形成企业和集团关系。由于控制中心的存在和成员单位的相对独立性，所以企业联合体中是一种典型的集权和分权相结合的控制权结构，根据契约合作程度和股权结构的不同，这种集分权的实现程度也有所不同。以企业集团为例：一般来说，在母公司持股比例较高的集团经济中，集权程度更高，反之，如果成员单位的资本联合度较低或者仅以契约关系来维系合作，成员企业之间的协作行动会较为松散，集团中的分权程度较高。这种集分权相结合的权力结构决定了在联合企业中既有集权控制下的科层制特性，又具有分权结构下成员单位之间相互竞争的市场特性。

2. 内部资源的"准公共资源"特性。处于内部资本市场中的成员单位虽然是相互独立的法人或者"利润中心"，但并不完全拥有处置自身资产和剩余的控制权，在控制中心的权威主导下，它的某些资源并不为自身所独用，而是被转让给其他成员企业，而它同时也有可能接受其他成员企业所转移而来的资源，通

过这种资源的内部结构调整，目的是实现整个企业联盟的合作收益最大化。所以说在联合经济体内部的部分资源已经带有"准公共资源"的特性，这些资源通过控制中心被积聚起来，然后在成员单位之间进行再分配。这些准公共资源包括各种生产经营的要素资源，例如成员单位的既有资产、经营产出、融入资金、准入资格、销售网络、商誉、有利的投资机会等等。作为上述资源配置核心的控制中心同时从事两方面的行为，一方面将资源从特定成员企业那里转移出去，另一方面又将其输送到其他成员单位那里去。

3. 资源分配兼有市场竞争和企业科层制的双重特性。在内部资本市场的资源分配体系中，资源配置的导向是经营者的判断和单位产出率相结合。一方面为了提高协同收益，企业联合体的总部要承担投资中心的角色，需要结合宏观经济发展、产品市场等因素决定联合体的总体投资战略，然后再结合各成员单位的产出率情况来决定相关的资源配置方案，采取一些战略投资行为，然后再利用自己的集权特性和控制权威要求成员企业在一定程度上遵从它的行政指令；另一方面由于成员企业之间都是独立的法人实体或者独立的利润中心，它们之间为了本单位的绩效和收益也要相互竞争资源，尽可能获得较多的资源投入。并且，无论成员单位之间是纵向产业链关系还是横向多元化关系，从联合体整体来讲，将资源配置到产出效率最高的单位那里将会有助于提高总体产出，所以成员单位之间无论在交易形式还是交易实质上都要遵循一定的市场机制的调节。结合以上两点可知，内部资本市场中的资源分配过程兼有一体化组织中的层级控制和市场激励机制的双重特性。

4. 代理问题和信息传递的双向性。在资源配置的过程中，相关的信息传递和代理问题对资源配置的效率也起着重要的作用。一般来讲，在外部市场中存在着信息不对称问题，融资单位比外部投资者更了解自己的实际生产经营情况。而在现代企业中由于所有权和经营权的分离，在其内部则有可能存在着严重的代理问题，主要是经理层对股东利益最大化的偏离。而在内部资本市场中，这种信息和代理问题可能具有双向性，因为在企业联合体中，控制中心和若干成员单位之间存在着相互委托代理关系。以企业集团中的母子公司为例可知，一方面母公司以委托人的身份将一部分资产以股权的方式委托给了子公司经营，子公司以受托人的身份对这部分资源行使法人财产权。另一方面，子公司的部分控制权又被外移给母公司，有关的战略规划和融投资政策等重大事项又委托给了母公司来决策，所以双方都同时拥有委托人和被委托人的双重身份。母公司担心自己的入股资产被滥用，而子公司中的其他利益相关人也要担心被母公司所控制和侵害,因此,在这种双向的委托代理关系中,应该设置相互的激励约束机制和信息沟通机制。

三、内部资本市场中资源配置效率的双重效应

(一)内部资本市场对资源配置效率的提高

在面临资金约束和一系列相互竞争的投资项目时,如果通过某种特定机制能够将资金分配到其产出最高的地方去,则我们称之为资源配置的有效性。与单个企业和外部资本市场相比,内部资本市场兼具市场和企业机制的双重特性,它具有以下几个制度优势,有助于提高资源的配置效率。

1.相对于单个企业它可以缓解外部融资约束。对于一个单个企业来说,它的对外融资量和投资规模必然受到其本身的对外融资能力和投资效率的约束。而当资本在内部资本市场中循环时,控制中心可以利用自己的控制权威在不同生产单位之间进行资金分配,相对容易地将资金从较差单位转移到较好单位,或者从资金富裕单位转移到资金短缺单位,从而提高了资金的使用效率,优化了资金配置,减轻了企业的融资约束现象。正如哥特、卡尔斯坦和斯坦提出的"活钱效应"理论认为:"内部资本市场可将沉淀在较差单位中的资产转移到企业中其它具有更高价值的单位去,或者是将资金从正现金流单位转移到面临融资约束但具有较好投资机会的单位,由此来满足对资本的需求。[①]"这对于那些资本市场不发达经济体中的企业非常重要,这时通过构建内部资本市场可以较好地缓解外部市场的不发达和严重的信贷约束现象。

2.相对于外部市场它具有信息优势。随着信息经济学和代理理论的兴起,人们普遍认识到外部资本市场并非完全有效率的,作为融资者的生产单位和外部投资者之间存在着严重的信息不对称和代理问题。面对着对稀缺资源进行竞争的众多企业项目,外部投资者无法准确了解项目的真实情况,可能会导致资源的误配,也从总体上带来了企业信贷约束和有效融资不足的现象。而在内部资本市场中,资金近似于"准公共资源",资金的分配主导者是该企业(集团)的内部人(包括总部经理和董事),它们可以相对容易地了解有关项目的绩效和

① Stein J C. Internal Capital Markets and The Competition For Corporate Resources [J]. Journal of Finance,1995(52):111-133.

预期收益等情况,降低了资金分配时的信息搜集和传递成本①。同时由于信息的准确性提高,总部有更多的可能性来实现资金从预期产出较低的投资机会转移到预期产出较高的投资机会,通过这种结构调整,提高了产出效率,减轻了企业的外部融资约束,增加了企业的总价值。

3. 相对于外部市场具有监督激励优势。在外部资本市场中,投资者往往处于借贷者或者中小股东的角色,不是资金使用单位的主要资产所有者,并不拥有主要的所有权和控制权。而在内部资本市场上,支配资本的企业总部(控股母公司)是资金使用单位的主要资产所有者,拥有大部分的所有权和剩余权,对企业经营实施更严格的监督和管理可以给它带来更多的收益。由于这种产权身份的差异性使得企业(集团)总部的经营层具有更强的监督激励。比如说,对于内部资本市场中的一个企业集团的总裁和借贷市场上的一个银行经理,双方都拥有对一批集中资源的分配权,但是在投入企业中以后,集团总裁会比银行经理能够更严格地监督这批资金在企业中的运用情况,因为监管带来的收益会更多,所以内部资本市场更有利于投资项目的监督和资产的优化配置。

(二)内部资本市场中对资源配置的扭曲

近年来学者们在对多样化企业集团的绩效进行研究时发现了"多样化折价"的现象,由此人们开始探究其中的原因,并将之归因于内部资本市场对资源配置的扭曲效应,具体表现为以下几个方面:

1. 成员单位中管理层的激励弱化和寻租行为。在内部资本市场中一般是由企业总部来统一配置资金的,单个利润中心的产出并不必然留在本单位中进行积累,这种不稳定性会削弱成员单位管理层努力做强本单位的潜在动机。另外企业(集团)总部的权力集中必然使得成员单位经理层的控制权被削弱,因此单位经理增加工作努力的激励将会被减弱,特别是当总部从某一单位调出资金时,会严重影响到该单位经理所控制资源和绩效评定,造成了单位经理层的激励缺失。所以虽然内部资本市场有利于资金的优化配置,但是容易抑制单位经营者的努力动机。盖塔和戈因德拉简发表的调查报告显示:在被调查的美国八大公司的 58 个单位中,其中相关单位的经理对工作满意程度低于相对独立单位的经理,主要是由于其在内部市场中具有较低的讨价还价的能力,并且对剩

---

① Williamson O E. Market and Hierarchies:Analysis and Antitrust Implication[M]. New York:Press 1975.

余索取权的能力也较低①。

另一方面,内部资本市场中资金的分配不是通过市场行为来进行的,而是一种在总部主导下的科层决策制,这就给内部寻租行为留下了空间。再者企业经理层总是有获取较多可控资源的倾向,这就产生了寻租行为的动机。因此在内部资本市场上,单位经理之间容易为了相互竞争资源而在总部从事一些非生产性的寻租行为,对总部的决策施加影响,这种行为不但导致了无谓的浪费,而且容易导致信号传递的错误和资源分配的扭曲②。

2. 成员单位之间非效率的交叉补贴。在内部资本市场中,成员单位之间通过内部资本市场在进行着资源的再分配,一些单位的资金被用来补贴其他单位的资金需求,这种单位之间的资金融通行为即被称为内部资本市场中的交叉补贴行为。许多学者在研究了这种交叉补贴行为后发现很多的交叉补贴都是缺乏效率的,即用高效单位的资金补贴了低效单位的需要,或者是总部在高效单位投资不足而在低效单位中过度投资③。造成此现象的原因一方面是集团总部的判断能力有限,对多元化生产单位的产出率的预期估计不准确,另一方面也可能是出于对集团内部弱势单位的"过度保护"心理。在一些多元化程度比较高的企业集团中,内部资本市场中的资本误分配情况已变得非常明显,它会反向影响企业的利润率并造成了企业价值的下降。

3. 复杂组织所引起的代理问题。随着公司治理研究的兴起以及对新兴市场经济中企业集团结构和绩效研究的增多,越来越多的学者注意到与内部资本市场相伴随的复杂企业结构中容易引发严重的代理问题④,并且由于内部资本市场交易的内部化和隐蔽性,缺少有效的外部监管。如果不能建立一个良好的监管体系和治理机制的话,这种代理问题将使得内部资本市场成为特定利益团体(大多是控股大股东)进行利益掠夺的工具,会严重损害有关附属企业的价值和有关投资主体的利益。

这种利益冲突有可能表现在两个层面:第一个层面是联合企业体中管理结

---

① Gupta A K. Govindarajan V, Malhotra A. Feedback-seeking behaviour within multinational corporations[J]. Strategic Management Journal, 1999(20):205-222.

② Scharfstein D S, Stein J C. The Dark Side of Internal Capital Markets: Divisional Rent-Seeking and Inefficient Investment[J]. Journal of Finance, 1997,55(6):2537-2564.

③ Shin H H, Stulz R M. Are Internal Capital Markets Efficient? [J]. Quarterly Journal of Economics,1998(5):531-552.

④ Lins K H, Servaes H. Is Corporate Diversification Beneficial in Emerging Markets? [J]. Financial Management, 2002, 31(2):5-31.

构内部的斗争。在大型联合企业和企业集团中由于组织结构的过于复杂和管理层级增加,导致了成员单位之间和各级管理层之间权力斗争的加剧,由于这种部门权力斗争和组织过度发展等因素,资金很难被分配到最有效率的地方去,这些会损害内部资本市场的功能,并引起资本的无效分配。第二个层面是集团经济中特定利益团体(控股大股东)对其他主体利益的侵害。这方面在一些新兴市场经济体中表现得非常明显,1997 年东南亚金融危机的根本原因就是家族企业集团中的集团治理机制的弱化,它加剧了企业间的风险传递,损害了投资者的信心,最后造成了经济的崩溃。克拉森斯、贾克武、芬妮和朗哥以 3000 个亚洲公司为样本,分别研究了正常情况和金融危机两个时期的内部市场和多样化的作用,他们认为在这些新兴市场经济中,面对外部市场的不发达和监管制度的不完善,内部资本市场本身会存在着严重的代理问题,在正常状况下尚影响不大,但是在经济危机时期会给企业带来严重的风险[①]。

(三)集团经济中的融投资模型——一个进一步的说明

为了从更深层次上理解上文中所述的内部资本市场中资源配置的双重效应,笔者现利用一个简单的数理模型来说明之。

考虑一个两阶段的企业集团的融投资模型,在此集团中有一个母公司和两个子公司。在第一阶段中集团需要对外融资 $2A$ 以满足下一期的投资需要,这时母公司要决定两个子公司分别承担的对外融资额度;在第二阶段资金融入以后在内部资本市场中进行再分配,母公司要决定这笔资金在两个子公司中如何分配。其中相关参数涵义为:$c(A)$ 为融资函数,且满足 $c'(A)>0,c''(A)>0$;$k(I)$ 为投资产出函数,$k'(I)>0,k''(I)<0$;(β_1,β_2) 分别是两个子公司的融资成本系数;(φ_1,φ_2) 是母公司在两个子公司中分别持有的股份比例,不失一般性设 $\varphi_2>\varphi_1$;(θ_1,θ_2) 是两个子公司的产出效率系数;(A_1,A_2) 分别是两个子公司所承担的对外融资额;(I_1,I_2) 分别是两个子公司分配到的投资额。$g(X)$ 是中小股东当面对某种侵害行为 X 时愿意支付的制衡成本,大股东也会为此支付一定的"维持合作"成本 $\lambda_i g(X_i)$,其中 λ_i 为公司 i 的治理系数,λ_i 越高,说明公司的治理情况越好,大股东侵害行为的成本就越高。

1. 在融资方面,此时第一阶段两个子公司中的融资额度 A_i 由下列的线性规划所决定:

① Claessens S, Djankov S, Fan J P H, et al. The Benefits and Costs Internal Markets: Evidence from Asia's Financial Crisis[J]. The World Bank Papers, 2003:2.

Min：$\quad C = \varphi_1 \beta_1 c(A_1) + \varphi_2 \beta_2 c(A_2) + \lambda_1 g(A_1) + \lambda_2 g(A_2)$ $\qquad$ (1)

Sub：$\quad (1 - \varphi_1) \beta_1 c(A_1) + g(A_1) = (1 - \varphi_1) k(A)$ $\qquad$ (2)

$$(1 - \varphi_2) \beta_2 c(A_2) + g(A_2) = (1 - \varphi_2) k(A) \qquad (3)$$

$$A_1 + A_2 = 2A \qquad (4)$$

式(1)代表了控股母公司的利益要求，即它在两个子公司中的分别承担的融资成本和付出的"维持合作"成本之和要最小化。而式(2)和(3)反映了两个子公司中中小股东的最低约束条件，即其所承担的融资成本和监督努力之和至少等于其继续合作的收益 $k(A)$，否则他们会退出合作，该子公司将不能持续经营下去。而由于母公司在相关的财务决策对子公司 2 会采用"扶持之手"，子公司 2 中的中小股东不会采取"制衡行为"，即 $\lambda_2 = 0$。利用拉格朗日乘数法解得上述的线性规划解为：

$$\frac{c'(A_1)}{c'(A_2)} = \frac{\beta_2}{\beta_1} \cdot \frac{\varphi_2}{\varphi_1} \cdot \frac{1}{1 + \lambda_1 g \cdot \left(\frac{1 - \varphi_1}{\varphi_1}\right)} \qquad (5)$$

由(5)式可知，社 (A_1^*, A_2^*) 是不考虑代理问题时的最优融资分配方案，β_i 越大，$c'(A_i^*)$ 越小，A_i^* 也就越大，也就是说根据效率原则，融资成本越高（少）的子公司所应承担的融资额度也应较少（多）。如果按照这种效率原则进行融资结构的优化时，可以降低整个集团的总融资成本。

假设母公司具有代理动机时的融资分配方案为 (A_1^{**}, A_2^{**})，根据假设 $\varphi_1 < \varphi_2$，有 $A_1^{**} > A_1^*$，$A_2^{**} < A_2^*$，偏离了最优方案 (A_1^*, A_2^*)，也就是说如果母公司在私利动机的驱使下使得其持有相对较少（多）股份的子公司 1 承担较多（少）的融资任务，就会扭曲了内部资本市场中的融资分配机制。

再进一步考虑到子公司中的公司治理情况，设此时的分配方案为 (A_1^{***}, A_2^{***})，由于 $\lambda_1 > 0$，使得 $A_1^{**} > A_1^{***} > A_1^*$，$A_2^{**} < A_2^{***} < A_2^*$，也就是说如果子公司中具有较好的公司治理机制，中小股东的"制衡行为"会抵制上述在母公司主导下的非效率融资决策，能在一定程度上缓解内部资本市场中的融资分配扭曲现象。

2.在投资方面，此时第二阶段两个子公司中的投资额度 I_i 由下列的线性规划所决定：

Max：$\quad U = \varphi_1 \theta_1 k(I_1) + \varphi_2 \theta_2 k(I_2) - \lambda_1 g(I_1) - \lambda_2 g(I_2)$ $\qquad$ (6)

Sub：$\quad (1 - \varphi_1) \theta_1 k(I_1) - g(I_1) = r_0 (1 - \varphi_1)$ $\qquad$ (7)

$$(1 - \varphi_2) \theta_2 k(I_2) - g(I_2) = r_0 (1 - \varphi_2) \qquad (8)$$

$$I_1 + I_2 = I \qquad (9)$$

其中,(6)代表了控股母公司的利益要求,即它在两个子公司中的净收益之和要最大化。r_0 是市场的无风险利率,也是中小股东投资的外部机会成本,所以(7)和(8)的含义是子公司的小股东在投资合作中的净收益 $(1-\varphi_i)\theta_i k(I_i)-g(I_i)$ 最少要等于其在外部市场的无风险收益,否则,他们将会退出投资而移资于外部资本市场。同样子公司 2 中的中小股东不会采取"制衡行为",即 $\lambda_2=0$。利用拉格朗日乘数法解得上述的线性规划解为:

$$\frac{k'(I_1)}{k'(I_2)}=\frac{\theta_2}{\theta_1}\cdot\frac{\varphi_2}{\varphi_1}\cdot\frac{1}{1+\lambda_1 g\cdot\left(\frac{1-\varphi_1}{\varphi_1}\right)} \tag{10}$$

在(10)式中,当不考虑代理成本时,θ_i 越大,$k'(I_i^*)$ 越小,I_i^* 也就越大,(I_1^*,I_2^*) 是最优投资分配,即根据效率原则,生产效率越高(低)的子公司所应分配到的投资额度也应越高(少)。如果按照这种效率原则进行投资分配,可以在总投资一定的情况下提高整个集团的总产出。

当考虑到母公司的代理问题时投资分配为 (I_1^{**},I_2^{**}),由于 $\varphi_1<\varphi_2$,使得 $I_1^{**}<I_1^*,I_2^{**}>I_2^*$,偏离了最优投资分配方案 (I_1^*,I_2^*),也就是说母公司根据自利原则使得其持有相对较少(多)股份的子公司 1 分配较少(多)的投资额,从而扭曲了内部资本市场的投资分配机制。

再进一步考虑到子公司中的公司治理情况时,此时的投资分配为 (I_1^{***},I_2^{***}),$\lambda_1>0$,使得 $I_1^{**}<I_1^{***}<I_1^*,I_2^{**}>I_2^{***}>I_2^*$,也就是说如果子公司中具有较好的公司治理机制,中小股东的"制衡行为"会抵制上述的母公司所主导的非效率投资分配,能在一定程度上缓解内部资本市场中的投资分配扭曲现象。

总之,在企业集团中不同子公司之间可以通过内部资本市场进行资金融通,一方面根据不同公司的融资成本分别承担不同的融资任务,降低了总的融资成本;另一方面根据不同公司的生产效率分配给予不同的投资额度,提高了总产出,说明企业集团相对于独立企业在资源配置方面确实有其制度优势,这也正是企业集团存在和发展的经济意义之所在。但是企业集团中代理问题的存在确实会扭曲内部资本市场的融投资机制,导致资源配置的低效,但是良好的公司治理机制可以缓解这种扭曲行为。在这个意义上来说,企业集团中的公司治理有着非常重要的意义,不但关系到对投资者的保护,而且最终会影响到整个社会的资源配置效率。

四、小 结

从以上的分析中可以看到,内部资本市场实际上是存在于企业联合体中的介于企业内部和外部市场之间的一种资源配置方式,它兼有市场竞争和企业科层制的双重特性,在资本的集聚、分配、调节方式和导向上都有着自己独有的特点,再加上其在现实经济中的重要性,可以说它是一种值得关注的资源配置形式。就现有的研究来看,内部资本市场对资源配置效率的影响具有两面性,一方面它可以帮助企业缓解融资约束,具有信息优势和监督激励优势,有助于增加企业的价值,使其在应对外部资本市场的不完善时具有明显的制度优势;另一方面经理层的寻租、无效的交叉补贴和内部代理问题的存在又使得内部资本市场具有不利的一面,影响了其资源配置功能的完善。

值得指出的是,对于我国和一些新兴市场经济体,发展和完善内部资本市场具有特别重要的意义。这些经济体中普遍处于向市场经济过渡的阶段,现实的经济状况是:包括资本市场在内的各种外部市场体系及其配套机制尚未完全建立和完善起来,企业内部的公司治理机制和对投资者的法律保护等方面都还处于弱化状态,政府为了发展本国经济和提高国际竞争力而推动大型企业集团的快速发展乃至膨胀,这几个方面导致的结果就是经济快速发展的背后是各方利益冲突的加剧、投资者信心的丢失和企业稳健经营基础的破坏,使得经济体系中隐藏着不稳定的风险因素。这就说明了一方面这些经济体需要通过企业集团组织形式和内部资本市场交易来应对不发达的外部市场;另一方面不完善的公司治理机制、对投资者保护较弱的外部制度环境以及企业集团内部的复杂结构等因素所带来的治理问题又给内部资本市场带来许多负面作用。因此,如何完善企业联合体中的治理机制、规避代理问题、充分利用内部资本市场的有利方面,仍是新兴市场经济体中需要面对的一个重要问题。

隐含违约风险的银行贷款定价研究评述①

摘　要　银行贷款定价是一项复杂的金融工程,通过研究其中的违约风险与贷款定价的内在关联、贷款定价中违约风险的理论刻画、违约风险与贷款定价的实证分析等问题发现:违约风险通过降低信贷市场效率和信贷合同价值影响银行贷款定价决策;贷款定价的理论研究更宜采用内生违约风险,而不是对违约风险作外生刻画;由于缺乏数据,违约风险和贷款定价的经验研究欠缺。

关键词　不确定性;内生违约风险;外生违约风险;银行贷款定价

虽然违约风险的定义不尽相同[1-2],但其对商业银行信贷业务的重要影响得到了一致认同,在贷款定价和风险控制中占据了举足轻重的地位:无论是贷款风险分类[3]3-5、贷款定价[4]155-156还是信贷风险管理[5]415-420,都须考虑违约风险。本文根据已有相关文献,重点分析贷款定价与违约风险的内在联系、贷款定价如何刻画隐含的违约风险以及如何检验违约风险与贷款定价的经验关系这三个问题,并提出对该领域未来研究的展望。

一、违约风险与贷款定价的理论研究

(一)违约风险与贷款定价的内在关联

研究贷款定价必须考虑违约风险,因为其反映了信贷活动中客观存在的不确定性,而贷款定价的核心环节(贷款利率的决定)不能忽视不确定性。正如

---

①　本文作者金雪军、毛捷,最初发表在《浙江大学学报(人文社会科学版)》2008 年第 2 期。

Knight 所言："不确定性通过资本账户进入理性的生产管理，而利润这一特殊问题就存在于资本变动之中。"[6]

忽视违约风险就等于否认不确定性对贷款利润及贷款定价的重要影响，这将导致贷款定价研究过于简化，并且与现实脱节。比如，Ho 和 Saunders 建立的银行信贷 Dealer 模型未考虑违约风险，得到的结论是银行存贷利差仅受市场竞争度、银行风险厌恶度、利率波动和贷款规模的影响，而与借款企业的财务状况、贷款融资项目的收益与风险等内在因素没有关联[7]。同样，Slovin 和 Sushka 建立的商业信贷定价模型仅考虑银行自身的流动性约束，即银行投资于公开市场证券的资金占银行资产的比例至少是 h（一个常数），此时银行净利润最大化的均衡贷款利率仅与无风险收益率和其他一些固定因素相关，所能得到的贷款定价信息十分有限[8]。

事实上，违约风险之所以对银行贷款定价决策具有重要影响，是因为其一方面降低了信贷市场的资源配置效率，另一方面还侵蚀了贷款合同的价值。Sandmo 借助一个简单模型，即包含两个主体、一种初始禀赋、两期收益最大化和两个状态的一般均衡模型，将收益的不确定性引入信贷市场，证明了存在不确定性时信贷市场的均衡不再是帕累托最优（constrained Pareto optimal），原因是在收益不确定性条件下，信贷市场只能在不同时期之间转移资源，而不能在同一时期内的不同状态之间实现资源的最优配置，所以均衡结果仅是受约束的帕累托最优[9]。而根据 Jarrow 和 Turnbull 得到的债务期权定价公式，可以证明违约风险犹如一个无处不在的"缩小器"，通过各种途径降低了贷款合同的价值[10]。

（二）违约风险的理论刻画方法

既然违约风险对于银行贷款定价决策而言至关重要，而且违约风险一般是隐含而非显示于贷款活动中的，因此贷款定价的理论研究就无法回避如何刻画违约风险这一问题。由于贷款定价的专门研究相对较少，而且其属于公司债务定价的一个分支，因此可以在债务定价文献框架里讨论违约风险的理论刻画。

1.内生与外生的"两分法"

Jarrow 和 Turnbull 归纳了债务定价中违约风险的研究方法：（1）或然要求权方法，该方法将隐含信用风险的金融证券视为基于原生资产的"复合期权"（compound options），采用这类研究方法的学者包括 Merton[11-12]、Black 和 Cox[13]、Ho 和 Singer[14]、Johnson 和 Stulz[15]、Chance[16] 和 Kim 等[17]；（2）无违约利率期权方法，该方法完全忽视信用风险，相关研究学者有 Ho 和 Singer[18]；(3)外币期权模型，该方法利用 Jarrow 和 Turnbull 外币分析模型来对违约风险建模[19]；(4)除了上述三种方法外，还有其他一些方法，包括 Hull 和 White 的纯签发者违约风险模型[20]，Litterman 和 Iben 的离散时间模型以及修正的期权定价模型等[21]。

　　Jarrow 和 Turnbull 的总结虽然罗列了违约风险的几种研究方法，但没有从理论高度说清如何刻画违约风险。而更早期的 Feder 指出了银行信贷考虑违约风险的两种思路：内生违约风险与外生违约风险。所谓内生违约风险，是指违约概率、违约损失与贷款定价同步决定；所谓外生违约风险，是指违约概率与违约损失均为固定值，此时贷款定价比较简单，违约概率越高，违约损失越大，贷款定价也越高。对违约风险作内生的或外生的理论刻画，将得到不同的贷款定价结论：内生违约风险能够更好地反映借款人潜在的违约行为对贷款定价的真实影响；而外生违约风险过于简化借款人的违约行为，其所决定的贷款定价包含的有用信息不如内生违约风险多[22]。

2.内生违约风险

　　在内生与外生两分法的大框架下，总的来看，债务定价的理论研究中，内生违约风险的文献数量多于外生违约风险的文献数量。其中，违约风险的内生刻画可以划分为非线性因素（期权定价）和线性因素两大类方法，前者包括 Black-Scholes-Merton 方法、易损期权方法、违约支付率方法，而后者包括简单的线性因素方法和基于密度过程的线性因素方法。

　　(1)Black-Scholes-Merton 方法——单维期权定价。该类方法将违约风险内生到借款企业的价值中。Merton 在 Black 和 Scholes 期权定价方法[23]的基础上，设计了一个违约风险变量——期初债务额与企业总价值的比率，其含义是债务额占企业价值的比率越高，债务企业偿还债务的压力越大，越有可能发生违约行为[11]。为保持模型形式的简洁，Merton 在模型推导时假定债务企业价值外生于债务企业的融资结构，这要求 M-M 定理成立。但这正是 Merton 存在的局限性，当存在破产成本或公司税收时 M-M 定理不成立，Merton 模型所具有的简洁和直观等优点将不复存在。事实上，Baron 发现对于隐含违约风险的债务而言，经典的 M-M 定理要作修改[24]。但这一缺陷并不影响 Merton 模型基本结论的正确性。之后，Merton 沿用这一思路研究银行存款保险与贷款担保的定价问题，给出了如何用期权定价方法去分析隐含内生违约风险的债务定价过程[12]。

根据以存款保险为例的表 1，当 $V \geqslant B$(银行贷款收益大于存款支付)时存款保险公司(担保方)收益和成本均为 0；当 $V < B$(贷款收益低于担保支付)时，担保方成本或负收益为 $B-V$。那么担保方期望成本可以用 $\max\{0, B-V\}$ 表示，因此担保金 $G(0) = \max\{0, B-V\}$，这是一个标准的不付红利欧式看跌期权。由于贷款担保的内在机制与存款保险的基本一致，因此以上结论也适用于银行贷款担保的定价。但是，Merton 的研究存在到期日设定不合理的缺陷。现实情况是只有定期存款的到期日才可观察，活期存款的到期日不能观察，此时不能用一个标准的欧式看跌期权来定价，而更适合使用美式期权。

表 1 存款保险业务各方收益与成本

条件	收益(＋)或成本(－)	主体
$V \geqslant B$	＋	存款投资者
	＋$(V-B)$	银行
	0	担保方
$V < B$	＋	存款投资者
	0	银行
	－$(B-V)$	担保方

Black-Scholes-Merton 方法形成之后，在债务定价(包括贷款定价)研究中占据了十分重要的地位，国内学者也纷纷采用这类方法研究债务定价。但随着国际金融市场日益活跃，近几年的研究发现该方法与市场实际情况存在差异，暗示了 Black-Scholes-Merton 方法具有内在缺陷，尤其是 1998 年著名的 LTCM 对冲基金的破产，致使人们普遍质疑 Merton 等人所建立的违约风险期权模型的正确性。对此，Majumder 做了重要的修补工作[25]。Majumder 认为，Black-Scholes-Merton 方法之所以与现实存在分歧，是因为在实际操作中投资机构没有区分企业特定因素(firm-specific factors)和市场运动，导致对原生资产的估价出现偏差，从而降低了 Black-Scholes-Merton 方法的准确性。通过将影响原生资产变动的因素两分为企业特定因素和市场因素，Majumder 借助市场 β 系数修正了债务企业价值，并利用印度证券市场数据印证这一修正的实际作用。总的来看，Majumder 仍支持 Black-Scholes-Merton 方法的科学性和实用性，认为其之所以失效是由投资操作不正确所致。

(2)易损期权方法——多维期权定价。Johnson 和 Stulz 基于期权本身也存在违约风险这一思想，考虑期权签发者存在违约行为的情况，构建了一个更为一般的期权定价公式[15]。许多期权，如货币期权、贵金属期权和不动产期权等，都是私人签发的(private writer)，一旦签发方违约，期权合同持有者的权利就会丧失。Johnson 和 Stulz 称这类期权为易损期权(vulnerable options)。这类期权与普通期权相比，多了一种违约风险。此时，违约风险被内生到两个变量上：期权原生资产价值和期权签发者价值。因此，易损期权方法是多维的 Black-Scholes-Merton 方法。Johnson 和 Stulz 的研究拓展了对违约风险的一维理解，由于违约风险往往包括多维因素（如贷款投资项目失败、借款人道德风险），内生的违约风险可以是多个变量。借助易损期权模型，我们可以引入与现实更为相符的违约风险假定，因此易损期权方法具有重要的理论意义。但是，易损期权定价公式并不适用于银行贷款定价，银企借贷活动一般不存在易损期权方法里所假定得如此复杂的关系。

（3）违约支付率方法——外汇期权定价。Jarrow 和 Turnbull 的内生违约风险是由违约支付率作为代理变量的，利用外汇期权定价方法，在无套利定价原理(APT)框架下，研究隐含违约风险的债务期权价值[10]。他们构建的模型极易拓展，例如新加入一个违约风险因素，只需加入相应的原生资产价值及该因素的违约支付率即可。Jarrow 和 Turnbull 首先假定市场上只存在两类债券：无风险无息债券和风险无息债券。任何一个隐含信用风险的无息债券都可以分为这两部分之乘积，我们可以称之为信用风险的"两分"。随后定义违约风险，并用二叉树方法，得到离散时间隐含违约风险的债券价值。给定无风险债务和风险债券的利率期限结构，他们又得到了连续时间隐含违约风险的债券价值，与离散时间的价值公式是一致的。Jarrow 和 Turnbull 得到的定价公式远比 Merton 模型复杂，但其直觉是简单的：以隐含违约风险债券为原生资产的期权价值等于两个以无违约风险债券为原生资产的期权价值之线性组合。

（4）线性因素方法。该类方法假定违约风险是某些相互独立因素的线性组合[26]。例如，Feder 设计的违约概率就是将违约风险内生为借款人贷款资金使用结果的线性函数，但仅是简单的线性因素组合[22]。线性因素方法的最新发展与密度过程方法关系紧密，这类方法认为违约风险服从其影响因素（可以是多因素）的某种特定密度过程，即通过违约密度来内生刻画违约风险。相对于简单的线性因素方法，基于密度过程的线性因素方法能够对违约风险进行更为丰富的刻画。正如 Jarrow 等学者指出的那样，密度过程方法是违约风险规范研究的发展趋势[27]，持相似观点的还有 Collin-Dufresne 等[28]。关于违约密度等基本概念可见 Duffie 的研究[29]。

有不少文献使用了基于密度过程的线性因素方法。例如，Repullo 和 Suarez 在研究新巴塞尔资本协议对贷款定价的影响时，对违约风险的设定就使用了线性因素方法，即给定违约密度，并假定违约风险是借款企业财务脆弱度与系统风险的线性组合[30]。Barro 关于贷款担保的经典文献也属于这一类方法，他将违约风险处理为担保金额的密度过程，由此 Barro 得到以下重要结论：一旦有了贷款担保，贷款定价就必须考虑担保对违约风险的内生影响，贷款担保显著地改变了贷款定价，基于贷款担保的违约概率、担保的交易费用、担保均值等因素都应考虑进贷款定价模型[31]。

（5）贷款合同条款与内生违约风险。考虑内生违约风险，除了上述几种刻画方法之外，还需要注意的是债务合同中的几个主要条款，例如贷款合同里的期限、抵押或担保、承诺等。此类条款对违约风险与合同定价也有影响，完全忽略这些合同条款可能导致内生违约风险的失真，上述 Barro 的研究就是佐证。然而，分析贷款合同条款与内生违约风险之间关系的文献并不多，两者之间的关系也的确不简单。有学者将贷款合同条款作为贷款定价的外生变量，例如 Johnson 关于贷款期限对违约风险影响的研究[32]；但也有学者将贷款合同条款视为贷款定价的内生影响因素，例如 Gottesman 和 Roberts 的研究证明违约风险对贷款期限确有影响，两者之间是一种复杂的互动关系，而非简单地由贷款期限来决定违约风险[33]。

对贷款合同条款与内生违约风险，我们的看法是：一旦贷款合同条款对违约风险产生内生化的影响，比如改变违约风险的基本特征与构成等，那么这些条款应当被视为内生违约风险的影响因子。根据这一标准，尽管有反对意见[34]，许多学者仍认为贷款担保与贷款承诺改变了违约风险的基本特征与构成，因此担保、承诺与内生违约风险有紧密联系，应当将担保与承诺视为影响贷款违约风险的内生变量。与此同时，考虑到交易成本，贷款期限、金额、用途、偿付方式等条款相对固定，因此这些条款是影响违约风险的外生因素，可以简化处理。

3.外生违约风险

相比于内生违约风险，外生违约风险的刻画方法比较简单，包括信用评级方法、直接给定方法和贷款合同条款方法。

（1）信用评级方法。该方法的思想源自利用借款企业财务指标来外生刻画信贷活动违约风险[35-37]。Stein 基于信用评级模型,利用 ROC 曲线①来研究银行贷款定价与违约风险,总结出四种贷款决策:基于单一风险的阈值与价格、基于投资组合风险的阈值与价格、市场价格和投资组合价格。在这四类决策下违约风险预测存在两类错误:预测不发生违约但实际违约、预测发生违约但实际不发生违约。根据这两类错误画出 ROC 曲线,则 ROC 曲线将违约风险与信用评级模型联系了起来。利用 ROC 曲线与成本函数,Stein 得到银行贷款的净现值定价公式,由此得到的贷款定价包含了使银行成本最小化的最优违约风险阈值。Stein 认为利用 ROC 曲线和成本函数进行贷款定价要比普通的财务指标方法更有效,因为这种方法不仅考虑了借款人的信用评级,还兼顾银行的成本和违约风险控制要求,得到的贷款定价能够更好地反映银行的现实情况[38]。但是,基于信用评级来外生地刻画银行贷款违约风险,虽然易于操作,但存在过于依赖历史数据、主观判别标准过多以及误判率高等问题,这影响了此类方法的时效性与准确性。

(2)直接给定方法。另一类违约风险外生刻画方法就是直接给定违约风险,并假定它是不受任何因素影响的固定常量。例如,Gambacorta 根据从 20 世纪 80 年代末至 21 世纪初意大利银行业的一些程式化事实,构建了寡头垄断市场结构下银行存贷款定价的一个线性规划模型,其中的信用风险就是直接给定的一个常量[39]。直接给定违约风险虽然大大简化了模型的处理,但与现实不符,对违约风险的理解过于简单,所能反映的信息也很少。以 Gambacorta 为例,该模型得到了有关贷款定价与银行贷款渠道、银行资本渠道以及货币政策之间关系的丰富结论,但违约风险与贷款定价之间的关系却很简单,违约风险与物价水平、基准利率和贷款成本等其他因素毫无关联。

(3)合同条款方法。一定条件下,某些贷款合同条款是影响违约风险的外生因素,因此有学者根据这些条款来刻画违约风险。例如,Chiang 和 Finkelstein 基于激励框架分析了四类贷款合同条款对违约风险的影响:担保(collateral)、首次付款(down payment)、交付人(consigner,其对贷款合同背书可使借款人获得更低的贷款利率或更高的贷款额度,类似于贷款担保)和股权补偿(equity kicker)[40]。但是,Chiang 和 Finkelstein 的研究存在如下缺陷:利用激励框架分析贷款合同条款对违约风险的影响,重点应放在最优惩罚力度的分析上,而他们并未详述这一点,仅用一般的最优化方法讨论问题,也没有考虑

---

① ROC 曲线全名 the receiver operator characteristic curve 中文称之为“受试者作业特征曲线”,能够很好地反映不同阈值下变量的敏感性与特异性,是统计学里常用的分析工具。

借款人的利益最大化,没有分析激励相容。由于合同条款往往存在委托—代理问题,利用贷款合同条款方法外生地刻画贷款隐含的违约风险,只会导致违约风险更加难以界定,模型设定更为复杂。

综上所述,贷款定价过程中隐含违约风险的理论刻画方法总结如表 2:

表 2 隐含违约风险的刻画方法

分类	刻画方法	代表文献	核心思想
内生	Black-Scholes-Merton 方法	Merton(1974—1977)	将违约风险内生于借款企业的价值
	易损期权方法	Johnson 和 Stulz (1987)	违约风险内生于期权原生资产价值和期权签发者价值
	违约支付率方法	Jarrow 和 Turnbull (1995)	用违约支付率作为内生违约风险的代理变量
	线性因素方法	Feder (1980);Repullo 和 Suarez(2004)	内生违约风险是某些相互独立因素的线性组合
外生	信用评级方法	Stein(2005)	利用 ROC 曲线和成本函数进行贷款定价
	直接给定方法	Gambacorta(2004)	假设违约风险是一常量
	贷款合同条款方法	Chiang 和 Finkelstein (1982)	某些合同条款可以作为违约风险的外生决定因素

二、违约风险与贷款定价的经验研究

专门针对隐含违约风险的贷款定价经验研究不多,国外学者的研究重点更多地放在了管制与贷款定价、市场结构与贷款定价等问题上。

(一)考虑违约风险的贷款定价经验研究

Angbazo 是为数不多的直接进行违约风险与贷款定价经验研究的学者。他将违约风险与利率风险作为主要的解释变量,检验了如下假说:违约风险越高,利率风险敞口越大,银行就会要求越高的净利息收益。由于净利息收益就是存贷款利差减去相关费用,所以如果假定存款利率变动很小以及存贷款费用不变,那么净利息收益的变化可以视同贷款利率的变化,因此 Angbazo 的工作实质上就是隐含违约风险的贷款定价经验研究[41]。

Angbazo 直接利用违约风险和利率风险的代理变量进行经验研究,而不是通过先计量出违约风险和利率风险,再计量这两类风险与净利息收益之间的关系。其所用的理论基础是 Ho 和 Saunders 的 Dealer 模型[7],该模型的结论是:利差是市场力量、违约风险和利率风险的函数。计量模型的具体构成如下:因变量是净利息收益;自变量是存贷款利差(包含了各类风险)和银行的特定因素,具体而言包括违约风险、利率风险、违约风险与利率风险叉乘、流动性风险、资本金、隐含支付、准备金、管理能力与分支机构(市场准入管制)。其中,核心自变量违约风险用净放款冲销额(NCO,net charge-offs)计量,利率风险用短期资产净头寸计量。Angbazo 的回归结果发现:(1)违约风险代理变量的系数符号为正,且显著,意味着违约风险越高,银行所要求的净利息收益越高(贷款利率越高);(2)利率风险代理变量的系数符号为负,且显著,意味着短期资产净头寸越多,利率风险敞口越小,银行所要求的利率风险溢价越低。这些结论与理论预测是一致的。

其他一些学者也对违约风险与贷款定价作了实证研究,但都不是对隐含的违约风险如何作用于贷款定价决策的直接检验,而是侧面的或间接的。例如,Jackson 和 Kaserman 对抵押贷款隐含违约风险的实证研究关注计量结果支持哪一类理论模型,提出股价价值模型适合解释违约风险,而支付能力模型不成立[42],但 Barth 和 Yezer 反驳了他们的结论[43]。Carey 比较了私人债务组合与公共债务组合的违约损失率差异,发现信息获取更为充分、监督更为有力的私人债务组合的违约损失率要低于公共债务组合,说明投资主体也会导致违约风险的差异[44]。Emery 和 Cantor 对银行贷款违约风险与债券违约风险的差异研究也支持了这一观点[1]。Dermine 和 de Carvalho 发现贷款合同条款(担保和抵押)、贷款规模、行业特征以及借款企业经营年份等因素都会影响贷款隐含的违约风险大小[2]。

(二)贷款定价的其他经验研究

除了违约风险,国外学者也对其他一些因素与贷款定价之间存在的关联作了实证分析,研究内容涵盖银行业市场结构是否影响贷款定价[45]、管制与银行贷款定价决策[46]以及一国或地区产权文化对贷款定价的影响[47]等问题。这些经验研究的部分结论可用于违约风险与贷款定价的实证分析,诸如市场竞争格局、政府管制以及区域金融文化等因素的确会影响违约风险与贷款定价的内在关联。关于贷款定价领域的经验研究,总结如表 3:

表 3 与贷款定价相关的经验研究主要文献一览表

作者（年份）	样本	观察期	计量方法	关注重点	结论
Edwards (1964)	49 个统计地区的银行数据（美国）	1955.10—1957.10	OLS	市场结构	市场结构影响银行贷款定价
Flechsig (1965)	储蓄额超过五千万美元的成员银行 19 个主要地区的大银行（资产规模在 1.5 亿美元至 100 亿美元之间）	1955—1960.6	OLS	市场结构	考虑了贷款金额、银行及所处地区以及信贷市场供求条件之后，市场结构不再是贷款利率的决定因素
Wu (1969)	占总体 25% 的国家银行的"次级"或"可疑"贷款数据（美国）	1964—1966	OLS	管制与贷款定价	监管机构对银行的贷款行为具有很强的判断
Greer (1975)	48 个州的银行业贷款数据（美国）	1971 年二季度	OLS	管制与贷款定价	贷款利率管制导致了较高的信贷配给率
Jackson 和 Kaserman (1980)	1736 次个人抵押贷款交易	1969	Probit 和 OLS	抵押贷款的违约风险	股价价值模型成立，而支付能力模型不成立
Villegas (1982)	受银行贷款资助的 1039 笔机动车消费贷款交易	1972—1973	HW 极大似然法和 OLS	管制与贷款定价	利率上限对银行贷款行为具有显著的作用
Barth，et al. (1983)	45 个州的 6692 笔个人贷款交易数据	1975.1—1977.8	Tobit 和 OLS	管制与贷款定价	连续的管制变量对单笔贷款存在影响
Chen，et al. (1996)	1126 笔贷款记录（DealScan）	1981.1—1993.11	OLS	管制与贷款定价	管制通过引起银行监督水平的差异间接地影响贷款定价
Angbazo (1997)	资产超过 10 亿美元的银行 1400 笔贷款记录	1989—1993	GLS	违约风险与利率风险	风险越高，贷款利率越高
Chen，et al. (2000)	6352 笔贷款记录（DealScan）	1982.1—1993.11	OLS	管制与贷款定价	管制对贷款利率的影响是不确定的
La Porta，et al. (2002)	92 个国家的银行业信息	1996—1997	OLS	产权文化与贷款定价	产权保护越弱，银行行为越短视

续表

作者 （年份）	样本	观察期	计量方法	关注重点	结论
Emery 和 Cantor（2005）	美国与欧洲部分银行的贷款违约率	1995—2003	—	不同投资主体与违约风险	银行贷款的违约风险相对较低
Dermine 和 Carvalho（2006）	葡萄牙最大私立银行 Banco Comercial Portugues（BCP）的贷款数据	1995.6—2000.12	—	贷款合同	贷款合同条款（担保和抵押）、贷款规模、行业特征以及借款企业经营年份等因素影响贷款回收率

注：（1）DealScan 系 LPC（Loan Pricing Corporation）提供的专业数据库，该库整理了美国和欧洲部分银行的贷款数据；

（2）HW 极大似然法即 Hausman 和 Wise 极大似然法；

（3）最后两个文献由于不是贷款定价的直接经验研究，计量方法不予考虑。

综上所述，国内外关于贷款定价的经验研究并不多，而对违约风险与贷款定价的直接实证分析更为少见，其原因主要是银行信贷数据较难获取，尤其是违约风险的数据，由于违约事件发生的频率是随机的，相关数据难以定期整理。数据缺乏阻碍了对违约风险与贷款定价的深入研究，成为有待解决的问题。

三、结论与展望

（一）现有研究的评述

总的来看，国外关于隐含违约风险的银行贷款定价理论研究趋于成熟，而国内研究尚处于起步阶段（部分学者已经作了重要的理论探讨，如王化锋等[48]、王俊寿[49]、戴国强和吴许均[50]）。根据已取得的研究成果，内生违约风险要比外生违约风险更能如实反映信贷市场存在的不确定性，得到的理论分析结果也更为丰富，因此对于贷款定价的理论研究而言，违约风险的内生刻画优于违约风险的外生设定。而就内生违约风险的刻画方法而言，期权方法（Black-Scholes-Merton 方法、易损期权方法和违约支付率方法）又要优于非期权方法（线性因素方法和违约支付率），这是因为非期权方法存在以下缺陷：过于依赖历史数据；只能间接地刻画违约风险，或者内生刻画过于复杂，不够直观。而 Merton 等开创的期权定价方法具有显著的优势。

但是,贷款定价的期权方法也存在问题,包括债务人价值没有考虑市场有效性存在的局限,导致模型导出的定价与实际不符;对违约风险的刻画不适用于发展中国家,例如"优先原则"并不是必然成立的;没有考虑信息问题,当"优先原则"不成立时,债务人价值大于到期债务偿还额时也存在违约风险,这是由于信贷市场信息不对称。只有解决了这些问题,贷款定价理论研究才能更好地解释现实。与此同时,国内外关于隐含违约风险的贷款定价经验研究不够充实,尤其是贷款定价实证分析中违约因素的设定往往过于粗糙,缺乏理论支持。

(二)隐含违约风险的银行贷款定价研究展望

从已有文献来看,国内对隐含违约风险的银行贷款定价理论和经验研究仍是不充分的,存在以下一些问题:(1)研究或是停滞于实务操作层面的讨论,例如贷款定价的基本形式(成本加成法、基准利率加点法以及客户盈利分析法),或是过于宏观,缺乏细节,例如讨论利率市场化对我国商业银行贷款定价行为的影响等,难以深入分析银行的贷款定价决策机理以及包括违约风险在内的各类因素对贷款定价行为的真实影响;(2)应用国外成熟模型时,缺乏对理论模型假设前提的仔细考量,没有重视其中某些不适合我国国情的设定条件(例如期权定价方法中的"优先原则"等),也并未进行相应的修正,这样容易导致得出错误的结论;(3)违约风险与贷款定价的相关数据严重缺乏,由于数据主要来自涉及银行商业利益的贷款合同,国内尚未建立可供学术研究使用的贷款数据库(类似国外的 Deal Scan 等),阻碍了对我国银行业贷款定价行为的实证研究。

展望今后的发展方向,我们认为:首先需要增强对隐含违约风险的贷款定价基础性理论的研究和探讨,进一步厘清哪些国外研究可以借鉴,哪些假设条件必须修正,提高贷款定价数理分析的精确性;其次通过产学研合作建立可供学术研究的违约风险和贷款定价专用数据库,在确保数据正当使用的情况下,尽可能多地提供包含大量细节的银行贷款分类数据和信贷违约记录,并结合理论研究的成果,对我国银行业的贷款定价与违约风险进行深入的实证研究,为我国银行业增强风险监控和管理提供材料或方案;最后有了基础理论模型和实证检验结论,可以进一步研究隐含违约风险的贷款定价行为与一些宏观变量(比如银行业市场结构、管制和产权文化等)之间存在的内在关联,为我国深化金融体制改革提供新的线索和思路。

参考文献

[1] Emery K M, Cantor R. Relative default rates on corporate loans and

bonds[J]. Journal of Banking and Finance,2005,29(6):1575-1584.

[2] Dermine J, de Carvalho C N. Bank loan losses-given-default:A case study[J]. Journal of Banking and Finance,2006,30(4):1219-1243.

[3] 中国人民银行. 贷款风险分类原理与实务[M]. 北京:中国金融出版社,1998.

[4] 许建忠. 银行产品与服务的定价方法[M]. 北京:经济科学出版社,2005.

[5] [美]乔治·H. 汉普尔,多纳德. G. 辛曼森. 银行管理——教程与案例[M]. 陈雨露译,北京:中国人民大学出版社,2002.

[6] [美]富兰克·H. 奈特. 风险、不确定性和利润[M]. 王宇,王文玉译. 北京:中国人民大学出版社,2005.

[7] Ho T S Y, Saunders A. The determinants of bank interest margins: Theory and empirical evidence[J]. Journal of Financial and Quantitative Analysis,1981, 16(4):581-600.

[8] Slovin M B, Sushka M E. A model of the commercial loan rate[J]. Journal of Finance,1983, 38(5):1583-1596.

[9] Sandmo A. Equilibriumand efficiency in loan markets [J]. Economica,1970, 37(145):23-38.

[10] Jarrow R A, Turnbull S M. Pricing derivatives on financial securities subject to credit risk[J]. Journal of Finance,1995, 50(1):53-85.

[11] Merton R C. On the pricing of corporate debt:The risk structure of interest rates[J]. Journal of Finance,1974, 29(2):449-470.

[12] Merton R C. An analytic derivation of the cost of deposit insurance and loan guarantees[J]. Journal of Banking and Finance,1970(1):3-11.

[13] Black F, Cox J C. Valuing corporate securities:Some effects of bond indenture provisions[J]. Journal of Finance,1976, 31(2):351-367.

[14] Ho T, Singer R. Bond indenture provisions and the risk of corporate debt[J]. Journal of Financial Economics,1982(10):375-406.

[15] Johnson H, Stulz R. The pricing of options with default risk[J]. Journal of Finance,1987, 42(2):267-280.

[16] Chance D. Default risk and the duration of zero coupon bonds[J]. Journal of Finance,1990(45):265-274.

[17] Kim I J，Ramaswamy K，Sundaresan S. Does default risk in coupons affect the valuation of corporate bonds? A contingent claims model [J]. Financial Management，1993：117-131.

[18] Ho T，Singer R. The value of corporate debt with a sinking fund provision[J]. Journal of Business,1984(57)：315-336.

[19] Jarrow R A，Turnbull S M. A unified approach for pricing contingent claims on multiple term structure：The foreign currency analogy [J]. Reviewof Quantitative Finance and Accounting,1998，10(1)：5-19.

[20] Hull J,White A. The impact of default risk on the prices of options and other derivative securities[J]. Journal of Banking and Finance,1995，19 (2)：299-322.

[21] Litterman R，Iben T. Corporate bond valuation and the term structure of credit spreads[J]. Financial Analysts Journal,1991(1)：52-64.

[22] Feder，G. A note on debt,assets and lending under default risk[J]. Journal of Financial and Quantitative Analysis,1980，15(1)：191-200.

[23] Black F，Scholes M. The pricing of options and corporate liabilities [J]. Journal of Political Economy,1973，81(3)：637-654.

[24] Baron D P. Default risk and the modigliani-miller theorem：A synthesis[J]. American Economic Review,1976，66(1)：204-212

[25] Majumder D. Inefficient markets and credit risk modeling：Why merton's model failed[J]. Journal of Policy Modeling,2006(28)：307-318.

[26] 王元月,卢光志,刘玉刚. 信用风险模型的构建方法及其应用[J]. 数量经济技术经济研究,2003(03):142-145.

[27] Jarrow R A，Lando D，Yu F. Default risk and diversification：Theory and empirical implications[J]. Mathematical Finance, 2005，15(1)：1-26.

[28] Collin-Dufresne P，Goldstein R S，Martin J S. The determinants of credit spread changes[J]. Journal of Finance,2001，56(6)：2177-2207.

[29] Duffie D. Credit risk modeling with affine processes[J]. Journal of Banking and Finance,2005(29)：2751-2802.

[30] Repullo R，Suarez J. Loan pricing under basel capital requirements [J]. Journal of Financial Intermediation,2004(13)：496-521.

[31] Barro R J. The loan market, collateral and rates of interest[J]. Journal of Money,Credit and Banking,1976, 8(4): 439-456.

[32] Johnson R E. Term structures of corporate bond yields as a function of risk of default[J]. Journal of Finance,1967,22(2): 313-345.

[33] Gottesman A A, Roberts G S. Maturity and corporate loan pricing [J]. Financial Review, 2004, 39(1): 55-57.

[34] Melnik A, Plaut S. Loan commitment contracts,terms of lending, and credit allocation[J]. Journal of Finance,1986, 41(2): 425-435.

[35] Orgler Y E. A credit scoring model for commercial loans [J]. Journal of Money,Credit and Banking,1970, 2(4): 435-445.

[36] Altman E I, Saunders A. Credit risk measurement: Developments over the last 20 years[J]. Journal of Banking and Finance, 1998 (21): 1721-1742.

[37] Crouhy M, Galai D, Mark R. A comparative analysis of current credit risk models[J]. Journal of Banking and Finance,2000(24): 59-117.

[38] Stein R M. The relationship between default prediction and lending profits: Integrating ROC analysis and loan pricing[J]. Journal of Banking and Finance,2005(29): 1213-1236.

[39] Gambacorta L. How do banks set interest rates? [J]. European Economic Review, 2008, 52(5): 792-819.

[40] Chiang R, Finkelstein J M. An incentive framework for evaluating the impact of loan provisions on default risk[J]. Southern Economic Journal, 1982,48(4): 962-969.

[41] Angbazo L. Commercial bank net interest margins, default risk, interest-rate risk,and off-balance sheet banking[J]. Journal of Banking and Finance,1997(21): 55-87.

[42] Jackson J R, Kaserman D L. Default risk on home mortgage loans: A test of competing hypotheses[J]. Journal of Risk and Insurance,1980, 47 (4): 678-690.

[43] Barth J R, Yezer A M J. Default risk on home mortgages: A further test of competing hypotheses[J]. Journal of Risk and Insurance,1983, 50(3): 500-505.

[44] Carey M. Credit riskin private debt portfolios [J]. Journal of Finance,1998，53(4)：1363-1387.

[45] Gilbert R A. Bank market structure and competition：A survey[J]. Journal of Money,Credit and Banking,1984，16(4)：617-645.

[46] Chen A H，Mazumdar S C，Yan Y. Monitoring and bank loan pricing[J]. Pacific-Basin Finance Journal,2000(8)：1-24.

[47] La Porta R，Lopez-de-silanes F，Shleifer A. Government ownership of banks[J]. Journal of Finance,2002，57(1)：265-301.

[48] 王化锋,秦丽军,赵向东.商业银行贷款定价模型构造研究[J].辽宁工程技术大学学报(社会科学版),2002(01):40-41＋77.

[49] 王俊寿.商业银行贷款定价模型的比较研究[J].南开经济研究,2004(02):99-102.

[50] 戴国强,吴许均.基于违约概率和违约损失率的贷款定价研究[J].国际金融研究,2005(10):43-48.

股票市场投资与主观幸福感

——基于个体投资者的调查问卷分析①

摘　要　基于个体投资者的调查问卷结果显示,约 46% 的投资者认为股票投资带来的快乐在不同程度上超过了痛苦。生活的总体幸福感、年龄、投资收益、投资规模是直接影响投资幸福感的重要因素。对生活总体幸福评价高的投资者从股市投资中能获得更多的幸福;年龄对投资幸福感的影响呈 U 形,中年人的投资幸福感低于老年人和青年人;投资者长期的总体投资收益对投资幸福感有显著的正向影响,而短期内的收益对投资幸福感没有影响;投资规模占家庭资产比重越大,投资幸福感越高;投资的绝对规模越大,投资幸福感越低。此外,认知偏差、投资目标、个性特征等因素可以通过影响投资收益或总体生活幸福感从而间接影响投资幸福感。

关键词　股票;投资行为;主观幸福感;投资收益

一、引　言

中国股票市场是一个具有新兴加转轨特征的市场,也是一个拥有庞大自然人投资者的市场。没有数据可以表明中国股市在跌宕起伏的十几年发展历程中为个体投资者带来了多少真实的收益,但有数据表明,中国股市吸引了越来越多的投资者参与其中。即使在股市震荡下跌的 2007—2008 年,股市依然出

---

①　本文作者杨晓兰、朱建芳、金雪军,最初发表在《浙江大学学报(人文社会科学版)》2011 年第 2 期。

现了大量的新增个人开户数①。随着个体投资者数量的日益增长,股票市场成为全社会关注的焦点,股票投资亦成为不少投资者生活的重要内容之一。面对这样的情形,值得深思的问题是投资股票是否能增加个体福利? 投资行为与福利改进之间的关系受到哪些因素的影响?

　　总体来看,股票市场给投资者带来的福利影响可以归为两类:一是客观物质福利,二是主观体验福利。在主流经济学的研究视野里,主要考虑客观物质福利,股票投资对福利的影响可以从股票市场的财富效应中体现,当股票上涨或者投资分红变动时,由于货币余额的变动,投资者会增加消费支出,这既在宏观上推动了经济的增长,也在微观层次上增加了个体效用。然而,大量的实证研究表明,我国股票市场财富效应并不明显。例如,唐绍祥等利用动态分布滞后模型的研究显示,我国股市既不具有即期财富效应,也不具有长期财富效应[1]。杨春雷的实证研究也表明,我国股票市场对居民总体消费量存在极其微弱的财富效应[2]。这意味着即使股市上涨,投资者并没有显著地提高其消费水平,况且上涨并非中国股市的常态。客观物质福利的最终目的是提高主观体验福利,从这个意义上而言,研究股票投资主观幸福感非常必要。幸福经济学的研究方法为此提供了思路。

　　以丹尼尔·卡尼曼为代表的经济学家跳出了主流经济学强调的"决策效用"的桎梏,借鉴社会学、心理学的研究方法,运用一系列关于主体感受的满意度指标来衡量主观幸福感,讨论了收入增长、失业、通货膨胀等经济因素对人们主观幸福感的影响②。Garling 等通过实验研究的方法,检验了股票价格变化对被试者主观幸福感的影响。他们的实验研究发现,被试者将股票的初始价值作为参照值,股票价格的相对变化比绝对变化更能影响被试者对主观幸福的评价[3]。2009 年,海富通—上海交大投资者教育研究中心(以下简称海富通)对中国投资者幸福感进行了一个调查研究,得出了《股市与幸福感研究报告》。通过问卷调查研究,海富通发现,股民的幸福感高低与上证指数的高低没有关系,而与上证指数的变化有关。此外,海富通的调查结果还表明,个体越受到金钱激

　　① 2007 年初至 2008 年末间我国股票市场的跌幅超过了 70%,而根据《中国证券登记结算统计年鉴 2008》,2007 年新增个人账户 3748.00 万户,2008 年新增个人账户 1425.14 万户。详见 http://www.cninfo.com.cn/finalpage/2009-05-04/52076065.PDF,2010 年 10 月 7 日。

　　② 有关幸福经济学的详细介绍可以参见[瑞士]布伦诺·S.弗雷、[瑞士]阿洛伊斯·斯塔特勒《幸福与经济学:经济和制度对人类福祉的影响》,静也译,(北京)北京大学出版社 2006 年版。

励,越觉得金钱重要,其股市投资的幸福感越低;从人的个性来看,内外控特征和投资回报呈负相关关系,越外控,在股票上的投资回报往往较低,其股市幸福感也较低[4]。

与上述研究主要关注股指变化对幸福感的影响不同,本研究是在幸福经济学、行为金融学的理论基础上,将投资者从投资行为中获得的主观幸福感界定为"投资幸福感",利用调查问卷数据检验投资者人口学因素(年龄、性别、婚姻状态等)、认知偏差(过度自信、过度交易等)、风险态度、个性特征等对投资幸福感的影响。希望本文的研究结论能为投资者教育及提高投资者福利提供一些政策涵义。

二、数据样本和分析变量的描述性统计

调查问卷的发放对象为浙江省杭州市的三家证券营业厅的投资者、浙江大学经济学院研究生进修班在职学员以及浙江大学继续教育学院总裁班学员中的投资者,发放时间为 2009 年 11 月至 2010 年 6 月。收回问卷 432 份,剔除部分不合格的问卷,最终有效样本为 395 份。研究所使用的统计软件为 Stata。

本文的研究目的是分析投资行为的主观幸福感受哪些个体因素的影响,因此需要构建一些变量来衡量个体因素对主观幸福感的影响。

（一）投资行为的主观幸福感

如何测度幸福是幸福经济学关注的主要问题之一。从本质上说,幸福依赖于人们的主观感受。因此,测度幸福不必过度依赖于外在的各种条件,只要直接问具体的个人感觉自己有多少幸福。这是目前幸福研究中所采用的主要方法之一。

有鉴于此,本文用"自我幸福报告法"来衡量个人主观幸福。根据 Seligman 对幸福评价的 7 点计分法,问卷中本文设计的问题是:"仔细回想一下,总体上,投资股票这件事给你带来的快乐多,还是痛苦多",答案从"痛苦远远超过快乐"、"痛苦较多地超过快乐"直到"快乐远远超过痛苦",一共有 7 个等级来度量股票投资给投资者带来的主观幸福感。从该问题获得的答案作为投资者投资股票行为的幸福感指标 IH（investment happiness）。与此对应,本文还要求被调查者回答"在生活中,您觉得您的总体幸福程度有多大",同样通过 7 点计分法,度量被调查者生活中的总体幸福评价 OH（overall happiness）,以控制股票

投资之外其他因素对被调查主观幸福感的影响。

对 IH 和 OH 的统计结果表明，IH 的均值为 4.51，OH 的均值为 5.24，这表明人们从股票投资中获得的幸福感低于生活总体的幸福感。从图 1 列出的 IH 和 OH 分布比例来看，34.9％的被调查者认为投资股票带来的痛苦与幸福持平（赋值为 4），46.1％的被调查者在不同程度上认为快乐超过痛苦（赋值为 5、6 和 7）。与投资带来的幸福感相比，更多的人对生活的总体幸福感给予了积极的评价，有 74.4％的被调查者认为生活中总体的快乐超过痛苦（赋值为 5、6 和 7）。

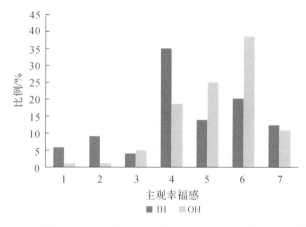

图 1　投资幸福感（IH）和生活总体幸福感（OH）的分布比例

(二)投资者个体人口学因素

从现有的理论和实证研究结果来看，人口学因素会影响总体的主观幸福感，例如，一些研究表明女性的主观幸福感高于男性，尽管差异不是很大[5]；年龄对幸福的影响则呈现 U 型，青年人、老年人的幸福感高于中年人[6]；此外，相当多的研究也表明已婚者所报告的幸福水平比未婚者要高[7]。人口学因素在影响总体幸福感的同时，也会影响个体的投资行为，不同性别、年龄的人在风险态度、投资风格上都可能存在差异。婚姻状态则可能影响个体的投资决策自由，进而影响投资的幸福感。由此可见，人口学因素对投资股票的幸福感会有一定的影响。

本文引入的人口学因素变量包括：性别 GE（gender），年龄 AG（age）和婚姻状态 MA（marriage）。其中，GE 为虚拟变量，当调查者为女性时，GE 取 1，否则取 0；年龄 AG 赋值 1～5，要求被调查者在不同的年龄段中进行选择；婚姻状态 MA 也为虚拟变量，已婚者取 1，其他取 0。

样本的性别和年龄分布情况如表 1 所示。根据《中国证券登记结算统计年鉴 2008》,2008 年末,我国自然人 A 股账户的年龄分布情况为 20 岁以下占比 0.53%,20～30 岁占 16.65%,30～40 岁占 30.43%,40～50 岁占 26.15%,50～60 岁占 15.99%,60 岁以上占 10.25%。本文样本在年龄分布上与此接近,表明了样本具有一定的代表性。从样本的性别分布来看,女性占 38%,这说明在当前的股票市场上,女性也有较高的参与度。此外,样本中已婚者占 86.4%。

表 1　样本的性别和年龄分布

性别		年龄				
男性	女性	30 岁及以下	31～40 岁	41～50 岁	51～60 岁	60 岁以上
62%	38%	16%	32%	29%	11%	10%

(三)投资规模和投资收益

投资者投入股票市场的资金规模在一定程度上决定了股票投资对生活的影响,由此会影响投资者对投资行为幸福感的敏感程度和主观评价。在本文的调查中,本文统计了投资者的绝对投资规模以及投资规模与家庭资产比例的大小。本文用 IA(investment amount,赋值 1～7 的整数)和 RIA(relative investment amount,赋值 1～5 的整数)分别代表投入股市的总投资规模和相对投资规模。调查样本中,投资规模主要分布在 1 万～10 万元(含 10 万元,占 30.8%)和 10 万～50 万元(含 50 万元,占 48.7%)两段。从投资的相对规模来看,45.1%的被调查者投资股票的金额占家庭资产总金额的 20%以下,31.6%的投资者投资规模占家庭总资产 20%～40%。

此外,本文还调查了投资者投资股票以来长期的基本盈利情况 LR(long-run return)和最近一周持有股票的平均盈利情况 SR(short-run return)。LR 用 5 级计分法分别代表亏损远远大于盈利、亏损略大于盈利、盈利和亏损持平、盈利略超过亏损、盈利远远大于亏损。SR 也用 5 级计分,1～5 的整数分别赋值给下跌很多、下跌一些、不涨不跌、上涨一些、上涨很多。调查对象的 LR 平均值为 3.16,SR 的平均值为 3.52,表明从平均水平来看,被调查者基本处于盈亏平衡状态到略有盈利的状态,而近期持有的股票也处于不涨不跌到上涨一些的水平。

(四)投资行为和风险态度

投资行为特征、风险态度与投资幸福感的关系是本文关注的主要问题。这里引入的变量包括衡量投资经验的 IE(investment experience)、代表被调查者投资专业知识水平的变量——从事的职业 VO(vocation) 与受教育程度 ED(education)、衡量投资者认知偏差的过度自信指标 OC(overconfidence)与过度交易指标 OT(over-trade),此外还有风险厌恶指标 RA(risk-aversion)。

投资经验 IE,赋值为 1 到 5 的整数,分别代表投资股票的时间在 1 年及以下、1~3 年(含 3 年)、3~5 年(含 5 年)、5~10 年(含 10 年)和 10 年以上。职业变量 VO 是虚拟变量,当被调查者从事的职业为金融行业时,取 1,否则取 0。受教育程度 ED 赋值 1~5,分别对应高中或高中以下、大专、本科、硕士、博士。为了衡量过度自信,本文提出的问题是:"您认为您投资股票的水平与一般人相比如何?",过度自信指标取 1~5 的整数,分别对应答案:差很多、差一些、差不多、好一些、好很多。过度交易指标则用投资者持有股票的平均时间来衡量,赋值 1~4,分别对应 1 年以上、6~12 个月(含 12 个月)、1~6 个月(含 6 个月)和 1个月及以下。风险厌恶指标 RA 用 1~7 赋值对应投资者在回答"通常情况下,您投资股票时对于风险的态度是什么"的 7 个答案为:轻微害怕风险、少许害怕风险、有点害怕风险、一般害怕风险、比较害怕风险 、相当害怕风险和非常害怕风险[①]。

(五)投资目标和个性特征

与海富通的研究[4]类似,本文也将投资目标和个性特征引入对投资行为幸福感的分析中。投资目标 IO(investment objective)为虚拟变量,当投资者在回答投资目标时选择"赚钱",则为 1,否则为 0。外控特征变量 EC(external control)用被调查者对以下两个问题的回答来衡量,问题一为"A 与 B 两个观点,您更认同哪个? A. 人们生活中很多不幸的事都与运气不好有一定的关系。B. 人们生活的不幸起因于他们所犯的错误。"问题二为"A 与 B 两个观点,您更认同哪个? A. 很多时候我对自己的遭遇都感到无能为力。B. 我根本不会相信机遇或运气在我生活中会起重要作用。"A 答案赋值 1,B 答案赋值 0,EC 取两个问题答案赋值的总分,以衡量被调查者是否有较强的外控个体特征。

---

① 衡量风险态度的方法非常丰富,本文采用了一种自主报告风险态度的方法,得出的风险态度指标是被调查者对自身风险态度的一种主观感知和评价,该 7 级计分法主要应用于采用调查问卷方法的研究中,例如,D. Beckmann & L. Menkhoff. Will Women Be Women? Analyzing the Gender Difference among Financial Experts[J]. Kyklos, 2008, 61(3): 364-384.

主要变量的统计描述如表 2 所示:

表 2   主要变量的统计描述

变量	观察值	最小值	最大值	均值	标准差
IA(总投资规模)	395	1	6	2.82	0.909
RIA(相对投资规模)	393	1	5	1.92	1.077
LR(长期收益)	392	1	5	3.16	1.154
SR(短期收益)	394	1	5	3.52	0.948
IE(投资经验)	394	1	5	2.99	1.267
VO(职业)	395	0	1	0.29	0.456
ED(受教育程度)	392	1	4	2.51	0.831
OC(过度自信)	385	1	5	2.98	0.891
OT(过度交易)	383	1	4	2.79	0.906
RA(风险厌恶)	388	1	7	2.74	1.445
IO(投资目标)	395	0	1	0.50	0.501
EC(外控特征)	386	0	2	0.91	0.743

三、基于 Ordinal 回归的实证分析

为了检验各个变量对投资行为幸福感的影响,本文进行了回归分析。由于自变量投资幸福感 IH 为多类有序变量,因此,本文采取了 Ordinal 回归方法。表 3 给出的方程(1)至方程(4)的回归结果,分别对应被调查者的生活总体幸福感、人口学因素、投资规模和投资收益、投资行为和风险态度等不同类别的自变量。根据 Ordinal 回归的原理,通过回归结果中自变量对应的估计值,可以计算出各自变量的 OR 值,表明自变量每改变一个单位,自变量提高一个等级的对数发生比(log-odds ratio),由此作为判断自变量对因变量影响的依据。

表 3   Ordinal 回归结果(因变量:投资幸福感 IH)

		(1)	(2)	(3)	(4)	(5)
自变量	OH	0.3838***	0.4668***	0.3746**	0.3084*	0.4492***
		(0.0007)	(0.0006)	(0.0156)	(0.0561)	(0.0000)

续表

		(1)	(2)	(3)	(4)	(5)
自变量	GE	−0.3633 (0.1847)	−0.4621 (0.1310)	−0.1650 (0.6319)	0.0758 (0.8413)	
	AG	−0.0065 (0.9573)	−0.1202 (0.3779)	−0.2141 (0.2191)	−0.3378* (0.0873)	
	MA	−0.2968 (0.4436)	0.1492 (0.7323)	−0.3366 (0.5126)	−0.4211 (0.4324)	
	IA		−0.3395* (0.0609)	−0.3174 (0.1350)	−0.2375 (0.2731)	−0.2980* (0.0721)
	RIA		0.3374** (0.0204)	0.2107 (0.2104)	0.3047* (0.0927)	0.374*** (0.0062)
	LR		0.7839*** (0.0000)	0.8366*** (0.0000)	0.8238*** (0.0000)	0.7971*** (0.0000)
	SR		0.2325 (0.1358)	0.1781 (0.3414)	0.1948 (0.3264)	
	IE			0.2780* (0.0957)	0.2368 (0.1808)	
	VO			−0.3408 (0.1324)	−0.0851 (0.7334)	
	ED			−0.0564 (0.8811)	−0.1139 (0.7760)	
	OC			0.1133 (0.5912)	−0.0320 (0.8891)	
	OT			−0.0038 (0.9840)	−0.0512 (0.8023)	
	RA			−0.0670 (0.5696)	−0.0489 (0.6926)	
	IO				0.0444 (0.8977)	
	EC				−0.0405 (0.8662)	
Chi-Squre		11.452	54.972	55.114	50.267	58.466
显著性		0.022	0.000	0.000	0.000	0.000

注:括号内的数字代表估计系数的显著性,***、**和*分别代表估计系数在1%、5%和10%水平下显著,下同。

从表 3 中可以看出,被调查者对生活的总体幸福感 OH 显著影响了投资股票的幸福感,这意味着对生活总体幸福评价高的人,也能从股市投资中获得更多的幸福。幸福心理学的研究对此作出了较好的解释,生活总体评价为幸福的人们具有明显的个性特质,他们往往比较乐观,与悲观者或神经质的人相比,对同一事件的解释往往更乐观,这种个体特质会表现在生活的各个方面,股票投资行为也不例外。

根据回归方程(1)的结果,女性投资者比男性投资者的投资幸福感低,但这种差异并不显著。此外,年龄、婚姻对投资幸福感的影响也不显著。然而当本文将年龄作为一个有序分类变量而不是连续变量引入回归方程(1)时,发现不同年龄组投资者的投资幸福感存在差异。表 4 的结果显示,以 60 岁以上的人为参照组,31～40 岁和 51～60 岁年龄组的投资幸福感显著低于参照组。从各个年龄组的投资幸福感平均水平来看,60 岁以上最高为 5.17,其次为 30 岁及以下(4.90),投资幸福感最低的年龄组是 51～60 岁(3.90)。年龄与幸福存在 U 型关系的结论已经被一些研究所证实,而本文的实证结果也表明,60 岁以上的老人能从股市投资中获得较高的幸福感,投资幸福感最低的年龄组为中年人。Ryff 曾发现,与年轻人相比,老年人的期待与他们的实际感受更为吻合,这是老年人幸福感更高的一个主要原因[8]。投资股票这种风险性的行为能给老年人带来更多的幸福,可能的原因是老年人更多地将投资股票作为一种丰富退休生活的方式,而非赚钱的途径。从对"投资的主要目的"这一问题上,本文发现在 60 岁以上年龄组中,仅有 22% 的人选择"赚钱",而在其他年龄组,以"赚钱"为主要目标的投资者都超过 40%。

表 4 以年龄为分类变量的 Ordinal 回归结果(因变量:投资幸福感 IH)

年龄 AG	估计值	显著性	OR 值
30 岁及以下	−0.2773	0.6043	0.7578
31～40 岁	−0.8466*	0.0526	0.4289
41～50 岁	−0.6931	0.1592	0.5000
51～60 岁	−1.5487***	0.0053	0.2125

注:除了将年龄作为分类变量以外,表 4 的回归方程与表 3 的回归方程(1)的形式完全一致。除年龄之外,其他自变量的估计结果在表中省略了。回归结果是以"60 岁以上"的年龄组为参照组,回归系数代表相对于 60 岁以上的人,各年龄层对投资幸福感的影响。*** 和 * 分别代表估计系数在 1% 和 10% 水平下显著。

回归方程(2)、(3)、(4)显示,被调查者投资股票以来的总体的投资收益情况 LR 对投资幸福感有显著的正向影响。Ryff 提出的心理幸福感模型认为,生活目标、自我接受是幸福感来源的重要组成部分。获取较大收益既是投资行为的重要目标,也能证明投资者的能力、增加自信和提升自我接受度,从而带来较高的投资幸福感[9]。

SR 代表被调查者最近一周所持有股票的平均涨跌情况,回归结果显示,这种短期收益对投资幸福感有正向的影响,但并不显著。这意味着,投资幸福感是受投资者长期以来总体收益情况影响的一种心理体验,并非因短期内股市涨跌而显著改变。在回归方程(2)、(4)中,投资者股票投资相对规模 RIA 对投资幸福感也有显著影响,投入股票的资金占家庭收入的比重越大,投资者能感受到更多的幸福。这可能来源于一种自我选择的正反馈机制,投资者的投资幸福感越高,就越愿意将更高比例的家庭资产配置到股票投资中。然而,方程(2)显示投资的总规模 IA 对投资幸福感有负向的影响,其可能的原因是当投资规模越大时,投资者会承受更大的压力,导致其从投资中获得的幸福感降低。

综上所述,方程(1)～(4)表明,在选取的各个因素中,生活的总体幸福感、投资的总体规模、投资的相对规模以及投资的长期收益对投资幸福感有显著的影响。方程(5)显示了仅将这几个因素作为解释变量的回归方程结果,进一步证实了从方程(1)～(4)中得出的结论。

回归方程(4)和(5)引入了有关投资者投资行为偏差、专业知识水平、投资目标以及个性特征等指标,但这些指标对股市投资幸福感并没有直接影响。那么,这些变量是否会影响总体投资收益,从而间接影响股市投资幸福感呢?本文以长期投资收益 LR 为因变量构建了回归方程,结果如表 5 所示。回归方程的 Chi-Square 为 43.931,显著性为 0.000,表明模型中的自变量对因变量有很好的解释能力。

表 5　Ordinal 回归结果(因变量:长期投资收益 LR)

自变量	估计值	显著性	OR 值
GE	0.120	0.748	1.1275
AG	−0.269	0.160	0.7641
MA	0.785	0.130	2.1924
IE	0.487 ***	0.003	1.6274
VO	0.144	0.702	1.1549

续表

自变量	估计值	显著性	OR 值
ED	-0.057	0.795	0.9446
OC	-1.053^{***}	0.000	0.3489
OT	-0.003	0.990	0.9970
RA	0.003	0.982	1.0030
IO	0.712^{**}	0.032	2.0381
EC	-0.230	0.316	0.7945

　　表 5 的结果显示,年龄、性别等人口学因素对收益没有显著影响。投资经验对总体收益有显著的正向作用,而从事金融行业以及具有较高的学历水平都不能给投资者带来更高的收益。在代表投资者认知偏差的各个变量中,过度自信对总体收益有显著的负面影响,投资者对自己的投资水平越是过度自信,其收益越低。投资者自我报告的风险态度、投资者的外控个性特征与收益之间的关系都不显著。此外,投资者的投资目标与收益有正相关关系,在控制了其他变量的条件下,以"赚钱"为目标的投资者有更高的收益率。

　　表 5 的回归结果表明,一些个体变量虽然对投资幸福感没有直接影响,但对长期投资收益有显著影响。由此,本文将继续考察一些个体变量是否会通过影响总体生活评价而对投资幸福感产生间接影响。本文引入一些个体因素变量,将生活总体幸福感 OH 作为因变量进行 Ordinal 回归,回归方程的 Chi-Square 为 14.242,显著性为 0.047。具体回归结果见表 6:

表 6　Ordinal 回归结果(因变量:生活总体幸福感 OH)

自变量	估计值	显著性	OR 值
GE	-0.011	0.970	0.9891
AG	-0.130	0.395	0.8781
MA	0.606	0.158	1.8331
ED	-0.257	0.170	0.7734
VO	-0.731^{**}	0.022	0.4814
EC	-0.422^{**}	0.031	0.6557
RA	-0.120	0.231	0.8869

从表 6 的回归结果中可以发现,在各个自变量中,被调查者的职业和外控特征对生活总体幸福感有显著影响。从职业变量 VO 的 OR 值来看,从事金融行业的被调查者的幸福感显著低于非金融行业。此外,具有外控特征的人的幸福感低于内控特征的人,这一结论与国内外现有的研究结论是一致的。外控的人通常更容易认为他们的生活完全受到他人或机遇控制,因此对自己今后生活的控制感较差,具有较强的无助感,其主观幸福感较低,而内控的人则与此相反。

四、结论与政策含义

人们能否从股票投资中感受到幸福? 在本文的调查样本中,接近半数的投资者给出了肯定的答案。本文关注的不是投资者共同面临的市场环境,而是投资者个体因素对投资幸福感的影响。通过对变量之间关系的考察,本文得出的主要结论包括以下几点:第一,对生活总体幸福评价高的投资者从股市投资中也能获得更多的幸福。第二,投资的长期收益情况显著影响投资的幸福感,长期收益越高的投资者,投资幸福感越高,但投资者所持股票近期的涨跌并不会影响他们的幸福评价。第三,投资规模占家庭资产比重越大,投资行为的幸福感越高;投资的绝对规模越大,投资幸福感越低。第四,60 岁以上的老年人比其他年龄组更能从股市投资上获得幸福感,51～60 岁的中年人获得的投资幸福感最低。第五,投资者的经验、过度自信以及投资目标虽然没有直接影响投资幸福感,但影响投资的总体收益,从而与投资幸福感有间接的关系,具体而言,投资者投资经验越多,收益越高;投资者过度自信水平越高,则收益越低;而总体上,金钱目标与收益有正向关系。第六,投资者的行业、投资规模和外控特征对生活的总体幸福感有显著影响,从事金融行业的投资者其幸福感低于非金融行业,具有外控特征的投资者的幸福感比内控特征的投资者低。

投资行为的根本目的是获得资本回报,一个正常的、完善的股票市场应该能为投资者带来持续、稳定的收益流。从本文的结论中,本文可以看到投资者的投资幸福感主要取决于从股票市场获得的长期总体收益。这表明,管理层只有加强股票市场的制度建设、优化股票市场的功能,才能从真正意义上提高投资者的福利。此外,从投资者教育方面来看,积累投资经验、克服认知偏差等有利于投资者从股票投资中获得更高的收益和更多的幸福。

参考文献

[1] 唐绍祥,蔡玉程,解梁秋. 我国股市的财富效应——基于动态分布滞后模型和状态空间模型的实证检验[J]. 数量经济技术经济研究,2008(6):79-89.

[2] 杨春雷. 我国股票市场财富效应的实证研究——基于中国牛市期省际面板数据的经验分析[J]. 金融发展研究,2009(5):65-68.

[3] Gärling T,Gamble A,Svedsaeter H. Happiness in the stock market[EB/OL]. [2010-10-09]. http://www3. unitn. it/events/he/download/garling. ppt.

[4] 佚名. 股市与幸福感研究报告:基民幸福感跟着股市走[EB/OL]. (2009-8-11)[2010-9-20]. http://stock. cnbb. com. cn/10jqka_cache/content/de/a1/61258939. html.

[5] Inglehart R F. Culture shift in advanced industrial society[M]. Princeton:Princeton University Press,1990.

[6] Blanchflower D G,Oswald A J. Well-being over time in britain and the USA[J]. Journal of Public Economics,2004(88):1359-1386.

[7] Argyle M. Causes and correlates of happiness[J]. Well-being:The Foundations of Hedonic Psychology,1999:353-373.

[8] Ryff C D. Possible selves in adulthood and old age:A tale of shifting horizons[J]. Psychology and Aging,1991,6(2):286-295.

[9] Ryff C D. Happiness is everything,or is it? Explorations on the meaning of psychological well-being[J]. Journal of Personality and Social Psychology,1989,57(6):1069-1081.

网络媒体对股票市场的影响

——以东方财富网股吧为例的实证研究①

摘　要　中小投资者在股票论坛的讨论是否会对股票的收益率与成交量产生影响？为了回答这一问题，本文抓取了中国最大的股票论坛在 2012 年 10 月至 2013 年 9 月期间共 580 万条发帖数据。借助文本挖掘技术，我们提取发帖中蕴含的投资者意见，并在此基础上建立了看涨指数以及意见趋同指数。通过考察这两个指数与股票价格、成交量的关系，我们发现：第一，看涨指数与股票收益率呈正向相关，且看涨指数对第二天的收益率具有预测作用，但由于股票论坛的发帖更新十分迅速，滞后多期的看涨指数对收益率的影响在统计上则并不显著；第二，意见趋同指数影响成交量，意见趋同程度越低，股票的交易量越大；第三，论坛发帖量对股票成交量有着显著的正向影响。随着信息技术的不断发展，网络媒体对股票市场产生的影响将日益凸显，如何加强股票市场信息披露、规范网络信息管理是金融监管当局亟待解决的一个重要问题。

关键字　网络传媒；股票市场；文本挖掘

在互联网时代背景下，众多现实案例和理论研究表明网络舆论不仅在公共事件中扮演了重要角色[1]，其影响力甚至扩展到了金融市场。网络传闻导致上市公司股价暴涨暴跌的事件时有发生。例如 2011 年第一季度，南风化工（000737）已预计公司 2010 年度将亏损 3.8 亿元左右，但是由于某网络论坛上有传闻称其正在研发"世界上最薄最坚硬的纳米材料"——石墨烯，导致该公司股价连续两日触及涨停。又如，2012 年 8 月互联网出现关于中信证券（股票代码 600030）

---

① 本文作者金雪军、祝宇、杨晓兰，最初发表在《新闻与传媒研究》2013 年第 12 期。

的一系列传闻——公司"海外投资巨亏"、"高管出事",导致中信证券股价大跌。虽然上市公司通过主流媒体对这些传闻进行了澄清,但传闻在网络媒体的迅速扩散已经导致相关股票的非理性波动,中小投资往往在这一过程中遭遇损失。

除了在这些特殊事件中传播不实信息、放大非理性情绪从而造成个股股价的波动之外,网络传媒在日常的交易中是否还对整体市场具有影响?网络论坛中股民每天的海量发帖是否包含有股票市场未来走势的信息?传统的金融理论认为,中小投资者的意见不会对股票市场产生显著的影响[2],因为股票市场由大型机构投资者主导,专业投资分析师具有绝对信息优势;而中小投资者所拥有的资金少,获得信息成本又很高,始终处在市场的边缘地带,意见无法汇聚,更无法有效地向市场传递[2]。然而,有别于以往的只读式文化参与,Web2.0网络内容生产的创造性和主动性开启了人们全新的网络使用方式[3],以股票论坛为代表的网络平台成为中小投资者传播信息、宣泄情绪的主要渠道。当彼此分散的情绪与意见在论坛上碰撞融合,虚拟世界的信息洪流便可能转化为对现实世界的影响力。我们感兴趣的问题是:来自股票论坛的讨论是否已经强大到能够影响现实的股票市场?

一、研究背景与现状

网络媒体对金融市场的影响是传媒学与金融学交叉领域的研究主题。在金融学的研究范式里,信息与股价的关系是一个核心问题。在互联网时代,信息的传播结构与模式发生了巨大变化,网络传媒对股价的动态影响受到金融学者的日益关注。与此同时,网络信息资源中所蕴含的丰富的文本情感知识也引发政府、企业以及投资者等多主体的重视,成为体察社会舆情、探测用户需求心理的重要依据。如何将金融市场、网络媒体、文本信息提取三者结合成为了当前的热点研究领域。

股票论坛的研究中遇到的最大困难之一是难以量化与搜集文本,故现有的研究多停留在数值型数据,实际模型的计算与推断极少考虑文本型数据。例如,维索茨基(Wysocki)以发帖量度量网络信息,考察了1998年1月至8月发帖量最大的50家公司,发现发帖量的确能够预测第二天股票的交易量与异常收益率[4]。达(Da)等则用搜索强度(search intensity)来量化网络信息。他们分析了Russell 3000指数中每个公司的股票代码简称在谷歌(Google)的搜索强度,结果显示搜索强度对那些小规模市场的收益率具有更大的预测力,而对于那些以机构投资者为主的市场(纽约证券交易所或纳斯达克)的预测力则较小[5]。在达等的基础上,约瑟夫(Joseph)等将个股按照搜索强度分成了五组,并以此建立了一个"每周买入搜索强度最高组的股票"的投资策略。他们发现该策略的超额收益率的确随着搜索强度的增加而增加,搜索强度最高的股票比搜索强度最低的股票平均每周收益率高 0.17%[6]。

发帖量、搜索量等数值型数据具有维度有限的局限性,只能间接体现投资者的意见;而文本数据来源广泛、信息完整,作为语言主观性的体现直接表达了投资者的立场,具有数值型数据无法比拟的优势[7]。目前国外已经有学者开始应用网络媒体的文本型数据进行金融研究。一个经典的研究来自安特魏莱尔(Antweiler)与弗兰克(Frank),他们采用朴素贝叶斯算法将来自雅虎金融(Yahoo! Finance)里的 150 万条帖子分成看空、看多、持平(包括噪声)三类,并由此构建了一个投资者看涨指数,结果发现论坛信息可以预测股价的波动率[8]。博伦(Bollen)等人借助谷歌的文本挖掘工具来考察投资者情绪。他们搜集了 2008 年 2 月 28 日至 12 月 19 日之间近 1000 万条推特(Twitter)上的公共微博,采用谷歌的 OF 与 GPOMS 工具来分析微博文本的情绪倾向,并用该情绪倾向来预测第二天道琼斯指数的涨跌,发现预测的正确率达到了 87.6%[9]。

从国内的研究情况来看,研究网络媒体数值型变量与股价的关系已经开始出现[10],然而,分析网络媒体文本型数据与我国股票市场关系的研究还非常缺乏。我们认为和国外相比,研究网络传媒在中国股票市场上产生的效应更加有意义,其原因有以下两点:第一,中国股票市场散户众多,且股民与网民高度重叠,网络传媒是中国股市个体投资者获取信息和表达情绪的重要平台;第二,中国股票市场具有"消息市"、"政策市"的典型特征,与传统媒体相比,中国股民更愿意从网络媒体中获得所谓的内幕消息,这使得网络传媒的效应进一步凸显。

本文的意义在于应用文本挖掘技术,克服人工理解方式的低效性,从海量的发帖文本中准确、快速、自动地提取其中的情感倾向。我们选取了东方财富网旗下的股票论坛——"股吧"作为国内当前股票论坛的典型代表,不仅研究每只股票的发帖量等数值特征,而且从发帖文本中提取看涨指标和意见趋同指标,以此检验股票论坛是否会影响股票市场。

二、研究假设

检验网络媒体信息对股票市场价格、成交量的影响是本文的主要研究目的。

为此,本文首先希望通过提取股票论坛帖子所蕴含的意见倾向,构建看涨指数,检验网络论坛的看涨意见是否会对股价产生影响,其程度又如何。其次,我们希望检验意见分歧是否真的是交易的动力。有学者认为人们之所以会进行股票交易,是因为人们对于股价的未来走势具有不同的意见[11]。如果这个假设成立,那么我们应该观察到当人们意见分歧程度越大时,股票的成交量就越多。最后,发帖量反映了人们参与讨论的程度,而成交量反映了人们实际参与交易的程度,如果股票论坛与股票市场是相关的,那么我们应该可以观察到发帖量越多,成交量也就越多。为了具体研究网络传媒与股票市场的关系,我们提出如下三个假设:

H1:网络论坛文本信息体现的看涨意见指数越高,股票的收益率就越大,而且看涨意见指数对股票收益率具有预测作用。

H2:网络论坛文本信息体现的投资者意见分歧越大,股票的成交量就越大。

H3:网络论坛发帖量与成交量呈正相关。

三、研究样本与数据的基本情况

本文获取的所有发帖都来自中国最大的股票论坛——东方财富通股吧(guba.eastmoney.com)。股吧是一个开放性的网络论坛,任何访问者可以匿名或者不匿名(注册会员)地参与讨论。股吧的讨论内容分为两类,一类是按主题设置的讨论区,例如股市实战吧,财经评论吧等;另一类是按个股设置的讨论区,在深沪两市主板、创业板上市的所有股票都有各自的讨论区。通常情况下,投资者要发表对某个股票的评论意见或者搜寻与该股票相关的信息都会进入该股票对应的专门讨论区。由于机构投资者有自己专门的平台进行网络信息的发布(如证券公司的主页、博客、微博等),股吧的讨论者绝大部分是散户。

我们运用网络爬虫工具 GooSeeker 抓取了所有创业板股票的历史发帖数据作为样本,代码从 300001 至 300356 共计 356 只个股①。选择创业板的原因是因为创业板股票股本数小,股价波动大,更容易反映市场情绪的波动。样本期间从 2012 年 10 月持续至 2013 年 9 月,共有近 100 万条主帖与近 500 万条回帖。由于大多数回帖十分简略,往往只有"支持楼主"、"顶"等寥寥若干字,所蕴含的意见十分有限,而主帖则内容详尽,一般体现了明确的意见,因此在文本挖掘中我们只考虑主帖的内容。

---

① GooSeeker 是目前广泛使用的开源网络爬虫工具,可在 www.gooseeker.com 下载。

选择东方财富网作为数据来源理由如下：(1)东方财富网在中国所有金融类网站中流量排名第二（排名第一的为中国工商银行），能够最全面及时地反映中小投资者的意见。① (2)公开追溯时间长。我们在东方财富网中最早能追溯到 2 年前的发帖，而排名仅次于东方财富网的和讯网（www.hexun.com），则只能追溯 3 个月前的发帖数据。(3)变量齐全。东方财富网股吧保留了发帖人 IP、发帖时间、标题、点击量等变量。表 1 展示了样本的基本情况。

表 1　最终数据集数据描述

总观测样本	主帖	99.04 万条
	主帖＋回帖	581.89 万条
起止日期	2012 年 10 月 15 日—2013 年 9 月 18 日	
样本期跨度（自然日/交易日）	338/227	
每主帖平均点击数（次）	766	
每主帖平均回复数（条）	5.1	
每股日平均发帖数（条）	50.8	

图 1 显示了一天 24 小时之内发帖量的时间分布图。创业板每天的交易时间为上午 9:30 至 11:30，下午 1:00 至 3:00（分别在图 1 中用竖线标识）。我们发现，发帖量在开市的上午和下午两个时间段达到了明显的高峰。值得注意的是，发帖量在下午 4:45 与晚上 9:00 再次上升。我们推测，下午 5 点左右正值

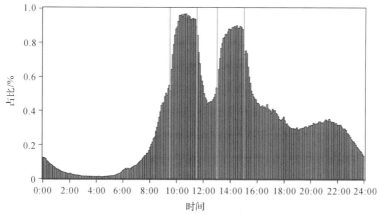

图 1　发帖量在一天中的分布

---

①　数据来源于 www.chinarank.org.cn。它是由中国互联网协会主办的统计中国各网站流量的非营利性组织。

许多股民临近下班,他们通常会在这个时间浏览股市行情、了解信息,在股吧发表自己的意见。同样,许多白天无法关注行情的中小投资者往往喜欢在晚上(晚9:00左右)浏览股吧信息,并参与股吧的讨论。总体上,在开盘期间的发帖量占一天总发帖量的36%左右,收盘期间的发帖则占到了64%,收盘期间的发帖要远远多于开盘期间的发帖。

我们还考察了发帖量在一周、一年内的日历分布情况。图2显示,周一的发帖量在一周内处于较低的水平。谭松涛等对我国三大证券报信息量的周内分布进行过统计,发现周一的信息总量显著低于一周内其他交易日,这与我们对网络论坛的发帖量统计是一致的[12]。从信息流的角度来看,投资者在周一开盘前有更多的时间搜集和分析周五收盘以来的信息,因此市场在周一的分歧程度较小,相关论坛的讨论数量也显著降低。论坛发帖量在周四和周五进入一周内的最高水平。图3显示了发帖量在一年内的分布,网络论坛发帖量最高的月

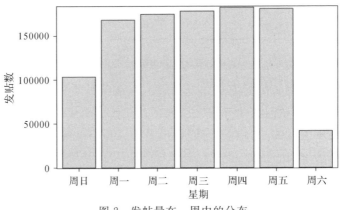

图2 发帖量在一周中的分布

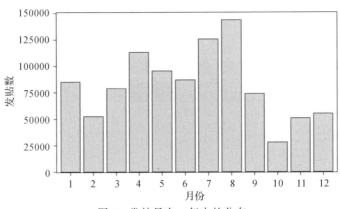

图3 发帖量在一年中的分布

份是 4 月与 8 月。原因可能有两点：一是农历春节过后，市场资金逐步入场，论坛发帖量随着市场的活跃程度相应提升；二是我国的上市公司通常在 3 至 4 月披露年度财务报告，8 月披露半年度财务报告，此时股市进入所谓的"年报（半年报）行情"，投资者有关上市公司收益、分红及其股票涨跌的讨论由此进入了高潮期。

四、运用文本挖掘技术建立看涨指数与意见趋同指数

网络论坛从本质上来说是投资者意见积聚、传播的平台。由于网络论坛具备匿名性、互动性、草根性的传媒特征，网络帖子可能包含真实的信息，也可能包含虚假的信息，也可能仅是没有实质信息的情绪表达。无论帖子是否具有实质信息，股吧的帖子体现了投资者对特定股票未来趋势的倾向性意见。这种意见通过网络媒体的传播、扩散，影响了个体的投资决策，并最终可能对股票市场的走势产生影响。

为了实现本文的研究目标，我们将利用文本挖掘技术提取股吧帖子文本中所包含的意见，构建看涨指数和意见趋同指数两个指标，检验这两个指标是否会对股票市场的价格和成交量产生影响。看涨指数衡量了投资者意见的总体方向，从平均意义上统计投资者对某只股票走势的倾向性意见，看涨指标越高意味着投资者普遍认为该股票会上涨。意见趋同指标衡量了市场意见的分歧程度，意见趋同度越低代表着投资者各自的意见存在较大的分歧。我们首先构造个股的看涨指数与意见趋同指数，然后在个股的基础上加总得到整个市场的指数。

我们对股吧帖子文本数据的处理包含分类与指标构建两个主要步骤①。首先采用文本挖掘工具提取每条发帖所蕴含的情绪，并用数字编码，然后将这些编码后的帖子加总，得到我们需要的指数。

（一）用文本挖掘方法对帖子进行分类

本文借助文本挖掘工具将近百万条股吧发帖按照其所体现的意见类型分

---

① 在对帖子进行分类之前，我们对帖子文本还有大量的处理工作，包括利用向量空间模型对文本进行数学表达，根据网络语言特点构建停/用词库，以及使用 IKAnalyzer 2012 分词包对帖子文本进行分词等。由于篇幅所限，以上非核心技术细节在此省略。

成三类:看涨、中立/噪音、看跌。我们使用应用最广泛的数据挖掘开源包 Weka[1],在将多种算法进行对比后最终选择正确率最高的 KNN 算法,并选参数 $K=5$[2]。用计算机进行文本分类的过程如下:首先从全体样本中随机抽出一小部分进行人工分类,这些抽取出的数据被称为"训练数据集";然后计算机通过学习训练数据集的结果建立起自己的分类模型;接着,我们将训练得到的分类模型反过来应用于训练数据集上进行验证,如果得到的结果和人工的分类结果十分接近,那么就说明我们建立的分类模型是合意的,可以将它应用在待分类的数据集上。

作为学习样本的训练数据集的正确与否对于最后的分类效果有很大影响。为了保证训练数据集的分类客观、有代表性,我们从全体样本中抽取 2000 条帖子,邀请了两位金融学研究生、一位资深股民共同进行分类,最后取三人的众数作为结果,若三人的分类结果都不一样,则该帖归为中立/噪音类。表 2 展示了具有代表性的帖子分类。

表 2　具有代表性的帖子分类

类别	样例帖子
乐观看涨	"看好百元潜质股票,求佛祖保佑中签!!!" "傻子在卖掉股票!" "错过这村就没这店了,大家别犹豫"
中立/噪音	"新手入市,请教高手" "哪位朋友知道啥时出年报和季报" "明天的走势强劲吗? 近期回调的概率多大啊"
悲观看跌	"我先跑了,太吓人了,大盘完蛋了" "哈哈,又套了无数人" "发帖立誓,以后永不碰此股"

最终的文本分类结果展示在了表 3 中。该表展示了人工分类与计算机分类的交叉验证结果。以第四行的数据为例,"15.7"表示训练数据集中有 15.7%

---

① Weka 全名是怀卡托智能分析环境(Waikato Environment for Knowledge Analysis),是一款免费的,非商业化的,基于 Java 环境下开源的数据挖掘软件,由新西兰怀卡托大学 Weka 小组开发,可在 www.cs.waikato.ac.nz/ml/weka/下载。

② 我们一共测试了 KNN、朴素贝叶斯、决策树(J48)、支持向量机(SVM)4 种最常见的算法。KNN 算法的基本原理是,如果一个样本与 K 个最相似的样本中的大多数属于某一个类别,则该样本也属于这个类别。例如,在 $K=5$ 时,有某条待分类的帖子,我们找出他在训练数据集中特征最相近的 5 条帖子,如果其中有 3 条帖子都是积极类,则该帖也被分类为积极。

的帖子被人工分类为"积极";"0.9、8.9、5.9"分别表示对于训练数据集中被人工分类为"积极"的帖子而言,有 0.9% 的帖子被错误地归为了"消极"类别,有 8.9% 被错误地归入了"中立/噪音"类,而剩下的 5.9% 被正确地归入了积极类。表 3 对角线上的数字相加即为正确判断的百分比,在我们的例子中,总体分类正确率约 72%(3.7+61.9+5.9)。需要指出的是,虽然模型将一部分积极与消极的帖子归入到了中立/噪音类别,但混淆积极与消极的错误却很少出现。这说明我们的分类结果可能一定程度上弱化了意见,但在意见方向的判断上还是相当正确的。

表 3 KNN 算法在训练数据集与全样本中的表现

类别	人工分类结果 (%)	KNN 分类结果(%)		
		消极	中立/噪音	积极
消极	13.6	**3.7**	8.6	1.2
中立/噪音	70.7	3.6	**61.9**	5.2
积极	15.7	0.9	8.9	**5.9**
训练数据集		8.2	79.4	12.3
全体数据集		10.2	70.5	19.3

注:训练数集共 2000 条数据;全体数据集共 990415 条数据。粗体表示帖子被正确分类的比例。

(二)看涨指数与意见趋同指数的构建

在将帖子体现的意见分成三类之后,我们需要构建一个看涨指数将某段时间的意见"加总"起来。借鉴安特魏莱尔与弗兰克(2004)的方法,我们用 M_t^{buy} 表示一天中具有"积极或者乐观"意见的发帖量,用 M_t^{sell} 表示一天中"消极或者悲观"意见的发帖量,用 M_t 表示一天中所有带意见的帖子的数量,即 $M_t = M_t^{buy} + M_t^{sell}$。那么看涨指数 E_t 可以构造如下:

$$E_t = \frac{M_t^{buy} - M_t^{sell}}{M_t^{buy} + M_t^{sell}} \quad (1)$$

E_t 越大,说明看涨的人越多,情绪越高涨激昂;E_t 越小,说明看跌的人更多,情绪越低落,其中,E_t 的取值范围为 $(-1, 1)$。

但是,上述指数没有考虑到发帖量的影响,一般而言,该天带意见的发帖量越多,那么这种意见也就越强烈,所以我们在 E_t 的基础上构建另一种看涨指数:

$$E_t^* = \ln \frac{1 + M_t^{\text{buy}}}{1 + M_t^{\text{sell}}} \approx E_t \times \ln(1 + M_t) \tag{2}$$

这个新的看涨指数既反映了情绪的变化，又考虑了发帖量的变动，故我们在后文都采取这种改进后的看涨指数。从定义上来看，看涨指数越高，表明越多的投资者持买入的意见，股票价格上涨的可能性就越大。

接下来我们构造意见趋同指数。反映意见是否一致的最好标准就是看涨指数 E_t 的方差。其构造如下：我们用 x_i 表示第 i 条帖子的类别，看涨、中立/噪音、看跌分别对应数字 $1,0,-1$，那么在时间段 $D(t)$ 内，看涨指数 E_t 的方差便可以表示为：

$$\sigma_t^2 = \sum^{i \in D(t)} (x_i - E_t)^2 = 1 - E_t^2 \tag{3}$$

在上式中，E_t 相当于一天中的平均意见，$x_i - E_t$ 表示每一条帖子和该天的平均意见相差多少。将这种差距的平方积累起来，便可以衡量意见的分歧情况。最后，我们用上文的方差构建如下意见趋同指数：

$$A_t = 1 - \sqrt{1 - E_t^2} \tag{4}$$

A_t 越大，说明意见越趋同，分歧度越低。

在构造指数的过程中，如果我们按照个股加总发帖，那么我们将得到个股对应的看涨指数与意见分散指数；如果我们将整个市场的发帖进行加总，那就能得到市场的看涨指数与意见分散指数。

五、研究样本与数据的基本情况

（一）相关性分析

由于我们构造的指数分别对应于个股与市场，于是便得到了两张相关系数表。表 4 中的所有变量都是基于个股计算的，表 5 中的所有变量都是基于整个市场的加总数据计算的。我们在两张表中汇报了主要变量之间的相关系数。股吧的变量包括我们计算出的看涨指数与意见趋同指数，以及原始的发帖量。股票市场的变量包括每日收益率和每日成交量[①]。

---

① 其中，个股收益率为无红利再投资的日收益率，市场（指数）收益率为创业板流通市值加权市场组合收益率。

表 4　各变量的相关性分析(各股)

	看涨指数	意见趋同指数	发帖量	收益率	成交量
看涨指数	1	0.270 ***	0.116 ***	0.241 ***	0.116 ***
意见趋同指数		1	−0.113 ***	0.060 ***	−0.110 ***
发帖量			1	0.043 ***	0.409 ***
收益率				1	0.133 ***
成交量					1

注:表中数据为个变量的相关系数。*** 、** 、* 分别表示 1%、5%、10%水平显著。

表 5　各变量的相关性分析(市场)

	看涨指数	意见趋同指数	发帖量	收益率	成交量
看涨指数	1	0.950 ***	−0.095	0.60 ***	0.208 ***
意见趋同指数		1	−0.086	0.517 ***	0.220 ***
发帖量			1	−0.020	0.822 ***
收益率				1	0.092
成交量					1

注:表中数据为个变量的相关系数。*** , ** , * 分别表示 1%,5%,10%水平显著。

　　观察表 4 与表 5,我们发现看涨指数与收益率都呈显著相关,但是市场层面的相关性(相关系数 0.6)要明显强于个股层面上的相关性(相关系数 0.24)。这一结果意味着对个股的加总似乎抵消了异质性误差,也就是说,和追踪个股的收益比起来,看涨指数追踪整体市场收益率的能力可能更强。总体上,相关性分析结果支持了本文提出的假说 H1。

　　其次,我们发现意见趋同指数与成交量呈负相关,本文的假说 H2 成立。这意味着交易的达成是因为人们对于股票的真实价值具有不同观点,意见不一致的人越多,越容易促成交易的达成。表 5 同时显示发帖量与成交量高度正相关,本文假说 H3 成立。这表明发帖量的确反映了投资者的市场参与程度。

　　为了能够更直观地观察看涨指数对市场的影响,图 4 展示了样本股票在每个交易日的平均看涨指数与同期创业板收益率的动态关系。图 4 中上半部分表示的是创业板指数日收益率,下半部分表示的是看涨指数,两个变量在波动情况上具有一定的趋同性。图 5 显示了样本期间日发帖量与同期创业板成交量的动态关系。从图中我们可以看到日发帖量的走势与成交量非常密切。

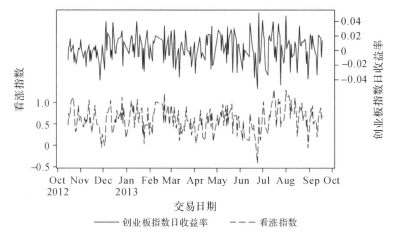

图 4   看涨指数与创业板指数收益率

图 5   日发帖量与市场成交量的关系

(二)回归分析

主要变量的相关性分析表明网络论坛的讨论与股票市场有密切的关系,然而我们构造的指数是否能有效影响并预测个股与市场的变化则需要进一步的回归分析来验证。

1.网络信息对市场指数的影响

图 6 显示了看涨指数与创业板市场指数回报率的关系。图上的每个点都代表了一个交易日,实线表示用看涨指数拟合指数收益率得到的结果,图中

STK_RET 表示指数收益率,*E* 为上文定义的看涨指数,括号内为 *t* 值。虽然我们的模型只有看涨指数一个解释变量,但还是达到了 0.36 的拟合优度,特别的,看涨指数在模型中呈显著,*t* 值达到了 11.26,且几乎所有点都落到了 95% 的预测限内。这一结果和相关性分析的结果一致。

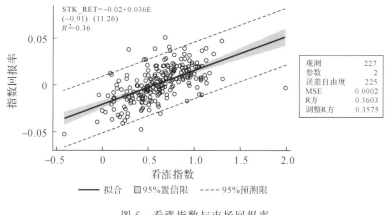

图 6　看涨指数与市场回报率

2．网络信息对个股的影响

表 6 展示了使用面板模型的回归结果。样本包括 356 只股票共 227 个交易日,采用固定效应模型。其中因变量分别为个股日收益率与日成交量,自变量分别为发帖量、看涨指数、意见趋同指数与整个创业板市场收益率。我们加入创业板市场的日收益率作为控制变量的目的是市场收益率能够解释个股收益率的系统性变化,如果此时来自股吧的变量系数显著,那就意味着这些变量能为我们带来超额的解释力。

首先我们来看个股收益率的同期回归方程。表 4 已经说明,个股收益率与看涨指数显著正相关,而表 6 用面板模型再次证明了这个结论。我们看到,回归方程(1)中看涨指数的系数为 0.0072,且在 99% 的置信度下显著,说明看涨指数每增加 1 个单位,个股收益率就增加 0.7 个百分点,满足假设 H1。此外,发帖量对日收益率的显著性比看涨指数要弱,说明反映发帖内容的看涨指数比反映发帖数量的变量更具有解释股票收益率的能力,网络信息的文本挖掘具有重要的研究意义。

表 6　回归结果 1

被解释变量	解释变量				
	对数发帖量	看涨指数	意见趋同指数	市场收益率	R^2
日收益率 (1)	0.0002** (2.38)	0.0072*** (54.64)	−0.0007*** (−3.45)	0.990*** (202.92)	0.42
对数成交量 (2)	0.390*** (141.7)	0.072*** (19.41)	−0.070*** (−11.96)	2.315*** (16.78)	0.57

注：表中数据为个变量的估计系数，括号内为 t 值。被解释变量下的(1)、(2)表示方程编号。***、**、* 分别表示 1%、5%、10% 水平显著。

接着我们考察成交量的回归方程(2)。所有自变量都在 99% 的置信度下显著，发帖量每增加 1%，个股成交量就增加 0.39%；看涨指数每增加 1 个单位，成交量就增加 0.07%；意见趋同指数每增加 1 个单位，成交量就减少 0.07%。总之，更乐观的情绪与更为分散的意见的确伴随着更大的成交量，与假设 H2 和 H3 相符。

在实际交易中，预测未来变动的能力比变量同期间的相关性更加重要。为了检验股吧的变化是否先于股票市场的变化，我们在表 7 中引入了变量滞后项进行时间序列回归，并参考安特魏莱尔和弗兰克的做法将滞后项设置为滞后两期。选择两期滞后的另一个理由是，股吧中的帖子更新十分快，股民往往只关注最近几天的发帖，而三天以上的帖子往往被认为是"旧"的信息而不再受到关注。

与不带滞后项的回归一样，我们也加入市场收益率来控制已知因素的影响。在表 7 中，我们将证券市场变量作为因变量，将发帖量、看涨指数等网络信息变量的滞后期作为自变量。变量的下标 t 表示第 t 期，$t-1$ 表示滞后一期，以此类推，我们仍旧采用固定效应的面板模型进行拟合。

先来从表 7 中看回归方程(6)。我们发现看涨指数的滞后期对收益率具有预测作用。也即，$t-1$ 日的看涨指数越高，t 日的股票收益率也往往越高。不过，$t-2$ 日的看涨指数对于收益率的影响却是不显著的。

看涨指数对于第二天的收益率失去预测能力可能是网络媒体具有及时性特征的结果。传统的媒体有一定的出版周期或者需要一定的传播时间，而网络媒体则具备信息传播和意见汇集的瞬时性，旧的帖子(信息)会迅速地被新的帖子(信息)所覆盖，从而不再对市场起作用。

事实上，我们可以将论坛的发帖看作股民对股票基本面的解读。可能的情况是,股票的基本面没有发生变化,但股民每天根据自己得到的市场信息对基本面产生不同的解读。这种主观的、情绪化的解读很容易改变,因此在本文中,由每日论坛文本提取的看涨指数对当天及下一个交易日的股票价格有显著的影响,而该影响在第三个交易日就消失了,这是因为新的意见开始发挥作用,原有意见的影响力则不复存在。

另外一点值得注意的是,回归方程(6)中的系数都很小,$t-1$ 期的看涨指数增加 1 个单位,个股收益率才增加 0.056 个百分点。考虑到目前个人投资者的交易费用率最低为 0.03%,而且两日看涨指数相差 1 个单位的交易日只占全体交易日的 32%,用看涨指数构造投资策略并不有利可图。

其次,回归方程(3)与回归方程(4)说明,发帖量与意见趋同指数对于成交量也有正向的预测能力,并且这种预测能力随着时间的推移而减弱。最后,回归方程(5)再次证明了成交量与意见趋同程度之间的负向关系。

表 7 回归结果 2

解释变量	被解释变量				
	对数成交量$_{t(3)}$	对数成交量$_{t(4)}$	对数成交量$_{t(5)}$	个股日收益率$_{t(6)}$	个股日收益率$_{t(7)}$
对数发帖量$_{t-1}$	0.259***				
对数发帖量$_{t-2}$	0.135***				
看涨指数$_{t-1}$		0.155***		0.00056***	
看涨指数$_{t-2}$		0.123***		0.00017	
意见趋同指数$_{t-1}$			−0.083***		0.00056***
意见趋同指数$_{t-2}$			−0.075***		0.00054***
市场收益率$_t$	2.726***	2.878***	2.549***	1.026***	1.025***
R^2	0.53	0.44	0.42	0.39	0.39

注:表中数据为个变量的估计系数,括号内为 t 值。被解释变量下的(3)~(7)……表示回归方程编号。***、**、*分别表示 1%、5%、10% 水平显著。

综上,表 7 的结果再次验证了假设 H1 至 H3 并加以推进:股票市场与股吧不仅有相关性,而且来自股吧的信息还能帮助我们预测股票市场未来的变化,但由于股吧的发帖更新速度快,滞后多期的发帖对本期的影响在统计学上并不显著;即使对于那些统计显著的变量,由于其系数很小,也并不意味着看涨指数能带来可观的经济收益。

六、结论与讨论

论坛发帖的传播学效应已成为传播学研究的热点话题之一,本文的创新之处在于运用文本挖掘工具,实现对海量帖子的文本语义分析。我们将近百万条帖子提炼为两个核心指数:看涨指数与意见趋同指数,这两个指数反映了论坛文本信息最重要的特征。我们得到的主要结论是股票论坛发帖的内容与股票市场密切相关。首先,我们构建的看涨指数和股票的收益率正相关,看涨指数每增加1个单位,个股收益率就增加0.7个百分点,而且滞后一期的发帖对于收益率具有预测作用,但由于股票论坛的发帖更新十分迅速,滞后多期发帖的影响在统计上则并不显著。其次,成交量也显著受到意见趋同指数与发帖量的影响,意见趋同指数每增加1个单位,成交量就减少0.07%;发帖量每增加1%,成交量就增加0.39%。

本文的结论说明网络论坛对股票市场的影响迅速且具有统计上的显著性,但是由于系数很小,这种统计意义上的显著性难以转化为经济利益。然而,我们可以预见随着网络技术的不断发展,网络这一传播途径在股票市场所产生的作用将变得越来越不可忽视。

以有效市场理论为代表的金融学理论认为,信息对于证券交易行为起着决定性的作用[13]。然而,信息如何影响证券行为,影响是快是慢,程度如何,却取决于信息的传播渠道。一个好的传播渠道可以将信息的成本减少到最低,从而大大提升市场的有效性,减少内幕交易等违规现象;而一个不畅通或模糊的渠道却会加剧证券行为的非理性活动。众所周知,互联网正在、并且必将成为未来信息传播的最主要渠道。在我国股票市场当前信息披露制度不完善的情况下,以网络论坛为代表的网络媒体上很有可能充斥着虚假信息,投资者通过网络论坛的互动很可能引发非理性情绪的传染与扩大,并最终影响股票市场的稳定性。2013年4月黄金期货价格暴跌,内地香港出现"抢金潮",多家国内媒体,特别是网络门户使用"中国大妈10天扫金300吨,维稳国际金价"作为标题报道。然而黄金行业协会表示,中国黄金消费按月度统计,10天内不可能有统计结果,而且中国2012年全年消费黄金832吨,10天消费300吨的数字过于离谱。从以上例子中我们可以看到,及早认识到网络媒体的重要性,了解互联网信息的传播特点,进一步完善我国股票市场信息披露制度,以及做好网络信息管理与舆论危机的应对准备是金融监管当局面临的重大挑战。

本文所用的文本挖掘技术为研究海量文本数据提供了一个现实的方法,同时本文也在检验网络舆论对专业领域的影响方面做出了有益的尝试。但是由于相关条件的限制,本研究不可避免地存在一系列局限性,例如没有对沪深两个主板的股票作出考察,缺少交易的高频数据等,我们将在后续的研究中进一步完善。

参考文献

[1] 钟瑛,余秀才.1998—2009 重大网络舆论事件及其传播特征探析[J].新闻与传播研究,2010(4):45-52.

[2] Karpoff J M. The relation between price changes and trading volume:A survey[J]. Journal of Financial and Quantitative Analysis,1987,22(1):109-126.

[3] 申琦,廖圣清. 网络接触、自我效能与网络内容生产——网络使用影响上海市大学生网络内容生产的实证研究[J]. 新闻与传播研究,2012(2):35-44.

[4] Wysocki. Investor relations and stock message boards[R]. Working paper,University of Michigan Business School,1999.

[5] Da Z,Engelberg J,Gao D. In search of attention[J]. The Journal of Finance,2011,66(5):1461-1499.

[6] Joseph K,Wintoki M B,Zhang Z. Forecasting abnormal stock returns and trading volume using investor sentiment:Evidence from online search[J]. International Journal of Forecasting,2011,27(4):1116-1127.

[7] 兰秋军,马超群. 文本感知——金融研究新动态[J].长沙理工大学学报(社会科学版),2011(5):37-40.

[8] Antweiler W,Frank M Z. Is all that talk just noise? The information content of internet stock message boards[J]. The Journal of Finance,2004,59(3):1259-1294.

[9] Bollen J,Mao H,Zeng X. Twitter mood predicts the stock market[J]. Journal of Computational Science,2011,2(1):1-8.

[10] 饶育蕾,彭叠峰,成大超.媒体注意力会引起股票的异常收益吗？来自

中国股票市场的经验证据[J]. 系统工程理论与实践,2010(3):287-297.

[11] Harris M,Raviv A. Differences of opinion make a horse race[J]. Review of Financial Studies,1993,6(3):473-506.

[12] 谭松涛,王亚平,刘佳.渐进信息流与换手率的周末效应[J].管理世界,2010(8):35-43.

[13] Malkiel B G,Fama E F. Efficient capital markets:A review of theory and empirical work[J]. The Journal of Finance,1970,25(2):383-417.

投资者关注度与市场收益间动态关系研究

——基于 Bootstrap 的滚动窗口方法①

摘　要　参数稳定性检验揭示了投资者关注度与市场收益间的相互影响存在结构性变化,因此,传统的基于静态影响假设的研究可能存在偏差。而对两者间的动态关系进行分析后发现,投资者关注度对于市场收益存在显著负向影响,但该负向效应的显著性和强度正逐步减弱。借助 Hurst 指数发现,正是市场有效性的增加削弱了投资者关注度对于市场收益的解释能力。另一方面,市场收益对于投资者关注度存在显著正向效应,但随着市场波动程度的下降,该正向效应也正在逐步减弱。

关键词　投资者关注度;市场收益;Hurst 指数;市场有效性;残差自举法;滚动窗口估计

一、引　言

传统金融理论框架对于 20 世纪 70 年代资本市场出现的诸多"市场异象"很难给出合理的解释。为此,以 Kahneman 和 Tversky[1] 为代表的学者纷纷从投资者有限理性[2] 和市场非有效[3] 的角度来寻求新的理论突破②。在此背景下,作为市场有效性重要命题的"投资者关注度"自然也成为学术界研究的热点。Chemmanur[4]、Da 等[5]、Fang 和 Peress[6]、Carretta 等[7] 国外学者为该领

---

①　本文作者金雪军、周建锋,最初发表在《浙江大学学报(人文社会科学版)》2014 年第 6 期。

②　Kahneman 和 Tversky 在投资者基于有限理性的假设下,研究人们在不确定条件下如何进行决策,由此发展的期望理论成了行为金融学的代表学说。

域的理论研究奠定了基础性工作。相对于发达国家而言,我国资本市场相对落后,市场有效性还较弱,盈利公告、特殊事件以及股票自身的一些交易指标对于市场收益还存在一定的解释能力。因此,近年来一些国内学者也纷纷对我国资本市场投资者关注度问题进行了深入的研究[8-10]。

但 2009 年金融危机之后,宏观和微观层面都出现了一些结构性的变化[1],而这些变化可能会导致投资者关注度对市场收益的影响出现结构性变化。以往关于两者间静态关系的研究也因此会出现偏误[2]。所以本文首先对投资者关注度与市场收益间是否存在结构性变化进行研究,在此基础上利用滚动窗口技术(rolling-window approach)嵌套 Bootstrap 的方法对样本期内两者间动态影响系数进行估计,并进一步对关注度与市场收益间动态关系演化趋势的原因进行剖析。本文的创新主要在于以下两点:一是运用 VBA(visual basic for application)程序[3],捕捉大型金融网站的站内搜索数据来衡量投资者"关注度",以便更准确地捕捉投资者关注度变化,有效剔除衡量方式上存在的噪声;二是利用滚动窗口技术和基于残差自举的修正格兰杰(Granger)检验来研究 A 股市场关注度和市场收益间的动态关系,探索两者间存在的动态关系。

本文的研究结果显示市场关注度对收益存在负向效应,这与 Barber 和 Odean[11]、Fang 和 Peress[6]、Carretta 等[7]的研究结果相类似,但有趣的是这种负向影响效应的强度在逐渐减弱。当借助动态 Hurst 指数来识别市场有效性时,发现正是由于样本期内市场有效性的增加,导致关注度对市场收益的影响能力逐步减弱;而另一方面,和微观层面的研究相一致,发现市场整体收益的提高能吸引投资者关注。

二、研究假说

投资者关注度问题是研究市场有效性的一个重要命题,最早由 Merton[12]

---

① 例如,中国经济增速开始出现下滑趋势,同时国内经济政策不确定性波动大幅增加,经济风险出现了结构性的变化;与此同时,融资融券等股票市场制度的完善和资本市场规模的扩大使得市场有效性发生了实质性的变化。

② 研究过程中若充分考虑结构性变化的存在,会使得研究结果随样本选择的不同而出现差异。

③ 程序的基本操作思路是利用 Firefox 插件对于网页源代码 HTML 文件的解析,特别是其中的 JavaScript 函数,找出关注度数据真正的链接地址,再通过 VBA 程序中的 XMLHTTP 对象对真实目标网址的数据进行下载并处理。

着手研究。但投资者关注度衡量难度较大,制约了该问题的深入研究。直至最近,得益于行为金融学研究的快速崛起,投资者关注度问题的研究再次成为学者关注的焦点。

Merton 结合认知心理学对投资者关注到投资者行为再到市场波动这一决策链条进行了深入分析,并指出关注度对于股票价格和流动性都可能存在影响,这得到了 Grullon[13]439、Da 等[5]1463-1465、Bank 等[14]240、宋双杰等[9]145诸多国内外学者的认可。但这些研究都没有考虑投资者关注度与市场收益间相关关系的结构性变化。Peng 等人发现投资者在不确定性较大时期会关注宏观层面信息,当不确定性减弱时,他们会把注意力放到特定资产信息上[15]394。这从微观层面表明了投资者关注和购买行为可能会受宏观经济结构性变化的影响。同时,从市场层面来看,我国股票市场交易机制在不断完善,市场有效性逐渐增强[16]146,因此,投资者关注对于市场收益的影响效应和强度也可能会随市场性质的变化而改变。另一方面,市场收益对于投资者关注度的影响也会随市场变化而产生结构性变化。例如,在大牛市整个市场情绪较高,投资者的市场关注程度对于市场短时收益变化不敏感,而在其他时间投资者更为理性,他们对市场关注度变化与市场收益变动联系更为紧密。基于此,本文提出如下假设:

假设 1:投资者关注度与市场收益间的相关影响存在结构性变化。

对于单只股票而言,Barber 和 Odean 认为个人投资者对于吸引他们关注的股票更倾向于买进而不是卖出[11]786。但是在受关注驱动的日子中,一些投资者会选择购买股票,而另一些较少依赖于关注的投资者会卖出股票[17]92。其中就包括理性投资者和机构投资者,他们往往在个体投资者发生"基于关注度的购买行为"之后,选择出售股票以此来获得溢价收益[10]155。上升到市场层面,市场关注度上升表明了个体投资者对于市场中股票的关注在上升,此时持有股票的理性投资者和机构投资者可能会意识到当前股票价格中包含关注度溢价,从而选择出售股票。同时,周可峰指出,国内市场由于采用完全交易驱动运行模式,无做市商对市场偏离进行修正,因此,机构投资者的买卖行为对市场价格将具有决定性的影响①。由此,我们提出如下假设:

假设 2:投资者关注度对于市场收益具有负向效应。

Hou 等人指出当收益率大幅上升时,投资者会投入更多关注于股市,但若市场处于熊市则投资者对于市场关注将会下降[18]。从微观层面来看,市场收益

———————

① 参加周可峰:《机构投资者行为对股票价格及其波动性影响的实证研究》,中南大学商学院 2009 年博士学位论文。

率较高意味着市场中大部分的个股都存在比较高的正收益,有很多股票可能实现了涨停,而个人投资者的关注容易受冲击涨停股票的吸引[19]591,这也得到了Barber 和 Odean[11]的认可。他们同样认为一旦股票交易量放大或者出现超额收益,投资者对于股票市场的关注度将会增加。因此,我们可以得出如下假设:

假设 3:市场收益对于投资者关注度具有正向效应。

三、数据说明与模型

(一)方法与模型

本文根据 Balcilar 等[20]提出的格兰杰检验思路来研究关注度与市场收益间的相互关系。由于传统的格兰杰因果检验统计量,如 Wald、LM 和 LR 等,是基于渐进分布假设的,但非 0 阶平稳的时间序列不具有渐进分布特征,这会导致传统的格兰杰检验出现偏误[21]95-96[22]113[23]1367。为此,Toda 和 Yamamoto 提出了修正的格兰杰检验(modefied Granger causality test),它能很好地适应存在高阶协整关系的时间序列[24]226-227。同时,为了克服修正的格兰杰检验对于小样本失效的缺陷,Shukur 和 Mantalos 运用了残差自举法(Residual Bootstrap)对样本进行重塑[25]370,有效地提高了修正格兰杰检验的稳健性,这也得到了其他研究结果的支持[26]249[27]32。此外,Hacker 和 Hatemi 指出基于残差自举法的修正 Wald 统计量依然存在微弱的失真[28]1494-1495,由此可知基于残差自举的修正 LR(Bootstrap-LR)统计量用于研究具有协整关系的样本更具稳健性。本文也将利用 Bootstrap-LR 统计量来检验投资者关注度和市场收益之间的格兰杰因果关系。

首先,可以考虑模型(1)中的二元 VAR(P)过程:

$$\begin{bmatrix} y_{1t} \\ y_{2t} \end{bmatrix} = \begin{bmatrix} \varnothing_1 \\ \varnothing_r \end{bmatrix} + \begin{bmatrix} \varnothing_{11}(L) & \varnothing_{12}(L) \\ \varnothing_{21}(L) & \varnothing_{22}(L) \end{bmatrix} \begin{bmatrix} y_{1t} \\ y_{2t} \end{bmatrix} + \begin{bmatrix} \xi_{1t} \\ \xi_{2t} \end{bmatrix} \tag{1}$$

其中 y_{1t} 和 y_{2t} 分别表示投资者关注度的对数值和市场收益;$\varnothing_{ij}(L) = \sum_{k=1}^{p} \varnothing_{ij,k} L^k$,$i,j = 1,2$,$L$ 为滞后项符,即 $L^k x_t = x_{t-k}$;ξ_{1t} 和 ξ_{2t} 为白噪声序列;k 为滞后阶数。基于上述设定可知,市场收益不是投资者关注度变化的格兰杰原因的原假设为:$\varnothing_{12,k} = 0$,$k = 1, 2, \cdots, p$;同样,投资者关注度不是市场收益变化的格兰杰原因则存在 $\varnothing_{21,k} = 0$,对任意的 $k = 1, 2, \cdots, p$ 都成立。

和其他检验相类似,格兰杰因果检验要求 VAR 模型的参数具有恒定不变性,但是投资者关注度和市场收益间的影响关系可能存在结构性变化,这显然会违背上述假定[29-30]。事先对样本进行分拆或设置哑变量等做法虽能帮助解决结构性变化的问题,但会导致预测试偏误(pre-test bias)。Balcilar 等提出的滚动窗口估计方法能有效克服参数结构不稳定的问题,同时可以展示关注度和市场收益在不同子样本间的动态结构性变化[20]。当滚动窗口宽度固定为 l 时,全样本(full-sample)可转变为 $T-l$ 个子样本序列(sub-samples),任意子样本的样本期为,$t=\tau-l+1,\tau-1,\cdots,\tau$,而 $\tau=l,l+1,\cdots,T$,其中 T 为总样本的时间长度。在此基础上,对每个子样本再运用 Bootstrap-LR 检验关注度和市场收益间的格兰杰因果关系。

(二)数据来源

如何准确衡量投资者关注度是本研究的关键之所在。回归以往的文献,学者对于投资者关注度的衡量主要集中于以下三种方式:一是通过将金融资产本身的交易特性和价格行为作为代理变量间接捕捉投资者关注度[10]153,具体指标如交易量[11,18,31]、超额收益[11]以及市场指数累计收益[31]等;二是利用新闻媒体报道及广告支出来度量投资者关注度[8,11,32-34],如基于平面媒体和互联网报道来计算投资者关注度。与之类似的是 Grullon 等[13]、Chemmanur 和 Yan[31]等利用广告支出来度量投资者关注度,继续深化了上述指标;三是利用搜索引擎的趋势统计功能来实现对投资者关注度的衡量。Da 等人最早提出利用 Google search 的周度时间序列数据衡量关注度的变化[5]。该方法得到国内外学者的广泛认可,一些学者分别运用 Google search 和百度关键词搜索指数统计来进行研究[9-10,14]。

俞庆进和张兵指出以交易量、换手率及涨停事件等交易特性作为关注度代理变量无法有效衡量投资者注意力的分布和强度,而且这些指标的波动还受关注度以外的因素影响[10]154。以新闻媒体报道和广告支出的方式衡量投资者关注度时,潜在的假设是投资者关注能力无限,不存在信息漏损。但众多学者的研究发现投资者关注能力有限,无法全面及时地掌握公开发布的信息[35]666[36]307-308。Da 等也指出投资者阅读的新闻量远远小于新闻报道数,而这会使得上述衡量方式产生较大偏误[5]1462。此外,新闻报道、网络报道等指标具有阶段性,而非连续变化的序列。而通过 Google search 产生的数据虽能满足时间序列的要求,但在衡量上也存在较大的噪音。首先是关键词具有多种特性,例如关键词可能同时为股票名和产品名,这会人为放大投资者关注度①。其次是搜索关键词的非唯一性也会导致关注度衡量失准②。在搜索时个人习惯差异往往会导致搜索关键词存在多样性,尽管都属于关注度统计范畴,但是在关键词指数统计时因无法穷尽所有关键词而使得衡量产生偏差。

本文衡量关注度的指标主要来源于和讯网的"A股市场关注度"③。和讯网根据站内网络数据统计每个交易日关注④所有 A 股股票的实际人数作为市场关注度的度量指标,在统计中为了保证数据更真实,对关注 A 股市场多个股票时只记录一次 A 股市场关注度。ALEXA 排名和中国网站排名(China Websites Ranking)统计的数据显示,和讯网 2013 年四季度平均独立访问人数达到 10774 人/百万人⑤,具有较广的辐射面,影响深度也较大,因此数据能较真实刻画投资者对市场的关注程度。其次,作为专业的金融资讯网站,其用户多为真实投资者,搜索产生的数据能有效排除关键词多种特性和非唯一性的干扰。因此相比于搜索引擎的词频统计数据而言,该指标能更准确地反映投资真实关注程度,减少衡量过程不当带来的噪声。此外,该指标也得到了杨晓兰等国内学者的认可[37],被运用于实证研究中。

Edelman 指出在研究过程中长期数据的收集尤显重要[38]193,而和讯网"A股市场关注度"只显示最近一年的数据,为了扩大样本容量,本文利用编写的VBA 程序对历史数据进行了追溯。最终,本文获取的"A 股市场关注度"数据

---

① 例如股票市场中存在很多股票名称和公司产品名称(公司业务)相一致的股票,诸如"长城汽车""工商银行""保利地产""中信证券"等。用户为使用上述产品或者网站主页上的业务而进行搜索时,并不属于关注度范畴,但是搜索行为产生的数据流将会被统计进 Google search 的结果中,这会导致关注度水平高于真实值。

② 标准化关键词可以分为三类,即股票中文名、股票代码以及中文名缩写(ticker)。但由于搜索引擎具有智能联想功能,在搜索时用户输入的关键词往往非标准化,例如在搜索上证指数时,用户可以输入"上证指数""上证综合指数""上证指数 000001""000001""上证000001"等任意关键词都能搜索到所需结果。值得指出的是,在关键词搜索频率统计结果中发现上述各个关键词的搜索频率都比较大,人为忽略其中任意个别关键词搜索量都会产生较大的偏误。

③ 具体数据可见 http://focus.stock.hexun.com/market.html。

④ 所谓关注就是指通过站内搜索引擎搜索 A 股股票代码或者 ticker 来查询相关股票的走势及财务信息等。

⑤ 具体可查阅 http://www.chinarank.org.cn/overview/Info.do?url=www.hexun.com&x=31&y=12,2014 年 10 月 20 日。

的时间跨度为 2009 年 3 月 10 日至 2013 年 10 月 31 日①,共 1113 条样本数据。而收益率数据则是采用 A 股市场综合收益率,以上证和深证股市的 A 股流通市值作为权重,在计算时还考虑了现金分红再投资的因素。

四、实证结果

(一)平稳性检验

为了研究 A 股市场关注度和市场收益间的动态关系,本文首先对变量关注度(GZD)和市场综合收益率(RET)进行了平稳性检验。本文运用了 ADF 和 KPSS 对序列的单位根进行了检验,具体结果如表 1 所示:

表 1　单位根检验结果

变量名	检验类型	ADF	KPSS
RET	$(0,c,0)$	-14.217^{***}	0.340^{*}
	$(0,c,t)$	-14.305^{***}	0.123^{*}
	$(0,0,0)$	-14.202^{***}	
	$(1,c,0)$	-24.465^{***}	0.003
	$(1,c,t)$	-24.476^{***}	0.003
	$(1,0,0)$	-24.476^{***}	
GZD	$(0,c,0)$	-4.523^{***}	1.711^{***}
	$(0,c,t)$	-4.520^{***}	1.719^{***}
	$(0,0,0)$	-1.310	
	$(1,c,0)$	-18.384^{***}	0.010
	$(1,c,t)$	-18.376^{***}	0.008
	$(1,0,0)$	-18.392^{***}	

注:(d,c,t) 中 d 表示差分阶数,c 表示带截距项,t 表示带时间趋势项,***、**、* 分别表示在 1％、5％ 和 10％ 置信水平显著,下同。ADF 检验的原假设为存在单位根,KPSS 的原假设则为不存在单位根。

---

① 样本存续期内,由于网站维护等原因使得其中 14 个交易日没有"A 股市场关注度"的数据。

尽管 ADF 的结果显示 RET 和 GZD 为平稳序列，但 KPSS 的检验结果显示变量 RET 和 GZD 为 $I(1)$ 过程，可能是由于样本期内市场收益波动太小。对比两变量一阶差分前后的 ADF 检验结果发现差分后更为平稳，同时结合 Li 等[39]的研究结果，我们有理由相信样本期内序列 RET 和 GZD 遵循 $I(1)$ 过程。

（二）参数稳定性检验

为了研究投资者关注度对市场收益的影响，我们首先按照（1）式对全样本构建了二元 VAR 模型，同时 SIC 信息准则显示最优滞后阶数 p 应设定为 5。全样本的 LR 检验结果显示，原假设"RET 不是 GZD 的 Granger 因"在 1% 显著水平遭到拒绝，但我们无法拒绝"GZD 不是 RET 的 Granger 因"的原假设。即市场收益能对投资者关注度产生影响但关注度却对市场收益不存在影响，这种单向因果关系与国内外已有研究[5,10]存在一定的差异①。

但 Salman 和 Shukur 指出全样本格兰杰因果检验结果的稳健性取决于 VAR 模型的参数稳定性，若参数不稳定则检验结果将变得无效[40]492。然而，关注度和市场收益间可能存在的结构性变化会导致 VAR 模型参数不稳定，使得上述 VAR 模型结果随样本区间的变化而变化。因此，我们有必要对参数的稳定性进行检验，以此来判断是否存在结构性变化，以及上述全样本格兰杰结果是否存在偏误。

参照 Balcilar 等学者的做法[20]1402，我们只选择 $(0.15, 0.85)$ 分位区间内的样本来计算上述统计量，同时 p 值计算过程中我们设定 Bootstrap 循环次数为 2000②，具体结果可见表 2：

表 2　参数稳定性检验

类别	GZD 等式		RET 等式	
	Statistics	p 值	Statistics	p 值
Sup-LR	4.99829 ***	0.00000	4.37432 ***	0.00000
Exp-LR	1.63293 ***	0.00000	1.55079 ***	0.00000

①　Da 等、俞庆进和张兵等学者的研究发现投资者关注度对于市场收益存在显著正相关性，而本文的全样本 Bootstrap-LR 显示关注度对市场收益不存在格兰杰因果关系。

②　当 Bootstrap 循环参数设为 1000 时，检验结果仍无实质性改变，因此上述参数检验结果稳健性较好。

类别	GZD 等式		RET 等式	
	Statistics	p 值	Statistics	p 值
Mean-LR	2.94446***	0.00000	2.91203***	0.00000
L_c	0.25575	0.17722	0.34876*	0.09828

注：Andrews、Andrews 和 Ploberger 提出的 Sup-LR、Mean-LR 和 Exp-LR 统计量可以对短期参数稳定性进行检验。若短期参数稳定，还需进一步通过 L_c 统计量对长期参数稳定性进行检验。只有当长期参数和短期参数同时达到稳定时，模型才具备结构稳定的特性。参见 D. W. K. Andrews，"Tests for Parameter Instability and Structural Change with Unknown Change Point，" Econometrica：Journal of the Econometric Society，Vol. 61，No. 4(1993)，pp. 821-856；D. W. K. Andrews & W. Ploberger，"Optimal Tests When a Nuisance Parameter Is Present Only under the Alternative，" Econometrica：Journal of the Econometric Society，Vol. 62，No. 6(1994)，pp. 1383-1414；J. Nyblom，"Testing for the Constancy of Parameters Over Time，" Journal of the American Statistical Association，Vol. 84，No. 405 (1989)，pp. 223-230；B. E. Hanson，"Tests for Parameter Instability in Regressions with I (1) Processes，" Journal of Business & Economic Statistics，Vol. 20，No. 1(2002)，pp. 45-59.

GZD 等式的 Sup-LR、Exp-LR、Mean-LR 检验结果显示在 1‰ 显著水平拒绝原假设，认为模型参数短期不稳定。同样，RET 等式的三个统计量也都在 1‰ 置信水平显著，因此 RET 等式短期参数也具有非恒定的特性。L_c 统计则显示 GZD 等式在长期表现出参数稳定性特征，但 RET 等式却在 10‰ 的置信水平显著，即其长期参数不稳定。这一结果验证了假设 1 中的推断，即投资者关注度和市场收益间相互影响存在结构性的变化。这也就意味着(1)式中的 VAR 模型在短期表现出强烈的参数不稳定性，长期参数稳定性程度也较差。上述结果显然违背了运用格兰杰检验的前提假设，因此，全样本的格兰杰检验结果无法真实反映投资者关注度和市场收益间潜在的因果联系。

(三)滚动窗口检验

参数稳定性检验显示，关注度和市场收益间关系存在结构性变化。为了有效克服两者间结构性变化带来的影响，本文使用了滚动窗口技术对该问题做进一步研究。

固定窗口宽度的设定是运用滚动窗口方法研究的关键之所在。Balcilar 等认为大的窗口期能提高估计的有效性，但异方差的存在会导致结果发生较大的偏误；而小的窗口期虽能减少潜在异方差的影响，但估计的方差将会变大，有效性也因此减弱[20]1403。在综合考虑估计的自由度需求和结构性变化特性后，本文最终把固定窗口宽度设定为 40 天（相当于两个月的正常交易天数总和）①。同时为了提高检验估计量的准确性，在每个子窗口样本中我们仍运用残差自举法，自举循环次数设定为 1000。

图 1 中报告的是滚动窗口检验的 Bootstrap-p 值。其原假设为投资者关注度非市场收益的格兰杰原因。从结果中可知，2009 年 5 月、6 月、11 月、12 月，2010 年 9 月、10 月和 11 月，2011 年 4 月、5 月、10 月和 11 月，2012 年的 4 月、9 月和 2013 年的 2 月、3 月中的绝大多数交易日和其他一些交易日中的 p 值小于 0.1，即在这些时期的子样本中投资者关注度对市场收益存在影响。

尽管全样本的 Bootstrap-LR 检验表明市场收益的变动会引起投资者关注度的变动，但从图 2 中可以看出，p 值大于 0.1 的子样本不在少数。其中只有 2009 年 8 月至 2010 年 2 月，2010 年 5 月至 2011 年 1 月，2011 年 5 月、6 月、10 月、11 月，以及 2013 年 1 月和 6 月中的绝大部分交易日和其他一些交易日中可拒绝原假设，即这些时期中市场收益能有效解释投资者关注度的变化。

比较上述结果，可以发现在 2009 年 12 月，2010 年 9 月、10 月，2011 年 10 月、11 月的绝大多数交易日和其他一些交易日中，市场收益和投资者关注度存在双向因果关系。但就总体而言，投资者关注度对市场收益的影响要弱于市场收益对投资关注度的影响。样本期间内"RET 非 GZD 格兰杰原因"原假设被拒绝的可能性比拒绝假设"GZD 非 RET 格兰杰原因"高出 147%。出于稳健性考

① Pesaran 和 Timmermann 的研究结果发现窗口宽度设定在 10～20 期间比较合适，但经验研究中大部分学者是根据研究问题和数据频率决定相应的窗口宽度。如 Li 等在研究政策不确定性和股票收益时，设置窗口宽度为 24；Nyakabawo 等在研究美国房屋价格和产出时，设定窗口宽度为 28。本文还分别计算了窗口期为 20、60 时的结果，发现不具有实质性的变化，因此文中只报告了窗口为 40 的检验结果。参见 M. H Pesaran & A. Timmermann，"Small Sample Properties of Forecasts from Autoregressive Models under Structural Breaks," *Journal of Econometrics*, Vol. 129, No. 1(2005), pp. 183-217; X. Li, M. Balcilar & R. Gupta et al., "The Causal Relationship between Economic Policy Uncertainty and Stock Returns in China and India: Evidence from a Bootstrap Rolling Window Approach," http://web.up.ac.za/sitefiles/file/40/677/WP_2013_45.pdf, 2014-09-30; W. Nyakabawo, S. M. Miller & M. Balcilar et al., "Temporal Causality between House Prices and Output in the US: A Bootstrap Rolling-Window Approach", https://web.up.ac.za/sitefiles/file/40/677/WP_2013_29.pdf, 2014-09-30。

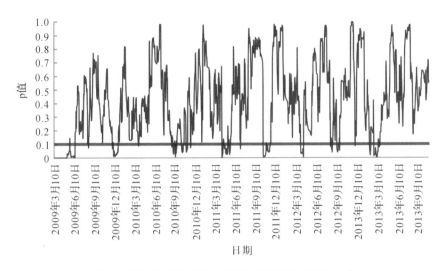

图 1　GZD 非 RET 格兰杰原因的滚动窗口检验 p 值

虑,本文还计算了基于 Wald 统计量的 Bootstrap-p 值,与图 1、图 2 中的结果相类似,无实质性变化①。

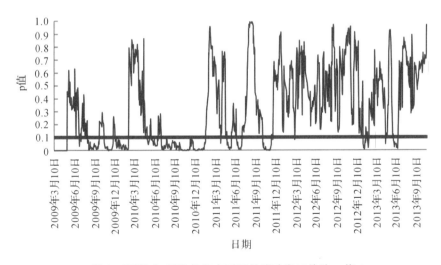

图 2　RET 非 GZD 格兰杰原因的滚动窗口检验 p 值

　为了进一步研究投资者关注度和市场收益之间的影响方向和影响程度,本

---

　① 鉴于篇幅原因,此处省略了 Wald 统计量 Bootstrap-p 值检验图,有兴趣的读者可向作者索取。

文借助所有滚动窗口 VAR 模型估计系数的均值来衡量。结合等式(1),投资者关注度对市场收益的影响程度可具体表示为 $N_b^{-1}\sum_{k=1}^{p}\hat{\varphi}_{21,k}^*$,类似地,市场收益对投资者关注度的影响可表示为 $N_b^{-1}\sum_{k=1}^{p}\hat{\varphi}_{12,k}^*$。其中 N_b 表示 Bootstrap 循环次数,$\hat{\varphi}_{12,k}^*$、$\hat{\varphi}_{21,k}^*$ 分别为(1)式中 VAR 模型的估计系数。我们只选取 $[0.025,0.975]$ 分位区间的数据计算影响系数。同时分别利用 $\hat{\varphi}_{12,k}^*$ 和 $\hat{\varphi}_{21,k}^*$ 在 0.025 分位数以下的数据作为各自下边界的计算样本,以及利用 0.975 分位数以上 $\hat{\varphi}_{12,k}^*$ 和 $\hat{\varphi}_{21,k}^*$ 样本数据计算各自影响系数的上边界。

图 3 为关注度对市场收益的影响程度,其中阴影柱表示的是投资者关注度对市场收益存在格兰杰影响的时期。从图中可以看出,2009 年 6 月期间投资者关注度对于市场收益的负效应最大,影响系数达到 -0.297。虽然 2011 年 9 月、10 月、12 月,2012 年的 3 月、12 月和 2013 年 2 月、3 月等月份中存在个别交易日出现微弱的正向效应,但总体而言,投资者收益对市场收益存在显著负相关性,即较高的关注度往往会减弱市场收益,这与王春和徐龙炳[17]、Fang 和 Peress[6] 的研究结果相类似。同时,上述结果也证明了我们假设 2 的论断。

对比各个子样本发现,沿着窗口滚动方向,投资者关注度作为市场收益变动的格兰杰原因的可能性在逐渐下降。同时,RET 影响系数的波动幅度逐渐减小,成收敛的态势,且 2013 年之后投资者关注度对市场收益的影响呈现出围绕 0 值上下波动的形态。综上所述,投资者关注度对市场收益的解释能力随时间在减弱。本文认为,这一趋势出现的主要原因是市场有效性逐渐提高。朱孔来和李静静[16]、李学峰等[41] 在研究我国股票市场有效性时,发现我国市场有效性在逐渐增强,可以认为已经初步形成了弱势有效市场。为了进一步说明我国股票市场有效性增大,本文引入了动态 Hurst 指数①来衡量市场有效性(图 4)。

---

① 彼得斯提出的分形市场假说认为有效市场中价格的变化应遵循随机的布朗运动。基于上述前提假设,他借助了 Hurst 指数来检验市场有效性。而 Hurst 指数一般在 0.5~1.0 之间波动,当 Hurst 指数越大时,说明股价未来的变动与过去的增量相关,市场是非有效的。当 Hurst 指数趋向于 0.5 时,序列遵循随机布朗运动,市场属于有效性市场。参见[美]埃德加·E. 彼得斯:《分形市场分析——将混沌理论应用到投资与经济理论上》,储海林、殷勤译,经济科学出版社 2002 年版,第 44-60 页。

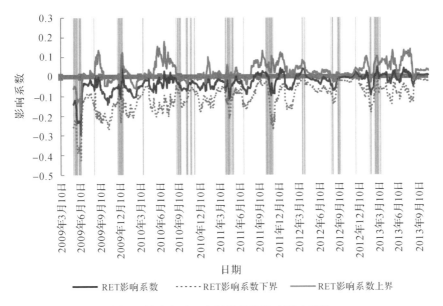

图 3   关注度对于市场收益的滚动影响系数

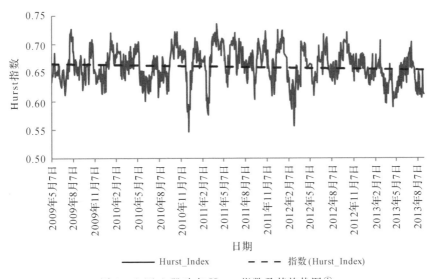

图 4   上证 A 股动态 Hurst 指数及其趋势图①

———————————

①   本文利用重标极差(R/S)分析法计算 Hurst 指数。同时,参考赵仕军和徐丙振的做法,设置滚动窗口期为 210 天,以此作为平均循环周期。Hurst_Index 为滚动的 Hurst 指数,而指数(Hurst Index)表示 Hurst_Index 的指数型趋势线。参见赵仕军、徐丙振:《动态 Hurst 指数对股票价格(指数)趋势的判断》,《宁波大学学报(理工版)》2011 年第 4 期,第 79-82 页。

由图 4 可知,动态 Hurst 指数从 2009 年至 2013 年经历了波动下降,平均水平由最初的 0.662 的下降至 0.606。同时,本文给出的动态 $Hurst\_index$ 的指数型趋势线也呈现明显下降态势。由此可知,样本期内我国股票市场的有效性得到了明显提升。此外,本文对 RET 影响系数和 Hurst 指数进行了回归,具体结果如下所示:

$$RET\_Coef = -0.0852076 + 0.0822346 \times Hurst\_Index$$
$${}_{(-3.09)}{}_{(1.97)}$$

由上述回归等式可以看出,RET_Coef 与 Hurst_Index 存在显著正相关关系,这表明投资者关注对市场收益的解释能力与市场有效性存在显著负相关关系。这进一步印证了上述现象,即样本期间内随着市场有效性的增强,投资者关注度对市场收益的解释能力大幅下降。

图 5 为市场收益对投资者关注度的影响,类似地,图中阴影部分为格兰杰检验在 10% 置信水平显著的子样本集合。2010 年 10 月、11 月期间市场收益对投资者关注度的正效应达到最大,GZD 影响系数达到 22.400。其中主要集中于 2010 年 5 月、6 月,2012 年的 1 至 3 月、11 月、12 月,2013 年 1 月、2 月、9 月和 10 月期间部分交易日出现微弱的负效应。但综合整体趋势而言,市场收益对投资者关注度存在显著正相关,即市场收益的上升能提高投资者对市场的关注度,这也与我们的假设 3 相一致。

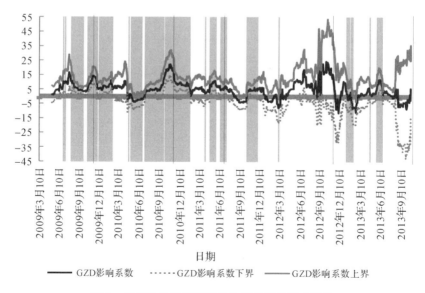

图 5　市场收益对投资者关注度的滚动影响系数

同时,从图 5 中可以发现,除以 2012 年 3 月 7 日为起点的子样本外,2012

年期间其余子样本中"市场关注度作为投资者关注度变动的格兰杰原因"的假设均未通过格兰杰检验,且 2013 年期间市场收益对投资者关注的解释能力也在下降。本文认为市场收益的波动是市场收益对投资者关注度产生格兰杰影响的中间介质。因为波动率的上升表明市场不确定性在增加,投资者为了降低投资风险,就必须去获取市场公开信息,相应地,投资者对市场的关注度也会随之上升。从图 6 中可以看出 2009—2011 年市场收益的波动率较大,投资者为了降低投资风险,尽可能地去关注市场动态,从而导致投资者关注度显著增加;相反,在 2012—2013 年市场不确定性减小,市场收益对关注度影响的显著性逐渐减弱。

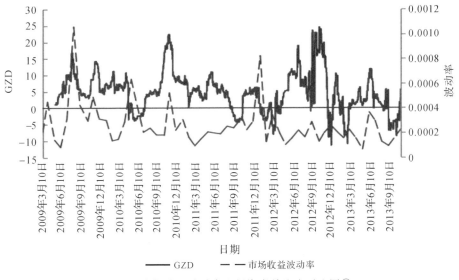

图 6 市场收益波动率和投资者关注度对比图①

五、结　论

本文主要运用了基于残差自举法的全样本因果检验和滚动窗口检验方法,对投资者关注度和市场整体收益间相互影响的问题进行了深入研究。实证研究结果表明:(1)投资者关注度对市场收益的影响具有结构性变化,采用动态视角考虑两者间的相关关系更为合理。(2)基于 Bootstrap 滚动窗口研究结果显

---

①　图中市场收益波动率为月度数据,本文用月内交易日的收益方差衡量波动率。

示,投资者关注度对市场收益具有显著负向效应,即关注度的提高往往伴随着市场收益的下降。但综合滚动窗口检验和影响系数分析,发现投资者关注度对市场收益的解释能力和负向效应强度都在逐步减弱,主要原因是市场有效性在逐渐增强。(3)另一方面,市场收益对投资者关注度存在显著正效应,即较高的市场收益会提高市场关注度。且市场收益对投资者关注度变动的解释能力较强,和全样本中结果相类似。特别是 2009 年和 2010 年期间,绝大多数的子样本检验结果显示市场收益是投资者关注度的格兰杰原因。但市场收益对投资者关注度的影响也随着市场波动的减小而减弱。

基于上述分析可知,当前投资者可以通过关注度与市场收益间的负向效应来判断未来市场走势。但由于我国资本市场有效性的逐渐增强,投资者借助关注度指标来预测未来市场走势从而获得超额收益的可能性逐渐降低甚至消失。本文的不足之处在于在研究两者动态关系时没有构建基于个股面板数据的滚动窗口模型,研究深度有限。同时受限于样本跨度较短,样本频率选择为日度,未来随着数据量增加可尝试以月度频率样本作为研究对象,结果可能更为稳健。

参考文献

[1] Kahneman D, Tversky A. Prospect theory: An analysis of decision under risk[J]. Econometrica: Journal of the Econometric Society, 1979, 47(2): 263-291.

[2] Kahneman D, Riepe M W. Aspects of investor psychology[J]. The Journal of Portfolio Management, 1998, 24(4): 52-65.

[3] Shleifer A, Vishny R W. The limits of arbitrage[J]. The Journal of Finance, 1997, 52(1): 35-55.

[4] Chemmanur T J, Yan A. Advertising, attention, and stock returns[J]. Quarterly Journal of Finance, 2019, 9(3): 1-51.

[5] Da Z, Engelberg J, Gao P. In search of attention[J]. The Journal of Finance, 2011, 66(5): 1461-1499.

[6] Fang L, Peress J. Media coverage and the cross-secti stock returns[J]. The Journal of Finance, 2009, 64(5): 2023-2052.

[7] Carretta A, Farina V, Graziano E A, et al. Does investor attention influence stock market activity? The case of spin-off deals[EB/OL]. (2011-09-

20),[2014-09-30]. http://core. kmi. open. ac. uk/download/pdf/ 12029637.

[8] 饶育蕾,彭叠峰,成大超. 媒体注意力会引起股票的异常收益吗？——来自中国股票市场的经验证据[J]. 系统工程理论与实践,2010(2):287-297.

[9] 宋双杰,曹晖,杨坤. 投资者关注与 IPO 异象——来自网络搜索量的经验证据[J]. 经济研究,2011(1):145-155.

[10] 俞庆进,张兵. 投资者有限关注与股票收益——以百度指数作为关注度的一项实证研究[J]. 金融研究,2012(8):152-165.

[11] Barber B M, Odean T. All that glitters: The effect of attention and news on the buying behavior of individual and institutional investors[J]. Review of Financial Studies, 2008,21(2): 785-818.

[12] Merton R C. A simple model of capital market equilibrium with incomplete information[J]. The Journal of Finance, 1987, 42(3): 483-510.

[13] Grullon G, Kanatas G, Weston J P. Advertising, breadth of ownership, and liquidity[J]. The Review of Financial Studies, 2004, 17(2): 439-461.

[14] Bank M, Larch M, Peter G. Google search volume and its influence on liquidity and returns of german stocks[J]. Financial Markets and Portfolio Management, 2011,25(3): 239-264.

[15] Peng L, Xiong W, Bollerslev T. Investor attention and time-varying comovements[J]. European Financial Management, 2007, 13(3): 394-422.

[16] 朱孔来,李静静. 中国股票市场有效性的复合评价[J]. 数理统计与管理,2013(1):145-154.

[17] 王春,徐龙炳. 投资者关注研究新进展[J]. 上海财经大学学报(哲学社会科学版),2009(5):90-97.

[18] Hou K, Peng L, Xiong W. A tale of two anomalies: The implications of investor attention for price and earnings momentum[J]. SSRN Electronic Journal, 2009.

[19] Seasholes M S, Wu G. Predictable behavior, profits, and attention [J]. Journal of Empirical Finance, 2007,14(5): 590-610.

[20] Balcilar M, Ozdemir Z A, Arslanturk Y. Economic growth and energy consumption causal nexus viewed through a bootstrap rolling window

[J]. Energy Economics，2010，32(6)：1398-1410.

[21] Park J A，Phillips P C B. Statistical inference in regressions with intergated processes：Part 2[J]. Econometric Theory，1989，5(1)：95-131.

[22] Sims C A，Stock J H，Watson M W. Inference in linear time series models with some unit roots[J]. Econometrica：Journal of the Econometric Society，1990，58(1)：113-144.

[23] Toda H Y，Phillips P C B. Vectorautoregressions and causality[J]. Econometrica：Journal of the Econometric Society，1993，61(6)：1367-1393.

[24] Toda H Y，Yamamoto T. Statistical inference in vector autoregressions with possibly integrated processes[J]. Journal of Econometrics，1995，66(1-2)：225-250.

[25] Shukur G，Mantalos P. Size and power of the RESET test as applied to systems of equations：A bootstrap approach[J]. Journal of Modern Applied Statistical Methods，2004，3(2)：370-385.

[26] Mantalos P，Shukur G. Size and power of the error correction model cointegration test. A bootstrap approach[J]. Oxford Bulletin of Economics and Statistics，1998，60(2)：249-255.

[27] Mantalos P. A graphical investigation of the size and power of the granger-causality tests in integrated-cointegrated VAR systems[J]. Studies in Nonlinear Dynamics and Econometrics，2000，4(1)：17-33.

[28] Hacker R S，Hatemi J A. Tests for causality between integrated variables using asymptotic and bootstrap distributions：Theory and application [J]. Applied Economics，2006，38(13)：1489-1500.

[29] Dlamini J，Balcilar M，Gupta R，et al. Revisiting the causality between electricity consumption and economic growth in south africa：A bootstrap rolling-window approach[J]. Working Papers，2015，8(2)：169.

[30] Nyakabawo W，Miller S M，Balcilar M，et al. Temporal causality between house prices and output in the US：A bootstrap rolling window approach[J]. North American Journal of Economics & Finance，2015，33：55-73.

[31] Chemmanur T，Yan A. Product market advertising and new equity issues[J]. Journal of Financial Economics，2009，92(1)：40-65.

［32］Yuan Y. Attention and trading［J/OL］. ［2014-09-30］. http://course. shufe. edu. cn/jpkc/jcjx/zyff/doc/tl01. pdf.

［33］贾春新,赵宇,孙萌等. 投资者有限关注与限售股解禁［J］. 金融研究,2010(11):108-122.

［34］张雅慧,万迪昉,付雷鸣. 股票收益的媒体效应:风险补偿还是过度关注弱势［J］. 金融研究,2011(8):143-156.

［35］Sims C A. Implications of rational inattention［J］. Journal of Monetary Economics,2003,50(3): 665-690.

［36］Peng L. Learning with information capacity constraints［J］. Journal of Financial and Quantitative Analysis,2005,40(2):307-329.

［37］杨晓兰. 我国股票市场的网络关注度效应——一个基于和讯关注度的实证检验［R］. CFRN 工作论文,2010.

［38］Edelman B. Using internet data for economic research［J］. Journal of Economic Perspectives,2012,26(2): 189-206.

［39］Li X,Balcilar M,Gupta R,et al. The causal relationship between economic policy uncertainty and stock returns in china and india:Evidence from a bootstrap rolling window approach［J］. Emerging Markets Finance and Trade,2016,52(3):1-45.

［40］Salman A K,Shukur G. Testing for granger causality between industrial output and CPI in the presence of regime shift:swedish data［J］. Journal of Economic Studies,2004,31(6):492-499.

［41］李学峰,王兆宇,李佳明. 噪声交易与市场渐进有效性［J］. 经济学(季刊),2013(3):913-934.

投资者关注、资产定价与市场有效性研究综述①

摘　要　本文首先对于投资者关注度稀缺性特征进行诠释。在此基础上，根据投资者关注的约束条件是否为内生决定，将已有的理论研究分为关注度内生模型和关注度外生模型，并进行相应的总结与归纳。同时，本文还对于相关的经验研究结果进行了梳理，发现学者们从有限关注角度出发解释"价格反转"、"盈余公告后价格漂移"等市场异象都取得了较好的效果。此外，多数研究结果支持投资者关注对于市场信息和资产收益可预测性具有深刻影响的事实。在总结该领域最新研究的基础上，本文最后还对于投资者关注可能的研究重点和方向进行了适当的构想。

关键词　投资者关注；资产定价；信息传播；收益可预测性；市场有效性

一、引言

Arrow-Debreu分析框架下的新古典资产定价理论都是基于"理性人"假设，即认为投资者的认知能力无限，能迅速接受并消化市场上所有的信息(Merton, 1987)。但是，70年代的市场异象和80年代发展的信息不对称理论都预示了上述假设对于经济现实的刻画不够精确。随后90年代兴起的行为金融学针对投资者非理性进行了深入的研究。在此背景下，投资者关注(investor attention)对于资产定价影响的研究也便逐渐成为行为金融学领域的研究重点。其中多数研究认为投资者"关注"是一种稀缺资源，投资者在分配有限的认

---

①　本文作者金雪军、周建锋，最初发表在《浙江社会科学》2015年第10期。

知资源时，会造成认知资源非均匀分布于各资产上，从而对于资产收益产生影响。同时，投资者关注的变化也会通过信息扩散和收益可预测性两大路径来影响市场有效性。由此可见，投资者关注、资产定价与市场有效性间存在深刻的联系。

此外，近几年来投资者关注度领域的理论研究视角和实证研究方法不断引进。因此，有必要对已有的研究进行系统梳理，同时有必要对已有的研究进行系统性的梳理，同时总结投资者关注最前沿的研究进展，为该领域后续研究开展奠定基础。本文的主要贡献在于：(1)提供了新的理论研究分类标准，本文以关注度约束是否为内生性为依据，更加清晰、系统地对已有的理论模型进行梳理；(2)以收益可预测性和信息扩散两个角度作为切入，系统性地梳理了投资者关注对于资产定价、市场有效性影响的研究成果；(3)对于当前经验研究中投资者关注度的衡量方式进行了全面地整理和评价；(4)在梳理现有研究的基础上，提出了五大投资者关注领域的潜在研究方向和趋势。

二、投资者关注度稀缺性特征

从 19 世纪 50 年代末关注成为认知心理学领域的热门话题开始，大多数学者都认为关注是一种稀缺性的认知资源(Kahneman,1973)。Simon(1976)指出"稀缺的并非信息本身，而是关注并处理信息的能力"。Broadbent(1957)、Deutsch 和 Deutsch (1963)各自提出的心理学模型都表明在关注过程中由于瓶颈的存在无法实现并行处理。随后 Norman 的研究也证实大脑记忆能力(Norman,1968)和知觉分析系统(Norman 和 Rummelhart,1970)都是有限的。由此可见，由于人类大脑容量和能力的物理约束存在，使得个体往往表现为有限的信息处理能力(Hirshleifer 等,2002)。

关注度的稀缺性表现为当有限的关注资源面对大量的信息时，往往会出现信息过载的现象。从经济学角度而言，大量公司公告发布时投资者无法处理相关信息(Hirshleifer 等,2002)；买进股票时出现搜索问题(Barber 和 Odean,2008)；同样的盈余公告内容以分散报告形式而非整体形式发布时投资者会系统地低估公司价值(Hirshleifer 和 Teoh,2003)；完全重复的信息集对于市场收益仍具解释力①等(Kogan 等,2012)都属于关注度稀缺性的表现。当面对信息

①　当合成经济领先指数(LED)的合成方法已经明确公布且当月合成 LEI 的各经济要素已经被投资者知晓后，LEI 的公布仍对于 S&P 股指期货和债券市场的变化具有影响。

过载时,关注资源会被选择性地分配到特定的信息中去(Pashler,1999;Hirshleifer 和 Teoh,2003;Aboody 等,2008),换而言之,就是赋予某件事更多关注时对于其他事件的关注必然会随之减少(Hirshleifer 等,2002)。Corwin 和 Coughenour(2008)指出 NYSE 交易商倾向于关注较为活跃的股票,那些被交易商关注较少的股票的买卖差价(bid-askspread)相对较高。即使在控制了存货风险管理效应的基础上,Chakrabarty 和 Moulton(2009)发现上述现象仍然存在。这预示了即使是机构投资者其信息处理能力也存在约束,即机构投资者的关注能力也是有限的(Mondria,2010)。

此外,学者发现一些常见的决策偏误现象,例如狭窄框架(Narrow Framing)(Hirshleifer 和 Teoh,2003)、周五效应、现状偏见(Dean 等,2014)、损失厌恶(Lu 等,2015)等,也是由关注资源的稀缺(有限关注)引起①,这也得到了国内学者王春和徐龙炳(2009)、饶育蕾等(2010)、俞庆进和张兵(2012)等的认同。

三、投资关注与资产定价——理论解释及其检验结果

基于投资者关注是有限的前提下,学者们纷纷开展了理论研究。彭叠峰(2012)根据是否考虑个体投资者注意力分配,将已有的投资者关注与资产定价的相关理论研究划分为理性忽视模型和异质性注意力模型。这对于充分认识该领域的理论研究起到很好的梳理作用。但随着理论研究的进一步发展,上述划分依据正在模糊化。与此同时,本文发现所有已有的理论模型中都会涉及如何处理关注度约束的问题。因此为了更加清晰和全面地梳理投资者关注度领域的理论研究,本文将以模型中关注度约束是否为内生作为划分依据。

(一)关注度内生性模型

关注度内生性约束研究最早始于 Gabaix 和 Laibson(2003),但真正兴起是

---

① 将有限关注纳入到行为金融学框架中研究投资者决策偏误也是当前研究的一个趋势。Hirshleifer 和 Teoh(2003)明确指出由于关注和处理能力有限使得投资者分析问题时总局限于某个特定的背景框架,而不能充分地考虑所有因素。而 Dean 等(2014)构建的基于有限关注的现状偏误模型(Limited Attention Status Quo Bias model)将现状偏误领域的两大核心结论(面临大选择集时现状偏误更加明显;事先确定缺省状态将改变人们在无缺省值下做出的最优选择)很好地融合在了一起。Lu 等(2015)则发现疏忽的对冲基金经理(inattentive hedge fund manager)自律性较差,往往更倾向于存在处置效应,即对于亏损无法及时止损。

借助于 Sims(2003)的信息通道模型,他将有限注意力问题转化为信息处理的能力约束,即:

$$I(x;y) = H(x) - H(x|y) < C \tag{1}$$

其中 $H(x)$ 为无条件熵[①],$H(x|y)$ 为当观察到 y 后 x 的条件熵。个体通过观察 y 减少 x 的不确定性的程度受阈值 C 限制,即通过 C 来刻画投资关注能力是有限的。

Xiong 和 Peng(2006)就借鉴了 Sim(2003)关于有限关注的建模方法研究了资产定价问题。当时,学者们发现市场中资产回报的联动程度远高于资产基本面的联动,为了对于这一异象给出合理的解释,Xiong 和 Peng(2006)构建了如下模型:

$$J_t(K_t) = \max_{\Lambda_t} E\{\max_{c_t} u(c_t) + \delta E_t[J_{t+1}(K_{t+1}) \mid S_t]\} \tag{2}$$

$$\text{st. } K_{t+1} = (K_t - c_t)(1+r) + \sum_{i=1}^{m}\sum_{j=1}^{n} d_{i,j,t+1} \tag{3}$$

这是贝尔曼方程简化后的最优化问题,其中 $J(\cdot)$ 为投资者价值函数,K_t 为 t 期现金持有,c_t 为 t 期的消费,S_t 为 t 期投资需要处理的信息矩阵,$d_{i,j,t+1}$ 为 i 行业 j 公司的分红。投资者关注分配导致的内生性信息结构对于研究投资者关注与行为偏差有着重要作用,因此 Xiong 和 Peng(2006)通过以下约束来刻画投资者关注的内生性问题:

$$\lambda_{h,t} + \sum_{i=1}^{m} \lambda_{f,i,t} + \sum_{i=1}^{m}\sum_{j=1}^{n} \lambda_{g,i,j,t} \leqslant 1 \tag{4}$$

其中 $\lambda_{h,t}$、$\lambda_{f,i,t}$、$\lambda_{g,i,j,t}$ 分别表示投资者对于宏观层面、行业层面和个股的关注度分配,投资者需要内生性地决定将有限的关注资源如何分配到处理宏观信息、行业信息以及公司层面的信息上,从而实现个体最优。模型的最终结果揭示了有限关注将会产生内生性的信息结构,而通过信息结构构成又可以得知投资者存在分类学习行为,即投资者在关注资源有限时将会更倾向于关注宏观层面和行业层面的信息。同时结合过度自信,Xiong 和 Peng(2006)还发现以下几个事实:公司股票价格收益的联动的确要高于股票基本价值的联动;平均收益联动程度越小的行业,信息扩散的程度越充分;信息技术的发展将会降低投资者关注约束,此时投资者能更多地分配注意力用于解读个股层面的信息,因此使得联动效应随着时间的推移而降低。

---

① 熵值衡量不确定性或者无序度,熵值越大则表明不确定性越大。投资者通过关注获取相关的信息时能够减小熵值。

Mondria(2010)继承了 Sim(2003)、Xiong 和 Peng(2006)的理论研究框架，利用熵减过程衡量信息处理。但不同于 Xiong 和 Peng(2006)的是 Mondria(2010)对于投资者的有限关注的内生性约束建立在两种风险资产上进行分配抉择，而非三大信息类型上(宏观、行业及微观公司层面信息)，具体的内生性约束条件为：$\tilde{Y}_i = C_i \tilde{R} + \tilde{\varepsilon}_i$，其中 $\tilde{\varepsilon}_i \sim N(0, \Sigma_i)$。由此可知，$\tilde{Y}_i$ 是 $\tilde{R} = (\tilde{r}_1, \tilde{r}_2)'$ 的线性变化，即私人信息为两类风险资产的收益提供了信息，当给予其中一种资产更多关注时，投资者关于该资产的收益信息将会了解的越精确。私人信息 $\tilde{Y}_i$ 则会通过贝叶斯法则更新到投资者信念中去。投资者最终将会在有限关注约束下，选择 C_i 和 Σ_i 最大化确定性等价的期望收益(expected certainty equivalent wealth)。模型的最终结果表明，在均衡状态下投资者可观察到的私人信息由两种资产收益信号的线性组合而成，因此当一类资产出现利好时私人信号将会变大，但投资者往往会用较高私人信息同时去更新两类资产的收益，从而导致资产价格联动高于基本面的联动。

此外，内生性关注度模型也可与相关的内生性变量建立函数，来衡量投资者关注度。[①]

总体而言，投资者关注约束内生化更加契合已有的经验研究结论，即关注本身在分配的过程中受市场表现和系统均衡的影响。彭叠峰等(2012)也指出借助信息通道内生化信息结构的建模方式更为严谨，与传统的金融学理论兼容性较好。但上述内生模型中，假定了投资者具有同质性和较高的理性，这与经济现实存在一定差异。

(二)关注度外生性模型

1.异质性关注模型

异质性关注模型指的是模型中存在两类或者多类投资者，模型中动态考察了不同投资者的行为决策对于资产价格的影响。异质性关注模型一般都为关注度外生模型，因为模型中投资者关注度的差异是通过外生的引进关注能力不同的投资者决定，而不涉及个体的注意力配资问题(彭叠峰等,2012)。

其中比较典型的是 Hirshleifer 和 Teoh(2003)提出的异质性模型，模型中

[①] Andrei 和 Hasler(2014)在研究关注度和股票波动时，首先运用到了投资者关注外生性模型，但出于模型稳健性的考虑，Andrei 和 Hasler(2014)还研究了投资关注度由超额收益决定的假定。由于超额收益本身作为模型的内生性决定变量，由其构建的投资者关注度决定函数也将具有内生性。但最终的研究结论依然稳健，无实质性区别。

外生性地假定关注投资者和疏忽投资者的比例为 f 和 $1-f$,其中关注投资者(attentive investor)对于所有公开信息都能准确地理解和认知,而疏忽性投资者(inattentive investor)根据理性贝叶斯法则更新自己的信念。假定投资者都根据均值—方差偏好(Mean-Variance preference)进行决策,即最大化以下函数:$\sum_1^\varnothing [C] - \frac{A}{2}\mathrm{var}_1^\varnothing(C)$,其中 C 为最终消费,1 表示时间点 1 投资者能够获得的有效信息,A 为绝对风险规避系数。在求解上述方程的过程中,可以得到当前均衡的资产价格函数:

$$S_1 = KE_1^k[S_2] + (1-K) E_1^\rho[S_2] - \frac{Ax_0}{\alpha^k + \alpha^\rho};$$

$$其中 \alpha^k = \frac{f}{\mathrm{var}^k(S_2)}, \alpha^\rho = \frac{1-f}{\mathrm{var}^\rho(S_2)}, k = \frac{\alpha^k}{\alpha^k + \alpha^\rho} \tag{5}$$

即当前均衡价格 S_1 是两类投资者对于未来价格 S_2 预期的加权平均值再减去风险溢价值。在上述模型框架下,Hirshleifer 和 Teoh(2003)对于投资者有限关注和信息披露方式进行了深入的讨论,结果发现盈余预告能够使得投资者认知向上偏误,在反应不足的前提下,使得股票价格更加趋近于真实价值。同时由于有限关注的影响,内容等价的公告仅仅因为分开披露或者整体披露的区别,也会对资产价格产生影响。此外,在上述框架下,股权激励、披露时间和管理层短期激励对于股价的影响也被充分地讨论了。

类似的,Barber 和 Odean(2008)在二期模型中引进了关注度驱动的噪声交易者(对于市场信息的理解和关注具有滞后性)和知情者(能迅速地关注并掌握市场所有的信息)。在假定关注度驱动的交易者对于风险资产的关注能力取决于上一期风险资产收益的前提下,可以得出知情者决策时最大化期望收益是:

$$\max_{x_2} E(x_2(\tilde{v} - p_2) \mid \tilde{y}_1, \tilde{y}_2) \tag{6}$$

其中 x_2 是对风险资产的需求,$\tilde{v} - p_2$ 表示风险资产的均衡价格,$\tilde{y}_1, \tilde{y}_2$ 分别表示风险资产的真实价值。在解得上述最优方程后,可以得知:

$$\frac{\partial}{\partial_z} E(x_2(\tilde{v} - p_2) \mid \tilde{y}_1) > 0 \tag{7}$$

其中 z 为关注程度。因为完全知情者的收益对应着关注驱动交易者的损失,因此 Barber 和 Odean(2008)证明了关注度的增加将会导致个人投资者收益的减少。

2.资产外生性特征决定模型

除了外生性地引进不同类型投资者,已有的研究中试图通过建立关注度与资产的外生性特征(例如,上一期的资产规模或历史分红增长率)函数,来引进投资者关注度。

其中 Barber 和 Odean(2008)的模型中实质上也运用到了这一方式。模型中定义当期风险资产的关注度水平与前一期的资产规模平方数($\bar{y}_1^2$)成比例。由于在 $t=2$ 期的决策中 $\bar{y}_1$ 是公开的信息,且为外生确定的。因此,模型中的投资者关注度约束是外生给定的。

Andrei 和 Hasler(2015)也做了相应的尝试。他们基于连续时间状态下信息非完全的消费和投资决策框架来研究投资者关注度与股票波动。模型中假定具有代表性的投资偏好遵循递归型消费函数,即:

$$U_t = \{(1-e^{-\rho dt})c_t^{1-\psi} + e^{-\rho dt}E_t[U_{t+dt}^{1-\alpha}]^{\frac{1-\psi}{1-\alpha}}\}^{\frac{1}{1-\psi}} \tag{8}$$

其中 ρ 为折现因子,$\frac{1}{\psi}$ 为跨期替代弹性,而 α 表示为相对风险规避系数。基于上述模型框架,Andrei 和 Hasler(2015)[①]通过构建一个外生性的投资者关注决定函数来引进相关约束:

$$\Phi_t = g(\varphi_t) \equiv \frac{\overline{\Phi}}{\overline{\Phi}-(1-\overline{\Phi})e^{\wedge \varphi_t}}, 0<\overline{\Phi}<1 \tag{9}$$

其中 φ_t 为历史的未预期到的超额分红增长率;$\wedge$ 为投资者关注度对于超预期分红增长率的调整速度,$|\wedge|$ 越大表示投资关注对于超预期分红的调整速度越快。由于历史的超预期分红为模型外生给定的,因此模型中投资关注度也将具有外生性,长期而言将会围绕着均值 $\overline{\Phi}$ 上下波动。根据上述设定,Andrei 和 Hasler(2015)最终研究发现投资关注度和不确定性的增加将会导致股票波动和风险溢价收益呈二次方增加。

相比于内生性模型而言,关注度外生性模型可通过多种途径来刻画有限关注的约束条件,因此,对于研究特定问题具有更好的灵活性。但正由于模型构建方式的特殊性制约了模型结论的一般适用性。

四、投资者关注度与资产定价——国内外经验研究

(一)经验研究度量指标选择

贾春新(2010)指出"关注"衡量是研究投资者有限关注问题的难点,因此如何准确衡量投资者关注度是实证研究的关键之所在。回顾以往的文献,学者对于投资者关注度的衡量主要集中于以下几种方式:

1.利用资产的交易特性衡量

通过金融资产本身的交易特征和价格行为作为代理变量，间接捕捉投资者关注度。具体指标如交易量或换手率、超额收益以及市场指数累计收益等。使用上述代理指标衡量投资者关注的内在逻辑是，投资者在购买股票时受关注能力有限的制约，他们往往会选择买进那些吸引他们关注的股票，即使没有任何新增的信息公布（Huberman 和 Regev，2001），而换手率高、交易量大以及具有超额收益的股票往往能吸引投资者的关注（Gervais 和 Mingelgrin，2001；Barber 和 Odean，2008；Aboody 等，2008）。

2.利用新闻媒体报道及广告支出来度量

具体有 Barber 和 Odean（2008）、Yuan（2008）、Peress（2008）、饶育蕾等（2010）、贾春新等（2010）、张雅慧等（2011），分别基于平面媒体和互联网报道来计算投资者关注度。Engelberg（2012）则利用 CNBC 电视台的一档股评节目的观众收视情况衡量投资者关注度。Grullon 等（2004）、Chemmanur 和 Yan（2009）等继续深化了上述指标，利用广告支出来度量投资者关注度。

3.利用搜索引擎的趋势统计衡量

最早由 Da 等（2011）提出，利用 Google 搜索的周度时间序列数据（SVI）衡量关注度的变化。该方法得到国内外学者广泛的认可，Bank 等（2011）、宋双杰等（2011）、俞庆进和张兵（2012）、赵龙凯等（2013）、刘锋等（2014）也分别运用 Google Search 和百度关键词搜索指数统计来进行研究。Drake（2014）则在此基础上进行了延伸，利用网络搜索数据指数（SVI）、分析师预测公告、新闻报道和 EDGAR 上公司季报和年报的下载量来合成投资者关注度衡量指标。除了直接利用搜索引擎数据外，当前部分学者则利用大型金融网站的站内搜索量作为投资者关注的度量指标，例如杨晓兰（2010）、金雪军和周建锋（2014）等利用和讯网站内搜索量衡量投资者关注度。

4."类事件研究法"指标

利用特定事件能增加投资者关注这一事实来判断投资者关注对于收益等的影响。张雅慧等（2011）认为公司高管上富豪榜能提升投资者对于公司的关注度，因此他们以上富豪榜为事件窗口，研究事件窗口前后股票的价格变动趋势。Lu 等（2015）指出个体的有限关注能力会被结婚或者离婚等私人生活事件所分散，因此他们利用结婚或者离婚作为关注度区分事件，来研究基金经理的关注度对业绩的影响。类似的，Dellavigna 和 Pollet（2009）则利用是否为周五来区分关注度的高低,他们认为周五之后为周末,因此投资者注意力容易被分散,而周一至周四投资者关注度相对较高。

5.各衡量指标对比

除了上述方式外,东方财富论坛个股发帖量(Zhong 和 Lu,2014)、市场景气状态(Huang,2012)等指标也都被运用到投资者关注度的研究中。但俞庆进和张兵(2012)指出以交易量、换手率及涨停事件等交易特性作为关注度代理变量无法有效衡量投资者注意力的分布和强度,而且这些指标的波动还受关注度以外的因素影响。以新闻媒体报道和广告支出的方式衡量投资者关注度时,潜在的假设是投资者关注能力无限,不存在信息漏损。但 Sims(2003)、Peng(2007)等众多学者的研究发现投资者具有有限关注能力,无法全面及时地掌握公开发布的信息。Da 等(2011)也指出投资者阅读的新闻量远远小于新闻报道数,而这会使得上述衡量方式产生较大偏误。就数据的连续性而言,新闻报道、网络报道等指标具有阶段性而非连续变化的序列(Da 等,2011),"类事件研究法"指标则更为明显,仅仅通过特定事件定义了投资者关注度高、低两种状态,无法动态捕捉投资者关注的变化。而通过 Google Search 产生的数据虽能满足了时间序列的要求,但在衡量上也存在较大的噪音。首先是关键词具有多种特性,例如关键词可能同时为股票名和产品名,这会人为放大投资者关注度。赵龙凯等(2013)就明确指出很多搜索量是公司的日常业务造成的,而不是投资者通过搜索引擎搜索投资所需要的信息造成的。其次是搜索关键词的非唯一性,也会导致关注度衡量失准。

(二)经验研究结果综述

1."资产定价异象"的关注度理论假说

投资者关注带来股票价格的上涨已被国内外大多数经验研究所证实。在关注度和限售股解禁问题的研究中,贾春新等(2010)发现有较高投资者关注的个股,其解禁前累计异常收益越高。同样地,投资者关注对于 IPO 定价也存在深刻的影响。Da(2011)研究发现关注度较高的股票 IPO 首日的超额回报率及IPO 后两周内的平均收益也相对较高。Barber 和 Odean(2008)提出的"注意力驱动交易"(attention-grabbing trade)假说为解释上述现象奠定了坚实的基础。他们认为相比于卖出股票,个人投资者在买进股票时需要面临选择问题,但是由于搜索成本远超出自身关注能力的限制,投资者会倾向于买进吸引他们关注的股票。因此,较高的关注将会产生较大的购买压力,从而获得超额的市场收益。Peress(2008)按照有无在《华尔街日报》刊登,对于同一公司同一年的盈余公告进行分类,对比发现被《华尔街日报》报道的公告对于价格和交易量会产生更大的影响。上述发现证实了注意力驱动理论。Chemmanur 和 Yan(2009)也发现广告能增加公司的曝光率,吸引投资注意,而随着投资关注度的增加,公司当期股票的市场收益也会提升,但对于长期收益提升作用不明显。在了解"注意力驱动交易"机制后,职业经理人将会通过调整广告投放来影响短期股价,从而为自己谋利(Lou,2014)。此外,Aboody(2010)研究发现过去 12 个月收益最高的股票在盈余公告日前 5 个交易日平均拥有 1.58% 的超额收益,因为投资者在公告日之前做交易决策时,他们的关注往往被具有高超额收益的股票所吸引。这种价格演变模式与注意力驱动交易行为也相吻合。

在研究上述问题的同时,国内外学者都发现一个有趣的现象,即反转现象。Engelberg 等(2010)发现受 Mad Money 推荐的股票虽享有隔夜超额收益,但是在随后的几个月内发生反转现象,且市值较小、缺乏流动的公司往往拥有更为陡峭的反转趋势。Aboody(2010)也发现尽管在公告日之前有超额收益,但在公告日后 5 日内超额收益为 -1.86%。宋双杰(2011)则利用网络搜索对于 IPO 定价进行研究,同样发现投资者关注虽短期内能提高新股价格,但长期而言投资者关注引起的新股价格过度反应将会以长期表现低迷来弥补。

传统的金融理论试图从"风险补偿溢价"的角度出发解释上述现象(张雅慧等,2011),认为关注度相对较低的股票或者资产,其信息不对称风险也就相对较高,在有效市场中市场将会对于低关注度的资产给予更高的定价以弥补其相对较高风险溢价。但由于多数研究结果显示当前国内外的市场还处于非有效或者弱势有效状态(李学峰等,2013),以及投资者也非理性,因此学者们不得不寻找其他的突破口。

Chenmmanur 和 Yan(2009)尝试结合认知假说和异质性理论来解释反转现象。他指出由于不同投资者间存在明显的信念异质性,当股票受投资者关注越多,大家对于股票价值的认知差异性也就越大。其中悲观投资者的购买欲望会非常低,而只有乐观投资者才会选择继续购买股票。此时虽然会增加股票的短期投资收益,但是这阶段的价格主要体现了乐观投资者的信念,随着乐观信念驱逐悲观信念,股价最终会被高估。但长期而言随着投资者关注度的下降,这种趋势终将减弱,从而导致股价长期表现低迷。

饶育蕾(2010)则从关注度有限的角度介入,认为"过度关注弱势"是引起反转现象的根本。即投资者往往对于高关注的资产(如股票)反应过度,这在短期内导致市场超额收益和交易量的激增,但长期而言投资者通过关注持续不断地处理和补充新的信息,意识到资产的真正价值后,通过买卖行为驱动股票回归真实价值。张雅慧等(2011)利用富豪榜上榜事件作为研究对象,证实了"过度关注弱势"假说。她通过对比事件前和事件日后的收益变化,发现存在显著的反转现象,由原来的正收益变为事件后的负收益,但被关注股票在事件期内的交易量显著增加。在股票推荐问题上,Loh(2010)同样发现投资者关注度起到重要影响,低关注度的股票在受推荐的窗口期(3 个交易日)内反应相对高关注的股票要小,但随后经历的价格漂移将会 2 倍高于高关注度股票,这也基本符合过度关注弱势假说。在研究 NYSE/AMEX 所有上市公司的股价和关注时,Hou 等(2009)同样发现由于投资者关注和反应过度导致了"价格动量"(price momentum)的反转效应。

与此同时,学者们也试图通过有限关注来解释"盈余公告后漂移"(post-earning announcement drift)现象。周末的到来将会使投资者分心,降低投资的关注能力和决策能力,因此 Dellavigna 和 Pollet(2009)通过比较发现星期五发布的盈余公告对股价的瞬时影响比非星期五期间低 15%,交易量也会低 8%,同时对于股价时滞性影响则相对非星期五盈余公告要高 70%。上述结果也证实了在有限关注下由于反应不足导致的盈余公告后漂移。Hou 等(2009)同样认为投资者关注度扮演了一个双重角色,有限关注将会导致投资忽略有用的信息,这一行为将会导致盈余公告中披露的有效信息无法立即反映到股票价格中去,股价出现低估。但伴随着信息逐渐被注入价格中去,低关注的股票将会在盈余公告后继续向上(或者向下)漂移。同时,Hou 等(2009)指出有限关注和反应不足驱动下的"盈余动量"在低关注的股票上表现更为明显。权小锋和吴世农(2010)研究结果佐证了上述结论,他们发现投资者关注的确有利于抑制盈余公告效应,当关注度上升时公告日超额回报率更能反映盈余信息,公告日后的漂移则会相对较少。

2. 关注与市场有效性

市场有效性主要涵盖两方面,即市场资源分配的有效性和市场信息传递的有效性。而一个有效市场的具体表现特征为,在市场中所有信息传递迅速,资产价格能反映所有有用的信息,仅靠交易无法获得额外的收益(Zhang 等,2013)。Peress(2008)指出有限关注是金融市场摩擦的一个重要因素,因此投资者关注将通过影响资产定价过程进而作用于市场的有效性。基于上述分析,我们将从关注与收益预测、关注与信息转播效率两方面来综述已有的研究。

（1）收益的可预测性

基于上述对于资产价格异常表现的关注度理论可知，当信息在投资者或者套利者之间慢慢扩散开后，股票价格必然趋向于其基本价值，从而导致了股票价格的可预测性（彭叠峰等，2012）。因此学者纷纷尝试利用关注度相关理论对于市场收益进行预测。Li 和 Yu（2013）根据投资者的有限关注特性，利用道琼斯指数的 52 周高点、道琼斯指数的历史高点来分别作为反应不足、过度反应的衡量锚，发现股价在接近 52 周高点时往往预示着未来会有正向收益，但接近历史高点时往往对应着未来的负向收益。Dellavigna 和 Pollet（2009）根据星期五公告效应建立投资组合将会获得稳定的超额回报率，若在 1995—2006 年间运用上述策略，将平均每月获得 4% 的超额收益，远高于普通组的 −3%～2%。饶育蕾等（2010）在研究国内市场时，发现通过买进低关注组股票、卖出高关注组构建的零投资组合也享有稳健的超额收益率。Shi（2012）通过卖出高关注股票的策略可在中国市场获得 62.75% 的超额市场回报，并指出利用过度关注弱势构建交易策略能正确预测市场价格变化，获得超额收益。此外，由于投资者有限注意无法及时迅速地理解具有经济关联的公司信息，例如客户盈余对于供应商的影响，从而使得客户公司的股票收益与供应商公司存在领先——滞后效应（Cohen 和 Frazzini，2008；Zhu，2014）。因此，有限关注带来的上述效应也使得收益存在可预测性。但 Vozlyublennaia（2014）在研究当期指数收益和滞后项收益间关系时，发现投资者关注度的增加将会降低滞后项收益对于当期指数的预测能力，同时也会降低"截面的自回归效应"（cross autocorrelation）[①]。他认为关注可以增加价格对信息的敏感度，减少回报率预测的正确性，从而使得市场有效性的提高。金雪军和周建锋（2014）的研究也支持上述观点，他们通过基于 Bootstrap 的滚动窗口估计研究投资者关注与市场收益间动态关系时，发现利用投资者关注来预测市场收益能力在逐渐下降。

（2）关注与信息传播效率

传统的资产定价模型一般假设公开有效的市场信息能在投资者之间迅速的传播，同时投资者能迅速理解信息的含义。但 Merton（1987）指出信息结构能否有效描绘经验研究中的资产定价行为，取决于信息的特征和投资分析关注的时间。由此可见，投资者关注对于信息在市场中传播起到关键作用。

但另一方面，关注能力有限使得投资者无法在短时间内理解所有有效信

[①] 截面自回归效应指的是具有相同市场地位的指数的滞后期对于指数当前期收益的存在预测能力。

息,因此导致信息在市场中传播缓慢,资产价格也无法瞬间反应有效信息。Da和Warachka(2009)对于分析师长、短期的分析预测进行分类比较,发现长期预测相对短期预测较为乐观的股票在未来将会享有负的风险调整收益,相反的长期预测更为悲观的股票则会享有正的风险调整收益。这种收益的可预测性主要由于短期预测与长期预测间信息扩散缓慢引致,同时也表明了由于有限关注限制了投资者对于长期盈利中信息含义的正确理解。这种有限关注驱动的信息逐步扩散现象不仅存在于投资者对于分析师预测反应的缓慢上,还存在于大公司对于小公司的领先—滞后效应(lead-lag effect)中(Hou,2007),也存在于客户公司对于供应商公司的领先—滞后效应中(Cohen和Frazzini,2008;Zhu,2014)。同时,Lin等(2014)发现对于有较多分析师解读的股票给予更多的关注也会导致领先—滞后效应(关注度较高使得信息在高分析跟踪的资产中扩散更加充分,从而导致高分析师跟踪的资产收益能解释低分析师跟踪的资产收益)。

对于提升信息扩散程度和提高市场有效性而言,Zhang等(2013)认为公开的信息资源起到至关重要的作用。Chan和Hameed(2006)、Dasgupta等(2010)等发现股价同步性越高,信息扩散程度越大。基于上述研究结论,Lin等(2014)进一步研究发现,投资者关注度的增加能提高股价同步性,也就是说投资者关注度能促进信息扩散,即较高关注的股票相对于关注度低的股票,其价格对于冲击反应更加灵敏,之后存在的反转或者漂移效应也将会减少,这也得到了部分学者研究成果的支持。

五、投资者关注、资产定价与市场有效性最新研究趋势

(一)关注与公司治理问题

有限关注导致的定价偏差会影响公司投融资决策。研究表明公司会主动通过对于信息公告发布时间和发布方式的选择来影响投资者对于公司的认知程度。Hirshleifer等(2003)指出有限关注使得投资无法充分解读财务报表,因此公司存在动力去调整会计科目和公告形式(例如股权激励是否完全费用化,信息是否分散披露等)来操控投资者的感知。Ginglinger等(2012)则指出公司可以利用针对性信息传达策略提高自身的辨识度。他们发现在欧洲大陆用英语媒体发布公告的公司交易量相对较高,同时盈余公告后漂移程度相对较低。

相较于用非英语媒体,公司用英语媒介发布公告信息能获得更多的报道,也能吸引更多的外国机构投资者。关于公告披露时间点的选择,Dellavigna 和 Pollet(2009)指出相对于其他工作日周五发布的公告引起投资者即时关注的程度较小,而 Hirshleifer 等(2009)则发现公司在市场发布总公告数较少的日期发布盈余公告能引起更多的投资者关注。此外,Lon(2013)指出在了解"注意力驱动交易"机制后,职业经理人将会通过调整广告投放来影响短期股价,从而为自己谋利。由此可见,投资者关注对于公司治理存在重要的影响,未来在这一问题上的探讨将会更为深入。

(二)关注与资产联动问题

资产价格的联动关系远远超过资产基本价值的联动,这一异象存在于多个市场中,因此也成为资产定价领域研究的重点(Barberis 等,2005)。当前研究对于资产价格过度联动的解释主要集中在市场存在摩擦和投资者非理性两大方面。但已有学者尝试从投资者关注度的角度出发,来研究资产价格异动。Peng 和 Xiong(2006)认为由于投资关注度有限,使得投资者更多地把注意力放在宏观层面和行业层面,使得个股的价格较少地反映个股层面的信息,从而造成基本面的联动弱于价格的联动。Peng 等(2007)在研究不确定性冲击时,发现不确定性大的情况下,价格联动更加剧烈,这也从侧面证明了有限关注导致了资产价格联动。类似地,Mondria(2012)也指出资产价格联动主要是由于有限关注的理性投资者选择观察两不相关资产的线性组合收益信息所导致的。也就是说,当一类资产有利好时,投资者往往能观察到一个较高私人信号,但是由于这个私人信号本身是由不可观察的两类资产信息线性组合而成,因此在投资者信息处理能力有限的情况下,他们通常会把这个高的私人信号中的一部分归功于真正具有利好信息的资产,另一部分则归功于无利好信息的资产,这样就会导致"一类资产的变动、两类资产价格同时变化"的局面。Drake 等(2014)则从关注度的联动角度出发进行研究,发现关注度的联动对于资产价格联动存在显著的解释力度。由此可见,在研究资产联动过程中从投资关注和信息传播切入是当前相关研究的新趋势。

(三)关注度影响的结构性变化

赵龙凯等(2013)通过 Fama-MacBeth 回归发现,投资者关注变化率不会系统地影响股票收益率。而这与之前国内外研究的结论都相违背,例如 Barber 和

Odean(2008)、饶育蕾等(2010)、张慧雅(2011)、俞庆进和张兵(2012)等。这可能是由于投资者关注度对于市场收益的影响存在结构性变化所引致的(金雪军和周建锋,2014),结构性变化的存在会使得研究结果随样本期改变而改变(Balcilar等,2010)。Huang(2012)发现牛市中投资者关注对于股票收益的影响大于在熊市中的影响。而Hou等(2009)在研究投资者关注度对于盈余动量和价格动量的影响时,也发现上述两种影响关系系统性地受熊牛市的差异的干扰。另一方面,Karlsson等(2005)在分析斯堪维尼亚多国的金融投资账户时发现投资者关注存在"鸵鸟效应"(ostrich effect),即相比于熊市,投资者在牛市中会更多地关注股票。Andrei和Hasler(2014)也指出投资者关注度本身将会随着经济状态的变化而变化。当不确定性增加时投资者趋向将有限关注资源用于关注宏观层面和行业层面的信息,而不确定性下降时更加关注公司层面的信息(Peng等,2007)。因此,考虑投资关注度对于资产定价的动态影响,可能是今后研究的方向之一。

(四)关注度对于资产波动的影响

Kita和Wang(2012)通过研究投资者关注对于外汇市场影响发现,投资者网络查询增加将会导致外汇在时间序列上和界面上的波动性全部增大。同时,他们还指出投资者关注是外汇市场的风险因子之一,伴随着关注的变动,外汇也将享有风险溢价。Andrei和Hasler(2014)从理论的角度对投资者关注度和资产波动进行了研究。他们认为投资者关注度的提高一方面能通过降低不确定性使得股票价格波动下降,但另一方面由于投资者关注度的增加导致市场有效信息快速地反映到价格中去,使得股票价格剧烈波动。最后Andrei和Hasler(2014)发现投资关注度和不确定性的增加都将会导致股票波动和风险溢价收益增加,而且两者间的关系呈现二次增长。不确定性和资产波动一直都是资产定价领域的核心问题,结合投资者关注来研究上述问题,也将会成为当前的另一大趋势。

六、结　论

本文首先诠释了投资者关注的稀缺特性,发现无论是个人投资者还是更符合理性人假设的机构投资者都受到有限关注的约束。在此基础上,根据关注的约束条件是否具有内生性对已有的理论研究进行梳理。关注度内生性模型本质上是通过关注度配置约束或者建立与内生性变量相关的关注度函数来刻画关注度,而关注度外生性模型则主要通过外生引入异质性关注个体或者建立与外生性变量相关的函数来度量关注度。同时,对于关注度实证研究的脉络进行梳理后,发现关注度对于收益动量、价格反转效应和盈余公告后漂移等市场异象都存在显著解释力,也就是说,有限关注是资产定价偏差的重要影响因素。此外,投资者关注还通过影响市场信息扩散和市场收益可预测性,进而对于市场有效性产生影响。最后,在总结关注度领域最新的研究动态时发现,关注与公司治理、关注度与资产联动、关注度结构性变化影响、关注度对于资产波动影响、投资者类型的影响这五大问题可能成为未来研究的重点。

参考文献

[1] 贾春新,赵宇,孙萌,等.投资者有限关注与限售股解禁[J].金融研究,2010(11):108-112.

[2] 金雪军,周建锋.投资者关注度与市场收益间动态关系研究——基于Bootstrap的滚动窗口方法[J].浙江大学学报:人文社会科学版,2014,44(6):98-111.

[3] 李学峰,王兆宇,李佳明.噪声交易与市场渐进有效性[J].经济学(季刊),2013,12(3):913-934.

[4] 刘锋,叶强,李一军.媒体关注与投资者关注对股票收益的交互作用:基于中国金融股的实证研究[J].管理科学学报,2014,17(1):72-85.

[5] 彭叠峰,饶育蕾,王建新.有限注意,投资者行为与资产定价[J].中南大学学报(社会科学版),2012,18(3):116-122.

[6] 权小锋,吴世农.投资者关注、盈余公告效应与管理层公告择机[J].金融研究,2010(11):90-107.

[7] 饶育蕾,彭叠峰,成大超.媒体注意力会引起股票的异常收益吗?——来自中国股票市场的经验证据[J].系统工程理论与实践,2010,30(2):287-297.

[8] 宋双杰,曹晖,杨坤.投资者关注与IPO异象——来自网络搜索量的经验证据[J].经济研究,2011,46(S1):145-155.

[9] 杨晓兰.我国股票市场的网络关注度效应——一个基于和讯关注度的实证检验[EB/OL].[2010-4-30].www.cfrn.com.cn/getPaper.do? id=2485,20140930.

[10] 俞庆进,张兵.投资者有限关注与股票收益——以百度指数作为关注度的一项实证研究[J].金融研究,2012(8):152-165.

[11] 张雅慧,万迪昉,付雷鸣.股票收益的媒体效应:风险补偿还是过度关注弱势[J].金融研究,2011(8):143-156.

[12] 赵龙凯,陆子昱,王致远.众里寻"股"千百度——股票收益率与百度搜索量关系的实证探究[J].金融研究,2013(4):183-195.

[13] Aboody D, Lehavy R, Trueman B. Limited attention and the earnings announcement returns of past stock market winners[J]. Review of Accounting Studies,2010,15(2):317-344.

[14] Andrei D, Hasler M. Investor attention and stock market volatility [J]. Review of Financial Studies,2015:28(1):33-72.

[15] Balcilar M, Ozdemir Z A, Arslanturk Y. Economic growth and energy consumption causal nexus viewed through a bootstrap rolling window [J]. Energy Economics,2010,32(6):1398-1410.

[16] Bank M, Larch M, Peter G. Google search volume and its influence on liquidity and returns of German stocks[J]. Financial markets and portfolio management,2011,25(3):239-264.

[17] Barber B M, Odean T. All that glitters:The effect of attention and news on the buying behavior of individual and institutional investors. Review of Financial Studies,2008,21(2):785-818.

[18] Barberis N, Shleifer A, Wurgler J. Comovement[J]. Journal of Financial Economics,2005,75(2):283-317.

[19] Broadbent D E. A mechanical model for human attention and immediate memory[J]. Psychological review,1957,64(3):205.

[20] Chakrabarty B, Moulton P. Earning more attention:the impact of market design on attention constraints[R]. New York:Fordham Graduate School of Business,2009.

[21] Chemmanur T, Yan A. Product market advertising and new equity issues[J]. Journal of Financial Economics,2009,92(1):40-65.

[22] Cohen L, Frazzini A. Economic links and predicable returns[J]. Journal of Finance,2008,63(4):1977-2011.

[23] Corwin S A, Coughenour J F. Limited attention and the allocation

of effort in securities trading[J]. The Journal of Finance, 2008, 63(6): 3031-3067.

[24] Da Z, Engelberg J, Gao P. In search of attention[J]. The Journal of Finance, 2011, 66(5): 1461-1499.

[25] Da Z, Warachka M. Long-term earnings growth forecasts, limited attention, and return predictability[C]. AFA 2010 Atlanta Meetings Paper, 2009.

[26] Dean M, Kibris O, Masatlioglu Y. Limited attention and status quo bias[J]. Journal of Ecinomic Theory, 2017, 169: 93-127.

[27] DellaVigna S, Pollet J M. Investor inattention and friday earnings announcements[J]. The Journal of Finance, 2009, 64(2): 709-749.

[28] Deutsch J A, Deutsch D. Attention: some theoretical considerations [J]. Psychological review, 1963, 70(1): 80.

[29] Drake M S, Jennings J, Roulstone D T, et al. The comovement of investor attention[J]. Management Science, 2017, 63(9): 2847-2867.

[30] Engelberg J, Sasseville C, Williams J. Market madness? The case of mad money[J]. Management Science, 2010, 58(2): 351-364.

[31] Gabaix X, Laibson D, Moloche G, et al. The allocation of attention: Theory and evidence [R]. Cambridge, MA: Massachusetts institute of Technology, 2003.

[32] Gervais S, Odean T. Learning to be overconfident[J]. Review of Financial studies, 2001, 14(1): 1-27.

[33] Ginglinger E, Degeorge F, Boulland R. Targeted communication and investor attention[J]. SSRN Electronic Journal, 2012.

[34] Grullon G, Kanatas G, Weston J P. Advertising, breadth of ownership, and liquidity[J]. Review of Financial Studies, 2004, 17(2): 439-461.

[35] Hirshleifer D A, Lim S S, Teoh S H. Disclosure to a credulous audience: The role of limited attention[R]. Eermany: University Library of Munich, 2002.

[36] Hirshleifer D, Lim S S, Teoh S H. Driven to distraction: Extraneous events and underreaction to earnings news[J]. The Journal of

Finance，2009，64(5)：2289-2325.

[37] Hirshleifer D, Teoh S H. Limited attention, information disclosure, and financial reporting[J]. Journal of Accounting and Economics, 2003, 36(1): 337-386.

[38] Hou K, Xiong W, Peng L. A tale of two anomalies: The implications of investor attention for price and earnings momentum[J]. SSRN Electronic Journal, 2009.

[39] Hou K. Industry information diffusion and the lead-lag effect in stock returns[J]. Review of Financial Studies, 2007, 20(4): 1113-1138.

[40] Huang T L. Asymmetric effects of investor attention on stock returns in bull and bear markets[J]. Available at http://sfm.finance.nsysu.edu.tw/php/Papers/CompletePaper/012-1332409105.pdf.

[41] Huberman G, Regev T. Contagious speculation and a cure for cancer: A nonevent that made stock prices soar[J]. The Journal of Finance, 2001, 56(1): 387-396.

[42] Kahneman D. Attention and effort [M]. Englewood Cliffs, NJ: Prentice-Hall, 1973.

[43] Karlsson N, Seppi D J, Loewenstein G. The ostrich effect: Selective attention to information about investments[J]. ERN: Behaviour Economics, 2005.

[44] Kita A, Wang Q. Investor attention and fx market volatility[J]. Journal of International Financial Markets, Institutions and Money, 2015, 38: 79-96.

[45] Kogan S, Gilbert T, Lochstoer L A, et al. Investor inattention and the market impact of summary statistics[J]. Management Science, Forthcoming, 2012, 58(2): 336-350.

[46] Li J, Yu J. Investor attention, psychological anchors, and stock return predictability[J]. Journal of Fninancial Economics, 2012, 104(2): 401-419.

[47] Lin M, Wu C, Chiang M. Investor attention and information diffusion from analyst coverage [J]. International Review of Financial Analysis, 2014, 34(1): 235-246.

[48] Loh R K. Investor inattention and the underreaction to stock recommendations[J]. Financial Management，2010，39(3)：1223-1252.

[49] Lou D. Attracting investor attention through advertising[J]. Review of Financial Studies，2014，27(6)：1797-1829.

[50] Lu Y，Ray S，Teo M. Limited attention，marital events，and hedge funds[J]. Journal of Firancial Economics，2016，122(3)：607-624.

[51] Merton R C. A simple model of capital market equilibrium with incomplete information[J]. General information，1987，42(3)：483-510.

[52] Mondria J. Portfolio choice，attention allocation，and price comovement[J]. Journal of Economic Theory，2010，145(5)：1837-1864.

[53] Norman D A，Rumelhart D E. A system for perception and memory[J]. Models of Human Memory，New York：Academic Press，1970：19-64.

[54] Norman D A. Toward a theory of memory and attention[J]. Psychological review，1968，75(6)：522.

[55] Pashler H E，Sutherland S. The psychology of attention[M]. Cambridge，MA：MIT press，1998.

[56] Peng L，Xiong W，Bollerslev T. Investor attention and time - varying comovements[J]. European Financial Management，2007，13(3)：394-422.

[57] Peress J. Media coverage and investors' attention to earnings announcements[J]. SSRN Elactronic Journal，2008，33(0)：1-57.

[58] Shi R，Xu Z，Chen Z，et al. Does attention affect individual investors' investment return?[J]. China Finance Review International，2012，(2)：143-162.

[59] Simon H A. Administrative behavior：A study of decision-making processes in administrative organization[J]. The Journal of Politics，1948，10(1)：187-189.

[60] Sims C A. Implications of rational inattention[J]. General information，2003，50(3)：665-690.

[61] Vozlyublennaia N. Investor attention，index performance，and return predictability[J]. Journal of Banking & Finance，2014，41：17-35.

[62] Xiong W，Peng L. Investor attention，overconfidence and category

learning[J]. Journal of financial economics，2006，80(3)：563-602.

［63］Yuan Y. Attention and trading[R]. Philadelphia：University of Pennsylvania Working Paper，2008.

［64］Zhang W，Shen D，Zhang Y，et al. Open source information，investor attention，and asset pricing[J]. Economic Modelling，2013，33(2)：613-619.

［65］Zhong Y J，Lu L. Research into the interaction between investor attention and stock prices[C]//2014 International Conference on Management Science and Management Innovation (MSMI 2014). Atlantis Press，2014.

［66］Zhu H. Implications of limited investor attention to customer-supplier information transfers[J]. The Quarterly Review of Economics and Finance，2014，54：405-416.

金融市场风险溢出与利率市场化环境分析[①]

摘 要 金融市场的有效性和稳定性是实现利率市场化的必要条件,它体现了金融市场对各种"信息"的反映和过滤能力。其中一类重要的信息是不同市场之间的相互影响,也称为风险溢出。在全球金融市场一体化的背景下,这类信息的影响尤为突出。中国正处于利率市场化改革的关键时期,研究国内外不同市场之间的风险溢出效应,对了解国内金融市场的成熟程度,从而把握改革的关键时机具有现实意义。本文运用多元 GARCH 模型研究了 2005 年 8 月至 2012 年 8 月之间中美两国共 7 个市场的样本,发现国内市场的有效性在样本期间逐渐增强,但对美国市场的风险抵御能力尚未体现。据此建议国内市场对外开放需要慎重。

关键词 利率市场化;风险溢出;信息有效性;市场稳定性;多元 GARCH 模型

1 引言

利率市场化的目的是要让金融市场有效地反映资金的供给和需求情况,从而形成合理的利率水平,金融市场本身的成熟程度是利率市场化必需的环境基础。传统意义上的市场有效性指的是市场的定价效率,即市场形成合理利率水平的能力。钱一鹤和金雪军[1]对银行间债券市场的研究证明国内债券市场已经初步具备定价效率。但相对于欧美国家在 20 世纪七八十年代的利率市场

---

① 本文作者钱一鹤、金雪军,最初发表在《科研管理》2016 年第 7 期。

化,我们现在面临的国际国内市场环境的复杂程度已不可同日而语,市场间——尤其国际市场间的风险溢出对不成熟的新兴市场构成极大威胁。因此,在我国利率市场化改革的现阶段,市场效率还必须考虑市场的稳定性,即市场承受外部风险冲击的能力。

金融市场的风险溢出,简单地说就是一种资产价格的变动和波动性受到其他资产价格变动和波动性影响的现象。从产生的原因出发,风险溢出可以分为外部冲击和相互传染两类。其中前者指宏观经济环境等市场以外的因素对所有的市场都产生影响,但不同市场的信息传导和反映效率不同,表现为不同市场的价格或收益率变化存在先后。而后者则指市场与市场之间的影响,也是学者们关心的焦点,几乎在每一次金融危机中都能找到市场间风险溢出(传染)的证据。如,Baig 和 Goldfajn(1998)[2]发现亚洲金融危机期间东南亚各国的货币市场和资本市场之间存在显著的传染现象;Bekaert 等(2011)[3]在 2007—2009年的国际金融危机中也发现了统计显著的传染现象。从传导路径出发,风险溢出可以大致分为直接溢出和间接溢出两类。直接溢出指不同资产之间,或者不同金融市场之间通过信息、资金等的流动,在价格、收益率等方面的相互影响。间接溢出则指一种资产的价格或收益率变动先影响经济环境,经济环境的变化进一步影响其他资产的价格。如,资产价格的变化会通过财富渠道影响总需求,总需求的变化又会影响市场对货币政策路径的期望,并间接地在市场利率中体现出来。反过来,市场利率的变化又会通过未来股息的折现率直接在股价上得到体现。

不同资产之间的溢出效应往往是不对称的,这种不对称现象中蕴含着重要的经济信息。如,股票价格上涨如果反应资产价格对总需求的影响,就会同时推动短期和长期利率上涨。相反,利率的上涨可能会导致资产价格反向变动,因为利率影响到未来收益的折现率。从收益率曲线看,短期利率的上涨可能会影响到人们对未来通货膨胀的预期,还会推动长期利率上涨,但上涨幅度小于短期利率,从而使收益率曲线趋向水平。

在风险溢出的实证研究上,GARCH 族模型成为最受欢迎的形式,并取得不少有意义的成果。如 Rigobon 和 Sack(2003)[4]用结构化 GARCH 模型对美国短期利率市场、长期利率市场和股票市场之间的同期相互影响进行了联合研究。Karolyi(1995)[5]较早地使用日度数据分析了纽约标普 500 指数和多伦多 TSE300 指数收益率和波动性的短期互动情况,采用多元 GARCH 模型的 BEKK 模型形式,发现研究结果受模型中跨市场动态波动性设置形式的影响。

Solnik 等(1996)[6]发现国际间市场波动大的时候相关性也更大。Ehrmann 等(2005)[7]用长达 16 年(1989—2004)的日度数据,对包括美国和欧元区的货币市场、债券市场、资本市场以及美元和欧元的汇率市场在内的七个市场之间的相互传导性进行了综合分析,成功地对各市场之间的相互影响进行了量化分解。国内相关实证研究也沿用了同样的建模思路,如洪永森等(2004)[8]、董秀良和曹凤岐(2009)[9]、丁志国等(2007)[10]都用多元 GARCH 模型研究了中国股市和相关国家股市之间的风险溢出,王璐和庞皓(2009)[11]则用多元 GARCH模型研究了国内股市和债市之间的风险溢出。

从技术上看,GARCH 族模型是从波动性的角度考察市场的风险溢出,但风险溢出往往表现为均值溢出和波动性溢出的复合形式。均值溢出角度考察的模型包括 VaR、误差修正模型等,如肖璞等(2012)[12]采用 CoVaR 模型研究银行间的风险溢出,殷剑峰(2006)[13]用向量误差修正模型(VEC)研究国内货币市场、国债市场和股票市场三者之间的收益率互动关系。

本文的目的在于从风险溢出的角度考察我国金融市场的稳定性,包括两个层面:首先,国内金融市场之间的风险传导机制是否成熟。其次,国内金融市场是否足够稳定,即在风险传导机制成熟的前提下,市场承受外部冲击的能力。前者是后者的前提,如果市场的风险传导机制不成熟,也就不存在受外部风险冲击的问题。本文的研究对金融市场的风险管理也具有一定的指导意义。

2　风险溢出对利率市场化改革的影响

正如本文引言所述,利率市场化改革的成功需要以市场的有效性和稳定性为必要条件,而市场间的风险溢出机制对两者都很关键。此外,在具体分析其影响时,我们还应该对风险溢出的两类传导"介质"——信息流和资金流予以区别对待。

2.1　风险溢出与市场有效性

由于一个国家的金融市场通常是由各种不同类型的子市场组成,如股票市场、债券市场、信贷市场等,不同市场的风险不同,参与者也有差别,也就是说存在某种市场分割。从经济学基本原理可知,资金在不同的子市场必须具有相同的"有效收益率",即经过风险调整后的收益率,否则意味着资源错配。因此,利率市场化的实现,不仅要求市场具备合理的利率决定能力,还需要体现出足够迅速的子市场间收益率①趋同过程，这种趋同过程也表现为市场间的风险溢出过程。

信息的扩散和资金的流动是风险溢出的两个主要渠道。资金从低收益市场向高收益市场的流动，以及影响收益率变化的信息在市场内部和市场之间的扩散，都会导致收益率偏低的市场提高收益率，收益率偏高的市场降低收益率。

市场机制、参与者行为、经济环境以及行政管制等许多因素都会影响这两个渠道的效率，但资金流渠道更多地取决于管制的强弱。信息渠道的作用又包括信息扩散速度和市场对信息的敏感程度，在信息技术高度发展的今天，信息扩散的时间基本可以忽略。因此，信息渠道主要体现为市场的敏感性，这主要取决于市场机制的成熟和参与者的专业化程度，即市场本身的成熟程度，我们称之为"市场的信息有效性"，是我们考察的重点。

由于我国债券市场流动性很差，可以认为收益率趋同的资金流渠道仍然"不畅通"。因此，实证检验中表现出来的风险溢出主要体现为信息有效性程度。

2.2 风险溢出与市场稳定性

在一个完全管制的市场，显然不会受其他市场风险溢出的影响，也就不需要担心稳定性问题。因此，市场的稳定性要以有效性为前提。但在信息有效的情况下，市场之间的风险溢出能力是不对称的，其强弱与一国的经济实力和金融市场的发达程度等相关。如 Ehrmann 等（2005）[7] 发现美国金融市场对欧元区金融市场资产价格变化的平均影响为 25%，但欧元区对美国金融资产价格变化的平均影响只有 8%。[7] 当两个相互开放的市场之间强弱相差很大的时候，市场之间的风险溢出甚至可能是单向的，即强势市场的风险通过信息流和资金流向弱势市场溢出，而反方向的溢出则微不足道。Bekaert 等（2011）[3] 认为经济基本面弱、主权评级低，以及财政和经常账户赤字高的国家的资产组合更容易受全球金融危机的传染。这些特征更符合大部分新兴市场。从一个国家金融市场的发展过程看，利率市场化改革的后期也是最脆弱的时期。

从信息和资金这两个风险溢出渠道分析，信息的影响更多地通过市场心理起作用，资金流的影响则是根本性的，有时候甚至是"致命"的。在危机时期，如果资金流不受限制，"质量趋向"（fly-to-quality）和"流动性趋向"（fly-to-

---

① 这里的收益率都指经过风险溢价调整以后的收益率，我们称之为"有效收益率"，下同。

liquidity)等效应会导致大量资金迅速流出或流入弱势市场,造成流动性的枯竭或泛滥。当然两个渠道的影响还可能相互叠加。

此外,在危机时期,各国央行普遍会干预市场,国内金融市场的危机在很大程度上可以由央行的干预而化解。但在金融全球化的背景下,各国央行在国内政治经济等压力下"各扫门前雪",存在向国外转嫁风险的天然冲动,市场间的风险溢出可能最终体现为各国综合实力的较量。结果则是弱势的新兴市场的灾难。

3 对我国金融市场的实证检验

对应以上分析,本文的实证部分将分别检验国内金融市场的有效性和稳定性。通过国内市场之间的风险溢出来考察市场的有效性,通过中美两国市场之间的风险溢出来检验国内市场的稳定性,而有效性的存在是检验稳定性的前提。

3.1 模型和数据说明

3.1.1 模型说明

MGARCH 族模型综合考虑了均值溢出和波动性溢出的影响,是目前最为流行的建模方法。MGARCH 模型在相关性的处理上可以分为协方差矩阵和相关系数矩阵两大类,前者包括 VECH 模型及其改进后的对角 VECH (DVECH)模型,以及 BEKK 模型[11]。后者包括固定相关系数(CCC)模型[12],变化相关系数(DCC、VCC)模型[13,14],以及相关系数序列相关的 SCC 模型[15]等。具体模型的选择要视样本拟合的效果而定。

我们用 VCC 模型构建联立方程组,具体模型如下,简单起见,不考虑常数项:

$$y_t = Cx_t + \varepsilon_t$$

$$\varepsilon_t = H_t^{\frac{1}{2}} v_t$$

$$H_t = \sum_t^{\frac{1}{2}} P_t \sum_t^{\frac{1}{2}}$$

$$P_t = (1 - \lambda_1 - \lambda_2)P + \lambda_1 \Psi_{t-1} + \lambda_2 P_{t-1} \tag{1}$$

其中,y_t 是 $K \times 1$ 维向量平稳过程。C 为 $K \times K$ 解释变量系数矩阵,x_t 为解释变量,其中包括 y_t 的滞后项,$H_t^{\frac{1}{2}}$ 时变条件协方差矩阵 H_t 的乔利斯基因

子,v_t 是 $i.i.d.$ 白噪声向量。$\sum_t$ 是条件方差的对角矩阵:

$$\sum_t = \begin{pmatrix} \sigma_{1,t}^2 & 0 & \cdots & 0 \\ 0 & \sigma_{2,t}^2 & \cdots & 0 \\ \cdots & \cdots & \cdots & \cdots \\ 0 & 0 & \cdots & \sigma_{K,t}^2 \end{pmatrix}$$

其中,$\sigma_{i,t}^2$ 服从单一 GARCH 模型形式:

$$\sigma_{i,t}^2 = s_i + \sum_{j=1}^{p_i} \alpha_j \varepsilon_{i,t-j}^2 + \sum_{j=1}^{q_i} \beta_j \sigma_{i,t-j}^2, i=1,2,\cdots,K$$

P_t 是条件相关系数矩阵:

$$P_t = \begin{pmatrix} 1 & \rho_{12,t} & \cdots & \rho_{1K,t} \\ \rho_{12,t} & 1 & \cdots & \rho_{2K,t} \\ \cdots & \cdots & \cdots & \cdots \\ \rho_{1K,t} & \rho_{2K,t} & \cdots & 1 \end{pmatrix}$$

P 是(1)式中 P_t 的动态回复均值矩阵。$\Psi_t = \{\psi_{ij,t}\}, i=1,2,\cdots,K$ 是 ε_t ($\varepsilon_{i,t} = \varepsilon_{i,t}/\sigma_{i,t}$)的相关系数矩阵的滚动窗口估计值,计算窗口使用 t 之前 $K+1$ 个观测值,其中:

$$\psi_{ij,t-1} = \frac{\sum_{h=1}^{K+1} \varepsilon_{i,t-h} \varepsilon_{j,t-h}}{\sqrt{\left(\sum_{h=1}^{K+1} \varepsilon_{i,t-h}^2\right)\left(\sum_{h=1}^{K+1} \varepsilon_{j,t-h}^2\right)}}, 1 \leqslant i < j \leqslant K$$

λ_1, λ_2 是控制动态条件相关关系的系数,$\lambda_1, \lambda_2 \geqslant 0$,且 $0 \leqslant \lambda_1 + \lambda_2 < 1$。当 $\lambda_1 = \lambda_2 = 0$ 时,VCC 模型就退化成固定条件相关系数的 CCC 模型。

3.1.2 数据说明

本文实证检验用到中美两国货币市场、长期债券市场、股票市场以及美元/人民币外汇市场共七个市场的指标。根据 Rigobon 和 Sack(2003)[4],以及 Ehrmann 等(2005)[7] 的经验,采用 3 个月短期国债市场代表货币市场,10 年期长期国债市场代表长期债券市场。沪深 300 指数和标准普尔 500 指数分别代表中美两国的股票市场。

基于以下原因,样本区间设置为 2005 年 8 月 1 日至 2012 年 8 月 31 日。首先,股票市场发展早于债券市场,债券市场在 2005 年之后才真正快速发展起来。在此期间假设股票市场有效性强于债券市场和货币市场比较合理。但此区间之后股票市场相对低迷,而债券市场则发展很快,股票市场的相对强势可能不再明显。其次,在这个区间内股市经历了单边上涨、单边下跌、反弹、阴跌等多种走势形态,为我们分析不同市场环境下的风险溢出提供了很好的样本。同样,样本区间包含了美国次贷危机期间,也为我们提供了不同国际市场环境的样本。再次,在中美市场之间风险溢出检验中我们增加了美元/人民币汇率作为第七个市场指标。而人民币汇率改革在 2005 年 7 月 22 日,把样本区间前端设置在 2005 年 8 月 1 日可以统一样本标准。

我们对沪深 300 指数、标普 500 指数和汇率,采用当天收盘价较前一天收盘价的涨幅作为日度收益率。对两国 3 个月和 10 年期国债,采用到期收益率的当天和前一天之差作为日度收益率。数据描述如下,其中 ex_rate 表示外汇市场日收益率,$hs300$ 表示沪深 300 指数日收益率,$sp500$ 表示标普 500 指数日收益率,$m3\_us$、$m3\_ch$、$y10\_us$ 和 $y10\_ch$ 分别表示美国 3 个月期国债、中国 3 个月期国债、美国 10 年期国债、中国 10 年期国债的日收益率。相关变量描述见表 1 所示:

表 1 变量数值统计指标

变量	样本量	均值	标准差	最大值	最小值
ex_rate	1624	-0.0015	0.00877	-0.04321	0.036447
$hs300$	1624	0.000765	0.020327	-1.12201	0.093418
$sp500$	1624	0.000197	0.01525	-0.12889	0.109862
$m3\_us$	1624	-0.00209	0.072492	-0.81	0.76
$m3\_ch$	1624	0.000599	0.056251	-0.5519	0.3936
$y10\_us$	1624	-0.00169	0.067537	-0.51	0.26
$y10\_ch$	1624	0.000112	0.035852	-0.2417	0.3179

经过检验,处理后的数据为平稳数据序列,但所有七个序列均存在条件异方差性,适合用 MGARCH 模型分析。根据数据的不同模型拟合效果对比,我们最终采用了 VCC 模型。

本文原始数据来源于同花顺 iFinD,分析软件采用 Stata12.0 版。

3.2 对市场有效性的检验

3.2.1 全样本分析

从均值溢出效应看,实证结果显示,货币市场和债券市场对股市的溢出效应都不显著;沪深300指数二阶滞后和10年期国债一阶滞后都对3个月期国债存在显著溢出,且沪深300指数的作用更大;沪深300指数一、二阶滞后和3月期国债一阶滞后对10年期国债存在显著的溢出,同样沪深300指数溢出作用更大。

从波动性溢出效应看,3月期国债和10年期国债收益率的相关系数为0.3108,说明两者收益率存在显著的同向相关性。但沪深300指数和其他市场的收益相关系数不显著。

总体来说,国内金融市场之间存在溢出效应,但溢出效应不对称,股市对债市的溢出要强于债市对股市的溢出。结果符合我们之前的假设。

3.2.2　区间样本分析

我们根据沪深300走势将样本区间大致分成四个阶段:2007年12月31日之前是单边上升阶段(区间样本1),2008年1月1日至2008年10月30日为单边下降阶段(区间样本2),2008年11月1日至2009年7月31日为反弹阶段(区间样本3),2009年8月1日之后是一个震荡下降阶段(区间样本4)。

在第一样本区间,总的来说均值溢出并不显著,十年期国债对沪深300指数有负的溢出。由于这段时期是我国股市最大的一个上升波段,同时也是Shibor(3个月)利率降得最快的时期。因此,可能的解释是实际利率大幅下降,国债收益率下降,同时折现率下降导致资产价格大幅上升,长期资金从债市流向股市。从波动性溢出来看,3个月国债和十年期国债波动性之间存在弱相关性,但与沪深300指数相关性均不显著。

在第二样本区间,股指变动对长短期债券的均值溢出基本上是单向的,而且影响也明显增加。其中沪深300的二阶滞后对3个月国债的溢出系数为0.2054,一阶滞后对十年期国债的溢出系数为0.1786,远高于第一样本区间(由于采用信息准则不同,市场波动的相关系数并不显著)。

在第三个样本区间,根据信息准则阶数为零,因此各市场的滞后影响没有计算。3个月国债和十年期国债波动性之间仍然存在较弱的正相关性,说明两个市场之间的波动性溢出是存在的。

在第四个样本区间,十年期国债和沪深300指数的一阶滞后都对3个月期国债存在显著的均值溢出,反向溢出则不明显,说明货币市场是一个相对弱势市场。另外,对比第二样本区间,沪深300指数对3个月期国债的均值溢出从滞后二阶发展到滞后一阶,说明货币市场的反应速度变快了,信息有效性在提高。沪深300指数和十年期国债均表现为对其他市场的溢出不敏感。可能的原因是在该样本区间,中国股市处于一种不正常的低迷状态,长期资金在股市和债市之间基本不流动。从波动性溢出分析,沪深300指数和十年期国债的收益率波动相关系数变得非常显著,3个月期国债和十年期国债波动相关系数也更加明显。说明各市场之间风险的波动性溢出增加,各市场之间的信息有效性在提高。

纵观四个区间,市场的相关性在增加,说明风险溢出效应随着我国金融市场的有效性提高而逐步增强。同时四个区间均表现出股市对债市的溢出远强于相反的方向,说明溢出效应是非对称的。总之,从分析结果可以认为,国内金融市场的信息有效性在样本区间内逐步提高,风险溢出机制趋于成熟。

3.3 对市场稳定性的检验

3.3.1 全样本分析

从均值溢出看,结果显示,标准普尔500指数的第一、第二阶滞后均对沪深300指数存在显著的均值溢出,美国3个月期国债对沪深300指数也存在一定的溢出效应。但中国市场对标普500指数基本没有影响。中国短期国债受美国市场溢出影响最大,但美国短期国债几乎不受中国影响。而两国长期国债相对独立,互不受对方影响。另外,两国市场对汇率均存在显著的溢出,但美国市场的影响能力更大。

从波动性溢出来看,沪深300和标普500之间存在显著的正相关,而和汇率之间存在显著的负相关。另外,我国十年期国债波动性和美国3个月国债之间存在一定的相关性。

总的来看,风险基本是从美国到中国的单向溢出。可以理解为我国金融市场的发展相对于美国金融市场存在很大的差距,国内市场受国际市场影响较大,但很难向国际市场分散风险。

3.3.2 区间样本分析

根据次贷危机,我们将样本分成三个区间:2007年1月1日之前(危机前),2007年1月1日至2008年12月31日(危机主要阶段),以及2009年1月1日之后(后危机阶段)。

第一个样本区间我们没有得出任何统计显著的结果,说明这一阶段,我国金融市场与国际市场之间尚处于隔离状态。根据信息准则确定的滞后阶数,第二阶段为零,第三阶段为一。

由于第二阶段滞后为零,可以认为在危机阶段我国金融市场和国际市场之间的均值溢出不显著。可能的原因是,当时我们国家推出了逆市场趋势的巨额经济刺激计划,政府行为干扰了市场行为。结果也显示,在该样本区间,我国仅十年期国债与美国 3 个月期国债的波动性相关系数存在一定的显著性。

第三阶段,沪深 300 指数受标普 500 指数均值溢出影响显著,3 个月和十年期国债均受美国十年期国债溢出显著影响。但中国市场对美国市场的溢出效果不显著。波动性溢出方面,两国金融市场波动性相关系数均不显著。

纵观整个过程,中美市场之间的相关性在第三阶段才真正显著,这说明国际市场的风险溢出以国内市场信息有效性为前提,是随着国内市场的成熟而加强。而单向的风险溢出形式说明,在样本期内,国内金融市场相对美国市场仍非常弱小。此外,中美市场之间主要是均值溢出,波动性溢出不显著。我们认为这得益于中国资本市场的管制,短期资金的自由流动受到限制。

4 主要结论和建议

我们以 MGARCH 族的 VCC 模型为统一框架,分别检验了国内市场之间和中美相应市场之间的风险溢出效果。用国内市场之间的风险溢出检验我国金融市场的信息有效性,以中美市场之间的风险溢出检验我国金融市场的稳定性。实证结论显示国内不同市场之间的风险溢出相对合理,且市场信息有效性在逐步提高。而中美两国市场之间,我们发现美国市场对中国市场的风险溢出是单向的,说明国内市场的稳定性受到国际市场风险的威胁,且无法向国外分散风险。

我们也论述了风险溢出和市场有效性及稳定性的关系,我们认为在利率市场化改革的末期也是金融市场最脆弱的时期,实证结果也支持我们的观点。

从本文的结论可以看出,利率市场化和金融市场对外开放虽然存在内在的联系,但却是两个应该严格区别的不同过程。从风险溢出角度考虑,利率市场化改革的末期实施资本管制可能是最合适的选择,而金融市场的开放程度也需要视国内外市场之间的风险溢出结构而定。

参考文献

[1] 钱一鹤,金雪军. 从债券市场定价效率看利率市场化程度[J].南方经济,2013,(10):33-38.

[2] Baig M T, Goldfajn M I. Financial market contagion in the asian

crisis[M]. International Monetary Fund，1998.

[3] Bekaert G，et al. Global crises and equity market contagion［Z］. National Bureau of Economic Research，2011.

[4] Rigobon R，Sack B. Spillovers across US financial markets［Z］. National Bureau of Economic Research，2003.

[5] Karolyi G A. A multivariate GARCH model of international transmissions ofstock returns and volatility：The case of the united states and canada[J]. Journal of Business&Economic Statistics,1995,13(1):11-25.

[6] Solnik B，Boucrelle C, Fur Y L. International market correlation and volatility[J]. Financial Analysts Journal,1996,52(5):17-34.

[7] Ehrmann M，Fratzscher M，Rigobon R. Stocks，bonds，money markets and exchange rates：Measuring international financial transmission ［Z］. National Bureau of Economic Research，2005.

[8] 洪永淼等.中国股市与世界其它股市之间的大风险溢出效应[J]. 经济学季刊,2004,3(3):703-724.

[9] 董秀良,曹凤岐.国内外股市波动溢出效应——基于多元 GARCH 模型的实证研究[J]. 数理统计与管理,2009,28(6):1091-1099.

[10] 丁志国,苏治,杜晓宇.溢出效应与门限特征:金融开放条件下国际证券市场风险对中国市场冲击机理[J]. 管理世界,2007(1):41-47.

[11] 王璐,庞皓.中国股市和债市波动溢出效应的 MV-GARCH 分析[J]. 数理统计与管理,2009,28(1):152-158.

[12] 肖璞,刘轶,杨苏梅.相互关联性、风险溢出与系统重要性银行识别［J］. 金融研究,2012(12):96-106.

[13] 殷剑峰.中国金融市场联动分析:2000—2004[J]. 世界经济,2006,29(1):50-60.

[14] Tse Y K, Tsui A K C. A multivariate generalized autoregressive conditional heteroscedasticity model with timevarying correlations[J]. Journal of Business and Economic Statistics,2002,20(3):351-362.

[15] Palandri A. Sequential conditional corrrelations：Inference and evaluation[J]. Journal of Econometrics,2009,153(2):122-132.

我国股票市场熔断机制的磁力效应：
基于自然实验的证据[①]

摘　要　本文利用自然实验的思路，以 2016 年 1 月 4 日和 7 日为熔断组，以 2015 年沪深 300 指数跌幅超过 7％的 3 个交易日为控制组，检验熔断机制对股票市场产生的效应。结果显示，在指数下跌至熔断临界值之前，熔断机制会加剧卖单的大量涌现，导致市场订单流不平衡性提高，存在显著的磁力效应。在指数下跌 5％之前，熔断机制对已经跌停的股票并不产生影响；在指数下跌 5％～7％之间，熔断机制和涨跌停板制度存在叠加效应，订单流不平衡性进一步恶化。在股指下跌的过程中，熔断机制的磁力效应存在从沪深 300 成分股向非成分股的溢出。此外，股指期货交易、融资融券、沪港通净流入都会对熔断机制的磁力效应产生影响。

关键词　熔断机制；股票市场；磁力效应；涨跌停制度

一、引言

如何抑制证券市场的过度反应，促进市场的平稳发展是各国金融监管者普遍面临的重大问题。1987 年美国股市发生崩盘事件之后，美国证券委员会（SEC）推出了《布兰迪报告》(*Brady Task Force Report*)对这次股灾进行总结，提出设立熔断机制，以防范和应对股市的非理性大幅下跌。该机制规定以某一指数上下浮动一定比例为触发水平，一旦市场下跌或上涨至触发水平，交易就

---

① 本文作者杨晓兰、金雪军，最初发表在《金融研究》2017 年第 9 期。

暂停一段时间。熔断机制旨在为投资者的非理性行为提供一个"冷却时期"，引导投资者对证券价值进行重估。

在 2016 年之前，我国股票市场未设置大盘熔断机制，仅设置了限制个股价格波动的涨跌停制度。2015 年我国股票市场经历了巨幅震荡，为了维护金融市场的稳定性，监管当局采取了一系列救市措施，有关推出熔断机制的方案也开始酝酿。2016 年 1 月 1 日熔断机制在我国股市正式实施，该机制以沪深 300 指数为标的，规定当指数下跌或者上升至 5％时，市场暂停交易 15 分钟，当指数下跌或者上升至 7％时，全天交易暂停。

在熔断机制实施的第一个交易日，即 2016 年 1 月 4 日，股市开盘即呈现下跌趋势，15 分钟停盘和全天停盘先后被触发。1 月 7 日熔断机制再度触发，全天累计交易时间不足 20 分钟。熔断机制被舆论认为是加速股指下跌的原因。在巨大的争议中，证监会宣布从 1 月 8 日起暂停实施指数熔断机制。

熔断机制虽然已经暂停实施，但科学、合理地评估其政策效应具有重要的现实意义与理论意义。从现实市场来看，我国股票市场推行熔断机制的四个交易日里沪深股市总市值缩水了 7.41 万亿元，付出了巨额的制度试错成本。我国股票市场具有新兴加转轨的特征，制度建设任重道远，在这一过程中迫切需要对熔断机制进行合理评估与反思，深刻理解我国股票市场投资者的行为特征，总结经验与教训，从而推进相关市场制度的演进。

从理论研究来看，有关熔断机制实施效果的研究一直没有得到统一的结论。Greenwald 和 Stein（1991）的理论模型曾表明熔断机制为投资者了解市场真实信息提供了时间，有助于市场价格向均衡价格的调整，存在"冷却效应"；Draus 和 Achter（2012）的理论模型也表明熔断机制有助于减少市场挤兑行为。然而，反对者认为大盘熔断机制会产生"磁力效应"，在熔断触发之前，因为担心熔断导致流动性枯竭，大量卖单会在熔断触发点之前涌入市场，加速市场的崩盘（Subrahmanyam，1994）。由于世界金融史上熔断机制的触发频率非常之低，导致相关实证研究比较缺乏①。我国股票市场在短时间内两次触发熔断机制，为这一制度设计的研究提供了样本，能够为"冷却效应"和"磁力效应"之争提供行为证据。

鉴于此，本文从自然实验的思路出发，以我国股票市场熔断机制触发的两个交易日为熔断实验组，以 2015 年沪深指数跌破 7％的三个交易日为控制组，

---

① 例如，美国股票市场从 1988 年实行熔断机制至今的 28 年里，只有 1997 年 10 月 27 日触发了一次。

利用日内逐笔交易数据检验熔断机制产生的市场效应。

我国股市的发展水平、监管手段以及相关制度结构与美国股票市场存在较大差异。作为一种新引入的制度安排，熔断机制与其他制度会产生交叉影响。与已有文献相比，本文的贡献在于检验这种交叉效应。主要体现在以下三个方面：第一，与美国股票市场的熔断机制相比，我国股市在实施熔断机制的同时，还实施涨跌停制度，二者可能存在叠加效应。因此我们将股票划分为跌停股票和非跌停股票，检验两种制度可能产生的相互影响。第二，与美国股市以纽约证券交易所的 S&P500 指数为基准不同，我国熔断机制以沪深 300 指数为基准，是一个包含深、沪两个分割市场的跨市场指数，本文将检验熔断机制是否对沪深 300 成份股和非成份股产生不同效应。第三，在 2015 年股市动荡期间，管理层采取了限制股指期货交易、严控融资融券等非常规手段。与 2015 年控制组样本相比，在 2016 年的两个熔断组样本交易日中，股指期货成交量、融资融券余额以及沪港通净流入额都显著下降，本文将检验这些因素是否会对熔断机制的市场效应产生影响。

本文的结构包括六个部分，第二部分是文献回顾，第三部分介绍模型与实证方法；第四部分是样本和变量描述，第五部分是实证结果，最后是结论和政策建议。

二、相关文献回顾

对证券市场熔断机制的检验主要利用实证和实验研究两种方法。从历史上来看，针对整个市场的大盘熔断机制启动频率非常低，所以针对这一机制的实证研究相对匮乏。Lauterbrach 和 Ben-Zion(1993) 检验了 1987 年全球股市大崩溃中，熔断机制在以色列特拉维夫证券交易所中的作用。研究表明，熔断机制的触发无法阻止市场长期下跌的趋势，只能减少短期买卖双方的不平衡。Goldstein 等(1998)研究纽约证券交易所的熔断机制"80A 规则"的效果。他们在控制其他影响变量的前提下，通过参数和非参数两种方法比较熔断机制启用和禁用情况下的市场波动性，结果表明熔断机制的启用略微降低了股价的波动性。

在实验经济学领域，Ackert 等(2005) 最早应用实验方法检验熔断机制的有效性。实验结果发现熔断机制对纠正价格偏离无明显效果。杨晓兰(2015)在实验室市场中分别引入价格涨跌停和熔断机制，比较两类价格限制机制对交易者行为的影响。实验结果显示,熔断机制启动后市场交易者的报价行为更趋近于理性的水平;价格涨跌停制度并不能抑制非理性交易。

从以上文献来看,对熔断机制的效应尚存在较大的争议,其中的可能原因是熔断机制所处的市场环境、投资者结构等因素都在不断变化之中,研究结论受到干扰。实验室实验方法虽然能够实现可控性,为制度设计提供行为依据,但受制于实验市场规模较小、期限较短等技术局限性,实验结论的外部有效性还有待进一步论证。在真实市场的制度变迁中,采用自然实验的思路来检验制度效应是一个可行的途径。针对中国市场,许红伟和陈欣(2012)、李志生等(2015)采用自然实验的方法分别检验了融资融券、卖空机制的政策效应。借鉴已有文献,本文也采用自然实验方法对我国股票市场的熔断机制进行检验。

三、模型与方法

熔断机制发挥稳定市场作用的主要机理在于投资者能够冷静下来,利用交易暂停时间去了解真实信息,合理对股票进行估值,减少恐慌性卖出行为。然而,在我国股市熔断触发导致交易暂停的期间,监管当局和上市公司并未发布新的信息,引导投资者重估股票价值,因而"冷却效应"的机制难以实现。与"冷却效应"相反的"磁力效应"则认为熔断机制会加剧股市的下跌,其主要机理在于投资者担心交易暂停后交易无法实现,倾向于在熔断之前就提交卖出订单,引发市场恐慌情绪,加速市场崩盘。本文的研究思路是首先利用中国试点熔断机制的股市数据验证磁力效应是否存在,然后通过熔断机制与涨跌停板、股指期货、融资融券等制度的交互作用,分析磁力效应在我国制度背景下的实现过程。

检验熔断机制效应最为重要的指标是订单流不平衡性(order imbalance),记为IMB。与交易量指标不同,订单流不平衡指标反映了一段时间内多空双方主动性买入和卖出的力量对比,既包括了方向的信息,也包括了量的信息。Lauterbrach和Ben-Zion(1993)认为,该指标比成交量更能刻画危机时期投资者的恐慌行为。

由于熔断触发后交易时间显著缩短,仅比较整个交易日的情况不能得出有效的结论,有必要比较市场在达到熔断临界点之前的表现。我国的熔断机制设置了HS300指数下跌5%和7%两个临界值,在熔断组的两个交易日里,先后两次触发熔断。我们计算了指数下跌5%之前、下跌5%至7%时段的订单流不平衡指标(分别记为 IMB_pre5,IMB_57)。借鉴 Lauterbrach 和 Ben-Zion(1993),我们构建如下回归方程。

$$\text{IMB\_pre5}_{i,t} = \alpha_0 + \alpha_1 \text{Break} + \alpha_2 \text{BETA}_{i,t} + \alpha_3 \text{SIZE}_{i,t} + \alpha_4 \text{LEV}_{i,t} + \alpha_5 \text{PROF}_{i,t} + \alpha_6 \text{GAIN}_{i,t} + \alpha_7 \text{UR}_{i,t-1} + \varepsilon_{i,t} \tag{1}$$

$$\text{IMB\_57}_{i,t} = \alpha_0 + \alpha_1 \text{Break} + \alpha_2 \text{BETA}_{i,t} + \alpha_3 \text{SIZE}_{i,t} + \alpha_4 \text{LEV}_{i,t} + \alpha_5 \text{PROF}_{i,t} + \alpha_6 \text{GAIN}_{i,t} + \alpha_7 \text{UR}_{i,t-1} + \varepsilon_{i,t} \tag{2}$$

其中,Break 是一个虚拟变量,熔断组的两个交易日取 1,非熔断组交易日取零。如果 Break 系数大于零,意味着与不存在熔断机制的交易日相比,熔断机制的存在加剧了市场的订单不平衡性,加速市场崩盘,反之则证明熔断机制能起到冷却作用。方程中的控制变量还包括样本股票上一季度的收益率(GAIN)、前一交易日的超额收益(UR)、上市公司的贝塔值(BETA)、规模(SIZE),杠杆率(LEV),利润率(PROF)。

我们计算沪深 300 指数下跌 5% 前后订单流不平衡性的差异,即:$\text{IMB\_diff}_{i,t} = \text{IMB\_57}_{i,t} - \text{IMB\_pre5}_{i,t}$。

构建回归方程(3):

$$\text{IMB\_diff}_{i,t} = \alpha_0 + \alpha_1 \text{Break} + \alpha_2 \text{BETA}_{i,t} + \alpha_3 \text{SIZE}_{i,t} + \alpha_4 \text{LEV}_{i,t} + \alpha_5 \text{PROF}_{i,t} + \alpha_6 \text{GAIN}_{i,t} + \alpha_7 \text{UR}_{i,t-1} + \varepsilon_{i,t} \tag{3}$$

回归方程(3)中,Break 系数表明 5% 临界值熔断触发之后市场的订单流不平衡性是否高于触发之前。

此外,我们还构建回归方程(4)和(5)检验熔断机制对波动率($\text{VOLA}_{i,t}$)和收益率(R_i)的影响。其中,对波动率指标也将分别考察指数下跌 5% 之前、下跌 5%~7% 之间以及前后差异的情况,分别记为 $\text{VOLA\_pre5}_{i,t}$,$\text{VOLA\_57}_{i,t}$,$\text{VOLA\_diff}_{i,t}$。

$$\text{VOLA}_{i,t} = \alpha_0 + \alpha_1 \text{BETA}_{i,t} + \alpha_2 \text{SIZE}_{i,t} + \alpha_3 \text{GAIN}_{i,t} + \alpha_4 \text{Break} + \varepsilon_{i,t} \tag{4}$$

$$R_{i,t} = \alpha_0 + \alpha_1 \text{BETA}_{i,t} + \alpha_2 \text{SIZE}_{i,t} + \alpha_3 \text{GAIN}_{i,t} + \alpha_4 \text{Break} + \varepsilon_{i,t} \tag{5}$$

四、样本与变量描述

沪深 300 指数下跌 5% 和 7% 是启动 15 分钟熔断和全天熔断机制的两个临界值。A 股历史上该指数单日跌幅达到 7% 的交易日一共有 15 天[①],其中以

[①] 具体日期是 2007.2.27,2007.6.4,2008.1.22,2008.6.10,2008.6.19,2008.11.18,2009.8.31,2015.1.19,2015.6.26,2015.7.27,2015.8.24,2015.8.25,2016.1.4,2016.1.7。

2008 年(5 个交易日)和 2015 年(5 个交易日)发生的频率最高。为了检验熔断机制实施的市场效应,我们需要选取与 2016 年触发熔断的两个交易日相匹配的样本。首先,我们排除 2007 年和 2008 年的样本,这是因为与 2007—2008 年相比,宏观环境、市场制度、投资者结构等方面在 2015 年以来发生了较大变化,例如,2007—2008 年没有融资融券制度,也没有股指期货;其次,考察 2015 年的 5 个交易日(如表 1 所示),沪深 300 指数在 2015 年 1 月 19 日和 8 月 25 日都出现了剧烈震荡的走势,开盘跌幅均超过 5%,开盘后指数反转上扬,一度涨幅超过 5%,随后下跌,并第二次触及 5% 跌幅,最终跌幅超过 7%。也就是说这两个交易日分别出现了沪深 300 指数两次下跌 5% 的情况,这与 2016 年 1 月 4 日和 7 日指数呈单边下跌,仅触发了一次下跌 5% 熔断的情况并不匹配。最终,我们得到与 2016 年两个熔断触发日相匹配的三个非熔断交易日:2015 年 6 月 26 日,7 月 27 日和 8 月 24 日。熔断样本日和非熔断样本日合计 5 个,序号如表 1 所示。

表 1　2015—2016 沪深 300 指数单日跌幅超过 7% 一览表

交易日期	下跌至 5% 的时点	下跌至 7% 的时点	下一交易日沪深 300 指数涨跌幅	样本日序号	分组
2015-1-19	第一次:开盘 第二次:10:57	13:13	1.22%	—	—
2015-6-26	11:24	14:05	−3.34%	1	控制组
2015-7-27	14:19	14:35	−0.20%	2	控制组
2015-8-24	9:35	9:50	−7.10%	3	控制组
2015-8-25	第一次:开盘 第二次:13:35	14:24	−0.57%	—	—
2016-1-4	13:12	13:33	0.28%	4	熔断组
2016-1-7	9:42	9:59	2.04%	5	熔断组

2016 年 1 月 4 日在午盘触发熔断,全天交易 3 个多小时。1 月 7 日在早盘发生熔断,全天交易仅 10 多分钟。熔断机制触发后交易时间明显短于正常交易日,那么在当天未得到充分释放的恐慌情绪是否会蔓延到下一交易日?从表 1 的比较来看,熔断组的两个交易日并没有出现这种情况;非熔断组的三个交易日反而出现了在第二个交易日继续下跌的趋势。

在全部 A 股上市公司中,剔除停牌和已上市时间尚未覆盖全部样本日的个股,我们得到 1096 家上市公司,它们在上述 5 个样本日均有完整交易记录,合计 5480 个观察值。利用样本公司在样本日的日内逐笔交易数据，计算如下指标：订单流不平衡（IMB）、波动率（VOLATILITY）、日收益率（R）。其中，订单流不平衡用于衡量崩盘时个股遭遇的抛售压力，利用五档报价数据获得当日委卖单总量和委买单总量，计算方法为"委卖单总量/（委卖单总量＋委买单总量）"①。也就是说，当订单流不平衡指标越高，个股受到的卖出冲击越大。波动率指标由逐笔成交价格的方差计算而来，反映了市场价格是否稳定。此外，我们还统计了样本股票上一季度的收益率（GAIN）、前一交易日的超额收益（UR）、上市公司的贝塔值（BETA）、规模（SIZE），杠杆率（LEV），利润率（PROF）。数据均来自国泰安数据库。主要变量及其计算方法如表 2 所示。

表 2　主要变量计算方法

变量	含义	计算方法
IMB	当日订单流不平衡指标	五档委卖单总量/（五档委卖单总量＋五档委买单总量）
IMB_pre5	沪深 300 下跌 5％之前个股的订单流不平衡	计算方法同上
IMB_57	沪深 300 下跌 5％～7％期间个股的订单流不平衡	计算方法同上
IMB_diff	订单流不平衡指标变化	IMB_57 与 IMB_pre5 之差
VOLA	当日波动率	逐笔成交价格的方差
VOLA_pre5	沪深 300 下跌 5％之前波动率	计算方法同上
VOLA_57	沪深 300 下跌 5％～7％期间波动率	计算方法同上
VOLA_diff	波动率变化	VOLA_57 与 VOLA_pre5 之差
R	当日收益率	ln(T 日收盘价格/$T-1$ 日收盘价格)
BETA	贝塔值	T 日前一年数据计算的 beta 值

① Lauterbrach 和 Ben-Zion(1993)的订单不平衡性指标直接来自交易所公布的数据，本文采用的是刘逖（2002）的方法计算订单流不平衡性，其他主要变量指标的计算方法与 Lauterbrach 和 Ben-Zion(1993)相同。

续表

变量	含义	计算方法
GAIN	收益率	股票上季度收益率
SIZE	规模	总资产的对数值
PROF	利润率	净利润除以总资产
LEV	杠杆率	总负债占总资产的比例
UR	前一日超额收益	用股票前一日收益率 $R(T-1)$ 对 BETA 值和规模进行回归，取残差为前一日超额收益率。回归方程如下： $R(T-1)_i = \alpha_0 + \alpha_1 \text{BETA}_i + \alpha_2 \text{SIZE}_i + \text{UR}(T-1)_i$

主要变量的描述性统计如表 3 所示。表 4 显示了五个样本日中订单流不平衡指标等变量的对比情况。从全天指标来看，订单流不平衡最高均值为 80.49%，出现在交易日 3，意味着委托单的绝大部分方向是卖出，个股遭受巨大抛盘压力。与控制组的三个交易日相比，熔断组的两个交易日在全天指标上并不高，其中交易日 4 的订单流不平衡指标均值位列最低。比较达到第一个熔断临界值 5% 之前的情况，依然是交易日 3 的不平衡指标最高。在第一次熔断触发之后，即指数下跌 5%～7% 的时期，交易日 5 的不平衡指标最高，为 62.27%。均值比较 t 检验结果显示，控制组的全天订单流不平衡性和下跌 5% 之前的订单流不平衡性都显著高于熔断组（$p=0.00$，$p=0.08$）；在下跌 5% 至 7% 区间，熔断组的订单流不平衡性则显著高于控制组（$p=0.00$）。通过均值比较尚不能判断熔断机制究竟产生了怎样的效应，我们需要通过控制其他变量进行实证检验，以得出结论。

表 3 主要变量的描述性统计

Variable	样本量	均值	标准差	最小值	最大值
IMB	5480	0.6250	0.1890	0.0000	1.0000
VOLA	5480	0.4196	0.3820	0.0000	4.9932
R	5480	−0.0969	0.0229	−0.1066	0.0956
BETA	5480	1.0542	0.2310	−0.4405	2.0567
GAIN	5480	0.1098	0.3456	−2.1098	1.9366
SIZE	5480	22.7532	1.7164	17.8463	30.7409
PROF	5480	0.0261	0.5201	−21.1303	14.0476

续表

Variable	样本量	均值	标准差	最小值	最大值
LEV	5480	0.5133	0.2316	0.0044	3.2619
UR	5480	0.0001	0.0222	−0.0420	0.1990

表 4　订单流不平衡指标按样本日统计的均值和组间比较结果

分组	样本序号	IMB(%)		IMB_pre5(%)		IMB_57(%)	
		均值(%)	t 检验	均值(%)	t 检验	均值(%)	t 检验
控制组	1	68.70	33.77 (0.00)	50.67	1.76 (0.08)	58.64	−7.00 (0.00)
	2	57.54		46.75		53.37	
	3	80.49		57.58		48.27	
熔断组	4	48.03		47.02		53.43	
	5	57.76		55.00		62.28	

五、实证分析结果

(一)回归方程结果

根据第三部分提出的实证模型,我们进行了实证检验。表 5 列出了对订单流不平衡指标的回归结果。在控制其他因素的情况下,Break 的系数代表了熔断机制对订单流不平衡指标产生的影响。

方程(1)利用了第一次熔断之前的交易数据,结果显示 Break 系数为正,表明从开盘到沪深 300 下跌 5% 之前,在控制其他因素的情况下,熔断机制的存在增加了市场委托单的不平衡,卖盘所占比重显著高于没有熔断机制的情况。方程(2)检验了沪深 300 指数下跌 5% 到 7% 之间的熔断效应,结果与方程(1)一致,即 Break 系数显著为正。方程(3)的被解释变量是订单流不平衡指标在第一次触发熔断前后的变化,回归结果显示熔断机制的存在加大了订单流不平衡,Break 系数也显著为正。这些结果都支持熔断机制存在磁力效应的假说,即 5% 和 7% 的熔断临界值都刺激了卖盘的大量涌现。

表 5　订单流不平衡性回归结果

	（1） IMB_pre5	（2） IMB_57	（3） IMB_diff
Break	0.0606 *** (6.98)	0.0918 *** (6.35)	0.0313 ** (2.10)
BETA	−0.0188 (−0.93)	−0.0708 ** (−2.12)	−0.0520 (−1.51)
SIZE	−0.0139 (−1.20)	−0.0412 ** (−2.14)	−0.0273 (−1.38)
GAIN	0.0132 (1.51)	0.0847 *** (5.82)	0.0715 *** (4.77)
PROF	0.00506 (1.39)	−0.00233 (−0.39)	−0.00740 (−1.19)
LEV	0.0354 (1.11)	0.0595 (1.11)	0.0240 (0.44)
UR	−0.878 *** (−9.98)	−1.295 *** (−8.83)	−0.417 ** (−2.76)
日期	控制	控制	控制
个股	控制	控制	控制
常数	0.810 *** (3.07)	1.511 *** (3.43)	0.701 (1.54)
R^2	0.1426	0.1127	0.1035
样本数	5480	5480	5480

注：括号内为 t 值。*** 、** 分别表示在 1%、5% 的条件下显著。

表 6　波动率、收益率回归结果

	（1） VOLA_pre5	（2） VOLA_57	（3） VOLA_diff	（4） R
Break	−0.00940 (−0.90)	−0.0346 *** (−3.88)	−0.0252 * (−1.85)	0.00312 ** (2.10)
BETA	−0.0420 (−1.74)	0.0474 *** (2.30)	0.0893 *** (2.84)	−0.00713 ** (−2.07)
GAIN	0.138 *** (13.14)	0.0250 *** (2.78)	−0.113 *** (−8.24)	0.000298 (0.20)

续表

	(1) VOLA_pre5	(2) VOLA_57	(3) VOLA_diff	(4) R
SIZE	−0.00130 (−0.09)	−0.00195 (−0.16)	−0.000645 (−0.04)	−0.000897 (−0.45)
日期	控 制	控 制	控 制	控 制
个股	控 制	控 制	控 制	控 制
常数	0.359 (1.14)	0.159 (0.59)	−0.200 (−0.48)	−0.0704 (−1.56)
R^2	0.1452	0.0116	0.1243	0.0222
样本数	5480	5480	5480	5480

注:括号内为 t 值。***、** 分别表示在 1%、5%的条件下显著。

表 6 显示了对波动率指标和收益率指标进行回归的结果。我们发现熔断机制对降低波动率有一定积极的作用。此外,相对于非熔断交易日,熔断对股票日益收益率的正向影响在 5%的水平下显著。与非熔断日相比,熔断机制在降低波动率和提高收益率上体现出一定的积极效应,其中一个可能原因是交易时间大幅减少,股价受到的负面冲击没有完全释放。

(二)熔断机制与市场其他制度因素的交叉影响

股票市场的各类制度安排之间存在交互影响,理清熔断机制与其他制度的交互影响是我们认识熔断机制磁力效应实现机理和对熔断机制进行科学评估的重要环节。本部分将分析各类市场制度因素与熔断机制的交叉效应,试图探究熔断机制产生磁力效应的程度受哪些因素的影响。从熔断机制发生作用的机理出发,我们以市场的订单流不平衡性为主要研究对象。

(1)涨跌停板的影响

在我们研究的 5 个样本日,存在大量个股跌停的现象。表 7 统计了 5 个交易日样本股票在不同时段处于跌停状态的家数。表 7 最后一行统计了当日曾经出现跌停的股票家数占全部样本股票的比例。

表 7　样本股票跌停情况

分组	控制组			熔断组	
样本序号	1	2	3	4	5
沪深 300 下跌 5% 之前跌停（家）	240	58	86	115	61
沪深 300 下跌 5%～7% 之间跌停（家）	719	343	281	596	688
沪深 300 下跌 7% 之后跌停（家）	1016	950	1074	—	—
跌停股票占全部样本的比例（%）	93	87	98	56	65

现有文献认为涨跌停板制度实质上也是一种熔断机制。例如，当价格触及跌停板时，虽然交易并未受到限制，但现有价格水平上存在大量卖单，没有足够的买单与之匹配，导致实质上的交易暂停。我们通过比较熔断机制在个股跌停和非跌停这两个不同状态下所产生的效应，考察熔断机制和涨跌停板的交互影响。

如表 8 所示，我们将全部样本按是否跌停进行分类回归。方程（1）和（2）比较了在指数下跌 5% 之时，跌停股票和非跌停股票的回归结果。结果显示，在股票没有跌停的情况下，熔断机制进一步提高了订单流不平衡性；在股票跌停的情况下，熔断机制对订单流不平衡性没有影响。这就是说在股指下跌 5% 之前，跌停的股票不受到熔断机制的影响，两个机制并不叠加。

方程（3）和（4）考察了指数下跌 5%～7% 区间的情况，Break 的回归系数显示无论的个股跌停还是非跌停的情况下，熔断机制都会显著加剧订单流不平衡性。也就是说，在股指下跌 5% 之后，下跌 7% 的熔断阈值进一步导致恐慌情绪加剧，恐慌情绪加剧，即使是那些已经跌停、流动性已然枯竭的股票，投资者依然纷纷提交卖单。这表明，伴随股指的进一步剧烈下跌，涨跌停和熔断机制在刺激卖单涌出上产生了相互叠加的效应。

表 8　按样本是否跌停进行分组的订单流不平衡性回归结果

	(1) IMB_pre5 跌停样本	(2) IMB_pre5 未跌停样本	(3) IMB_57 跌停样本	(4) IMB_57 未跌停样本
Break	−0.0357 (−0.54)	0.0586 *** (7.02)	0.110 *** (3.88)	0.0792 *** (5.49)
BETA	0.154 (0.93)	0.0230 (1.17)	−0.164 ** (−2.48)	−0.0354 (−0.98)

续表

	(1) IMB_pre5 跌停样本	(2) IMB_pre5 未跌停样本	(3) IMB_57 跌停样本	(4) IMB_57 未跌停样本
GAIN	−0.00466 (−0.07)	−0.00877 (−1.02)	0.114*** (4.13)	−0.0184 (−1.11)
SIZE	0.0415 (0.73)	−0.00978 (−0.74)	−0.0330 (−1.28)	−0.0100 (−0.26)
PROF	−0.0419 (−0.83)	0.00352 (1.03)	−0.00126 (−0.17)	−0.0266 (−1.25)
LEV	0.218 (1.85)	−0.0510 (−1.36)	−0.00532 (−0.07)	−0.0606 (−0.64)
UR	−6.157** (−2.46)	−0.792*** (−9.75)	0.384 (0.55)	−0.116 (−0.91)
日期	控制	控制	控制	控制
个股	控制	控制	控制	控制
常数	−0.552 (−0.43)	0.714** (2.38)	1.515*** (2.61)	0.702 (0.79)
R^2	0.0068	0.1742	0.1164	0.0355
样本数	560	4920	2627	2853

注:括号内为 t 值。***、**、* 分别表示在 1%、5%、10% 的条件下显著。

(2)沪深 300 指数成份股的影响

我国的熔断机制是以沪深 300 指数来计算熔断临界值的。在大盘剧烈下跌的情形下,作为熔断基准的沪深 300 指数必然受到高度关注,因为其走势决定了大盘是否熔断。前部分的实证研究已经显示熔断机制具有一定的磁力效应,会加剧订单流不平衡性,也就是刺激大量卖盘的产生。在恐慌情绪的影响下,作为沪深 300 指数的成分股票是否会比非成分股票产生更为严重的磁力效应呢? 我们将所有样本股票按照是否属于沪深 300 指数的成分股票进行了分类,分别进行检验。

如表 9 所示,在第一次触发熔断之前,即沪深 300 下跌 5% 之前,熔断机制对沪深 300 成分股的订单流不平衡性有显著的正向影响,对非沪深 300 成份股则没有显著影响;在指数下跌 5%~7% 的情况下,熔断产生的磁力效应则显著体现在非沪深 300 成份股票上。这一结果说明存在磁力效应从成份股到非成份股的溢出和扩散，在开盘到指数下跌 5% 之前，股指的剧烈下跌引发了恐慌性抛盘，这种抛盘主要集中在沪深 300 成分股上；第一次触发熔断，市场停盘 15 分钟之后，恐慌情绪进一步扩散到非沪深 300 成分股票上，最终导致第二次熔断的发生。方程(5)和(6)以沪深 300 指数下跌 5% 前后订单流不平衡性的变化为被解释变量，Break 系数仅在非沪深 300 成分股样本中显著，进一步证实磁力效应是在第一次熔断后向非沪深 300 成份股扩散。

表 9　按样本是否 HS300 成份股进行分组的订单流不平衡性回归结果

	(1) IMB_pre5 HS300	(2) IMB_pre5 非 HS300	(3) IMB_57 HS300	(4) IMB_57 非 HS300	(5) IMB_diff HS300	(6) IMB_diff 非 HS300
Break	0.111*** (3.69)	0.00791 (1.38)	0.0427 (0.91)	0.0621*** (6.78)	−0.0685 (−1.26)	0.0542*** (5.72)
BETA	−0.176 (−1.53)	0.0227 (1.26)	0.114 (0.63)	−0.112*** (−3.90)	0.290 (1.40)	−0.135*** (−4.53)
GAIN	−0.233*** (−5.07)	−0.0459*** (−6.16)	0.0401 (0.56)	0.0827*** (6.97)	0.273*** (3.30)	0.129 (10.47)
SIZE	0.0295 (0.30)	−0.0193 (−1.57)	0.0581 (0.37)	−0.0445** (−2.26)	0.0287 (0.16)	−0.0251 (−1.23)
PROF	−0.711** (−2.06)	0.00427 (1.10)	−1.261** (−2.34)	−0.00254 (−0.41)	−0.550 (−0.89)	−0.00681 (−1.07)
LEV	−0.173 (−0.66)	0.0450 (1.31)	0.0522 (0.13)	0.0622 (1.13)	0.225 (0.48)	0.0172 (0.30)
UR	−0.894** (−2.16)	−1.072*** (−11.21)	−0.484 (−0.75)	−1.368*** (−8.98)	0.410 (0.55)	−0.296* (−1.88)
日期	控制	控制	控制	控制	日期	控制
个股	控制	控制	控制	控制	个股	控制
常数	0.0663 (0.03)	0.909** (3.24)	−1.042 (−0.27)	1.616*** (3.61)	−1.108 (−0.25)	0.707 (1.53)
R^2	0.1598	0.0677	0.0599	0.1566	0.1121	0.0796
样本数	250	5230	250	5230	250	5230

注：括号内为 t 值。***、**、* 分别表示在 1%、5%、10% 的条件下显著。

（3）股指期货的影响

从理论上来看，股指期货作为规避风险、价格发现、资金配置的市场工具，具有稳定股市的作用。曹栋和张佳(2017)的实证研究表明我国股指期货已经初步发挥了股票市场的稳定器功能。然而,在股票市场剧烈下跌时,股指期货由于具有做空功能,往往被认为是股市下跌的原因之一。2015 年 9 月中金所公布了一系列股指期货严格管控措施,包括提高保证金、提高手续费、限制开仓交易量等。这些措施导致股指期货交易量大幅缩水。本文控制组三个交易日(2015 年 6 月 26 日、7 月 27 日、8 月 24 日)的平均累积股指期货交易量是熔断组交易日(2016 年 1 月 4 日和 7 日)的 133 倍。股指期货的功能大幅受限,使市场失去了对冲风险的工具,会减少投资者在现货市场上持有股票的意愿,加剧现货市场买卖订单不平衡程度的恶化。

我们在订单流不平衡性的回归方程中引入熔断机制和股指期货成交量的交叉变量:Break * Future,其中,Future 是当日股指期货成交量的对数值。回归结果见表 10。在三个回归方程中,Break 系数均显著大于零,而交叉变量 Break * Future 的系数均显著小于零,这意味着熔断机制刺激了卖单的增加,而股指期货的成交量越大,熔断机制的磁力效应越小。这也表明熔断机制产生磁力效应主要是从刺激卖单涌现这个渠道实现的,当股指期货这类对冲工具发挥的作用大时,现货市场上卖空力量得到一定程度的控制,磁力效应得以减缓。

表 10　熔断机制与股指期货对订单流不平衡性的交叉作用

	(1) IMB_pre5	(2) IMB_57	(3) IMB_diff
Break	0.747***	1.057***	0.310***
	(13.54)	(11.96)	(3.33)
Break * Future	−0.0764***	−0.103***	−0.0271**
	(−13.42)	(−11.35)	(−2.82)
BETA	0.0287	−0.0898**	−0.119***
	(1.65)	(−3.22)	(−4.04)
GAIN	−0.0164	−0.0411**	−0.0247
	(−1.37)	(−2.14)	(−1.22)
SIZE	−0.0367***	0.101***	0.138***
	(−5.06)	(8.71)	(11.27)
PROF	0.00448	−0.00222	−0.00669
	(1.18)	(−0.37)	(−1.05)
LEV	0.0417	0.0575	0.0158
	(1.25)	(1.08)	(0.28)

	(1) IMB_pre5	(2) IMB_57	(3) IMB_diff
UR	−1.001*** (−10.96)	−1.261*** (−8.62)	−0.259* (−1.68)
个股	控制	控制	控制
常数	0.838*** (3.06)	1.521*** (3.47)	0.682 (1.48)
R^2	0.0731	0.1122	0.0711
样本数	5480	5480	5480

注:括号内为 t 值。***、**、*分别表示在 1%、5%、10%的条件下显著。

(4)融资融券的影响

在股票的下跌过程中,以融资方式购入股票的投资者会面临强制平仓的风险。融资盘的平仓压力来自股指的下跌,而股指的下跌反过来又进一步加大了融资盘的平仓压力,二者形成一个恶性循环。本文前面的实证结果表明熔断机制的引入会产生磁力效应,导致股票的卖出压力。当股票面临熔断的临界水平,普通投资者由于处置效应的影响,并不愿意卖出手中亏损的股票,而持有股票融资盘的投资者在强制平仓的压力下,担心熔断一旦触发,交易就无法进行,他们在熔断之前选择主动卖出股票的可能更大。从这个角度来看,股票融资会加大熔断机制的磁力效应。

与融资相反,融券交易能够从股票的下跌中获取正收益。股票的融券余额越高,表明看跌的预期已经在一定程度释放,当市场熔断即将来临时,卖出订单迅速增长的空间有限。融券与熔断机制的交叉效应会显著异于融资与熔断的交叉效应。

为验证以上假设,我们构建两个交叉变量:Break * Margin、Break * Finance 来反映熔断机制与股票融资、融券的交叉作用。其中,Margin 是个股每日融券余额,对融资融券试点股票取融券余额对数值,对非试点股票取零;Finance 是个股每日融资余额,对融资融券试点股票取融资余额对数值,对非试点股票取零。

在加入以上两个交叉变量之后,有关订单流不平衡性的回归结果如表 11 所示。表 11 方程(1)和方程(2)中,Break * Finance 的回归系数显著为正,这表明在股票的下跌过程中,个股的融资余额越大,熔断机制对订单流不平衡性产生的刺激作用越大。与熔断机制和融资的交叉效应相反,熔断机制与融券的交叉效应显著小于零,融券交易能在一定程度缓解熔断机制的磁力效应。

此外,如方程(3)所示,这两类交叉效应并不影响沪深 300 指数下跌 5% 前后订单流不平衡性的差异。

表 11 熔断机制与融资融券对订单流不平衡性的交叉作用

	(1) IMB_pre5	(2) IMB_57	(3) IMB_diff
Break	0.0103 (1.52)	0.0611*** (5.64)	0.0508*** (4.51)
Break * Finance	0.00147** (2.52)	0.00241*** (2.60)	0.000943 (0.98)
Break * Margin	−0.00258*** (−2.70)	−0.00459*** (−3.02)	−0.00201 (−1.27)
BETA	0.00954 (0.52)	−0.121*** (−4.16)	−0.130*** (−4.32)
GAIN	−0.0168 (−1.37)	−0.0413** (−2.12)	−0.0246 (−1.21)
SIZE	−0.0524*** (−7.08)	0.0784*** (6.65)	0.131*** (10.69)
PROF	0.00436 (1.13)	−0.00234 (−0.38)	−0.00670 (−1.05)
LEV	0.0460 (1.35)	0.0651 (1.20)	0.0191 (0.34)
UR	−1.043*** (−11.13)	−1.307*** (−8.76)	−0.264 (−1.70)
个股	控制	控制	控制
常数	0.863*** (3.09)	1.553*** (3.49)	0.690 (1.49)
R^2	0.0456	0.0969	0.0706
样本数	5480	5480	5480

注:括号内为 t 值。***、**、* 分别表示在 1%、5%、10% 的条件下显著。

（5）沪港通的影响

沪港通是我国境内资本市场对外开放的一个重要步骤。在股市剧烈下跌的非正常时期,当熔断即将触发时,资本的跨境流入会在一定程度上缓解熔断机制的磁力效应。我们引入了交叉变量 Break * HongKong 对此进行验证。其中,HongKong 代表沪港通在每个交易日的净流入额（单位:亿元）。加入交叉变量后的回归结果如表 12 所示。在三个回归方程中,Break * HongKong 系数全部显著为负,这表明熔断机制和沪港通的交叉影响有助于减少订单流不平衡性,沪港通流入越多,熔断机制产生的磁力效应越弱。

表 12　熔断机制与沪港通对订单流不平衡性的交叉作用

	(1) IMB_pre5	(2) IMB_57	(3) IMB_diff
Break	0.0956*** (11.38)	0.174*** (12.97)	0.0788*** (5.57)
Break * HongKong	−0.202*** (−13.42)	−0.273*** (−11.35)	−0.0715** (−2.82)
BETA	0.0287 (1.65)	−0.0898** (−3.22)	−0.119*** (−4.04)
GAIN	−0.0164 (−1.37)	−0.0411** (−2.14)	−0.0247 (−1.22)
SIZE	−0.0367*** (−5.06)	0.101*** (8.71)	0.138*** (11.27)
PROF	0.00448 (1.18)	−0.00222 (−0.37)	−0.00669 (−1.05)
LEV	0.0417 (1.25)	0.0575 (1.08)	0.0158 (0.28)
UR	−1.001*** (−10.96)	−1.261*** (−8.62)	−0.259* (−1.68)
个股	控制	控制	控制
常数	0.876** (3.22)	1.598*** (3.68)	0.722 (1.58)
R^2	0.0731	0.1122	0.0711
样本数	5480	5480	5480

注:括号内为 t 值。***、**、* 分别表示在 1%、5%、10% 的条件下显著。

（6）稳健性检验

本文参照 Lauterbrach 和 Ben-Zion(1993)的方法构建了有关订单流不平衡性的回归模型。与成熟的股票市场相比，我国的股票市场具有信息不对称、散户众多的特点，股票市场的交易特征有可能与成熟市场有所差异。为控制这两个因素对订单流不平衡性的影响，我们在 Lauterbrach 和 Ben-Zion(1993)的模型基础上，加上了衡量信息不对称和投资者机构比例的指标，以验证本文结论的稳健型。

参照 Hutton 等(2009)的做法，我们使用公司操控性应计项目绝对值OPAQUE 来衡量每家样本公司的信息透明度，OPAQUE 越大，公司信息透明度越低，也就是信息不对称程度越高。此外，我们统计了样本公司的机构持股比例 Institute。这两个指标均取样本日前一季度末的数据。

以回归结果表 5 为参照，在每个回归方程中加入 OPAQUE 和 Institute 之后，我们的主要结论依然成立。以 IMB_pre5 为被解释变量的回归方程中，Break 系数为 0.0658($t=7.18$)；IMB_57 的回归方程中，Break 系数为 0.0997($t=6.50$)；IMB_diff 的回归方程中，Break 系数为 0.0338($t=2.13$)。熔断机制显著提高了市场的订单流不平衡性，具有磁力效应。[①]

六、结 论

本文实证检验了 2016 年 1 月 4 日和 7 日触发熔断机制对股票市场产生的影响。从市场订单流不平衡的角度来看，我们的结论证明熔断机制刺激了大量卖盘的出现，存在所谓的"磁力效应"。考察熔断机制和涨跌停板的交叉效应，我们发现在指数下跌的初期，对于已经跌停的股票，涨跌停板和熔断机制不会产生叠加效应，而对于尚未跌停的股票，熔断机制产生了显著的作用；在股指下跌 5% 之后，市场恐慌情绪进一步蔓延，无论股票是否跌停，卖单蜂拥而出，订单流不平衡性显著恶化。此外，熔断机制的磁力效应存在从沪深 300 成分股票向非成分股票扩散的趋势。本文的结论还表明，股指期货交易、融券交易、沪港通净流入能缓解熔断机制的磁力效应；而融资交易余额越大，熔断机制刺激卖盘涌现的程度越高。

---

① 由于计算信息透明度的部分数据缺失，样本量为 5353，少于原样本量 5480。将信息透明度和机构投资者持股比例这两个指标加入波动率、收益率模型中，原来的结论依然成立。由于篇幅所限，此处没有详细报告。如需回归方程的具体结果，可向作者索要。

熔断机制与股票市场各类制度安排之间存在交互影响，简单从国外市场移植该机制并不能使其在中国的制度背景下发挥稳定市场的积极作用。熔断机制的积极效应依赖于股票市场整体制度水平的协同与完善。从本文的实证结论来看，在未来设计熔断机制时可以进一步思考以下几方面的问题：

第一，是否应该取消涨跌停板？纵观世界主要股票市场，较少实施涨跌停板制度。该制度与熔断机制有一定的替代性，两个机制的交互作用反而增加了市场的不确定性。我们的实证数据表明两个机制对市场的负面影响是相互叠加的。随着我国股票市场的进一步发展，可以适当考虑取消涨跌停板制度，以熔断机制取而代之。在提高股票市场有效性的同时，又能为股票市场的过度反应按下暂停键，提供一定的缓冲期。

第二，是否可以考虑以深成指和沪综指分别作为两个市场熔断触发的基准？我们观察到熔断机制的负面效应首先出现在沪深300成分股票上，再进一步向其他股票扩散。当大量的卖盘冲击首先出现在沪深300成分股时，整个市场，包括沪市和深市迅速发生了难以阻挡的崩盘趋势。在未来的制度设计中，如果为深市和沪市分设熔断机制，分别采用深成指和沪综指作为熔断标准，一方面可以在一定程度上阻隔沪深之间恐慌情绪的迅速蔓延，另一方面也为应急处理机制的实施提供充分时间。

第三，与熔断机制相配套，监管部门是否应该制定和实施系统性的应急处理机制？熔断机制的作用与电路中的保险丝类似，熔断触发后能使监管者、交易所、上市公司有机会修复市场可能存在的问题，传递准确的信息，引导投资者冷静、理性思考。与成熟市场不同，我国存在大量个体投资者，做到在股市暴跌时保持冷静的难度更大。监管当局、交易所、上市公司应利用宝贵的暂停时间，加强信息披露、澄清市场传闻、启动应急预案，以稳定投资者的信心，而不是等待第二次熔断。

参考文献

［1］曹栋,张佳.基于GARCH-M模型的股指期货对股市波动影响的研究［J］.中国管理科学,2017(1):27-34.

［2］高昊宇,杨晓光,叶彦艺.机构投资者对暴涨暴跌的抑制作用：基于中国市场的实证［J］.金融研究,2017(2):163-178.

［3］李志生,陈晨,林秉旋.卖空机制提高了中国股票市场的定价效率吗?［J］.经济研究,2015(4):165-177.

［4］刘逖.证券市场微观结构理论与实践［M］.上海:复旦大学出版社,2002.

［5］许红伟,陈欣.我国推出融资融券交易促进了标的股票的定价效率吗?——基于双重差分模型的实证研究［J］.管理世界,2012(5):52-61.

［6］杨晓兰.股市预警与应急处理机制研究［M］.杭州:浙江大学出版社,2015.

［7］Ackert L F, Church B K, Jayaraman N. Circuit breakers with uncertainty about the presence of informed agents: I know what you know… I think［J］. Financial Markets, Institutions & Instruments, 2005, 14 (3): 135-168.

［8］Draus S, Van Achter M. Circuit breakers and market runs［J］. SSRN Electronic Journal, 2012.

［9］Goldstein M A, Evans J E, Mahoney J M. Circuit breakers, volatility, and the U. S. equity markets: Evidence from NYSE rule 80A［J］. Federal Reserve Bank of New York, 2000.

［10］Greenwald B C, Stein J C. Transactional risk, market crashes, and the role of circuit breakers［J］. Journal of Business, 1991(64):443-462.

［11］Hutton A P, Marcus A J, Tehranian H. Opaque financial reports, R2, and crash risk［J］. Journal of Financial Economics, 2009, 94(1): 67-86.

［12］Lauterbach B, Ben-Zion U. Stock market crashes and the performance of circuit breakers: empirical evidence［J］. The Journal of Finance, 1993(48):1909-1925.

［13］Subrahmanyam A. Circuit breakers and market volatility: a theoretical perspective［J］. The Journal of Finance, 1994(49):237-254.

CEO 职业忧虑与企业投资策略中的同业效应①

摘　要　随着行为金融学的发展,企业投资决策之间的相互影响和学习已经成为金融研究的热点问题之一,同业效应对公司投资决策的影响不容忽视。职业忧虑是 CEO 模仿同业企业投资决策的主要动机之一,探讨其对同业效应的影响机制能够帮助投资者和企业更好地识别和减少管理者的盲目投资。借助主流的三种职业忧虑代理变量研究发现:(1)CEO 的职业忧虑主要表现为建立或者维护自己在行业内的声誉,只有为了维护自己在行业内声誉的 CEO 才倾向于选择跟随同业企业的投资策略。(2)年轻的和新上任的 CEO 几乎不会选择跟随同业企业的投资策略。(3)CEO 在企业过去投资绩效高于行业中位数的情况下倾向于跟随同业企业的投资策略。(4)CEO 选择跟随同业企业的投资策略是为了稳定相对投资绩效或者降低决策风险,从而获得连任。

关键词　同业效应;投资决策;职业忧虑;职位连任;投资绩效

一、引言

近年来同业效应逐渐成为公司金融领域的热点研究问题,公司的投资决策不仅取决于自身金融指标和外部投资环境,还会受到同业企业(同行业中的其他企业)的投资决策和金融指标的影响,同业企业的投资决策被认为是公司投资决策的重要参考。根据 Park 等的研究,同业效应对公司投资决策的影响甚至要超过公司自身金融指标对投资决策的影响[1]184。此外,行为金融学的发展

---

①　本文作者金雪军、肖怿昕,最初发表在《浙江大学学报(人文社会科学版)》2020 年第 1 期。

也推动了同业效应的相关研究。首先,根据行为金融学的理论,在经理人非理性的框架下,企业管理者面临信息获取能力的约束和投资绩效评比的压力。信息获取能力的约束会导致管理者进行最优化投资决策的成本增加,而投资绩效评比的压力会给管理者带来一定程度的职业忧虑。因此,管理者在制定企业投资决策时会选择跟随同业企业的决策来降低决策成本和稳定相对投资绩效。其次,基于行为金融学关于投资者非理性的假设,企业管理者希望通过模仿同行业中优秀企业的投资决策向投资者传递乐观的信息。Leary 和 Roberts 以行业研究为基础,提出企业的资本结构管理不仅会受到自身金融指标的影响,而且会受到同业企业资本结构及金融指标的影响[2]145。在此之后,关于同业效应的研究涉及了公司金融的诸多领域,比如盈余管理[3]、股票拆分[4]和股利支付政策[5]等,但以公司投资为背景的研究依然较少。Park 等使用美国上市公司数据研究了同业效应与公司投资决策之间的关系,证实了企业的投资决策会受到同业企业投资决策和金融指标的影响,企业通过模仿同业企业的投资决策来获取投资信息并且降低决策成本[1]182。与美国相比,中国资本市场的投资机会较少,信息不透明以及政策不确定的现象更为严重,中国企业进行最优化投资决策的成本和风险要显著高于美国企业。因此我们认为,同业效应在中国上市公司投资决策中应当更加明显,且在不确定性程度更高的环境下,企业更倾向于模仿同业企业的投资行为而不是参考它们的金融指标。现有理论主要从两个方面解释企业行为决策中的同业效应。一是合理羊群模型(rational herding model)[6]607。该理论认为企业行为决策中的同业效应是由管理者的职业忧虑引起的,在劳动力市场上,管理者的报酬高低或者他们能否获得连任通常与他们的相对绩效而不是绝对绩效挂钩。对于企业的管理者来说,较低的相对绩效更有可能降低他们的个人报酬并且增加他们被解雇的可能性,因此,为了稳定自己在行业中的相对投资绩效,管理者有选择跟随同业企业的投资策略的动机。二是信息基础理论。该理论以管理者信息不完全为假设前提,认为在高度不确定的环境中,企业的管理者从外部获取投资信息的成本非常高昂,因此他们将同业企业的投资决策视为低成本的信息来源[7]153。

本文以合理羊群模型为基础,研究 CEO 的职业忧虑如何影响企业投资决策中的同业效应。首先,公司投资为研究职业忧虑和同业效应的问题提供了非常合适的平台,大量理论研究揭示了 CEO 的职业忧虑会显著影响企业的投资决策[8-13]。其次,合理羊群模型认为职业忧虑是 CEO 跟随同业企业的投资决策的主要原因之一。本文将通过实证分析来详细研究 CEO 职业忧虑对企业投资决策中同业效应的影响机制。为了完成本研究,需要对 CEO 的职业忧虑进行量化。Zwiebel 使用 CEO 的年龄作为其职业忧虑的代理变量,提出年轻的 CEO 与行业内优秀的 CEO 相比拥有较低的行业声誉[13]1,因此他们面临更多的职业忧虑,在制定投资策略时,更多是风险抵触型的,因为较差的投资绩效将会对他们未来的职业发展产生不利的影响。虽然 CEO 年龄能在一定程度上反映其职业忧虑,但是对 CEO 年龄能否准确地衡量其职业忧虑依然存在很多质疑。因此,为了进一步增加研究结论的可信度,国内外学者提出了两个代表性更强的指标来衡量 CEO 的职业忧虑:(1)CEO 任职情况;(2)企业过去的投资绩效。Xie 使用 CEO 年龄和 CEO 任职情况分别作为其职业忧虑的代理变量,提出了年轻的或者新上任的 CEO 有更多的职业忧虑,因此,他们倾向于进行较少的投资并且投资效率更高[14]149。此外,企业过去的投资绩效也是管理者职业忧虑的主要来源之一,孟庆斌等研究了基金经理人的职业忧虑,提出较低的相对投资绩效会增加经理人的职业忧虑,而较多的职业忧虑将会导致他们的投资风格更加冒险15[115]。综上,本文决定分别使用 CEO 年龄、CEO 任职情况以及企业过去的投资绩效作为 CEO 职业忧虑的代理变量。

　　本文的研究贡献主要体现在以下四个方面:第一,本文使用中国上市公司的数据来研究公司投资策略中的同业效应。与 Park 等[1]的研究结论不同,我们发现,在较高的信息不对称性和政策不确定性的环境下,企业进行投资决策时会更加关注同行的投资决策而不是其金融指标。此结论包含了我国的政策和经济环境的影响,更适用于中国上市公司投资策略的制定与优化。第二,现有文献对同业效应的研究仅仅停留在发现现象的层面,并未对其产生原因进行深入分析。本文首次从 CEO 职业忧虑的角度出发研究职业忧虑对同业效应的影响机制,弥补了这一领域的空缺。第三,我们使用 CEO 年龄作为其职业忧虑的代理变量,关于 CEO 年龄对其投资风格的影响,学术界一直没有得出统一的结论。一种观点认为年轻的 CEO 面临更多的职业忧虑,他们不像经验丰富的 CEO 一样在行业内拥有较好的声誉,一旦个性化的投资决策失败,将会对他们的职业发展造成负面影响,因此这部分 CEO 的投资风格更加保守[9-10,13,16];但是另一种观点认为年轻 CEO 的投资风格更加激进并且愿意承担更多的风险,因为这些 CEO 更加重视个人信仰并且更有展现自己能力的欲望[12]1106[17]251。不同于以往的研究结论,我们发现 CEO 年龄对其投资风格的影响是非线性的,年龄处于全样本中间 40% 的 CEO 更倾向于选择跟随同业企业的投资策略(保守的投资策略),从而,我们首次提出了 CEO 年龄对其投资风格的影响会随着职业忧虑表现形式的变化而变化。第四，我们进一步以 CEO 任职情况以及企业过去的投资绩效作为其职业忧虑的另外两个代理变量，首次提出新上任的 CEO 或者所在企业上一年度投资绩效低于行业中位数的 CEO 更加倾向于个性化的投资策略，而获得连任的 CEO 和所在企业上一年度投资绩效高于行业中位数的 CEO 更喜欢跟随同业企业的投资策略。

二、文献综述与研究假设

（一）研究背景

已有研究证实，企业的投资决策不仅受到企业自身金融指标的影响，而且会受到同业企业的投资决策以及金融指标的影响[1-2]。与美国等发达经济体不同，中国作为发展中经济体为研究同业效应提供了独特的研究背景。首先，中国上市公司面临更多的信息不对称以及更高的政策不确定性，在这样的环境中，企业对同业企业投资决策的依赖性会更大。Liu 和 Chen 提出模仿同业企业的投资决策在中国企业的经营管理中是一种非常普遍的行为，并且这种行为能够提高企业自身及同业企业的投资表现[18]29。其次，中国企业管理存在明显的"重奖轻罚"现象，这种现象会鼓励管理者盲目追求更多的投资来提高自己的绩效[19]138[20]63。在这样的背景下，跟随同业企业的投资策略为 CEO 提供了一种既能维持自身的相对投资绩效又能降低投资决策成本和风险的方式。

合理羊群模型将企业投资决策中的同业效应归因于管理者的职业忧虑。Scharfstein 和 Stein 使用羊群模型研究公司投资，提出管理者模仿同业企业的投资决策是为了在劳动力市场建立自己的声誉[16]465。Zwiebel 也提出劳动力市场是根据企业管理者的相对绩效来判断他们的类型的，拥有较好的相对绩效的管理者被认为是高质量的管理者，反之，则会被认为是低质量的管理者[13]1。在合理羊群模型的基础上，Liberman 和 Asaba 使用基于竞争的理论（competitive rivalry-baesd theories）来解释企业间的模仿行为，该理论认为企业间相互模仿是为了缓解激烈的行业竞争压力并且维持自己在行业中的相对竞争位置[21]367。在该理论框架中，企业投资决策中的模仿行为被认为是企业管理者对投资风险和行业竞争的一种主动回应[22]304[23]147。基于以上分析，我们提出研究假设：

假设 1：中国上市公司的投资决策中存在明显的同业效应，且它们的投资决策更多依赖于同业企业的投资行为而非金融指标。

(二)CEO 年龄与任职情况对其投资风格的影响机制

关于管理者职业忧虑对其投资风格的影响,Keynes 提出投资者如果采用个性化的投资策略并且获得成功,这种成功通常会被人们认为是侥幸的,对其建立自己的声誉并没有太大帮助;如果个性化的投资策略失败了,反而会大大损害其已经建立起来的声誉。因此,一个聪明的投资者通常会选择跟随大众的投资策略,即使这个策略在他看来有可能是错误的[24]。Xie 使用 CEO 年龄以及 CEO 任职情况作为其职业忧虑的代理变量研究了 CEO 职业忧虑对企业投资效率的影响,发现年轻的 CEO 和新上任的 CEO 将会面临更多的职业忧虑,其职业忧虑主要在于如何通过提高投资效率来获得较长时间的连任,因此他们更倾向于谨慎而高效的投资风格[14]149。相反,另一种观点认为年轻的 CEO 愿意为了展现自己的能力并且建立自己在行业内的声誉而承担更多的风险,因此他们的投资风格会更加个性化且激进[12]1106[17]251。基于以上分析,我们提出研究假设:

假设 2a:年轻 CEO 的投资决策对同业企业投资行为的依赖性较低。

假设 2b:年轻 CEO 的投资决策对同业企业投资行为的依赖性较高。

假设 3a:新上任的 CEO 在进行投资决策时对同业企业投资行为的依赖性较低。

假设 3b:新上任的 CEO 在进行投资决策时对同业企业投资行为的依赖性较高。

(三)CEO 绩效压力对其投资风格的影响机制

孟庆斌等使用基金经理过去的投资绩效作为其职业忧虑的代理变量来研究职业忧虑与投资风格之间的关系,指出职业忧虑并不会导致优秀的基金经理的投资风格变得更加保守,能力较差的基金经理在面临绩效压力时也倾向于通过投资高风险项目来获取较高的投资收益[15]115。崔静和冯玲认为职业忧虑对我国企业高管人员来说普遍存在,当企业过去投资绩效较差时,CEO 面临的资金压力和考核压力都会增加,他们更愿意冒险投资一些短期高收益的项目[19]138。基于以上分析,我们认为绩效压力会导致 CEO 的投资风格更加激进,因此提出研究假设:

假设 4:企业过去的相对投资绩效越低,CEO 的投资决策对同业企业投资行为的依赖性越低。

三、数据、样本、变量和描述性统计

(一)数据和样本

本文使用的所有数据均来自国泰安(CSMAR)数据库。本文的研究样本为
2003 年至 2017 年所有 A 股上市公司,其中金融行业不属于实体经济行业,而
我们使用的投资模型是专门适用于实体经济行业的投资模型,因此金融行业不
适合使用本文的投资模型进行研究。此外,公共设施管理行业受到政府管制较
多,行业内企业的投资带有较强的政策目的性,相互学习和行业竞争并不是影
响其投资决策的主要因素。我们的研究方法以行为金融学和行业研究为基础,
由于公共设施管理行业会导致整体的实证结果产生较大的偏差,为了确保本文
研究结论的严谨性,我们对初始数据做了如下处理:(1)剔除金融行业的公司;
(2)剔除公共设施管理行业的公司;(3)剔除相关财务数据缺失的公司。最终我
们得到了 2093 家公司 15 年期共 21949 个样本。为了降低异常值对研究结果
的影响,我们对所有连续变量进行了 1% 的缩尾处理。

(二)变量定义

本文的被解释变量为公司投资,核心解释变量为同业平均投资,控制变量
被分为两组,第一组为同业平均控制变量,包括企业规模、企业年龄、自由现金
流、托宾 Q、资产负债率以及主营业务收入增长率,该组变量均为同行业中剔除
样本企业后所有企业对应指标的平均值;第二组为企业层面控制变量,包括企
业规模、企业年龄、自由现金流、托宾 Q、资产负债率以及主营业务收入增长率,
该组变量均为样本企业对应的指标值。具体的变量定义见表 1。

表 1 主要变量定义

变量	变量符号	变量定义
公司投资	Inv	资本支出/总资产
企业规模	Size	ln(总资产)
企业年龄	Fage	ln(当前年份一注册年份+1)
自由现金流	Cash	自由现金流/总资产
托宾 Q	TQ	托宾 Q

变量	变量符号	变量定义
资产负债率	Lev	总负债/总资产
主营业务收入增长率	Sg	(本年度主营业务收入－上一年度主营业务收入)/上一年度主营业务收入

(三)描述性统计

表 2 为公司投资数据以及控制变量的描述性统计。从表 2 中看到,公司投资的平均值为 0.048,标准差为 0.052,最大(小)值为 0.245(0.000);同业平均投资的平均值为 0.047,标准差为 0.023,最大(小)值为 0.115(0.001)。

表 2 描述性统计

变量	平均值	标准差	最小值	最大值
被解释变量				
Inv	0.048	0.052	0.000	0.245
同业平均控制变量				
Inv	0.047	0.023	0.001	0.115
Size	21.889	0.688	20.743	23.927
Fage	2.613	0.257	1.930	3.086
Cash	−0.002	0.032	−0.123	0.076
TQ	1.947	1.039	0.582	5.985
Lev	0.494	0.104	0.286	0.944
Sg	0.071	0.085	−0.152	0.366
企业层面控制变量				
Size	21.890	1.252	19.310	25.723
Fage	2.612	0.415	1.386	25.723
Cash	−0.000	0.111	−0.440	0.273
TQ	1.874	1.692	0.208	9.757
Lev	0.482	0.202	0.065	0.949
Sg	0.073	0.183	−0.490	0.831

四、研究设计与内生性检验

(一)研究设计

本文使用传统的投资模型,该模型包含了与投资相关的主要金融指标[25]673。为了检验我们的研究假设,本文使用如下 2SLS 模型:

$$y_{ijt} = \alpha + \beta \bar{y}_{-ijt} + \gamma X_{ijt-1} + \lambda \bar{X}_{-ijt-1} + \delta \mu_{ijt} + \varphi v_{ijt} + \rho \theta_{ijt} + \varepsilon_{ijt} \qquad (1)$$

其中 i、j、t 分别代表企业、行业以及年份。被解释变量 y_{ijt} 代表企业的投资,本文使用企业的资本支出水平来衡量,该变量等于企业的资本支出除以当期的总资产。$\bar{y}_{-ijt}$ 代表同业企业的平均投资,该变量等于同一行业中剔除企业 i 之后所有企业投资的平均值。X_{ijt-1} 代表了与企业投资相关的控制变量,包括:企业规模(Size)、企业年龄(Fage)、自由现金流(Cash)、托宾 Q(TQ)、资产负债率(Lev)以及主营业务收入增长率(Sg)。为了消除企业规模对本文研究结论的影响,我们将被解释变量与解释变量中所有与企业规模相关的金融指标均除以企业规模,控制变量对因变量的影响通过 γ 来衡量。$\bar{X}_{-ijt-1}$ 代表了上述控制变量的同业平均值,该组变量等于同一行业中剔除企业 i 之后所有企业的对应控制变量的平均值。μ_{ijt}、v_{ijt} 和 θ_{ijt} 分别代表了行业固定效应、年份固定效应和地区固定效应,其对因变量的影响分别通过 δ、φ 和 ρ 来衡量。最后,α 和 ε_{ijt} 分别代表模型的常数项和残差项。本研究将同业效应定义为两个部分:(1)同业企业的平均投资对企业投资的影响;(2)同业企业的金融指标对企业投资的影响。在公式(1)中我们分别使用系数 β 和 λ 来衡量。

(二)内生性问题检验

本研究存在一个很重要的内生性问题——反射问题[26]531,该问题产生于对群体行为或特征如何影响个体行为或特征的研究中。为了解决内生性问题,本文使用两阶段回归模型并且选择同业平均超额收益率和同业平均收益率波动作为同业平均投资的工具变量[2]141。

为了构造本文所需的工具变量,我们借鉴 Fama-French[27] 和 Carhart[28] 的四因子模型:

$$r_{ijm} = \alpha_{ijm} + \beta_{ijm}^{EMT} \times EMT + \beta_{ijm}^{SMB} \times SMB + \beta_{ijm}^{HML} \times HML + \beta_{ijm}^{MMR} \times MMR + \eta_{ijm}$$

$$(2)$$

其中，i、j、m 分别代表企业、行业以及月份。被解释变量 r_{ijm} 代表对应企业的股票收益率，我们使用企业的月度股票回报率来衡量。EMT 是市场因子，SMB 是规模因子，HML 是价值因子，MMR 是动量因子，η_{ijm} 为模型残差项，所有数据均来自国泰安数据库。

企业的预期收益率通过公式（3）计算得到：

$$r_{ijm} = \hat{\alpha}_{ijm} + \beta_{ijm}^{EMT} \times EMT + \hat{\beta}_{ijm}^{SMB} \times SMB + \hat{\beta}_{ijm}^{HML} \times HML + \hat{\beta}_{ijm}^{MMR} \times MMR + \eta_{ijm}$$

(3)

企业的超额回报率通过公式（4）计算得到：

$$\eta_{ijm} = r_{ijm} - \hat{r}_{ijm}$$

(4)

我们使用 5 年期（60 个月）的滚动窗口和历史月度回报率来估计公式（2）。每一家企业的月度预期回报率通过公式（3）和公式（4）计算得到。例如：如果我们要得到公司 i 从 2010 年 1 月份至 2010 年 12 月份的月度超额收益率，需要使用该公司 2005 年 1 月份至 2009 年 12 月份的历史月度收益率来估计公式（2）。表 3 是公式（2）的估计系数以及估计结果的描述性统计结果。从表 3 中可以看到，所有滚动窗口包含的窗口期的平均值和中位数分别是 55.58 和 60，说明大部分的滚动回归都有 60 个月的窗口期。此外，月度超额收益率的平均值和中位数分别为 -0.011 和 -0.010。

对于每一家企业，通过计算每一年内（12 个月）月度超额收益率的几何平均数来得到该企业在某一年的年度超额收益率。超额收益率波动是用来衡量每家企业每一年内超额收益率的稳定性，该指标等于每一年内（12 个月）月度超额收益率的标准差。最后，通过计算每一家企业的年度超额收益率和年度超额收益率波动的行业平均值（剔除企业 i 自身），分别得到同业平均超额收益率和同业平均收益率波动。

研究结果的准确性取决于对工具变量的选择，一个合格的工具变量需要满足以下两个条件：（1）相关性标准。工具变量和内生变量之间必须存在高度的相关性，在本文中即要求同业平均超额收益率和同业平均收益率波动均要与同业平均投资之间存在较高的相关度。（2）排除标准。工具变量应该直接对被解释变量产生影响，即要求工具变量不得通过其他变量间接对被解释变量产生影响，在本文中则要求同业平均超额收益率和同业平均收益率波动应当直接对企业投资产生影响，而不是通过其他控制变量对企业投资产生影响。

表 3　滚动窗口回归系数描述性统计

滚动窗口	平均值	中位数	标准差
每个回归包含的样本量	55.58	60	8.983
月度回报率	0.014	0.001	0.172
预期月度回报率	0.024	0.013	0.553
月度超额收益率	−0.011	−0.010	−0.558
同业平均超额收益率	−0.008	−0.006	0.044
同业平均收益率波动	0.106	0.093	0.057

首先检验相关性标准,即同业平均超额收益率及其波动是否与同业平均投资高度相关。根据以往的研究结论,股票回报率与公司投资之间存在显著的相关性[29-31]。此外,我们使用四因子模型剔除股票收益率中的异质性变化,该模型的残差就是对应股票的超额收益率。使用该模型有以下三点优势:第一,四因子模型适用于处理面板数据,可以确保统计效力和外部有效性;第二,与其他指标相比,股票收益率较少受到公司治理的影响;第三,股票收益率包含了与公司价值活动相关的信息。

其次检验排除标准,排除标准要求工具变量对被解释变量有直接影响。根据 Leary 和 Roberts 的研究,同业平均超额收益率是连续不相关的[2]152,这就意味着同业平均超额收益率及其波动对自身的未来值是没有预测能力的。在工具变量与控制变量的相关性上,表 4 报告了同业平均超额收益率及其波动对公式(1)中其他控制变量的影响,可以发现所有控制变量中只有 Fage、TQ 以及 Sg 和同业平均超额收益率有显著关系,但是这种关系的影响系数小于 1%,所以从统计学角度可以认为,选择同业平均超额收益率及其波动作为工具变量并不会与企业层面的控制变量产生显著的相关性。此外,四因子模型已经能够剔除股票收益率中外部影响因素的作用,因此可以认为通过四因子模型得出的超额收益率与其他的影响因素没有关系。

表 4 排除标准检验

变量	同业平均超额收益率	
	当期解释变量(1)	提前一期解释变量(2)
企业层面控制变量		
Size	0.00007	0.0001*
	(0.94)	(1.97)
Fage	−0.0006***	−0.0007**
	(−2.65)	(−2.44)
Cash	−0.0014*	0.00005
	(−1.64)	(0.05)
TQ	0.0002**	0.00003***
	(2.38)	(4.09)
Lev	−0.0008*	−0.0002
	(−1.74)	(−0.50)
Sg	−0.0002	0.002***
	(−0.44)	(3.71)
同业平均控制变量	控制	控制
超额收益率	控制	控制
年份固定效应	控制	控制
行业固定效应	控制	控制
样本量	21948	21947
调整的 R^2	0.2482	0.1834

五、实证结果

(一)企业投资的同业效应

为了检验假设 1,我们使用 OLS 和 2SLS 模型研究同业企业平均投资对企业投资的影响,表 5 报告了相应的回归结果。

表 5 列(1)是同业平均投资对企业投资的 OLS 回归结果,从列(1)的结果中可以看到同业平均投资的回归系数为 0.177,回归的 t 检验值为 6.05,说明同业平均投资对企业投资有正向影响,且该影响在 1% 的显著性水平下显著。虽

然 OLS 回归的结果没有解决内生性问题,但是同业平均投资的回归系数揭示了企业投资与同业平均投资之间最直接的联系。列(2)是同业平均投资对企业投资的 2SLS 回归结果,同业平均投资的回归系数为 1.355,回归的 t 检验值为 3.32,说明同业平均投资对企业投资有正向影响,且该影响在 1% 的显著性水平下显著,在解决了内生性问题后,企业投资依旧显著受到同业平均投资的正向影响。在同业平均控制变量的回归结果中,我们看到 Size、TQ 以及 Sg 均对企业投资有显著的负向影响。与之相反,Lev 和 Cash 对被解释变量有显著的正向影响,意味着企业投资在一定程度上会受到同业企业金融指标的影响。但是与 Park 等[1]的研究结果不同,中国上市公司投资决策对同业企业金融指标的依赖性要远远小于美国上市公司。列(3)中,为了检验上市公司所属地区是否会对其投资决策中的同业效应产生影响,我们对样本企业所属地区进行了控制,发现对研究结果并未产生显著影响。此外,为了检验同业效应在不同规模的企业中是否有差别,我们按照企业规模将全样本企业分为三组:小规模企业(规模最小的 30%)、中等规模企业(规模中等的 40%)以及大规模企业(规模最大的 30%)。分别对每一组子样本进行 2SLS 回归分析,列(4)至(6)报告了回归结果。列(4)为小规模企业样本,该样本中企业投资与同业平均之间并没有显著关系,因此,可以认为这部分企业在行业中的市场份额较小,对行业竞争和同业企业投资策略并不敏感。列(5)和(6)分别是中等规模企业和大规模企业样本,从回归结果发现同业平均投资对企业投资均有显著的正向影响,说明行业中的大中规模企业对行业竞争和同业企业投资策略较为敏感。此外,从同业平均投资和同业平均控制变量的回归结果来看,中等规模企业对同业企业投资策略以及金融指标的依赖性要大于行业内大规模企业,说明中等规模企业受到同业企业投资决策的影响更大。

表 5　投资决策中的同业效应

变量	OLS	2SLS		2SLS Inv		
	Inv (1)	Inv (2)	Inv (3)	小规模企业 (4)	中等规模企业 (5)	大规模企业 (6)
同业平均控制变量						
Inv	0.177*** (6.05)	1.355*** (3.32)	1.354*** (3.44)	0.630 (0.92)	1.728*** (3.03)	1.669*** (2.72)
Size		−0.009*** (−3.29)	−0.007*** (−2.76)	−0.006 (−1.50)	0.0005 (0.09)	−0.012** (−2.05)

续表

变量	OLS	2SLS		2SLS Inv		
	Inv (1)	Inv (2)	Inv (3)	小规模企业 (4)	中等规模企业 (5)	大规模企业 (6)
Fage		0.025 (1.32)	0.029 (1.53)	0.003 (0.08)	0.045** (2.01)	0.026 (0.62)
Cash		0.069** (2.44)	0.069*** (2.57)	0.007 (0.16)	0.097*** (2.76)	0.111*** (2.85)
TQ		−0.003* (−1.78)	−0.003* (−1.91)	−0.003 (−1.04)	−0.005** (−2.33)	−0.002 (−0.71)
Lev		0.041** (2.36)	0.042** (2.46)	0.024 (0.81)	0.057*** (2.59)	0.050* (1.93)
Sg		−0.024** (−2.21)	−0.023** (−2.14)	−0.026 (−1.53)	−0.025* (−1.85)	−0.016 (−0.95)
企业层面控制变量						
Size	0.005*** (8.44)	0.006*** (9.08)	0.007*** (10.24)	0.005** (2.42)	0.009*** (4.56)	0.004*** (2.58)
Fage	−0.022*** (−11.17)	−0.017*** (−8.25)	−0.016*** (−8.08)	−0.023*** (−8.40)	−0.016*** (−5.80)	−0.003 (−0.76)
Cash	−0.040*** (−11.39)	−0.051*** (−12.18)	−0.048*** (−11.87)	−0.022*** (−3.62)	−0.058*** (−9.99)	−0.067*** (−8.23)
TQ	0.003*** (7.17)	0.001*** (3.48)	0.002*** (5.13)	0.001** (2.16)	0.005*** (6.34)	0.002 (1.58)
Lev	−0.038*** (−12.64)	−0.027*** (−8.71)	−0.026*** (−8.37)	−0.028*** (−6.44)	−0.022*** (−4.34)	−0.010 (−1.32)
Sg	0.021*** (11.23)	0.026*** (10.30)	0.024*** (9.99)	0.030*** (7.88)	0.026*** (7.09)	0.004 (1.08)
第一阶段						
同业平均超额收益率	0.065*** (8.15)	0.066*** (8.29)	0.072*** (4.48)	0.080*** (5.61)	0.046*** (3.44)	
同业超额收益率波动	−0.034*** (−3.64)	−0.033*** (−3.49)	−0.013 (−0.76)	0.005 (0.32)	−0.075*** (−4.80)	
公司聚类	控制	控制	控制	控制	控制	控制

续表

| 变量 | OLS | 2SLS | | 2SLS Inv | | |
	Inv (1)	Inv (2)	Inv (3)	小规模企业 (4)	中等规模企业 (5)	大规模企业 (6)
年份固定效应	控制	控制	控制	控制	控制	控制
行业固定效应	控制	控制	控制	控制	控制	控制
地区固定效应	未控制	未控制	控制	控制	控制	控制
样本量	21949	21949	21949	6535	8829	6585
调整的 R^2	0.1750	0.0962	0.1481	0.2223	0.1178	0.2853

根据表5的回归结果可知:首先,同业效应在中国上市公司投资决策中显著存在,且企业投资决策对同业企业投资行为的依赖性要大于对其金融指标的依赖性。其次,除了行业内小规模企业对行业竞争和同业企业投资决策并不敏感之外,大中规模企业投资决策中存在明显的同业效应,且中等规模企业对同业企业投资行为以及金融指标的依赖性要大于大规模企业。综上所述,假设1得到验证。

(二)职业忧虑对同业效应的影响

为了进一步研究CEO职业忧虑对同业效应的影响,我们按照企业CEO的职业忧虑对企业样本进行分类,在每一组样本中分别使用公式(1)和2SLS回归来检验同业平均投资对企业投资的影响。本文分别使用CEO年龄、CEO任职情况以及企业上一年度投资绩效作为职业忧虑的代理变量。

为了检验假设2,首先使用CEO年龄作为其职业忧虑的代理变量对全样本进行分类,表6报告了分组回归的结果。学术界关于CEO职业忧虑对其投资风格的影响还未形成统一结论,因此,我们基于现有的两种理论将全样本按照CEO年龄分为三组:CEO年龄小于等于48岁(最低的30%)的子样本,CEO年龄大于48岁小于52岁(中间的40%)的子样本和CEO年龄大于等于52岁(最高的30%)的子样本。列(1)是CEO年龄小于等于48岁的子样本,同业平均投资的回归系数为0.678,回归的 t 检验值为1.29,说明企业投资与同业平均投资没有显著关联。从同业平均控制变量的回归结果来看,所有的同业平均控制变量对企业投资均没有显著的影响,这意味着年龄小于等于48岁的CEO并不倾向于选择跟随同业企业的投资策略,这一结论与Prendergast等[12]1106的研究结论一致,即年轻 CEO 的投资风格更加激进并且愿意承担更多的风险。并且,与年龄较大的 CEO 相比,年轻 CEO 面临更多的职业忧虑,他们希望通过建立自己在行业中的声誉来寻求连任[14]149,与跟随同业企业的投资策略相比,个性化的投资策略更有利于他们建立自己在行业中的声誉。列(2)是 CEO 年龄大于48 岁小于 52 岁的子样本,同业平均投资的回归系数为 1.726,回归的 t 检验值为 3.18,说明同业平均投资对企业投资有显著的正向影响。在同业平均控制变量的回归结果中,Cash、Lev 和 Sg 均对企业投资有显著影响,回归结果与全样本中的结论相似。我们认为这部分 CEO 的职业忧虑主要表现为维护自己的行业声誉而不是建立自己在行业中的声誉,跟随同业企业的投资策略恰好能够为他们提供稳定的投资绩效以及较小的投资风险。列(3)是 CEO 年龄大于等于52 岁的子样本,同业平均投资的回归系数为 1.827,回归的 t 检验值为 1.24,说明同业平均投资对企业投资没有显著影响。在同业平均控制变量的结果方面,所有的同业平均控制变量对企业投资均无显著影响,企业投资对同业平均投资和金融指标没有显著的依赖性。根据从列(1)和(2)中得出的结论,同业效应在第三组样本中应该表现得最为显著,但是列(3)的回归结果却与我们的预期相反,我们认为两种原因能够解释这一现象。首先,与前两组样本的 CEO 相比,第三组样本的 CEO 面临较低的绩效压力,因此根据孟庆斌等[15]129的研究结论,这部分 CEO 的投资决策并不会受到来自绩效压力的职业忧虑的影响。其次,这部分 CEO 在行业内拥有较高的声望、资深的工作经历以及丰富的行业信息和资源,其投资决策往往是行业内其他企业跟随的对象[5]。此外,我们在上述研究的基础上控制了样本公司所属地区的固定效应,从列(4)至(6)的回归结果中并未发现显著差别。

表 6　CEO 年龄对同业效应的影响

变量	2SLS Inv					
	(年龄≤48) (1)	(48<年龄<52) (2)	(年龄≥52) (3)	(年龄≤48) (4)	(48<年龄<52) (5)	(年龄≥52) (6)
同业平均控制变量						
Inv	0.678 (1.29)	1.726*** (3.18)	1.827 (1.24)	0.611 (1.35)	1.636*** (3.38)	1.802 (1.34)
Size	−0.006 (−1.56)	−0.006 (−1.42)	−0.016* (−1.89)	−0.005 (−1.34)	−0.003 (−0.77)	−0.015* (−1.82)

续表

变量	2SLS Inv					
	(年龄≤48)(1)	(48<年龄<52)(2)	(年龄≥52)(3)	(年龄≤48)(4)	(48<年龄<52)(5)	(年龄≥52)(6)
Fage	−0.007 (−0.27)	0.039 (1.60)	0.043 (0.66)	−0.016 (−0.75)	0.045** (2.03)	0.041 (0.71)
Cash	0.016 (0.42)	0.100** (2.38)	0.118 (1.42)	0.017 (0.54)	0.094** (2.51)	0.116 (1.63)
TQ	−0.001 (−0.57)	−0.004 (−1.42)	−0.005 (−0.94)	−0.001 (−0.79)	−0.003 (−1.38)	−0.004 (−0.92)
Lev	0.020 (1.13)	0.069** (2.41)	0.061 (0.99)	0.020 (1.26)	0.062** (2.40)	0.060 (1.13)
Sg	−0.005 (−0.31)	−0.040** (−2.48)	−0.030 (−1.00)	0.0002 (0.02)	−0.037** (−2.50)	−0.027 (−1.03)
企业层面控制变量						
Size	0.007*** (6.63)	0.007*** (7.08)	0.004*** (3.94)	0.007*** (7.08)	0.008*** (7.89)	0.004*** (4.29)
Fage	−0.018*** (−5.85)	−0.016*** (−5.44)	−0.017*** (−4.43)	−0.016*** (−5.67)	−0.015*** (−4.96)	−0.015*** (−4.20)
Cash	−0.044*** (−6.76)	−0.058*** (−8.14)	−0.055*** (−7.57)	−0.039*** (−6.42)	−0.053*** (−7.89)	−0.047*** (−6.74)
TQ	0.001** (2.18)	0.002** (2.71)	0.0007 (0.93)	0.002*** (2.62)	0.003*** (3.89)	0.001* (1.75)
Lev	−0.029*** (−6.14)	−0.034*** (−6.59)	−0.017*** (−2.80)	−0.028*** (−5.96)	−0.035*** (−7.04)	−0.015** (−2.29)
Sg	0.027*** (6.71)	0.025*** (6.33)	0.025*** (4.81)	0.025*** (6.58)	0.022*** (6.06)	0.019*** (4.06)
第一阶段						
同业平均超额收益率	0.080*** (5.78)	0.089*** (6.28)	0.031** (2.04)	0.089*** (6.61)	0.093*** (6.40)	0.034** (2.32)
同业超额收益率波动	−0.003 (−0.20)	−0.057*** (−3.55)	−0.033* (−1.76)	−0.002 (−0.10)	−0.061*** (−3.73)	−0.030 (−1.58)
公司聚类	控制	控制	控制	控制	控制	控制

续表

变量	2SLS Inv					
	（年龄≤48）（1）	（48＜年龄＜52）（2）	（年龄≥52）（3）	（年龄≤48）（4）	（48＜年龄＜52）（5）	（年龄≥52）（6）
年份固定效应	控制	控制	控制	控制	控制	控制
行业固定效应	控制	控制	控制	控制	控制	控制
地区固定效应	未控制	未控制	未控制	控制	控制	控制
样本量	7349	7517	6831	7349	7517	6831
调整的 R^2	0.1803	0.0395	0.0482	0.2720	0.1405	0.1435

根据表 6 的回归结果,职业忧虑表现为建立自己在行业内声誉的 CEO 倾向于选择个性化的投资策略,职业忧虑表现为维护自己在行业内声誉的 CEO 更喜欢选择跟随同业企业的投资策略。因此,假设 2a 得到验证。针对学界的另一种观点,即职业忧虑使年轻 CEO 的投资风格更加保守,我们认为这部分研究并未考虑到 CEO 职业忧虑表现形式的不同,建立声誉和维护声誉对 CEO 投资风格的影响不可一概而论,因此,我们推翻假设 2b。

(三)稳健性检验

为了检验这一结论的稳健性,我们参考 Xie[14]149 和孟庆斌等[15]117 的研究方法,进一步使用 CEO 任职情况以及企业上一年度投资绩效作为 CEO 职业忧虑的代理变量。

首先,按照 CEO 是否连任将总样本分为两组,第一组为 CEO 新上任,第二组为 CEO 获得连任,表 7 报告了相应的 2SLS 回归结果。列(1)是 CEO 为首次上任的子样本,同业平均投资的回归系数为 0.529,回归的 t 检验值为 0.98,说明该组样本中同业平均投资对企业投资没有显著影响。在同业平均控制变量方面,所有的同业平均控制变量对企业投资均无显著的影响,说明在该组样本中企业投资决策也不会受到同业企业金融指标的影响。与 Xie[14]158 的研究结论一致,我们认为新上任的 CEO 面临更长远的职业忧虑,他们的职业忧虑主要表现为通过建立自己在行业中的声誉以期获得连任,相比于跟随同业企业的投资策略,成功的个性化投资更利于快速建立他们在行业内的声誉。列(2)是 CEO 获得连任的子样本,同业平均投资的回归系数为 1.693,回归的 t 检验值为 3.10,说明同业平均投资对企业投资有显著的正向影响。在同业平均控制变量方面,Size、TQ 和 Sg 对企业投资有显著的负向影响,Cash 和 Lev 对企业投资有显著的正向影响,该结果基本与全样本下的回归结果一致,说明获得连任的 CEO 的投资决策也会受到同业企业金融指标的影响。与新上任的 CEO 不同,获得连任的 CEO 的职业忧虑主要表现为通过稳定的投资业绩来维护自己在行业中的声誉,从而继续保持连任,因此他们更加偏向保守的投资策略。而跟随同业企业的投资策略作为保守策略,能够为这部分 CEO 提供稳定的相对投资绩效以及较低的投资风险。随后,我们进一步对样本公司所属地区进行了控制,从列(3)和(4)的回归结果中并未发现显著变化。

表 7　CEO 任职情况对同业效应的影响

变量	2SLS Inv			
	(新上任) (1)	(连任) (2)	(新上任) (3)	(连任) (4)
同业平均控制变量				
Inv	0.529 (0.98)	1.693*** (3.10)	0.681 (1.41)	1.638*** (3.12)
Size	−0.004 (−0.86)	−0.010*** (−3.15)	−0.003 (−0.65)	−0.008*** (−2.73)
Fage	−0.003 (−0.11)	0.039 (1.58)	0.003 (0.11)	0.042* (1.72)
Cash	0.024 (0.51)	0.087** (2.45)	0.035 (0.79)	0.083** (2.48)
TQ	0.002 (0.83)	−0.005** (−2.15)	0.001 (0.42)	−0.004** (−2.13)
Lev	0.003 (0.12)	0.056** (2.44)	0.007 (0.31)	0.055** (2.49)
Sg	0.0008 (0.04)	−0.031** (−2.30)	−0.005 (−0.27)	−0.028** (−2.18)
企业层面控制变量				
Size	0.006*** (6.78)	0.006*** (8.11)	0.007*** (7.38)	0.007*** (9.26)
Fage	−0.015*** (−5.05)	−0.017*** (−7.84)	−0.014*** (−4.81)	−0.016*** (−7.78)
Cash	−0.047*** (−6.09)	−0.054*** (−11.36)	−0.048*** (−6.34)	−0.050*** (−10.78)

续表

变量	2SLS Inv			
	（新上任） （1）	（连任） （2）	（新上任） （3）	（连任） （4）
TQ	0.0003 （0.46）	0.002 *** （3.73）	0.0007 （0.98）	0.002 *** （5.35）
Lev	−0.034 *** （−7.17）	−0.025 *** （−7.07）	−0.033 *** （−6.88）	−0.024 *** （−6.90）
Sg	0.021 *** （5.25）	0.026 *** （9.10）	0.019 *** （4.79）	0.024 *** （8.61）
第一阶段				
同业平均超额收益率	0.100 *** （4.89）	0.058 *** （6.12）	0.113 *** （5.23）	0.059 *** （6.15）
同业超额收益率波动	−0.054 ** （−2.46）	−0.031 *** （−2.93）	−0.053 ** （−2.30）	−0.029 *** （−2.74）
公司聚类	控制	控制	控制	控制
年份固定效应	控制	控制	控制	控制
行业固定效应	控制	控制	控制	控制
地区固定效应	未控制	未控制	控制	控制
样本量	4016	17681	4016	17681
调整的 R^2	0.2109	0.0379	0.2834	0.1061

根据表 7 的回归结果,获得连任的 CEO 的职业忧虑主要表现为通过稳定的相对投资绩效来维护自己在行业内的声誉,因此他们更倾向于选择跟随同业企业的投资策略。相反,新上任的 CEO 因为面临建立自己在行业内声誉的职业忧虑,所以更倾向于选择个性化的投资策略。综上所述,假设 3a 得到证实。同样的,针对假设 3b 的观点,我们认为依旧是没有考虑到职业忧虑具体形式的影响,因此,我们推翻假设 3b。

除了 CEO 任职情况外,企业过去的业绩也是 CEO 职业忧虑的来源,为了检验假设 4,我们使用企业上一期的投资收益作为管理者职业忧虑的代理变量对样本进行分类。如果企业上一年度的投资收益率低于行业中位数,那么就认为该企业 CEO 面临的职业忧虑程度较高;反之,就认为该企业 CEO 面临的职业忧虑程度较低。表 8 报告了分组后的 2SLS 回归结果,列(1)是上一年度投资收益率低于行业中位数的企业样本,同业平均投资的回归系数为 0.654,回归的 t 检验值为 1.00,说明该组样本中同业平均投资对企业投资没有显著影响。列 (1)的结果表明,如果企业上一年度投资收益率低于行业中位数,CEO 进行投资 决策时倾向于采取个性化的投资决策。在同业平均控制变量的结果中,只有 Size 对企业投资有显著的影响,说明在该组样本中企业投资决策也不会受到同 业企业金融指标的影响。列(2)是上一年度投资收益率高于行业中位数的企业 样本,同业平均投资的回归系数为 1.717,回归的 t 检验值为 3.05,说明同业平 均投资对企业投资有显著的正向影响。在同业平均控制变量方面,Size 和 Sg 对企业投资有显著的负向影响,Cash 和 Lev 对企业投资有显著的正向影响,所 得结果与基础回归基本一致。列(2)的结果意味着如果企业上一年度的投资收 益率高于行业中位数,那么 CEO 在进行投资决策时更加倾向于选择跟随同业 企业的策略。我们进一步对样本企业所属地区进行控制,从列(3)和(4)的回归 结果中并未发现显著差异。

根据表 8 的回归结果,如果企业上一年的投资收益率低于行业中位数,那 么 CEO 更加倾向于个性化的投资决策,因为他们希望通过个性化的投资策略 提高企业的投资收益率,从而建立起自己在行业内的声誉;如果企业上一年度 的投资收益率高于行业中位数,那么企业 CEO 更倾向于选择跟随同业企业的 投资策略,因为他们希望通过稳定保守的投资策略来维护自己在行业内的声 誉。综上所述,假设 4 得到验证。

表 8　企业投资绩效对同业效应的影响

变量	2SLS Inv			
	(收益率低于 行业中位数) (1)	(收益率高于 行业中位数) (2)	(收益率低于 行业中位数) (3)	(收益率高于 行业中位数) (4)
同业平均控制变量				
Inv	0.654 (1.00)	1.717*** (3.05)	0.389 (0.60)	1.878*** (3.18)
Size	−0.011*** (−2.89)	−0.009** (−2.43)	−0.009** (−2.28)	−0.008** (−2.28)
Fage	−0.004 (−0.15)	0.048* (1.66)	−0.012 (−0.46)	0.057* (1.89)
Cash	0.016 (0.39)	0.100** (2.52)	−0.001 (−0.03)	0.110*** (2.78)

续表

变量	2SLS Inv			
	（收益率低于行业中位数）（1）	（收益率高于行业中位数）（2）	（收益率低于行业中位数）（3）	（收益率高于行业中位数）（4）
TQ	−0.001 （−0.44）	−0.003 （−1.52）	−0.0006 （−0.24）	−0.004* （−1.75）
Lev	0.007 （0.26）	0.057** （2.46）	−0.003 （−0.11）	0.061*** （2.57）
Sg	−0.008 （−0.52）	−0.035** （−2.16）	−0.004 （−0.26）	−0.038** （−2.32）
企业层面控制变量				
Size	0.006*** （7.63）	0.006*** （7.42）	0.008*** （8.65）	0.007*** （7.77）
Fage	−0.016*** （−5.99）	−0.012*** （−4.81）	−0.016*** （−6.44）	−0.011*** （−4.19）
Cash	−0.048*** （−7.62）	−0.057*** （−9.49）	−0.044*** （−7.27）	−0.053*** （−8.81）
TQ	0.002*** （2.92）	0.002*** （3.65）	0.003*** （4.53）	0.002*** （4.46）
Lev	−0.030*** （−7.05）	−0.014*** （−3.38）	−0.031*** （−7.61）	−0.013*** （−2.83）
Sg	0.028*** （8.67）	0.022*** （6.66）	0.027*** （8.55）	0.019*** （5.86）
第一阶段				
同业平均超额收益率	0.059*** （4.65）	0.069*** （5.26）	0.061*** （4.79）	0.066*** （4.98）
同业超额收益率波动	−0.034*** （−2.58）	−0.050*** （−3.25）	−0.028** （−2.09）	−0.047*** （−3.02）
公司聚类	控制	控制	控制	控制
年份固定效应	控制	控制	控制	控制
行业固定效应	控制	控制	控制	控制
地区固定效应	未控制	未控制	控制	控制
样本量	9309	9759	9309	9759
调整的 R^2	0.1856	0.0427	0.2602	0.0770

(四)进一步研究

通过上述稳健性检验,我们得出与基础回归相一致的结论,即只有职业忧虑表现为维护自己在行业内声誉的 CEO 才会倾向于选择跟随同业企业的投资决策。虽然上文按照 CEO 任职情况以及企业上一年度投资绩效分别对样本进行分组,研究了 CEO 职业忧虑如何影响其投资决策中的同业效应,但实际上,CEO 的职业忧虑是由这两方面共同构成的。因此,为了进一步研究其对同业效应的影响,我们使用 CEO 任职情况和企业上一年度投资绩效共同对样本进行分类,按照这两个指标将样本分为四组:(1)CEO 新上任且企业上一年度投资收益率低于行业中位数;(2)CEO 新上任且企业上一年度投资收益率高于行业中位数;(3)CEO 连任且企业上一年度投资收益率低于行业中位数;(4)CEO 连任且企业上一年度投资收益率高于行业中位数。表 9 报告了所有分组的 2SLS 回归结果。

列(1)是 CEO 新上任且上一年度投资收益率低于行业中位数的企业样本,同业平均投资的回归系数为 0.882,回归的 t 检验值为 0.70,说明同业平均投资对企业投资没有显著影响。在同业平均控制变量方面,所有的同业平均控制变量同样对企业投资无显著影响。列(1)的结果表明,对于新上任的 CEO,如果企业上一年度的投资绩效较低,他们会倾向于选择个性化的投资策略。列(2)是 CEO 新上任上一年度投资收益率高于行业中位数的企业样本,同业平均投资的回归系数为 0.551,回归的 t 检验值为 0.75,说明同业平均投资对企业投资没有显著影响。与列(1)的结果相似,在列(2)中所有的同业平均控制变量对企业均无显著影响。列(2)的结果表明,对于新上任的 CEO,即使企业上一年度的投资绩效较好,他们也不会倾向于选择跟随同业企业的投资策略。列(1)和(2)的结果意味着对新上任的 CEO 而言,他们的职业忧虑主要表现为建立自己在行业内的声誉,无论企业上一年度的投资业绩如何,他们都需要通过成功的个性化投资赢得自己在行业内的声誉,因此他们更加倾向于选择个性化的投资策略。列(3)是 CEO 连任且上一年度投资收益率低于行业中位数的企业样本,同业平均投资的回归系数为 0.597,回归的 t 检验值为 0.73,说明同业平均投资对企业投资并无显著影响。在同业平均控制变量方面,只有 Size 对企业投资有显著的影响,其他的同业平均控制变量对企业投资均没有影响,因此我们认为在该组样本中同业企业的金融指标与企业投资之间没有联系。列(4)是 CEO 连任且上一年度投资收益率高于行业中位数的企业样本,同业平均投资的回归系数为 2.115,回归的 t 检验值为 2.73,说明同业平均投资对企业投资有显著的正向影响。在同业平均控制变量方面,Size 和 Sg 对企业投资有显著的负向影响,而 Cash 和 Lev 对企业投资有显著的正向影响,该结果与全样本得出的结果相一致。列(3)和(4)的结果表明,对于获得连任的 CEO 来说,如果企业上一年度的投资收益率低于行业中位数,他们更愿意选择个性化的投资策略;反之,他们更愿意选择跟随同业企业的投资策略。

根据表 9 的回归结果,对新上任的 CEO 而言,无论企业过去的投资业绩如何,他们都需要超越行业平均水平的投资绩效来建立自己在行业内的声誉,因此,相比于跟随同业企业的投资策略,成功的个性化投资策略更容易让他们建立起行业声誉。相反,对于已经获得连任的 CEO 而言,如果企业过去投资业绩较差,那么成功的个性化投资更能帮助他们挽回自己的声誉;反之,跟随同业企业的投资策略能够帮助他们稳定相对绩效并且减小投资风险。此外,我们进一步对样本企业所属地区进行了控制,回归结果并没有显著变化。

表 9 四组 2SLS 回归结果

变量	2SLS Inv			
	CEO 新上任		CEO 连任	
	(低收益率) (1)	(高收益率) (2)	(低收益率) (3)	(高收益率) (4)
同业平均控制变量				
Inv	0.882 (0.70)	0.551 (0.75)	0.597 (0.73)	2.115*** (2.73)
Size	−0.010 (−1.20)	0.0009 (0.16)	−0.011*** (−2.69)	−0.011** (−2.46)
Fage	−0.0005 (−0.01)	0.015 (0.44)	−0.006 (−0.19)	0.062 (1.62)
Cash	0.043 (0.45)	0.049 (0.72)	0.0002 (0.00)	0.122** (2.27)
TQ	−0.0002 (−0.04)	0.003 (1.12)	−0.001 (−0.41)	−0.006* (−1.78)
Lev	0.035 (0.59)	−0.014 (−0.33)	0.001 (0.03)	0.075** (2.44)
Sg	−0.011 (−0.40)	−0.012 (−0.41)	−0.009 (−0.52)	−0.042** (−2.12)

续表

变量	2SLS Inv			
	CEO 新上任		CEO 连任	
	(低收益率) (1)	(高收益率) (2)	(低收益率) (3)	(高收益率) (4)
企业层面控制变量				
Size	0.006***	0.007***	0.006***	0.006***
	(4.84)	(5.18)	(6.59)	(6.56)
Fage	−0.010**	−0.013***	−0.016***	−0.011***
	(−2.23)	(−3.29)	(−5.88)	(−4.11)
Cash	−0.034***	−0.054***	−0.052***	−0.061***
	(−2.94)	(−4.91)	(−7.41)	(−9.01)
TQ	0.0006	0.002*	0.002***	0.002***
	(0.48)	(1.80)	(3.08)	(3.21)
Lev	−0.034***	−0.020***	−0.029***	−0.013***
	(−5.06)	(−2.82)	(−6.08)	(−2.83)
Sg	0.017***	0.018***	0.031***	0.024***
	(3.46)	(3.02)	(7.87)	(6.16)
第一阶段				
同业平均超额收益率	0.065**	0.110***	0.055***	0.060***
	(2.04)	(3.67)	(3.81)	(3.94)
同业超额收益率波动	−0.033	−0.072***	−0.030*	−0.045***
	(−0.98)	(−2.39)	(−1.94)	(−2.71)
公司聚类	控制	控制	控制	控制
年份固定效应	控制	控制	控制	控制
行业固定效应	控制	控制	控制	控制
地区固定效应	未控制	未控制	控制	控制
样本量	1760	1805	7549	7954
调整的 R^2	0.2151	0.2394	0.1889	0.4556

六、结 论

本文从 CEO 职业忧虑的角度出发,研究了公司投资决策中的同业效应。根据实证研究的结果,我们得出下列结论:首先,中国上市公司投资决策中存在显著的同业效应,并且,在较高的信息不透明性和政策不确定性背景下,中国上市公司投资决策对同业企业投资决策的依赖性要大于对其金融指标的依赖性。其次,职业忧虑表现为建立自己在行业内声誉的 CEO 并不喜欢跟随同业企业的投资策略,而职业忧虑表现为维护自己在行业内声誉的 CEO 则更倾向于选择跟随同业企业的投资策略。再次,新上任的和获得连任但企业过去投资绩效较差的 CEO 倾向于选择个性化的投资策略,而获得连任且企业过去投资业绩较好的 CEO 倾向于选择跟随同业企业的投资策略。最后,CEO 获得连任的压力对同业效应的影响要大于绩效压力对同业效应的影响,即 CEO 是否选择跟随同业企业的投资策略取决于跟随策略能否增加其连任的可能性。

根据上述研究结论,我们给出如下建议:首先,企业在对 CEO 进行绩效考核时,应当结合 CEO 的任职情况和过去的投资绩效制定不同的考核标准。对于已经拥有一定行业声誉并且过去投资绩效较好的 CEO,企业应当适当弱化他们过去投资绩效在考核中的占比,从而对这部分 CEO 产生足够的激励作用,避免他们盲目跟随同业企业的投资策略。其次,投资者应当合理看待企业投资策略,客观判断企业是否通过跟随策略向市场传递虚假信息。

参考文献

[1] Park K，Yang I，Yang T. The peer-firm effect on firm's investment decisions[J]. North American Journal of Economics and Finance，2017(40)：178-199.

[2] Leary M T，Roberts M R. Do peer firms affect corporate financial policy? [J]. The Journal of Finance，2014,69(1):139-178.

[3] Du Q，Shen R. Peer performance and earning management[J]. Journal of Banking and Finance，2018(89)：125-137.

[4] Markku K，Ville R. Peer performance and earning management[J]. Journal of Banking and Finance，2015,117(3)：653-669.

[5] Binary A，Anup A. Peer influence on payout policies[J]. Journal of

Corporate Finance，2018（48）：615-637.

[6] Devenow A，Welch I. Rational herding in financial economics[J]. European Economic Review，1996，40（3-5）：603-615.

[7] Bikhchandani S，Hirshleifer D，Welch I. Learning from the behavior of others：conformity，fads，and information cascades[J]. The Journal of Economic Perspectives，1998，12（3）：151-170.

[8] Bebchuk L A，Stole L A. Do short-term objective lead to under or overinvestment in long-term projects? [J]. The Journal of Finance，1993，48（2）：719-729.

[9] Hirshleifer D，Thakor A V. Managerial conservatism，project choice，and debt[J]. The Review of Financial Studies，1992，5（3）：437-470.

[10] Holmstrom B. Managerial incentive problems：A dynamic perspective[J]. The Review of Economic Studies，1999，66（1）：169-182.

[11] Narayanan M P. Managerial incentive for short-term results[J]. The Journal of Finance，1985，40（5）：1469-1484.

[12] Prendergast C，Stole L. Impetuous youngsters and jaded old timers：Acquiring a reputation for learning[J]. Journal of Political Economy，1996，104（6）：1105-1134.

[13] Zwiebel J. Corporate conservatism and relative compensation[J]. Journal of Political Economy，1995，103（1）：1-25.

[14] Xie J. CEO career concerns and investment efficiency：Evidence from china[J]. Emerging Markets Review，2015（24）：149-159.

[15] 孟庆斌，吴卫星，于上尧. 基金经理职业忧虑与其投资风格[J]. 经济研究，2015（3）：115-130.

[16] Scharfstein D S，Stein C J. Herd behavior and investment[J]. The American Economic Review，1990，80（3）：465-273.

[17] Serfling M A. CEO age and the riskiness of corporate policies[J]. Journal of Corporate Finance，2014（25）：251-273.

[18] Liu X，Chen J. The effect of inter-organizational learning on the growth of industry cluster[J]. Science Research Management，2012（33）：28-35.

[19] 崔静，冯玲. 职业忧虑、高管薪酬业绩敏感性与企业创新——基于新任CEO视角[J]. 华东经济管理，2017（1）：136-142.

[20] 步丹璐,文彩虹.高管薪酬粘性增加了企业投资吗？[J].财经研究,2013(6):63-72.

[21] Liberman M B，Asaba S. Why do firms imitate each other? [J]. Academy of Management Review，2006，31(2)：366-385.

[22] Baum J A C，Haveman H A. Love thy neighbor? Differentiation and agglomeration in the manhattan hotel industry，1898—1990 [J]. Administrative Science Quarterly，1997，42(2)：304-338.

[23] Deephouse D L. To be different，or to be the same? It's a question (and theory) of strategic balance[J]. Strategic Management Journal，1999，20 (2)：147-166.

[24] Keynes J M. The general theory of employment interest and money [M]. London：Macmillan，1936.

[25] Cleary S. The relationship between firm investment and financial status[J]. Journal of Finance，1999，54(2)：673-692.

[26] Manski C F. Identification of endogenous social effects：The reflection problem[J]. The Review of Economics Studies，1993，60 (3)：531-542.

[27] Fama E F，French K R. Common risk factors in the returns on stocks and bonds[J]. Journal of Financial Economics，1993，33(1)：3-56.

[28] Carhart M M. On persistence in mutual fund performance [J]. Journal of Finance，1997，52(1)：57-82.

[29] Baker M，Stein J C，Wurgler J. When does the market matter? Stock prices and the investment of equity-dependent firms[J]. The Quarterly Journal of Economics，2003，118(3)：969-1005.

[30] Liu L X，Whited T M，Zhang L. Investment-based expected stock returns[J]. Journal of Political Economy，2009，117(6)：1105-1139.

[31] Polk C，Sapienza P. The stock market and corporate investment：A test of catering theory[J]. Review of Financial Studies，2009，22 (1)：187-217.

金融科技背景下新金融学科发展①

摘 要 面对金融的复杂性和信息技术的日趋重要性,传统金融学面临很大挑战。本文从横向、纵向、立体三个维度,结合场景(痛点)和链条,阐述了互联网金融和金融科技的发展轨迹,说明了新金融发展具有客观基础并符合金融创新的规律,分析了新金融学科发展的逻辑。同时,讨论了新金融学科与传统金融理论的关系,强调新金融学科的实践应用性和交叉复合性,并指出互联网金融与大数据金融、交易金融与社交金融、技术金融与人的金融的结合是新金融的发展趋势。

关键词 金融科技;新金融;学科发展

一、金融复杂性与传统金融学的局限性

经过长期的发展演变,金融学已经形成了相对稳定的学科体系与教学研究内容。金融学的教学研究内容一般包括金融工具、金融机构、金融市场、金融监管和金融调控等方面,在传统金融理论的框架中,即使讨论金融创新问题,也多是在产品(工具)创新与制度创新的关系上做文章。尽管在金融创新的动因中也会提到技术进步,但多是一笔带过,只作为次要因素。关于人的因素,传统金融学科总体上按照传统经济理论的观点,即以理性人为前提的经济人假设。可以说,传统金融学基本上是在这样的思路与框架上发展演变的,一个突出的特点是忽视技术变化与人的差异的特点及作用。也正是这个问题,面对金融的复

---

① 本文作者金雪军,最初发表在《中国大学教学》2020 年第 6 期。

杂性,传统的金融学也显示出其局限性,遇到了多方面的挑战。

金融的复杂性包括客观复杂性与主观复杂性两个方面。所谓客观复杂性,是指来自系统本身的状态和刻画系统的数据计算领域的复杂性,如计算复杂性、算法复杂性和语法复杂性等;所谓主观复杂性,复杂性因人而异,是人的感知、意识、反应和行为的复杂性,有人参与的系统行为的复杂性和无人参与的系统的复杂性是有本质区别的。和实体经济相比,作为虚拟经济的金融之所以无论在产品、供给、需求、价格等最基本的要素上都有自身的特点,在机制与作用上也有明显的区别,很大程度上就是其复杂性决定的。

金融复杂性现象大致可包括金融本质的特殊性与复杂性、金融产品与金融机构的特殊性与复杂性、金融市场与金融资产价格的特殊性与复杂性、金融风险的特殊性与复杂性、金融技术的特殊性与复杂性、金融管理与调控的特殊性与复杂性。概括地说,金融的复杂性决定了两个维度的研究与突破不可缺少,其一针对主观复杂性,这需要结合对人本身的研究展开,它一开始是结合心理学和金融学进行研究,行为金融由此展开,研究预期判断、风险态度、决策方式、信息条件等;其二针对客观复杂性,这需要结合数理知识与计算机手段来展开,如仿真与人工神经网络、随机过程与统计分析、混沌动力学与随机复杂性等,数理金融与量化金融就是如此。

金融学与数理知识、计算机手段的结合不但成为需要,而且也具有结合的基础。其根基可以概括为:金融的本质是信用,而信用的基础是信息。有一个很有说服力的例子,一说中小企业融资难,比较认同的原因首先就是信息不对称。可见信息是金融活动最基本的要素,信息技术就成为金融活动不可缺少的因素。如果说在信息技术发展相对缓慢的情况下,信息技术的作用地位相对较低,在金融学的研究中处于次要的位置,那么在信息技术快速发展并且成为经济社会发展主要科技力量的情况下,信息技术对金融的作用越来越重要,进而成为至关重要的决定性力量,我们现在就处于这个状态,这一轮科技革命与产业革命就是以信息技术与智能发展为主线的,在这种条件下,金融学科的发展必须把技术因素放在十分重要的位置上。事实上,新金融的发展就是从信息技术与金融的对接融合突破的。

二、新金融学科发展的基本逻辑

在互联网和信息技术革命的推动下,金融业的整体形式和架构发生了巨大的变化,那些区别于传统金融形式,呈现新形态、使用新工具、运用新技术的金融服务可称为"新金融"。大致说来,新形态主要以互联网金融为主,包括第三方支付、电商网贷和众筹;新工具表现为金融企业对于新型金融方式的运用,包括量化投资基金、智能投顾等;新技术表现为新型科技与金融环境的结合,以金融科技为核心,包括金融大数据、云计算、区块链金融和人工智能等。

新金融,作为区别于传统金融又具有广泛市场空间的新型金融,其发展势头十分迅猛,充其原因不外乎两个。一是具有客观的基础。新金融的重要特点是金融和信息技术发展的高度结合,如前所述,这一结合是有深厚的基础的。金融的本质是信用,信用的基础是信息,我们说阿里巴巴为什么能够发展互联网金融,包括第三方支付与电商小贷,很重要的是阿里巴巴具有交易信息这一核心资源,而信息技术的发展正体现在对信息处理手段的推进与突破上。总体来看,以信息技术发展和金融相结合为特点的新金融是具有客观基础的。二是符合金融创新的原理与规律。根据金融创新的理论,金融创新主要来自三个方面的推动,即市场需求、机构竞争和技术进步:从市场需求的角度看,长期以来,传统金融比较多的关注大中企业业务、城市业务与机构业务,相比之下,中小微企业、三农领域、个人消费领域金融需求十分突出,需要有更广泛的金融供给主体和渠道来给以满足;从机构竞争看,各金融机构的竞争十分激烈,尤其表现在市场一线上;从技术进步看,这一轮科技革命以信息技术和智能化为主线,多种新兴技术不断突破发展,如信息技术,就从早期的电子网络化发展到移动互联网化又向智能化等不断推进,可见,新金融的发展是符合金融创新规律的。

理解新金融的发展逻辑,需要紧紧抓住金融信用的基础是信息这一基点,抓住金融与信息技术发展相结合的这一主线,对此,可以从横向、纵向、立体三个维度来看。从横向看,信息可以分为基础信息、信贷信息、生产信息、交易信息、社交信息等,从现在情况看,基础信息是以发改系统管理为主,借贷信息是以中央银行管理为主,交易信息以阿里巴巴为代表,社交信息以腾讯为代表。能否形成、如何形成一个真实、及时、高效的全社会统一共享的信息信用体系既是十分重要的课题,也是发展的"痛点";从纵向看,信息链条包括信息的采集、信息的运算储存、信息的整理、信息的应用、信息的传递等,由此也看到新金融与传统金融很大的区别,它需要更强的统计、数理、计算机、法律等方面学科知识的交叉融合与能力要求;从立体角度看,信息技术与金融的结合大致可以分为三个阶段:第一个阶段从 20 世纪 90 年代开始,主要体现在发展网络银行、网络证券和网络金融上,此时发展的主力还是银行和证券公司这些传统意义上的金融机构;第二个阶段是 2010 年左右,以互联网金融包括电商小贷、第三方支付、众筹、互联网证券、互联网保险等为代表,主力以腾讯、阿里这样的互联网企业为主,依托社交、交易和支付的平台优势,此时发展的主力已经由传统的金融机构转移到掌握高新技术的互联网企业;第三个阶段则是从 2016 年左右开始,主要以发展金融科技为目标,以大数据金融、物联网金融、智能金融、区块链金融等代表,跨界交叉、融合迭代,这个阶段需要协同多种机构共同发展,此时多种机构的需求和发展目标达到了高度统一,金融科技的发展能有效解决现有机构面临的市场"场景"痛点,在产业链供应链等经济发展的大背景下,在"痛点"与"场景"触发推动的过程中,不断创造出新的发展成果。

研究新金融发展的路径,重要的是场景痛点的研究和链条的研究,场景代表了市场的痛点,而链条代表解决痛点的路径。传统金融业是从服务于商品交换需要的支付结算向融资理财转变的,应该说,互联网金融并没有改变金融发展的这一路径,仍然是按照传统金融的逻辑链条先从支付结算端开始然后进入融资理财端。市场的情况也验证了这一观点,因为电子商务打破了线下商务同步和钱货两清的做法,需要有物流快递与支付结算作为整个电子商务供应链的组成部分,而传统的邮递业和金融业无法满足这个需要,从而推动了快递行业和支付宝的产生,支付宝最早就是作为电子商务相配套的第三方支付结算工具而出现,在一定条件下,从支付结算到融资理财具有客观性,支付宝到余额宝的转变也水到渠成,从支付宝到蚂蚁金服的过渡恰恰就是从支付结算为起步到融资理财端的转变,阿里的成功证明了这个逻辑的可行性。以社交场景为特点的微信支付的发展也同样如此。

从金融科技的发展看,也体现了场景与痛点的基础性与重要性。目前信息的市场痛点主要是两个:信息的及时性和信息的真实性。即如何保证信息能够及时获得,如何保证信息是真实的,因此必须要有保证信息及时和真实的技术出现,这也就是区块链技术产生及其应用的意义。区块链技术的两个最重要的特点就是信息一旦发布便不可更改,信息一旦发布便同步共享,这样就可以解决信息的真实性和及时性问题。区块链技术的金融应用也是现在互联网金融发展的一个重要方向,把区块链技术应用于金融场景中可以有效解决金融行为与金融市场上信息不对称的问题,蚂蚁金服的跨境汇款和杭州互联网法院的电子证据核验就是区块链技术应用的典型案例。蚂蚁金服用区块链技术应用于跨境汇款业务,大大节省了跨境汇款时间,杭州互联网法院用区块链技术应用于电子证据核验,解决了一直没有应对方案的网上证据核验问题。这也进一步证明了信息技术乃至新技术应用的衡量标准,即能否解决原有技术无法解决的问题,或能否降低原有技术能够解决但成本较高的问题。杭州互联网法院用区块链技术应用于电子证据核验的案例是第一个标准的证明,蚂蚁金服用区块链技术应用于跨境汇款业务则是第二个标准的证明。说到底,就是能否根据市场场景,解决市场痛点。

量化投资与智能投顾的发展同样体现了这个路径。量化投资是根据股票市场上投资者存在着大量非理性行为,试图通过建立量化模型来解决这一问题。然而,从量化投资的情况看,也有两个需要进一步发展的方面。一是目前量化投资仍然停留在对过去信息数据的记录上,尚未做到对现在信息的同步整合。二是目前量化投资的服务是同质性的,尚未针对不同个体做到差异化个性化最优处理。因此需要在量化投资的基础上大力发展智能投顾,反过来说最新的市场信息数据的同步处理和投资者服务的差异化最优就是智能投顾发展的重点。

金融科技背景下支付系统的发展也遵循这一逻辑。目前线上支付已经十分普及了,它让我们感受到了极大的便利,这是现金交易和银行卡支付都无法解决的。但是线上支付也有进一步发展的空间,也可以说是市场场景与痛点。一是线上支付需要前提就是必须要有网络,如果网络不通的地方,线上支付就难以进行,如何实现离线支付是市场痛点,更重要的是另一个问题即交易过程中的个人信息泄漏,即使是在便利店买一个几块钱的面包也需要以所有信息的提供为代价,如何实现匿名支付将是新的市场痛点,数字货币的出台与运行应该解决离线支付和匿名支付的问题。所以互联网金融的研究过程中必须牢牢把握场景和链条两个重点,这样研究成果才能有价值有意义。

新金融的兴起与发展,极大地推动了经济社会发展,尤其是新金融与新经济、新贸易的结合,更是成为现阶段中国经济社会发展的新现象,展示了新活力。不仅如此,新金融的兴起与发展,也极大地活跃了金融市场,当然,我们也需看到,金融的本质是信用、基础是信息,金融与不确定性和风险始终联系在一起,按照我的理解,金融的特点就可以概括为经营预期、经营杠杆、经营风险、经营退出(收回)。与此相关的一个重要问题是,对金融风险的认识应该是动态的,即使如巴塞尔委员会这样专门从事金融风险监管事务的专业委员会在一版又一版巴塞尔协议中,对金融风险的认识也是不断深化的,从最初的信用风险到第二版的市场风险、操作风险到第三版强调流动性风险,就是最明显的证明。所以,新金融必须符合金融运行规律,金融风险防范与监管也不可缺少,只有把创新与风控结合起来,新金融才能持续发展。

作为一个新事物,在新金融的发展过程中,有许多理论问题和实践问题需要研讨,从现有对新金融的讨论现状看,也属刚起步的阶段,如何面对新金融发展的要求,让更多的人认识与理解新金融,并能理性对待新金融,做好新金融的实践,客观上就显得重要与迫切。传统金融学的理论无法说明和解决现在市场中涌现出的全新的问题,因此必须建立新金融学科来说明和解决全新的问题。新金融的特点是信息技术和金融的高度结合,新金融学科则是以信息技术为核心同时结合传统金融学理论基础诞生的交叉学科,随着信息技术的不断发展,新金融学科的内容也将不断地充实和完善。

三、新金融学科的特点与发展态势

伴随着新金融实践的发展,新金融学科也在探索中不断向前发展。我认为新金融学科有以下两个特别突出的特点。

其一,实践应用性。新金融学科根植于实践的土壤。一方面,与传统金融学科相比,新金融学科根植于实践的土壤,其产生的背景与研究的主要问题均和实践息息相关。对此我们有特别深刻的体会。浙江是中小微企业大省,是民营经济大省,在长期的经济发展中,形成鲜明的特色,从经济主体看,有大量的中小企业和民营企业;从产业产品看,有大量的小商品和传统制造业;从市场流通看,有大量的个体工商户和专业市场;从区域格局看,有大量的块状经济与产业集聚;从人力资源看,有大量的充满实干与创新活力的企业家与政府官员。正是在这样的土壤里,在互联网信息技术发展的条件下,互联网信息技术与金融的结合不断深化。阿里巴巴和蚂蚁金服是证明,众多的金融机构和金融科技公司的发展同样也是证明。关注实践中提出的问题并进行理论的提升,是学科得以发展的基础。新金融学科的发展也离不开这个历史背景与条件。另一方面,金融学在学科分类中属于应用经济学,但传统金融理论中相当一部分如货币理论、货币制度、金融政策、不确定性与风险理论等在理论经济学中也同样存在,相比之下,来源于实践、为了解决实践问题的新金融学科的定位在整体上就更有应用性。

其二,交叉复合性。一方面,新金融学科区别于传统金融学科就在于它把技术发展纳入学科发展的重要因素与内涵中,因此,金融学与技术的结合就成为一条主线。对此我们的体会也很深刻。早在 20 世纪 90 年代,浙大经济管理学科就和计算机学科联办了电子商务专业,后又成立了电子服务研究机构,金融学科也相应成立了电子金融(网络金融)研究所和电子金融(网络金融)学科方向。这可以说是我们探索新金融学科的开始。当时主要研究的是网络金融、数理金融和金融的计算机模拟。2013年后,以阿里巴巴为代表的互联网金融得到了迅速的发展,从电子商务与线上社交发展提出的第三方支付结算端也逐渐向理财融资端发展,考虑到互联网金融区别于传统金融的特殊性,围绕着互联网信息技术与金融结合的要求,从信息链条相关的角度,需要有数学、计算机、经济、管理和法律等学科交叉协同,浙江大学也成立了有金融、管理、数学、法律与计算机等学科共建的交叉性跨学科的互联网金融教学研究机构,同时将互联网大数据分析应用于金融领域,形成了一系列研究成果。另一方面,为了发展新金融学科,培养新金融学科的人才,浙江大学在2015年开始申报互联网金融的博士点,当时遇到的一个最关键的问题就是为什么有金融学博士还要另外再专门设立互联网金融博士点。我们认为,互联网金融运行本身就包括经济、管理、法律、数学、计算机等学科要素,同时互联网金融又具有高度的实践性与应用性,其交叉性和实践性决定了它具有传统金融学科难以包容的内容和要求,因此有必要有一个相对独立的,包括经济、管理、法律、数学、计算机等学科要素的新金融学科。2016年互联网金融获批招生,这也是全国新金融学科(包括互联网金融、金融科技、数字金融等)第一个博士点。此后,我们又在2016年与相关机构联合招收了互联网金融的博士后,2019年,浙江大学又正式招收数字金融的本科生。至此,浙江大学形成了一个包括本科生、硕士研究生、博士研究生和博士后各层次的完整的新金融(包括互联网金融、金融科技、数字金融)人才培养体系,旨在培养高层次应用型、创新型和复合型的新金融人才。同时,在探索新金融理论的前沿、打造领先的新金融教学研究基地的同时,落实"产学研"思路,解决新金融的实际问题,将教学研究转化成生产力。

需要强调的是,作为一门新兴的学科,新金融学科处于动态与创新的发展演变中,需要结合新金融实践进行探索、调整与突破。我认为,根据实践发展与学科发展的规律,新金融学科的发展将形成以下发展态势。

第一,互联网金融和大数据金融的结合。如果说新金融学科的发展来源是互联网信息技术与金融的结合,互联网金融是新金融的开始,那么,随着互联网金融的发展,更为基础的要求就越来越突出,这就是大数据。也有人比喻,大数据就是金融科技时代的生产资料,而互联网与人工智能就是生产工具,区块链是生产关系。因此必须有机结合起来,发展数字金融。在数字金融框架下,大数据、云计算、人工智能、区块链技术不但在金融中广泛应用,而且成为有机整体,这将大大提高金融运行效率,防范金融风险。数字金融的研究,从宏观层面来说,主要研究在数字时代,技术、思维、创新三位一体条件下金融经济特有的运行规律以及与实体经济间的内在联系;从微观层面来说,主要研究在数字技术、思维、创新三位一体条件下,面对不确定性,基于市场主体决策行为的金融市场运行状况以及对金融资产的资源配置问题。数字金融的研究将宏观与微观结合起来以解决目前新时代中出现的各种金融现实问题。可以包括数字金融发展与政策研究、数字金融商业模式研究、数字金融风险监管研究、数字金融技术发展研究、数字金融大数据与应用研究等方向。

第二,交易金融和社交金融的结合。如果说新金融的发展是从与电子商务发展相关的支付结算和电商小贷开始,那么,随着电子商务与金融结合的深化,更大的场景就越来越显现,这就是社交场景。从互联网金融的信息基础看,其发展主要从两个角度着手,一手抓交易信息,一手抓社交信息,这也是为什么最主要的互联网机构的代表是阿里和腾讯。前者从交易市场着手向社交领域拓展,后者从社交领域着手向交易市场延伸。由于电子商务市场的迅速发展,包括电子商务下乡和跨境电子商务发展,其在交易市场上份额无疑将越来越大,与其同处于供应链和产业链的互联网金融也将不断扩大。交易金融的另一个优势在于区块链技术的应用可以更好地解决信息传递过程中的及时性和有效性问题,从而使之具有更大的空间。同时,也要看到,社交金融则有着非常广阔的发展前景,从场景来看,社交场景是人全天候场景,比人处于交易场景的应用要更大,社交信息也可以在一定程度上弥补目前部分市场信息的缺失,通过社交信息可以对市场中的个体进行更为深入的评价,在更大范围上更客观地衡量其债务能力。这也可以部分解释现在社交电商市场的兴起。所以必须把交易金融的研究和社交金融的研究结合起来。

第三,技术金融与人的金融的结合。如果说新金融学科是从重视技术因素在金融活动中的重要性开始的,那么,随着科学技术的进步,结合金融复杂性问题的背景与要求,在解决客观复杂性的同时解决主观复杂性的要求也越来越突出,这就是对人本身的研究。其实,新金融学科的产生与发展是以金融复杂性为基础的,其今后的演变也需要从这个角度去理解。如前所述,金融复杂性可以分为客观复杂性和主观复杂性,以互联网信息技术为基础的研究范式是专门为了解决金融客观复杂性的,而以行为学心理学为基础的研究范式则是为了解决金融主观复杂性的。在金融科技阶段,人工智能在金融中的应用已经开拓了另一个重要的方向，即如何把对物的研究和对人的研究有机结合起来。人工智能技术不但是信息技术的重要发展，它还进入对人替代的研究阶段。因此它使人们在看到物的同时也开始关注到人。这也就是为什么要从量化投资发展到智能投顾。然而一个重要问题是人本身是动态的，对人的认识也是一个需要不断研究不断深化的领域，因此，需要从动态的角度看待人，而不能看成是静态已知不变的对象。神经金融的研究则将重点放在了作为个体层面的人的心理和行为上，通过打破经济学上完全理性的假设基础来研究人行为上的偏差，以及导致这些偏差的生理和心理基础，使得我们可以更好理解人们金融决策行为背后的主观复杂性。金融科技在未来的发展中将逐步进入智能的轨道，这在某种程度上就是客观性和主观性的统一，机器学习与深度学习和神经网络具有高度的关联性，将机器的运算与人的意识相结合将是未来智能领域发展的主要方向。下一轮科技革命很大程度上会体现为生命科学和生物技术的突破，将信息技术和生物技术有机结合在一起，实现人机结合将是未来非常重要的发展目标。这一点在新金融的发展中也将体现出来。

体育产业与金融资本对接现状与发展探讨①

摘　要　近年来,随着体育产业规模的不断扩大,出现了资本供给与产业需求不匹配的问题。针对体育产业与金融资本缺乏有效对接的问题,市场需要明确制约产业与资本对接过程的不利因素,打造创新性的对接模式,引领体育产业走向高速发展的快车道。

体育产业作为我国的"阳光"产业,在生产物质产品和提供服务的同时,还能满足人民的精神需求,实现个人的发展和社会文明进步。对体育产业进一步细分,可以分成本体产业、外围产业和中介产业。其中,本体产业包括体育竞技业和大众健身业;外围产业包括体育用品、体育器材和体育服装等;中介产业包括体育赞助和体育广告等。近些年体育产业在政策促进和金融扶持下,逐步成为国家经济发展过程中的新兴增长领域。在现今全球体育产业协同发展的大背景下,我国体育产业的发展潜力不容小觑。

因此,要想体育产业能够高速且高效地发展,金融资本的支持必不可少。基于对接过程中不同的风险承受等级,又可以将金融资本分成四类:真正能够承担风险的风险投资、创业投资;多层次资本市场上可以交易的股权资本;以公司债为主的债权资本;银行的信贷资本及保险、信托等。在当前体育产业与金融资本对接的过程中,存在金融市场结构失衡、期限错配等问题,这将导致金融资本的供给不能满足体育产业的需求,制约了体育产业与金融资本的有效对接。解决两者对接过程中的痛点,提升体育产业融资能力,充分发挥金融资本的作用,才能有效促进我国体育产业高速、高效发展。

---

①　本文作者金雪军、李泓泽,最初发表在《清华金融评论》2021 年第 8 期。

一、体育产业与金融资本对接的现实问题

随着体育产业市场化程度越来越高,其融资需求也陡然上升,但是目前资本市场对于体育产业的资金供给仍与目标存在较大差距。

(一)直接融资与体育产业要求差距较大

就目前而言,体育类上市公司与非体育类相比,其在权益收益率、每股收益等收益性指标上均处于劣势地位,而资本市场投资者往往倾向于选择将资金流入利润表现较好的企业以获得更加稳定的回报。同时,缺乏资金流入又将会造成公司状况进一步恶化,产生"利润不佳—资金流入不足"的恶性循环。因此,体育产业缺乏足够好的利润展示,导致直接融资渠道在体育产业的资金传导效应持续弱化,使得金融资本的对接遇到障碍。

与上市公司相比,中小企业通过直接融资方式获得运营资本更加困难。我国债券市场对企业的净资产要求较高,大多数体育类中小企业达不到条件,因此从债券市场获得直接融资的可能性几乎为零。此外,从体育产业投资各级项目占比数据中可以发现:2020 年初创型体育企业融资事件数与融资总金额分别为 53 起和 30.344 亿元,同比下降 54.02% 和 23.54%。该结果表明流入中小企业的资金规模进一步缩减,造成处于弱势地位的中小企业发展更加缓慢,金融资本与中小体育企业的对接更加任重道远。

(二)体育产业与间接资本对接初具成效但仍有不足

从间接金融资本的供给方来看,无论是传统金融中的银行、保险、信托,还是新金融中的互联网金融和金融科技公司,都通过多种方式与体育产业展开紧密合作。银行贷款作为体育产业与金融资本对接过程中最传统的方式,但由于银行对体育企业的规模以及风险敞口均有严格限定,且当前信用风险评估体系仍不完善,所以银行对贷款发放的态度往往会有所保留。

二、体育产业与金融资本对接的制约因素

从目前体育产业与金融资本的对接情况来看,许多因素制约着两者的高效对接,例如难以形成稳定的收益预期、金融工具运用模式单一等,造成大量金融

资本无法服务于体育产业,出现金融资源"闲置"的现象。

（一）难以形成稳定的收益预期

如今体育场馆经营权的质押已经成为体育类企业向银行借贷的重要模式之一,但是经营权的质押是否适用于大部分体育场馆有待商榷,主要原因在于一部分体育场馆难以形成稳定的收益预期。与之相比,如义乌小商品市场则通过商铺经营权的质押与银行之间形成了有效对接,关键在于其形成了一个较好的高效商业模式,向银行展示了其稳定的收益预期,这对于银行而言是一个积极的信号。因此,体育场馆经营收益的不确定性一定程度上制约着体育产业与金融资本的有效对接。

（二）金融工具结合能力有限

从各省市体育局数据库可以看到,截至2021年2月,我国已有13个省份设立体育产业发展引导资金用以扶持体育企业,累计投入数额超过39亿元。但这种模式要求企业具备一定条件与标准,因此只有部分企业符合要求。同时,体育产业发展引导资金中财政拨款占了绝大部分,仅有少数省份囊括了体育彩票公益金,结合模式较为单一。而且当前信托、保险、新金融等与体育产业结合的模式均以赞助为主,而赞助的资金供给量远远不能达到体育产业发展的多样化资金需求。此外,风险投资、私募基金和众筹等风险承受能力较高的金融资本虽然在体育企业发展初期给予了资金补充,但这种补充是暂时的,其无法带来持续性、长久性的资金供给,用以扶持体育产业各阶段的发展。

（三）体育产业与金融资本特征相矛盾

现实情况表明,大部分金融资本期望能够较快获得资本回报,并拥有可预见的稳定现金流;而相当部分体育企业与金融资本恰恰相反,其具有高投入、低产出、投资回报慢等特征。因此,体育产业的特征使得相当部分体育企业在与金融资本对接过程中受到高资产负债率的影响,如何解决两者之间的矛盾成为各方讨论的重点。

三、打造创新性的金融资本对接模式

针对上述的三大制约因素,笔者认为,金融市场需要打造以融资担保方式、抵押资产、融资结构、资本市场、退出渠道等为基础的创新性对接模式，促进体育产业与金融资本高效整合，推动体育产业各行业的融合发展。

（一）创新担保方式

体育产业的融资需求无法得到满足，主要原因是信息不对称带来的融资约束问题，由此导致金融中介机构对于体育类企业的管理成本上升，因而采取谨慎的信贷政策。因此，需要通过创新担保机制，拓宽担保方式，将体育类企业纳入被担保范畴，才能真正实现体育产业与金融资本的深入对接。第一，企业在传统三方担保模式的基础上，积极引入"第四方"。通过"第四方"的介入，缓解三方担保带来的信息不对称问题，实现信誉机制的提升，降低担保机构的风险。第二，在担保方式的选择上，由之前的全额担保转换成分散担保。推行"政银企"联合担保，既避免了一些体育类企业借款规模过大超过单个担保公司的承受能力，也可以在风险发生时共同抵御风险而不至于"压垮"一家担保公司。引入商业担保公司和政策性担保公司共同担保的方式使得金融中介机构有更大的概率为体育类企业提供资金支持，有效助力体育产业与金融资本对接。

（二）推动资产定价中心建设

上文提到，体育产业较难形成稳定的收益预期，一方面原因在于体育类企业的现金流存在不稳定性，另一方面的原因在于部分成果无法以市场公允的形式展现出来，导致这些成果不能作为合格的抵押资产，进一步造成部分企业无法将这些成果用于融资。

要实现相应的成果市场公允定价，就企业层面而言，必须形成一个清晰完整的商业模式，明确其主要收入来源是票价收入还是赞助收入抑或是附带价值收入。在这样的商业模式基础上，社会才可以更好地对体育类企业进行市场化和价值化评估，奠定金融资本对接的基础。市场层面而言，要尽快形成无形资产以及企业收入的定价机制和变现通道。

通过建设统一、有序的公允性体育资产定价中心，体育类企业中更多的资产、经营成果将展现其应有的市场价值，金融中介机构也会更加倾向于将现有资金借贷给这些具有优质抵押资产的企业，于是更多的金融资本将会流入这些高质量企业。

（三）形成差异化融资结构

体育产业可以进一步细分成体育用品、体育竞技等行业，由于不同行业特征存在差异,因此不同类别的企业需要根据自身情况调整融资结构,实现金融资本对接效果最优化。针对收入模式更为明确的体育用品销售行业,拥有稳定现金流作为支撑,更多的债权资本选择流入体育用品销售企业。此类企业通过间接融资获得金融资本的难度较低,更倾向于通过金融中介机构进行融资,因此在其融资来源中债权资本占据主要份额。而对于不确定性更高的体育竞技行业,债权资本出于风险角度考虑,不愿为此类企业提供过多的资金支持。因此,该行业中的企业更多地通过多层次资本市场进行直接融资,其融资来源主要是能够真正承担风险的股权资本。

(四)创新多层次股权市场

股权融资是国外体育产业主要的融资方式,在我国还处于发展之中,资本市场在体育产业中发挥的作用远未达到国外的水平,因此还有很大的创新空间。相较于债权而言,股权资本的风险承受能力更强,且可以广泛运用于体育产业的不同发展阶段,服务于体育企业的全生命周期。

以体育产业不同阶段为例,在产业发展初期,需要接入风险承受能力较高的风险投资或者天使投资接入对初创型体育企业提供资金支持。企业发展到一定阶段后,可以借鉴国外体育类企业的发展路径,让符合标准的企业力争在中小企业板或者创业板上市,对于发展更加成熟的企业可以选择在主板上市,通过资本市场融资走向发展的快车道。

(五)建立较好的退出渠道

当企业走向成熟之后,其会根据自身情况选择在不同市场上市,初创期金融资本将慢慢退出,较好的退出渠道便发挥了至关重要的作用。政府通过建立资本市场多元化投融资退出机制,推动普通体育类企业股份制改革,股份制企业积极寻求上市以及鼓励已上市企业参与并购升级。

四、结 语

总之,我国体育产业正处于发展之中,引入金融资本充当体育产业发展的新驱动力,需要做好体育产业与其深入对接,发挥金融资本最大效能。面对市场中存在的制约两者对接的因素,需要创新对接模式,根据体育产业特点确定体育类企业融资门槛以增加体育产业流入资本,促进我国体育产业健康发展。

基于估值视角谈文化与
金融融合发展特点、问题与对策①

摘　要　近年来,文化产业成为高增长、高预期的朝阳产业。但文化产业的发展速度未达到预期,且金融资本的支持力度也较弱,造成这一结果的一大因素是文化类企业未能形成资金提供者普遍接受的市场化估值。本文分析文化产业估值特点,针对其市场化估值过程中存在的问题,提出相关政策建议。

文化兴则国运兴,文化强则民族强。文化产业作为知识密集型产业,在享受高附加值、强创新性带来快增长的同时,也会受到高风险、盈利模式不稳定等问题的制约,由此产生的市场化估值难题亟待解决。此外,在加快形成以国内大循环为主体、国内国际双循环相互促进的新发展格局下,加快文化产业高质量发展的步伐势在必行。基于此,金融市场需加大对文化产业的支持力度,帮助企业从痛点入手,提高市场化估值效率,为文化产业高质量发展注入新鲜"血液"。

《2012—2020年中国文化产业投融资报告》(以下简称《报告》)数据显示:2020下半年文化产业公开市场再融资估值稳定于30倍P/E;2020三季度并购市场项目金额平均数与中位数较上半年均有所上升,并购市场估值也渐渐走高;2020年1—10月沪深股市首次公开募股(Initial Public Offering,简称IPO)文化类企业P/E估值中位数保持稳定。研究还发现,在文化企业私募股权市场投融资项目估值走高的过程中,股票市场文化类企业高估值起到重要推动作用。以上结果表明,文化产业投融资风险偏好已逐步见底。

---

　　①　本文作者金雪军、李泓泽,最初发表在《清华金融评论》2021年12月出版的专刊上。

我们对《报告》的结果进行研究，发现文化产业投融资情况与企业估值密切相关，且不同市场间估值存在联动效应，每一估值环节均不能出现重大差错，否则将对文化类企业投融资产生重大影响。同时，文化产业准确的市场化估值有助于资本流向真正有需要的高成长性企业，解决其受到的资源约束问题，提高资源配置效率。基于上述原因，我们需要针对文化类企业市场化估值特点，发挥金融市场在估值过程中"催化剂"的作用，让高效的市场化估值成为联结文化产业与金融资本的纽带。

1 文化产业市场化估值特点简析

1.1 估值方法存在主观性

在企业市场化估值的过程中，现金流估值法和比较估值法是最为普遍的两种估值方法，但就文化产业而言，这两种估值工具带有极强的主观性，导致估值结果均与企业真实情况相背离。

现金流估值法旨在对企业未来盈利现金流形成预期，并采用对应的折现率予以折现。这一估值法的假设前提在于企业现金流量遵循某一发展规律，可以进行准确预测。文化类企业由于未来经营的不确定性，导致其现金流量和企业存续时间具有随机性，无论历史业绩与当前企业发展趋势多么契合，市场在估计未来业绩时仍存在很强的主观性。并且，在折现率的选择上，市场需要对企业风险溢价进行主观判断，这主要取决于其对文化类企业所运营项目持有的态度是乐观还是悲观，而非客观的风险测度。

比较估值法则要求市场找出与目标企业运营模式、发展阶段较为契合的可比企业，并利用可比企业的参数进行估值。但在文化产业中寻找可比企业存在一个非常严重的问题：可比企业匮乏，难以获取可比标的。因此，市场只能退而求其次，主动放弃某些限制，寻找可替代项目。但使用主观修正的参数进行估值后，发现文化类企业估值结果差异极大，且无规律可循、分布分散，其可靠性有待商榷。

1.2 估值过程内含复杂性

首先，文化类企业的核心竞争力在于品牌影响力、商誉、版权以及人力资源等无形资产，这些核心资产价值占企业总价值的很大一部分。上述资产存在影响因素多样、识别难度较大、难以全面量化等问题，使得用无形资产对文化类企业估值时评估程序复杂，错误估值的可能性大。

其次，文化产业涵盖领域众多，包括了传媒、影视、游戏、旅游等多个行业，不同行业之间商业模式与业务范围存在巨大差异，很难仅仅通过一套评估程序对文化产业中的所有企业进行估值。即使处于同一行业中的企业，也因旗下产品个性化、不可复制性等特征，需要市场有的放矢，针对不同的产品模式设置更加具有针对性的评估流程，大幅提高了估值过程的复杂性。

最后，文化产业在满足大众精神生活需要的同时，还承担了一定的社会责任。在向社会公众传递正确价值观的过程中，文化类企业自身的价值也能得到一定的提升。这种隐性的价值提升，并非传统资产或者是无形资产所能评估。因此，想要对文化类企业正确估值，市场考虑的因素需要更加全面。

1.3　估值结果具有较高不稳定性

文化产业估值除了受到自身经营不确定性影响，还会因为宏观环境的改变引起估值结果的变化。以 2020 年年初暴发的新冠疫情为例，最先受到疫情影响的就是旅游、影视两大行业。由于防疫政策的规定，公共场所实行限流政策，设置公共场所人数上限。这对旅游景点、影院收入产生不小的影响，经营收益出现大幅削减。这在疫情暴发初期最为严重，景区、影院等公共场所不允许人员聚集，这对于文化类企业来说是个不小的打击，同时企业估值也出现重大变化。受宏观环境中不可抗因素的影响，文化类企业估值存在波动性，需要市场时刻进行调整。

2　估值难题阻碍文化与金融融合发展

文化产业市场化估值的主观性、复杂性和不稳定性引发了一系列问题，其中影响最大的是阻碍了文化企业"牵手"金融融合发展。即使 2016 年 7 月 1 日开始施行《文化企业无形资产评估指导意见》，为文化产业市场化估值提供指导。但在估值过程中仍存在一些弊端，降低了文化类企业在金融市场上的融资效率。

2.1　文化产业市场评估体系尚未形成

文化产业所拥有的版权、品牌经营权、明星人力等核心资产估值仍存在很强的不确定性,市场上尚未形成一套完整且公允的评估体系。当前市场上虽然存在多种资产评估方法,但评估标准不统一、评估方法不固定导致评估过程难以形成完善的体系。在这种情况下,文化产业无形资产的估值得不到市场的普遍认可,使得金融机构对文化类企业不能形成一致的估值预期。其不愿承担因估值错误带来的风险,从而降低资金支持力度。同时,估值的不确定性使得文化类企业和金融中介机构之间难以建立规范且稳定的融资程序。

2.2　文化要素市场有待完善

首先,明星艺人、电影知识产权(Intellectual Property,简称 IP)作为文化产业的构成要素,不像传统资产一样能产生稳定可预期现金流,因而难以获取客观、准确的估值。众所周知,要素只有形成市场公允的交易价格,才能进入文化要素市场进行交易和配置。其次,在文化要素形成公允价值后,文化类企业可将其用于担保和质押,暂时解决企业的融资难题。最后,当前文化要素市场虽然存在,但是较为分散且活跃度较低,很难与其他产业结合,形成协同效应。基于上述原因,文化要素市场的不足加剧了金融机构与文化产业融合的困难。

2.3　金融机构评估效率较低

目前文化产业融资仍以银行作为首要的金融中介机构,但银行为了控制自身的风险,往往需要经过复杂的评估程序,还要附加很多额外的隐性成本。而文化产业抓住的机会是稍纵即逝的,其对资金需求较为迫切,若不能立即对项目提供资金支持,将造成文化类企业的较大损失。因此,金融评估机构的效率低下可能会严重阻碍文化产业的发展。

金融机构评估效率较低的另一个原因在于目前我国尚未建立全国统一的数据公开、透明的无形资产数据库平台,因而国内缺乏科学的评估指标体系和企业征信体系。这导致了文化类企业很难得到金融中介机构的认可,进而提供融资帮助。而且,由于数据平台的确实,金融机构需要自行通过各种渠道对文化类企业进行信息收集,该方式成本高且耗时长,存在数据偏差等问题。这一定程度上会影响金融中介机构对文化类企业进行定性和定量的评价,导致文化类企业难以从金融机构获取资金。

3　金融助力文化产业估值市场化

纵观文化产业市场化估值过程碰到的难题,结合文化类企业估值特点,笔者认为,金融市场要充分发挥自身的优势,从金融机构、金融工具和金融政策等角度积极助力文化产业市场化估值,助力文化产业与金融资本进一步融合。

3.1 完善文化产业信用评价体系

文化类企业在不同的发展阶段信用状况存在较大差异,进而导致不同环节的文化类企业融资条件参差不齐,信用状况与企业真实价值不匹配,使得金融中介机构在资金供给过程中不能很好地加以辨别。

第一,基于此,商业银行、信托、保险、信用评级机构需要共同发挥作用,综合分析企业订单、未来预期收益和现金流等指标完善企业现有的信用评价体系,对信用评价指标进行补充,平抑信用差异给文化类企业估值和融资带来的影响。

第二,发挥银行、保险等金融机构在风险控制和业务上的优势,对现有信用评价体系运行过程所遇到的问题及时反馈,减少由于信用评价短板引起的估值偏差。同时,这些机构可以利用公开数据和内部模型对文化类企业发展规律进行预测,提升金融服务文化产业估值的效率。

3.2 引入金融科技,丰富文化产业市场化估值手段

在使用传统金融工具进行估值的过程中,不免会带入一定的主观性,且无法全面考虑文化产业估值的所有影响因素。因此,通过引入金融科技作为新兴估值工具,运用大数据、人工智能等方式对文化产业进行多维度数据收集和信息处理,有效提高金融机构对文化类企业合理定价能力。

首先,金融机构通过建立大数据风险控制模型,借助金融科技力量创新传统金融估值工具。这些金融机构可以使用计算机对文化类企业未来可能面对的宏观环境进行模拟,对文化类企业估值进行场景分析,确定不同的市场环境下企业不同估值结果。

其次,金融机构可以在金融科技的辅助下对文化类企业估值结果进行动态监控,并对计算机设置合理的警戒阈值,若企业出现重大变动,则对当前场景下的企业进行重新估值。上述动态调整方法恰好对应于文化类企业估值不稳定的特征,可以在企业估值过程中及时反映市场所提供的新信息,使得文化产业市场化估值更能准确反映出当前的实际情况。

3.3 运用监管新规引导文化产业合理估值

文化产业市场化估值的合理性很大程度上取决于估值结果的市场认可,只

有资金提供者普遍接受企业的估值结果,融资才能持续、流畅地进入文化产业。

以文化类企业版权资产为例,扩大版权资产流通的广度相当于提升版权资产在市场中的认可度,进而提升市场参与者对该文化类企业估值的认可,显著优化文化产业市场化估值结果。而这一切少不了监管规则对文化产业估值的引导。2019年,在银保监会和国家版权局新政策的推动下,知识产权质押融资不良率高出自身各项贷款不良率3%以内的商业银行,可以不用被监管部门监管评级和银行内部考核所扣分。这进一步释放了商业银行扩大文化类企业版权流通范围的活力,进而使得文化类企业估值更为合理与公允。

因此,监管部门可以推出新规以提升市场对文化产业的估值能力,这一举措不需直接对估值结果产生影响,只要能够修正文化类企业估值过程的任一环节,就可以大大提升市场对该企业估值的认可度。

3.4 发挥专业投资机构估值能力

文化类企业进行再融资、并购重组、IPO的过程中,金融机构发挥的扶持与引导至关重要。机构在提供融资帮助的同时,也向市场传递了对文化类企业的估值信号,作为市场化估值参考。上述过程多发生于成熟的资本市场,但仅依靠资本市场专业化力量提高市场化估值的水平还远远不够,需要推动银行、保险、政府引导的产业基金进入融资渠道,鼓励多种机构形式参与文化产业融资过程,进一步发挥专业机构的估值能力。

我们可以发现,除了资产评估机构可以发挥估值职能,专业投资机构在提供资金之前也会对文化类企业进行分析判断,并向市场提供参考标准。因此,建议有关部门从文化产业融资渠道入手,鼓励专业投资机构积极参与文化类企业再融资、并购重组过程,从另一角度提升对文化类企业的估值能力。

4 结语

文化产业作为国内高附加值产业和朝阳产业,金融支持的力度并未达到预期,主要原因在于文化类企业的市场化估值存在偏差,估值结果未能让市场参与者普遍接受。基于文化产业估值过程中存在的一系列问题,笔者结合文化产业的三大特征,分别从金融市场、金融机构、金融监管和金融工具角度提出政策建议,旨在共同助力打破文化产业估值壁垒,推动文化产业市场化估值更加客观公允。